普通高等教育"九五"国家级重点教材

全国普通高等学校优秀教材（一等奖）

WAIGUO JIAOYUSHI JIAOCHENG

外国教育史教程

（缩编本）

主　编　吴式颖
副主编　李明德　单中惠

人民教育出版社

图书在版编目（CIP）数据

外国教育史教程：缩编本/吴式颖主编. —北京：人民教育出版社，2002
（2022.1重印）
ISBN 978-7-107-15633-5

Ⅰ. 外… Ⅱ. 吴… Ⅲ. 教育史—外国—高等学校—教材 Ⅳ. G519

中国版本图书馆 CIP 数据核字（2002）第 043646 号

普通高等教育"九五"国家级重点教材　外国教育史教程（缩编本）

出版发行	人民教育出版社	
	（北京市海淀区中关村南大街17号院1号楼　邮编：100081）	
网　　址	http://www.pep.com.cn	
经　　销	全国新华书店	
印　　刷	保定市中画美凯印刷有限公司	
版　　次	2003年2月第1版	
印　　次	2022年1月第22次印刷	
开　　本	890毫米×1 240毫米　1/32	
印　　张	18.75	
字　　数	474千字	
印　　数	121 001～126 000册	
定　　价	31.10元	

版权所有·未经许可不得采用任何方式擅自复制或使用本产品任何部分·违者必究
如发现内容质量问题、印装质量问题，请与本社联系。电话：400-810-5788

缩编本出版说明

《外国教育史教程》出版已两年余，反映良好。但目前师范院校外国教育史课程的教学时数有限，而原书约65万字，篇幅显得大了一些。为减轻教学负担，我们征得人民教育出版社领导的同意，现推出《教程》的缩编本。缩编本约40万字，基本上保持了原书的体例，个别章的纲目根据需要作了一点调整，内容也有所更新。各章的缩编工作一般都是由原作者执笔。此外，吴式颖还担负了第六章、第八章，李明德担负了第四章，单中惠担负了第二十二章缩编任务；第十四章的缩编工作是由王保星完成的，第十九章的缩编工作是由郭法琦完成的，特此说明。

这本缩编本可用作师范院校本专科教材，原书则可作为研究生教材使用。

编著者
2002年2月

原书前言

一

教育史（history of education）是教育科学的一门分支学科，它以人类教育理论与实践发展的历史为研究对象。其任务是分析、研究各个历史时期人类教育理论与实践发展的实际状况和发展进程，总结教育发展的历史经验，探讨教育发展的客观规律，为解决当代教育问题提供启示与借鉴，并预示教育发展的方向。教育史的这些任务反映了人类认识客观事物与现象的一般规律。马克思和恩格斯曾把历史划分为自然史和人类史这两个互相密切联系的方面，要求用历史唯物主义的观点研究人类历史的发展，并为大家作出了这方面科学研究（其中包括教育科学研究）的典范。列宁也曾写道："在社会科学问题上有一种最可靠的方法，它是真正养成正确分析这个问题的本领而不致淹没在一大堆细节或大量争执意见之中所必需的,对于用科学眼光分析这个问题来说是最重要的,那就是不要忘记基本的历史联系,考察每个问题都要看某种现象在历史上怎样产生、在发展中经过了哪些主要阶段,并根据它的这种发展去考察这一事物现在是怎样的。"① 可见学习和研究教育史之重要。

教育史作为一门学科,它是在欧美各国社会和教育现代化的进程中逐渐形成并得到发展的。教育观念的变革、各级教育的发展与改革,特别是发展师范教育以培养合乎一定要求的教育管理者与师资队伍的需要,促进了本学科的发展。19世纪末、20世纪初,它成了欧美各国师范院校的必修课程。

我国素有重视历史研究的传统。我国最早的教育学著作《学记》,就是在总结先秦教育、教学经验的基础上写成的。但教育史作为一门学科在我国还只是随着西学东渐和近代教育制度的建立才兴起的。一般认为,黄绍箕(1854—1907)的《中国教育史》一书的撰写与出版,② 标志着中国的教育史学科的诞生。在清朝末年开办的师范学堂和民国初年开办的师范学校里设有教育或教育学课程,其中也讲授教育史知识。到20世纪20~30年代,我国已出版了一些研究中国和外国教育制度与思想史的专著与教学用书,体现出作者各自的教育史观。这里应该着重指出的是我国早期马克思主义教育理论家杨贤江(1895—1931)所撰写的《教育史ABC》(1929年由世界书局出版),它是我国学者试图用马克思主义观点研究教育史的第一次尝试。

---

① 《列宁全集》第37卷,人民出版社1986年版,第61页。
② 黄著《中国教育史》撰写和出版于何年,各说不一。根据蔡振生先生的考证,该著作成书于清末,出版于民国初年。详见蔡振生著:《中国教育史研究的历史回顾与展望》,载《北京师范大学学报》(社会科学版),1988年第3期。

新中国成立后，我国的教育史研究进入以马克思主义方法论为指导的发展阶段。同时，在师范院校的教育系科普遍地开设了中国教育史和外国教育史课程。但是在一段时间里，中、外教育史的研究与教学曾受到"左"倾路线与思潮的严重干扰和苏联教育史教材模式的不良影响。改革开放以来，由于整个学术环境的改善，我国的教育史学获得了很大的发展。80～90年代，在挖掘、整理、出版大量中国教育史料和选编、翻译、出版外国著名教育家代表作的同时，在我国还出版了一大批中、外教育史专著、教科书、教学参考书和教学参考资料，其中体现了本学科广大教师与研究人员对历史唯物主义基本原理的深入学习与掌握、研究方法上的改进和他们在掌握史料上所下的功夫。这些成就为进一步提高我国教育史研究与教学的水平和更好地发挥这门学科在教育改革与教育理论建设中的作用打下了坚实的基础。

二

本书是基于对我国外国教育史的教学现状及其需要改进的考虑，由北京师范大学、华东师范大学、华中师范大学、福建师范大学、浙江大学、西北师范大学、东北师范大学、西南师范大学、广东省教育学院等校教育系从事外国教育史教学的部分教师协作编写的外国教育史教科书。在编写过程中，我们总结了自己的教学经验，对国内外出版的有关教材进行了学习与研讨，也注意到当代外国教育的新发展以及当前高等学校有关专业开设外国教育史课程的教学时数。我们希望，在即将跨入21世纪的新时期，这部新教材能有助于外国教育史课程教学目的任务的更好实现。

本书分为古代教育史、近代教育史和现代教育史三编，共25章。其中古代六章，分别论述东方文明古国的教育（含教育的起源）、古希腊的教育、古希腊三哲的教育思想、古罗马的教育、西欧中世纪的教育、拜占廷与阿拉伯的教育，客观地展示外国古代教育实践与教育思想发展的轨迹和古代世界教育的多元化；近代九章和现代十章，论述外国近、现代教育思想和教育实践的发展与演变。

在框架和内容的安排上，本书有三个特点。

（一）本书在处理历史分期问题时把文艺复兴和宗教改革时期的教育划归近代，把19世纪末至20世纪前期欧美教育思潮和教育实验划归现代，意在更好地反映教育自身发展的连续性与阶段性，并强调教育观念变革的意义，强调影响教育发展的多方面因素。无论是文艺复兴和宗教改革时期的教育变革，还是19世纪末20世纪初期兴起的欧美教育革新运动，都是当时当地政治、经济、文化教育发展及其相互作用的结果。同时，这样的处理还可以加强读者对世界范围内教育现代化历史进程和不同类型的了解。

（二）外国教育史所涉地域宽广，时跨古今，内容极为丰富，但作为一门学科的教科书，只能取其要者以论述之。因此，本书在章节的安排上，除坚持贯彻厚今薄古、教育制度与教育思想并重、教育理论与教育实践密切联系等原则要求外，既十分注意较系统地反映外国教育史发展的基本轨迹，又尽力突显各个时期人类在发展教育理论与实践上所取得的最重要的成就与经验，尽可能做到对各种教育问题的论述详略得当。例如在近代部分，本书一般是将各国重要教育家的教育思想安排在对该国有关时期教育制度的论述后作比较简要的介绍，而对夸美纽斯、卢梭、裴斯泰洛齐、赫尔巴特、福禄培尔等具有世界性影响的教育家的教育思想和马克思与恩格斯的教育思想则设有专章，进行更为详细的论述。在现代部分，本书对杜威、蒙台梭利和马卡连柯也设专章进行了较细致的评述。此外，本书在现代部分设立专章论述第二次世界大战前的苏联教育和发展中国家的教育，这对读者了解各种不同类型国家的教育现代化进程及其遇到的问题，并从实现教育现代化的角度总结历史经验是有益处的。

（三）本书作者在史料的选用上力求准确，尽可能地使用了第一手资料；在论述中力求以辩证唯物主义和历史唯物主义为指导，对各种教育思想与问题进行实事求是的分析和评价。我们认识到，这是提高教材质量的基本保证。

三

本书各章的执笔人是：前言和第二十四章——吴式颖；第一章和第十七章——杨汉麟；第二章和第十二章——张斌贤；第三章——任钟印；第四章和第八章——黄学溥；第五章——史静寰；第六章——周谊；第七章和第十八章——褚宏启；第九章和第十章——杨孔炽；第十一章和第十五章——李明德；第十三章和第十六章——周采；第十四章第一节——周谊，第二、六节——王保星，第三、四、五节——徐小洲，全章由徐小洲修改定稿；第十九章——熊焰、郭法琦；第二十章和第二十一章——赵荣昌；第二十二章——袁桂林；第二十三章——单中惠；第二十五章——李明德、陈伙平。全书由吴式颖、李明德负责统稿，单中惠对部分章节的初稿曾提出过修改意见，杨孔炽参与了第二十四章的修改定稿。本书的编写和出版得到了国家教育部高教司和人民教育出版社有关领导同志的大力支持。河北大学教育系的滕大春教授、贺国庆教授，浙江大学的金锵教授在审阅本书时提出了许多宝贵的意见。本书责任编辑诸惠芳编审为书稿的编辑加工做了大量认真细致的工作。我们在此一并表示衷心的感谢！

对书中的缺点和错误，诚恳地欢迎读者批评、指正。

编著者
1998年5月

目 录

第一编　古代教育史 ··· 1

第一章　东方文明古国的教育 ································· 3
　　第一节　巴比伦的教育 ······································ 4
　　第二节　古代埃及的教育 ···································· 8
　　第三节　古代印度的教育 ··································· 11

第二章　古希腊的教育 ·· 17
　　第一节　荷马时代的教育 ··································· 18
　　第二节　古风时代的教育 ··································· 20
　　第三节　古典时代的教育 ··································· 26
　　第四节　希腊化时期的教育 ································· 32

第三章　苏格拉底、柏拉图、亚里士多德的教育思想 ········· 35
　　第一节　苏格拉底的教育思想 ······························· 35
　　第二节　柏拉图的教育思想 ································· 42
　　第三节　亚里士多德的教育思想 ····························· 48

第四章　古罗马的教育 ·· 57
　　第一节　共和时期的教育 ··································· 57
　　第二节　帝国时期的教育 ··································· 60
　　第三节　基督教的兴起与早期基督教会的教育活动 ··········· 62
　　第四节　古罗马的教育思想 ································· 64

第五章　西欧中世纪的教育 ································· 75
第一节　基督教教育 ····································· 76
第二节　封建主贵族的世俗教育 ························· 82
第三节　中世纪大学的形成与发展 ······················· 86
第四节　新兴市民阶层的形成和城市学校的发展 ········· 90

第六章　拜占廷与阿拉伯的教育 ····························· 93
第一节　拜占廷的教育 ·································· 94
第二节　阿拉伯的教育 ·································· 98
第三节　拜占廷和阿拉伯教育的特点及其影响 ········· 106

第二编　近代教育史 ··· 111

第七章　文艺复兴与宗教改革时期的教育 ················· 113
第一节　人文主义教育 ································· 114
第二节　新教教育 ······································ 127
第三节　天主教教育 ··································· 139

第八章　夸美纽斯的教育实践与教育思想 ················· 148
第一节　生平和世界观 ································· 148
第二节　论教育的目的和作用 ·························· 151
第三节　论教育适应自然的原则 ······················· 152
第四节　论普及教育和统一学制 ······················· 153
第五节　论学年制和班级授课制 ······················· 155
第六节　论教学原则 ··································· 157
第七节　论道德教育 ··································· 160
第八节　教育管理思想 ································· 163

第九章　17～18世纪欧洲和美洲主要国家的教育 ········· 166
第一节　17～18世纪的英国教育 ······················· 167
第二节　17～18世纪的法国教育 ······················· 173
第三节　17～18世纪的德国教育 ······················· 179

        第四节　17～18世纪的俄国教育 …………………… 184
        第五节　17～18世纪的美国教育 …………………… 188
第十章　卢梭的教育思想 ………………………………………… 195
        第一节　生平、活动与著作 ………………………… 195
        第二节　论人的天性 ………………………………… 197
        第三节　自然主义的教育理论 ……………………… 199
        第四节　自然主义教育的实施 ……………………… 202
        第五节　论理想国家的公民教育 …………………… 208
第十一章　裴斯泰洛齐的教育实践与教育思想 ………………… 211
        第一节　生平 ………………………………………… 211
        第二节　论教育目的 ………………………………… 213
        第三节　论教育心理学化 …………………………… 215
        第四节　论要素教育 ………………………………… 218
        第五节　建立初等学校各科教学法 ………………… 222
        第六节　关于教育与生产劳动相结合 ……………… 225
第十二章　赫尔巴特的教育思想 ………………………………… 228
        第一节　赫尔巴特教育思想的形成与理论基础 …… 228
        第二节　赫尔巴特的道德教育理论 ………………… 235
        第三节　赫尔巴特的课程理论 ……………………… 238
        第四节　赫尔巴特的教学理论 ……………………… 241
        第五节　赫尔巴特教育思想的传播 ………………… 245
第十三章　福禄培尔的教育实践与教育思想 …………………… 247
        第一节　生平与教育活动 …………………………… 247
        第二节　论教育的基本原理 ………………………… 248
        第三节　幼儿园教育理论 …………………………… 252
        第四节　论学校教育 ………………………………… 257
第十四章　19世纪欧美主要国家和日本的教育 ………………… 260
        第一节　19世纪的德国教育 ………………………… 260

第二节　19世纪的法国教育 ················· 269
　　第三节　19世纪的英国教育 ················· 276
　　第四节　19世纪的美国教育 ················· 283
　　第五节　19世纪的俄国教育 ················· 289
　　第六节　19世纪的日本教育 ················· 298
第十五章　马克思和恩格斯的教育思想 ············· 308
　　第一节　对空想社会主义者教育思想的批判继承 ····· 308
　　第二节　论教育与社会的关系 ················ 311
　　第三节　论教育与社会生产 ·················· 313
　　第四节　论人的本质和个性形成 ··············· 315
　　第五节　论人的全面发展 ···················· 317
　　第六节　论教育与生产劳动相结合 ············· 320

第三编　现代教育史 ······························ 323

第十六章　19世纪末至20世纪前期欧美教育思潮和
　　　　　教育实验 ································ 325
　　第一节　新教育 ······························· 326
　　第二节　进步教育 ····························· 332
　　第三节　实验教育学 ··························· 339
　　第四节　凯兴斯泰纳的"公民教育"与"劳作学校"
　　　　　 理论 ································ 345
第十七章　蒙台梭利的教育实践与教育思想 ········· 351
　　第一节　生平与教育活动 ······················ 351
　　第二节　论幼儿的发展 ························ 354
　　第三节　论自由、纪律与工作 ·················· 357
　　第四节　幼儿教育的内容 ······················ 360
第十八章　杜威的教育思想 ······················ 367
　　第一节　时代与生平 ·························· 367

第二节　什么是教育 …………………………………… 370
　　第三节　教育的目的 …………………………………… 375
　　第四节　课程与教材 …………………………………… 377
　　第五节　思维与教学方法 ……………………………… 380
　　第六节　道德教育 ……………………………………… 384

第十九章　20世纪前期英、法、德、美和日本教育的
　　　　　发展 …………………………………………… 389
　　第一节　英国教育的发展 ……………………………… 390
　　第二节　法国教育的发展 ……………………………… 396
　　第三节　德国教育的发展 ……………………………… 400
　　第四节　美国教育的发展 ……………………………… 406
　　第五节　日本教育的发展 ……………………………… 414

第二十章　第二次世界大战前的苏联教育 ……………… 422
　　第一节　建国初期的教育改革（1917～1920）………… 423
　　第二节　20年代的学制调整和教学改革试验
　　　　　（1921～1930）………………………………… 429
　　第三节　30年代教育的调整、巩固和发展
　　　　　（1931～1941）………………………………… 436

第二十一章　马卡连柯的教育实践与教育思想 ………… 447
　　第一节　生平和教育活动 ……………………………… 447
　　第二节　教育理论的方法论基础和思想基础 ………… 449
　　第三节　论教育的目的 ………………………………… 451
　　第四节　论集体主义教育 ……………………………… 453
　　第五节　论纪律教育 …………………………………… 456
　　第六节　论劳动教育 …………………………………… 458
　　第七节　论家庭教育 …………………………………… 460

第二十二章　第二次世界大战后美、英、法、德、日本、
　　　　　苏联和俄罗斯的教育改革 ……………………… 463

第一节	美国的教育改革	463
第二节	英国的教育改革	470
第三节	法国的教育改革	475
第四节	联邦德国和统一后德国的教育改革	481
第五节	日本的教育改革	487
第六节	苏联和俄罗斯的教育改革	493

第二十三章 现代欧美教育思潮 501

第一节	改造主义教育	501
第二节	要素主义教育	504
第三节	永恒主义教育	507
第四节	新托马斯主义教育	510
第五节	存在主义教育	512
第六节	新行为主义教育	515
第七节	结构主义教育	518
第八节	分析教育哲学	521
第九节	终身教育	524
第十节	人本化教育	527

第二十四章 第二次世界大战后苏联教育理论的发展 531

第一节	凯洛夫《教育学》的教育思想体系	532
第二节	赞科夫的教育实验及其发展性教学理论	540
第三节	苏霍姆林斯基的教育理论与实践	550

第二十五章 发展中国家的教育 561

第一节	独立前的教育	562
第二节	独立后的教育改革和发展	565
第三节	当今的困难和问题	578

第一编

古代教育史

第一章

东方文明古国的教育

古代东方通常是对古代亚洲和非洲东北部各奴隶制国家的总称,其中巴比伦、埃及、印度和中国号称四大文明古国,是最早进入文明时代的地区,产生了最早的文字、科学知识及学校,在奴隶制基础上创造了灿烂的古代文明,并为后来世界文化的发展奠定了基础。①

---

① 根据人类学者的研究及考证,人类在进入文明时代之前,曾经历过一个长达数百万年的原始社会。原始社会是一个生产力水平极端低下,人们共同生产,共同消费,没有阶级,没有剥削,没有私有财产的社会。原始社会的教育大致具有以下特征。(1)和原始社会的社会组织和经济结构相对应,教育无阶级性,教育权平等,对儿童实行公养公育。(2)教育与生产劳动及生活紧密联系,以生产劳动知识、技能的传授为主,同时也传授社会意识。(3)教育的组织和方法都还处在原始状态,没有文字、教科书、学校及专职教师,教育的主要方式是成人的榜样、讲述、奖惩,以及儿童自己的活动、观察、模仿。在原始社会末期,教育开始分化,性质发生变化,并产生文字及学校的萌芽。

第一节 巴比伦的教育

随着生产力的发展以及剩余产品、生产资料私有制的出现,人类终于走出原始社会,并产生阶级和国家。最早的奴隶制国家大约于公元前4000～前3000年产生于世界的东方。巴比伦①是人们已知的历史最悠久的古代东方国家。

巴比伦位于亚洲西部的幼发拉底河与底格里斯河流域(简称两河流域),在希腊语中又名"美索不达米亚"(河间之地之意)。这是一块狭长的冲积平原,黏土取之不尽,但石料及木料极为有限。巴比伦城是两河流域古文化的中心。

一、苏美尔的文化教育

巴比伦文化的前身是苏美尔文化。约在公元前3500年,苏美尔人就从原始社会向奴隶社会过渡,在两河流域南部建立了一些奴隶制城邦国家。

(一)文化与科学

据考古学家断定,公元前4000年,苏美尔已产生文字。古代生活在两河流域的人们利用本地丰富的黏土资源,就地取材,将黏土和水调匀,制成大小不等的泥板,作为"纸"使用,并将字写(或刻)在上面,然后再把它晒干或烧干,这就成了所谓"泥板书"(tablet writing)。最早的泥板书出现在大约公元前3000年,所载文献往往由几块到几十块泥板组成。泥板书极为笨重,较之我国古

---

① 巴比伦位于两河流域下游,北部为亚述;二者有紧密联系,巴比伦与亚述曾先后统一两河流域。为简略起见,本节以介绍巴比伦一地文化教育的发展为主,同时对两河流域其他地方(包括亚述)的文化教育也有所涉及,在书中不再逐一说明。

代竹简尤甚，更不能与我国古代帛书或埃及纸草相比，但它的广泛采用仍反映了古代两河流域人民的智慧。最初的文字是图画文字，由于图画文字在泥板上书写不便，而在泥板上压出符号则要方便得多，于是从图画文字逐渐演进到楔形文字。这种文字用芦苇管或小木棒在未干的泥板上刻写而成，由于落笔处印痕较为深宽，提笔处较为细小，形同木楔，故名。楔形文字符号较多，一般分表意、表音和部首三类。开始有上千个字型，后减少到六百个左右。由苏美尔人发明的楔形文字体系后来在两河流域得到广泛的传播及采用。

在古巴比伦，出于生产活动及生活的需要，促使人们观察与研究自然现象，从而推动了自然科学的发展。古巴比伦在科学上最杰出的成就是天文学和数学。

公元前 2000 年初，巴比伦的天文学家已把五大行星和恒星区别开来，并将星辰划分为星座，对太阴月的计算与现代只差 0.4 秒；他们还制定了历法，根据月球的盈亏，定每月为 29 日或 30 日；还知道置闰（和我国农历相似）。在古巴比伦，数学也得到很大发展。他们以 60 进位，会演算四则运算，会开平方和立方，会解二次方程式和某些三次方程式。早在毕达哥拉斯出生之前，他们就已知道了如今以他名字命名的定理（勾股定理），还把圆周分为 360°。

古巴比伦人在医学、建筑等方面也取得了重大成就。

（二）教育概况

1. 学校的由来

文字的发明、泥板的广泛使用以及科学的发展，为学校教育提供了条件。最早的学校与寺庙有密切联系。在古代两河流域，人们将知识视为神赐，非祭司不敢享有，传习这些知识也是僧侣的特权。苏美尔文字最早是由祭司发明并由祭司首先使用的。由于管理寺庙财产的需要，故寺庙中有关人员（一般称作"书吏"的人）需要学习文字和符号，这样就产生了训练书吏的学校。由于苏美尔人学校用的教材是泥板书,学生做练习或作业也是用泥板,泥板成为学校的主要学习工具,故学校被称为"泥板书舍"(tablet house)。在泥板书舍中,负责人称为"校父",教师称为"专家",助手称为"大兄长",学生称为"校子"。当时图书馆收藏的也是泥板书。大图书馆收藏的泥板书达数万块之多。

2. 教学内容及方法

早期苏美尔人在训练书吏时,教学内容重视语言,尤重书写能力,此外还有阅读、翻译、计算等。掌握文字是一门艰难的艺术,尤其是楔形文字,已经离开物体形象甚远,要记住上千个字形并准确地运用,并非易事,须经专门训练及长期从师学习方可掌握。学习使用的书籍逐渐广泛,包括楔形文字符号表、文法著作和字典等。当时的教学方法简单,一般由教师先在潮湿的泥板上写上字,再由学生临摹;课程主要是抄写和背诵长串的单词或词组,也包括数学或文书。有些记有学生作文和练习的泥板一直保存至今。

学校中纪律严格,常采用体罚。如有一块泥板书写道:"我不能迟到,否则会遭到老师的鞭笞。"①

3. 考古发掘的最早的学校

巴比伦的学校产生于何时?由于缺乏文献记载,迄今尚无定论。本世纪30年代,法国考古学家帕拉(Andre Parrot)在幼发拉底河畔南部一个叫马里城的地方挖掘出一所约公元前2100年的学校遗址。这所学校包括一条进入学校的通道、两个房间;大房长44英尺,宽25英尺,设4排座位,45个石凳;小房为大房的三分之一,设3排座位,23个石凳。房子的四壁保存完好,地上有陶土盆,可能用来盛水、和泥,以做泥板之用。地上还散落着一些贝壳,好似教授计算的教具。②这是人们迄今根据考古发掘所知的最

---

① ② J. 鲍文著:《西方教育史》第1卷,1981年纽约英文版,第14页。

古老的学校。由于这所学校不是座落在神庙附近,而是在世俗的居民区,因此有人认为,这所学校已是一种世俗教育机构。或者说,在公元前2100年,学校已开始成为一种世俗教育机构。

二、巴比伦的文化教育

苏美尔衰落后,巴比伦城兴起。巴比伦第一王朝约始于公元前1894年,由塞姆人建立。它的第六位国王汉谟拉比(前1792—前1750),征服南北诸城市,完成两河流域的统一。巴比伦第一王朝于公元前1595年灭亡。此后,两河流域战乱不已,达千年之久。公元前7世纪末,西方的迦勒底人建立了新巴比伦王国。其中第二位国王尼布甲尼撒在位四十多年,重建了巴比伦城,将巴比伦的军事、经济、文化推向了一个新的高峰。新巴比伦虽存在不到百年,但其科学和建筑业都得到巨大发展,学校教育也得到一定发展。

这时的寺庙学校有两级。一级是初级教育,主要教授读写;另一级是高级教育,除学习读写外,还要学习文法、苏美尔文学、祈祷文。书吏仅有读写能力是不够的,为了培养管理人才,必须使未来的书吏们学习数学、天文学,有的还受占星术、医学教育,甚至受炼金术的训练。教学方法是师徒传授式的。无论教数学、医学还是训练冶金术和纺织术,其方式是一样的:学生首先观察教师的操作,然后在教师的指点下,自己动手,教师随时纠正错误。

古代巴比伦的教育为少数人垄断,奴隶不能享受学校教育;能掌握复杂的楔形文字知识的一般只限于职业官吏、僧侣、文艺家等少数人。

公元前3世纪后,巴比伦作为古文明的中心,在历经两千年风雨沧桑后逐渐衰落,沦为荒原莽野,湮没于枯草昏鸦之中。直到19世纪中叶后,经过考古工作者的百年考古发掘及研究,人们才得以了解其在早期人类文明史上的卓越地位。正如有的学者指出的：两河流域的"文化教育是发展极早的，甚至可以说，它早于埃及，至少是与埃及约在同时而有了学校。这是人类最初的学校教育的摇篮，也是人类正式教育的起点。"①

第二节 古代埃及的教育

古代埃及位于非洲东北部尼罗河的下游，公元前 3000 年左右开始建立奴隶制国家。到公元前 332 年被马其顿王亚历山大征服为止，其历史大致可分为早期王国（约前 3100～前 2689 年）、古王国（约前 2686～前 2181 年）、中王国（约前 2040～前 1786 年）、新王国（约前 1567～前 1181 年）、后王朝（约前 1085～前 332 年）等历史时期。

古代埃及在人类文明史上写下了光辉的篇章。

一、文化与科学

据捷克学者赫罗兹尼推断，埃及文字约产生于公元前 3200 年，是在巴比伦的影响下产生的。② 埃及最早的文字也是象形文字，以后出现表示音节的符号，在古王国时代已经发明 24 个辅音字母。这种世界上最早产生的字母，是埃及人的独特贡献。埃及的字母文字后来成为腓尼基字母文字的根据，而腓尼基的字母又影响了希腊字母的创造。③ 由此足见西方文明是在东方文化的滋润下成长起

---

① 滕大春：《关于两河流域古代学校的考古发掘》，载《河北大学学报》，1984 年第 4 期。

② 赫罗兹尼著，谢德风、孙秉莹译：《西亚细亚、印度和克里特上古史》，三联书店 1958 年版，第 48、60 页。

③ 参阅希罗多德著，王以铸译：《历史》下卷，商务印书馆 1985 年版，第 369～370 页。

来的。

古代埃及人的文字写在所谓的"纸草"（paperus）上。纸草原是生长于尼罗河边沼泽地的一种长茎植物。古埃及人将这种植物的茎层层剥开，然后将薄片连接起来，使之成正方形，然后将两张正方形的纤维薄片按纤维的垂直方向重叠，并用木锤敲打，使之粘合坚固、变薄，然后压平晒干，就成了可用于书写的纸。虽然使用纸草的意义远不如中国古代纸的发明，但它同苏美尔的泥板一样，是古代人民善于利用自然物发展文化的智慧的体现。

在自然科学方面，古埃及人经常观察天体，能够区分行星和恒星，还编制了天体图，制定了相当精确的太阳历（365天）。为了满足丈量土地以及建筑等需要，数学获得了相当的发展，采用了10进位的计算法，能计算正方形截头棱锥体的体积，求出圆周率$\pi=3.16$（公元前200年）。古埃及人在医药方面也取得了重大成就。他们能制作木乃伊，了解许多疾病，第一次提出"大脑"这一术语。此外，古埃及建筑艺术也达到极高水平。公元前2800年，建造了号称古代世界七大奇迹之一的胡夫大金字塔以及狮身人面像等。

二、教育概况

（一）学校类型

古代埃及的教育较为发达，与其他国家相比，其教育制度较为完善，学校种类也更多一些，大致包括以下类型。

宫廷学校（court school） 据古代埃及文献记载，在古王国时期已出现了宫廷学校。苏联教育史学家米定斯基认为，建于公元前2500年的埃及宫廷学校是人类有史可稽的最古老的学校。① 所

---

① 米定斯基著；叶文雄译：《世界教育史》，三联书店1950年版，第11页。

谓宫廷学校是国王法老（Pharach）在宫廷中设立的学校，以教育皇子皇孙和朝臣的子弟为宗旨，学生学习完毕，接受适当的业务锻炼后，即分别被委任为官吏。

僧侣学校（或称寺庙学校，temple school）　这是中王国以后出现的一种附设在寺庙中的学校，着重科学技术教育，亦为学术中心。

职官学校（亦称书吏学校，department school）　约创办于中王国时期，训练一般的能从事某种专项工作的官员，修业期12年。

文士学校（scribe school）　培养能熟练运用文字从事书写及计算工作的人。此类学校较前两种低级，招收人数较多，对出身限制稍宽，修业期限有长有短。

（二）教学内容和教学方法

1. 教学内容

有关宫廷学校的教学内容历史记载语焉不详。僧侣学校着重科学教育，是传授高深学识的学府。当时的僧侣中有一些是皇家的天文官（大儒），对于数学、测量学、物理学深有研究，寺里收藏了大量图书，为要求深造的青年提供方便。故僧侣学校的教学及研究内容以较高级的天文学、数学、建筑学、水利学、医学及科学为主，培养能力优而水平高的人。职官学校的教学内容包括普通文化课程及专门职业教育，往往以吏为师。文士学校通常教授书写、计算、有关律令的知识，有的还教授数学、天文和地理之类。在诸科目中，书写最受重视，是基本课业，也是费力的工作。书写工具是一种芦管笔，写在纸草上。由于纸草制作费力，价格昂贵，故学生开始都在陶片或石板上练习，纯熟后才在纸草上书写。学生书写内容开始是日月星辰、地名、城名等常见事物，以后学习书写训诫、公文、书札、契据、记事文等，其中训诫是主要的书写内容。

2. 教学方法

在古代埃及的学校中，教师惯用灌输和体罚，教师施行体罚被认为是正当、合理的。古埃及谚语说："男孩的耳朵是长在背上的，只有打他他才听。"① 当时一般人甚至把教育比作驯兽，把教鞭当做教育的同义语，其方法之简单粗暴可想而知。

上述这几类学校属于不同类型，课程不同，水平也不一致，充分反映了当时统治阶级的要求，反映了社会经济、文化发展的需要，但都为统治阶级子弟所独占，一般平民不可问津，奴隶则更被剥夺了接受学校教育的权利。

第三节 古代印度的教育

一、古代印度社会概况

古代印度的疆域比现今印度广，包括南亚次大陆上的所有国家。大约在公元前两千多年，居住在印度河流域的土著达罗毗荼人，建立起奴隶制城邦国家并创造了文字。在公元前2300～前1750年间，达罗毗荼人创造了"哈拉巴"（Harappa）文化。公元前1750年，哈拉巴文化突然中断，长期湮没无闻，直到20世纪20年代才被重新发现。约在公元前1400年，中亚游牧部落雅利安人入侵印度，建立了强有力的王国，酋长都成为王。在征服过程中，雅利安人逐渐由游牧文化转入农耕文化，并吸取了当地的土著文化，二者相互吸收、融化，逐渐发展成为印度—雅利安文明，并创造了自己的文字——梵文。此后奴隶制不断发展。从公元前1000年到前600年，逐渐形成一套严格的等级制度，通称种姓制度。种姓制度把人分为四个等级（种姓），按高下依次为：（1）婆罗门，即僧侣；（2）刹帝利，即武士。以上两种为高级种姓，属特

---

① 司徒卢威著：《古代的东方》，人民教育出版社1955年版，第90页。

权阶级；(3)吠舍，即农民和从事工商业的平民；(4)首陀罗，即奴隶及处于奴隶地位的穷人（主要为当地土著）。前三种为再生人（即通过入法礼，可以得到第二次生命），首陀罗为非再生人。不同种姓的人通婚所生子女被排斥在种姓之外，称为贱民，处境更为悲惨，被认为是"不可接触的。"

二、婆罗门时期的教育

公元前6世纪以前的印度教育常称为婆罗门教育，这是因为当时的教育事业掌握在婆罗门手中，能接受教育的主要为婆罗门等高级种姓，并贯彻婆罗门教义。婆罗门教是印度的早期宗教，源出公元前2000年的吠陀教，认为梵天是世界万物的创造者，是宇宙的最高主宰，奉梵天、毗湿奴和湿婆为三大主神，主张吠陀天启、祭祀万能、婆罗门至上这三大纲领，赞成种姓制度。此外，还利用原始的万物有灵论，创造了善恶因果论及人生轮回说。

婆罗门教育以维持种姓压迫和培养宗教意识为核心任务。雅利安人用梵文写成的记载印度公元前2000年前后历史的古籍《吠陀》①，是统治阶级崇奉的经典，为教育提供了主导思想。统治阶级宣称《吠陀》经只能为再生种姓所理解，因此入学校、习经典的权利只能为婆罗门、刹帝利和吠舍所享有，但三者享有的受教育权利的内容不完全相同。婆罗门由于在种姓中地位最高，掌握宗教大权，而且当时教育是神学的附庸，故婆罗门所受的教育是当时最完备、最高级的教育。刹帝利和吠舍所受的教育内容则比较简单，程度比较低，特别是吠舍的教育大为逊色。首陀罗则被剥夺了受教育

---

① "吠陀"原义为知识、学问，是雅利安人的圣书，也是印度人最早的宗教典籍，共有四部，本为祭司们在祭神时所用的颂歌、经文和咒语的汇编。《梨俱吠陀》是最古老的一部，其编纂年代约在公元前12～前9世纪；其余三部《沙摩吠陀》《耶柔吠陀》《阿达婆吠陀》所反映的时代约为公元前7～前6世纪。

权。印度的古文献说：《吠陀》如未得到教士的许可而通晓之，则被视为盗窃行为。首陀罗及贱民读书识字甚至构成死罪。这些情况充分反映了当时教育的阶级性，以及统治阶级力图控制教育和文化知识的用心。

公元前9世纪以前，婆罗门教育以家庭教育为主，在婆罗门家庭里，除自己的子弟外，有时也招收几个刹帝利和吠舍的子弟一同学习。儿童3～5岁，经过剃度礼，开始家庭教育；子女在父母指导下，记诵用古梵文写成的《吠陀》经，十年左右才能学完一部。学习方法机械、神秘、烦琐，教《梨俱吠陀》完全靠背诵，教师背一句诗或赞歌，学生跟着念一句，一遍又一遍，直到教师满意为止。在古代印度，书写不如在古代埃及和两河流域那样流行，因为《吠陀》被看做神灵的话，是不能写的，写下来则有渎神之嫌。儿童如果须习字，先在沙地上练习熟练后再用铁笔写在棕榈树叶上。

公元前8世纪以后，随着科学文化的发展，出现了一种办在家庭中的婆罗门学校，通称"古儒学校"。在此类学校中，教师被称为"古儒"（guru），均系婆罗门种姓。儿童入学须经古儒考验。他们声称不收学费，因为传授圣书是神职，为神效劳是不求报酬的。但是实际上，他们常接受家长的丰厚赠礼，所有田地也由学生代为耕种，故经济上颇能自足。儿童入学后即迁居古儒家中，学习年限一般为12年，学习内容主要为《吠陀》经。作为学习《吠陀》经的基本训练，还规定学习六科：即语音学、韵律学、文法学、字源学、天文学和祭礼。在此文科学习的基础上，学生才去领会《吠陀》经典。虽然这些课程内容以神学为核心，但涉及较为广泛的知识领域。这时采用的教学方法和过去注重呆读死记的家庭教学方法比较起来有所改进。在古儒学校中，因为师严而道尊，体罚是常用的手段，教典和法律都允许教师以竹棍和绳索打罚学生；但对年龄较大的学生，往往也采取恩威并施的方法。另外，古儒在学校教学时，常常利用年长儿童充当助手，由助手协助教师把知识传给其他儿童。这种方法后为英国教师贝尔所袭用，成为19世纪在英国盛极一时的导生制（即贝尔—兰喀斯特教学法）的历史渊源之一。

三、佛教教育

公元前6～前5世纪，印度进入"列国时代"，战火频繁。在战争过程中，掌握军事力量的刹帝利地位上升，婆罗门势力日益削弱，婆罗门教已不足以维系人心。在此情况下，佛教应运而生。佛教系迦毗罗卫国（今尼泊尔境内）王子悉达多·乔答摩（Siddhartha Gautama，约前566—前486），即释迦牟尼所创。佛教是植根于婆罗门的宗教，讲因果轮回；但也有区别，表现在佛教反对种姓制度，主张各种姓平等。佛教宣扬现实世界是虚幻的，人生多苦，要求人们灭除现世欲望以修来世，追求"圆寂"或"涅槃"（即不生不灭）之境。这种思想诱使人们逃避现实，消极厌世；但佛教倡导的"众生平等""信佛得救"以及反对婆罗门种姓制等观点迎合了下层被压迫人民及生活中不得志人的心理，因此吸引了大批信徒。公元前3世纪时，佛教得到广泛发展，在摩揭国孔雀王朝阿育王统治时，还一度被定为国教。在此形势下，佛教教育随之发展起来。佛教教育的目的与其教义相同，在于让人们弃绝人间享乐，蔑视现实人生，通过修行，大彻大悟，追求涅槃及虚幻的来世。佛教教育最重要的场所是寺院，学习内容主要为佛教经典，神学气氛极其浓厚，但佛教教育均以地方语言解说，较之婆罗门教师以艰深的梵文为教学用语进步。此外它还将讲道（佛经的讲解）与个人的钻研结合起来。佛教当时吸引了国内不少男女青少年，社会上流传着以学僧为尚的风气，家长们趋之若鹜，争相送子女入寺或庵。僧徒一般学习12年，经考验合格者，叫做"比丘"，意即僧人，多数离寺回家，少数人继续留寺，再修习10年后，担任寺中僧侣职务。佛教对女子教育比婆罗门教重视，尼庵和寺院并存于各处，成为女僧修行和学习之地，但水平一般不如寺院高。女僧学习完毕称为"比丘尼"。无论寺院或尼庵，实施的都是纯粹的神学教育，只是一种宗教训练。寺院不仅是一种教育机构，也是一种学术机构，乃至堪称学术（神学）研究中心。著名寺院曾吸引不少外国青年及学者前来就学。我国 7 世纪玄奘即其中的一位。公元 10 世纪后，佛教在印度渐趋式微，但在东亚其他国家得到广泛传播。佛教教育对印度乃至东方各国的教育都产生过巨大影响，包括对中国书院教学制度有过重要影响；其精深的哲理也推动了思辨哲学的发展；佛教教育还在一定程度上照顾了广大下层民众，扩大了教育对象，故有其进步的一面；但所宣传的悲观厌世思想也有不可低估的消极作用。

综上所述，人类由原始社会进入文明时代（开始是奴隶社会），始自东方。正如一些不怀偏见的西方学者所肯定的："光明来自东方"。[①]"历史从东方开始。"[②] 人类教育的发达亦以东方为先。古代东方文明古国的教育大致具有以下特点。

1. 作为世界文化的摇篮，东方产生了最早的科学知识、文字以及学校教育，无论是史料记载或考古发掘都证明了这一点。

2. 各国（或不同地区）的教育及不同时期的教育各有其特征。总的来说，与当时的社会政治、经济结构相应，教育具有强烈的阶级性及等级性，学校主要招收奴隶主子弟，并按教育对象的等级、门第而被安排进入不同的学校。

3. 教育内容较丰富，包括智育、德育及宗教教育等，既反映了统治阶级的需要，也反映了社会进步及人类多方面发展的需要。

4. 与教育内容繁复相应，教育机构种类繁多，形态各殊，有

---

① 赫罗兹尼著：《西亚细亚、印度和克里特上古史》中全书结束语。
② 黑格尔著，王造时译：《历史哲学》，三联书店 1956 年版，第 160 页。

助于满足不同统治阶层的需要,既具有森严等级性,也具有强大适应力。

5. 各国通过丰富的教育实践,在教育方法上不乏创新之举,但总的来说,教学方法简单,体罚盛行,实行个别施教,尚未形成正规的教学组织形式。

6. 知识常常成为统治阶级的专利,故教师的地位较高,与后来古代希腊、罗马学校教师社会地位卑下形成鲜明对比。

7. 文明及文化教育甚为古老,但失于早衰或有过断层期,在此意义上,或许可称源远而流不长。巴比伦、埃及和印度等东方文明古国均因异族入侵等原因导致历史中断,从而导致文化教育在本土的失传或断层。在世界著名文明古国中,能够悠久而又绵延不断、源远而又流长、古老而又风韵常存的,唯有中国文化以及这种文化所哺育的教育,这是中国教育史的独特之处和优异之处,也是其他东方文明古国的不及之处。

思考题

1. 试析亚非文明古国在世界教育史上的地位。你如何理解"光明来自东方"这一论断?

2. 人类文明(包括文化教育)的发展是否存在多中心?你怎样看待"西方中心论"?

第二章

古希腊的教育

　　古希腊位于欧洲南部,其地理范围以希腊半岛为中心,包括爱琴海、爱奥尼亚海的岛屿、今土耳其西南沿岸地区以及意大利南部和西西里岛东部沿岸地区。早在公元前2000~前1100年,古代地中海民族就在这个地区创造了以克里特文化和迈锡尼文化为代表的爱琴文明。

　　公元前2000年前后开始,原居住在多瑙河下游草原地带的希腊民族(为印欧语系诸部落中的一支)逐步向南迁徙,先后征服了当地的土著居民。由于长期的战争,爱琴文明基本上被毁灭,希腊地区重新进入了"黑暗时代"。希腊的文化和教育就是在这样的基础上形成、发展起来的。

　　希腊文化和教育的发展过程通常被划分为

四个阶段：(1) 荷马时代（公元前 1100～前 800 年）；(2) 古风时代（公元前 800～前 500 年）；(3) 古典时代（公元前 500～前 330 年）；(4) 希腊化时期（公元前 330～公元前 30 年）。

第一节　荷马时代的教育

公元前 1100～前 800 年之所以被称为荷马时代，是因为关于这个时期的资料主要来自《荷马史诗》。《荷马史诗》相传为生活在公元前 9 世纪的盲诗人荷马所作，包括《伊里亚特》和《奥德修记》两个部分。史诗主要叙述了希腊人攻打小亚细亚的特洛伊城的前后经过，歌颂了阿咯琉斯（Achilles）、奥德修斯（Odysseus）等希腊英雄的业绩。由于这个原因，荷马时代又被称为"英雄时代"。

一、荷马时代的希腊社会

在荷马时代，希腊处于从氏族制度向奴隶制度的过渡时期。当时社会组织的基本单位是氏族，若干氏族组成一个族盟，若干盟组成一个部落，若干部落组成一个部族。在部落和部族内部存在三种机构。(1) 公民大会。为部落的最高权力机关，由部落全体成年男子组成，均有发言和表决权。(2) 议事会。为部落的常设机构，由氏族的长老和贵族组成，负责处理部落的重大事务。(3) 军事首长。由公民大会选举产生，主要职责为统率军队、指挥作战。

从《荷马史诗》中可以看到，在公元前 10～前 9 世纪，由于经济的发展和财富的增加，在氏族内部，逐渐出现了财产的差别。氏族的一些成员拥有较多的财产，从而成为氏族的贵族。氏族制度的原始的平等、民主逐步动摇。另一方面，男女之间的差异逐渐变成为一种不平等。从《荷马史诗》中的一些文字看，女子既不能参与公民大会和公共事务，也无权管理家庭事务，只是作为奴隶的总管，其地位甚至不如家奴。这些现象都表明，希腊社会已经向以私有制为基础的奴隶制过渡。

二、荷马时代的教育

《荷马史诗》中直接与教育有关的文字并不多，只是在涉及某些问题时才提及教育。从这些有限的文字记载中，可以了解到荷马时代教育的基本状况。

《荷马史诗》中记载，阿喀琉斯有两位教师，一位是喀戎（Chiron），一位是富尼克斯（Phoenix）。喀戎是个半人半马的怪物，是神的儿子，以足智多谋和医术高超而著称。他先后教导过阿喀琉斯、涅斯托尔（Nestor）等21位英雄。喀戎在教导阿喀琉斯时，向他传授了骑马、掷标枪、打猎、弹奏七弦琴和医术等方面的知识、技能。这在当时是一种非常广泛的教育。

阿喀琉斯的另一位教师富尼克斯所说的一段话较具体地反映了当时贵族子弟所受的教育。他对阿喀琉斯说，从青年时代开始，"我就全心全意用来作成你这样一个人了。你总还记得，除了我一个人之外，你无论出外去或是在家里都不肯跟任何人一起吃饭的；总还记得，我一径都抱你在膝盖上疼着你，从我吃的肉上切下小片来喂你，拿我的酒杯凑上你嘴唇。……是的，我一生的大部分都花在你的身上，为你辛勤劳苦的。"他又说，"当初那老战车将士珀琉斯（阿喀琉斯的父亲——引注）送你从佛提亚来帮助阿伽门农的时候，不是要我做你的监护人的吗？你还是一个小伙子呢，在人家可以大献身手的战场上和辩论会上都是没有经验的。他所以要我和你一同来，就是来教你这些事情，叫你做一个演说家和行动者"。[①]

从以上文字可见，在荷马时代尚未出现学校这种专门的教育机

---

① 荷马著，傅东华译：《伊利亚特》，人民文学出版社1958年版，第166~167页。

构，对儿童和青少年的教育主要是在实际的生活过程中进行的。通过参与成年人的各种活动，儿童和青年逐渐获得社会所需要的各种知识和技能。教育内容大致以军事和与军事直接有关的知识、技能为主，同时也注重演说能力的培养。在《荷马史诗》中，包括阿喀琉斯在内的大多数英雄既是武艺高强的战士，又是在议事会上能言善辩的演说家。这反映了军事民主制社会的基本要求。荷马时代教育的另一个重要方面是道德教育。《荷马史诗》中所歌颂的英雄都是品行高尚、人格健全的道德典范。在他们身上，集中了各种为社会所肯定的美德：勇敢、正义、忠诚、大公无私、热爱集体、智慧，等等。从中可以看出，在对青年人的教育中，道德教育占据重要的地位。在荷马时代，希腊人最为重视的道德品质是智慧、勇敢、节制和正义（这就是以后希腊思想家所概括的"四大德"）。

概括地说，荷马时代的教育是一种非制度化的教育，其目的是培养像阿喀琉斯那样勇敢、武艺高强和像奥德修斯那样足智多谋、能言善辩的武士。

第二节 古风时代的教育

古风时代希腊社会最为重大的变化是最终完成了从氏族制度向奴隶制的转变，形成了奴隶制国家、即城邦（polis）。所谓城邦，是指以一个城市为中心的主权国家。从公元前8～前6世纪，希腊先后出现了几十个城邦。在众多希腊城邦中，斯巴达和雅典是最具代表性的，它们先后称雄于希腊世界，在希腊历史上占有中心地位。

一、斯巴达教育

斯巴达位于伯罗奔尼撒半岛南部的拉哥尼亚平原。平原以北群山深锁，向南为沼泽地，由此延伸入海。斯巴达土地肥沃、易于耕作，但由于没有适宜的港湾，因而与外界的交往甚为不便。斯巴达封闭的地理条件，对其社会、文化和教育的发展均有一定的影响。

斯巴达国家的居民分为三个等级。斯巴达人为第一等级，是城邦的公民，享有一切特权。斯巴达人是入侵的多里安人（Dorians）的一支，他们的人数较少，仅9 000户、30 000人。第二等级是皮里阿西人（Perioeci），他们有土地，经营农业，也从事工商业。他们虽不是奴隶，但也不具有政治权利。第三个等级是希洛人（Helots），他们是当地的土著居民，为被征服的奴隶，不具有任何政治、经济权利，约有三十万人。

公元前8世纪前，斯巴达的文化、教育状况与希腊其他地区无明显差异。公元前8～前7世纪，希洛人为反抗斯巴达人的统治，先后举行了声势浩大的起义。起义被镇压后，斯巴达人为保持政权稳定，采取了一系列具有浓厚军事色彩的措施，使整个国家成了一座戒备森严的大兵营。斯巴达的教育就是在这样的背景下形成的。

在斯巴达，教育被当做一项极为重要的国家事业。传说中的斯巴达国家的创始人来库古（Lycurgus）就曾指出，教育是一个立法者应该加以考虑的最主要和最重大的事务。由于这个原因，斯巴达的教育完全由国家控制。

斯巴达人实行严格的体检制度。公民子女出生后，由长老代表国家检查新生儿的体质情况。只有那些健康的新生儿才被允许抚养。身体孱弱或有残疾的新生儿则被弃之荒野。实行体检制度的目的在于，保证种族在体质上的"优越性"，培养体格强壮的战士。

在7岁以前，公民子女在家中接受母亲的养育。从7岁至18岁，儿童进入国家的教育机构，开始军营生活。在这个阶段，教育的主要任务是通过严格的军事体育训练和道德灌输，使儿童养成健康的体魄、顽强的意志以及勇敢、坚忍、顺从、爱国等品质。教育的主要内容是"五项竞技"（即赛跑、跳跃、摔跤、掷铁饼和投标枪。这些同时也是古代奥运会的主要比赛项目）、神话、传说。此外,儿童也参加祭神、竞技和各种仪式。

在国家教育机构中,儿童按年龄分成若干小队,勇敢机警的儿童被选为队长,由20岁左右的青年担任教官(被称为埃伦)。在埃伦之上,由"最高尚、最优秀"的公民出任派度诺米(即儿童的监督者),负责对儿童的教育。与此同时,"老人们也紧紧地监护着他们(即儿童——引注),常常来到他们的锻炼场,观察他们的体力和智力竞赛,这不是走马观花的观察,而是带着他们自己就是所有孩子的父亲、导师和管理者的意识来观察的。因此,在任何适当的时间和任何地方,对犯了错误的孩子都是有人警告和责罚的。"①

为了使儿童养成坚毅、刚强、机警等品质,教育机构中的生活是非常艰苦的。儿童们"头蓄短发,并习惯于赤足行走和几乎不穿衣裳的游戏。当他们12岁的时候,他们就不再穿内衣了,一年只领到一件外衣……他们成群结伙地一起睡在草垫上,这种草垫是他们用自己的双手——用刀是不许的——沿着攸洛它河折来芦苇编织起来的。在冬季里,他们就在芦苇垫子的材料里加上所谓的'来克风',就是蓟毛……"②由于经常吃不饱,儿童常常被唆使去偷窃,如被发觉,将受到鞭打,以此惩罚他的迟钝。

从18岁起,公民子弟进入高一级的教育机构——青年军事训练团(ephebia)。入团前,青年们在神庙的祭坛前当众接受鞭打的考验,凡能忍受者为合格,忍受鞭打次数最多者为优胜,将受到奖励;哀号求免者被剥夺入团资格。青年军事训练团的主要任务是进行正规的军事训练,其中的一个重要科目是所谓的"秘密服役",即在夜间对希洛人进行突然袭击。

年满20岁的公民子弟开始接受实战训练,到30岁,正式获得公民资格。

---

①② 周一良等编:《世界通史参考资料》(古代部分),商务印书馆1962年版,第268、267~268页。

与绝大多数古代国家不同的是，斯巴达人非常重视女子教育。女子通常和男子接受同样的军事、体育训练，其目的是造就体格强壮的母亲，以生育健康的子女。女子教育的另一目的是，当男子出征时，妇女能担负防守本土的职责。

二、雅典教育

雅典原是阿提卡半岛上一个城市的名称，阿提卡统一为一个城邦后，它成为这个国家的名称。雅典三面临海，有良好的海运条件，易于航海和商业贸易。

公元前683年，雅典结束了王政时代，向奴隶制社会迈进，并逐步形成了城邦。在早期，雅典和斯巴达一样，也实行贵族统治。从公元前594~前593年梭伦（Solon）改革开始，中经前509~前508年的克利斯提尼（Cleisthenes）改革，雅典逐步向奴隶主民主制度过渡。这对雅典文化和教育的发展，具有非常深刻的影响。

与斯巴达一样，雅典城邦也高度重视教育。早在公元前6世纪，梭伦立法中就明确规定，父亲有责任让其子女接受适当的教育，否则，子女成年后有权不赡养父亲。但与斯巴达不同的是，雅典人认为，要培养公民在履行公共义务时所应具有的理智、聪慧和公正等品质，这是要由国家来规定的。但是，在如何安排个人的闲暇时间以及勇敢、强壮等品质的培养上，就不能完全依靠由国家控制的教育。因此，雅典盛行私人办学，国家只负责16~20岁青年的教育。

公民子女出生后，也要进行体格检查，所不同的是，雅典儿童的体检是由父亲负责进行的。7岁前，儿童在家中由父母养育。7岁以后，女孩继续在家中，由母亲负责教育，学习纺织、缝纫等技能。男孩7岁后则开始进入文法学校、弦琴学校学习。文法学校主要教授读、写、算等知识，弦琴学校则教授音乐、唱歌、朗诵等。这两类学校都是私立、收费的。儿童上学、放学均有"教仆"陪同，以避免儿童接受街头的不良影响。教仆大多为有一定知识的奴隶。文法学校、弦琴学校的教师一般是有政治权利的自由民，也有一些是赎身的奴隶。

到 13 岁左右，公民子弟除继续在文法学校或弦琴学校学习外还要进入体操学校（又称角力学校），接受各种体育训练：游泳、舞蹈、赛跑、跳跃、摔跤、掷铁饼、投标枪，其目的在于使公民子弟具有健全的体魄和顽强、坚忍的品质。到十五六岁，大多数公民子弟不再继续上学，开始从事各种职业，少数显贵子弟则进入国立体育馆，接受体育、智育和审美教育。从 18～20 岁，青年进入青年军事训练团，接受军事教育。到 20 岁，经过一定的仪式，被授予公民称号。

从全面的观点看，古风时代并不是雅典文化、教育发展的鼎盛时期。尽管如此，在古风时代，雅典已初步形成了明显不同于斯巴达教育的特征。与斯巴达相比，雅典教育的制度化程度更高一些。

三、毕达哥拉斯的教育思想

古风时代既是希腊教育制度的成形时期，也是希腊教育思想的发生时期。在这个时期中，出现了希腊最早的关于教育问题的论述，产生了希腊最早的教育思想家。毕达哥拉斯（Pythagoras，约前 582—前 493）是其中的主要代表人物。

毕达哥拉斯出生于小亚细亚西岸的萨摩斯岛，青年时期曾求教于米利都学派的哲学家阿那克西曼德，并游历埃及，研究埃及的天文学、数学和几何学。以后，定居于意大利南部城市克罗顿，为城邦统治者立法。在克罗顿，毕达哥拉斯建立了一个带有浓厚政治和宗教色彩的学术团体（同时也是一个教育组织），门徒达 300 人。

毕达哥拉斯及其学派的理论的基本核心是，高度重视数学，把数学当做万物的本源,并主张灵魂不死、灵魂轮回。这些理论直接影响了他本人及其弟子关于教育的主张。

黑格尔把毕达哥拉斯称作希腊"第一个民众教师",而亚里士多德则认为他是第一个试图讲道德的人。这都说明毕达哥拉斯在希腊教育发展中所占的重要地位。

在毕达哥拉斯及其弟子的教育主张中,涉及到希腊教育思想中的许多基本问题,蕴含了希腊教育思想发展的一般倾向。第欧根尼·拉尔修(Diogenes Lartius)在《著名哲学家的生平和学说》中说:"当菲罗斯的僭主勒翁问到他(毕达哥拉斯)是什么人时,他说他是'一个哲学家'。他将生活和大竞技场作比(较),那里,有些人是来争夺奖赏的,有些人是带了货物来出卖的,而最好的人乃是沉思的观众;同样的,在生活中,有些人出于卑劣的天性,追求名和利,只有哲学家才寻求真理。"① 这番话不仅表明了一种生活准则,同样阐述了一种价值观和教育观。具体到学术和教育方面,这种价值观就是要求为知识而求知识,为人的精神和灵魂的净化接受教育,而不带有任何功利的目的。这种教育价值观以后被亚里士多德进一步发展为自由教育的理论。

毕达哥拉斯把数当做世界的本源,认为数具有完全、匀称、和谐三种特性,这些特性乃是天心所示,也是人心所求。因而,如何化天心为人心,就成为教育的根本任务。他进一步认为,生活的全部目的和教育的全部目的,就是通过对数的研究、体会、领悟以及日常生活的训练,实现灵魂的净化,达到和谐、完全和完善的境界。这种对灵魂(或精神)陶冶的重视与和谐发展的思想,对后来希腊教育思想的影响是极为深刻的。

---

① 恩斯特·卡西尔著,张国忠译:《国家的神话》,浙江人民出版社1988年版,第18页。

第三节 古典时代的教育

公元前 5～前 4 世纪，在希腊历史上具有重要意义。在这个时期，希腊的奴隶制经济得到重大发展，在一些经济发达的城邦，奴隶制已进入到以生产剩余价值为目的的阶段。这个时期，奴隶主民主政治制度得以最终确立。也正是在这个时期，希腊文化和教育的发展达到了全面繁荣的阶段。

一、古典时代的雅典社会

公元前 499 年，以米利都为首的小亚细亚诸希腊城邦展开了反抗波斯统治的起义，起义得到了雅典的支持。起义失败后，波斯为"惩罚"雅典、进而征服全希腊，于公元前 492 年、前 490 年两次大举进犯希腊，均遭失败。前 480 年，波斯发兵 200 万、战船千艘，第三次进攻希腊。出于民族的共同利益，希腊三十多个城邦自动组成了以雅典为首的反波斯同盟。经过萨拉米、普拉提亚、塞斯托斯三大战役，希腊人取得了希波战争的决定性胜利，迫使波斯于前 448 年签订和约。

希波战争的胜利，在希腊历史上具有极重大的意义。其中的一个直接结果是雅典的强盛。在希波战争的第一阶段（前 500～前 479 年），斯巴达是希腊联军的统帅，而在第二阶段（前 479～前 449 年），由于斯巴达退出战争，雅典掌握了希腊的领导权，并于前 478 年建立了以雅典为首、由近二百个城邦组成的提洛同盟。依靠该同盟，雅典不仅战败了波斯军队，而且在战后建立了海上帝国。

在奴隶制经济高度发展的基础上，雅典的民主制度进一步成熟。伯里克利当政时期，进行了一系列重要的政治改革，奴隶主民主政治制度得到进一步完善。这些改革包括以下内容。第一，除将军的职位必须经过选举外，五百人会议的议员和部分的政府官员改用抽签的方式来决定。按照亚里士多德的说法，如果经过选举，往往只是有声望、有能力的人可以当选；而改用抽签决定，则可以使每个公民都有机会担任公职。这就意味着在公民内部，政治权利基本普及。第二，扩大梭伦所创设的陪审法庭，使之成为一个拥有6 000名陪审员的庞大司法机关。这6 000名陪审员分为10个陪审团，分别应召去审理各种司法案件。陪审法庭成员如此之多，这就使它成为一个既可以不受暴力威胁，也可以不受金钱收买的司法机关，因为没有哪个人会有那么大的神通，能威胁或贿赂如此众多的陪审员。陪审法庭以后成为一个极其重要的政治机构，它不仅处理司法案件，而且可以立法。只要得到公民大会的批准，陪审法庭的判决就成为法律。第三，实行公职付酬制。以前雅典的政府公职是不付薪水的，所以只有富人才能担任公职，这时，为了使多数公民在担任公职时不致有衣食之虞，便实行薪给制。于是，那些比较贫穷的公民也可以离开自己的生产事务去担任各种公职。

但是，雅典奴隶主民主政治的全盛同时也潜伏着导致它衰落的深刻危机。雅典公民民主是以奴隶制为基础的，而奴隶则主要来自海外。因此，要维持雅典民主制度，唯一的出路就是对外扩张。而这又必然与斯巴达等希腊城邦的利益发生冲突。正是在这种利益的冲突中，爆发了伯罗奔尼撒战争（前431～前404年）。这场战争以雅典战败、斯巴达取代其霸权而结束。伯罗奔尼撒战争结束后，雅典的奴隶主民主政治逐渐衰落。前338年，雅典为马其顿王国征服，结束了自由城邦和民主政治的历史。

二、文化的繁荣和价值观念的变化

希波战争结束后，随着雅典经济的高速发展和民主政治的确立，希腊文化进入了空前繁荣时期。传统的贵族文化开始向公民普及，并产生了像阿里斯托芬（Aristophanes）、爱斯库罗斯（Aeschylus)、索福克勒斯（Sophocles）等戏剧作家，普罗泰戈拉（Protagoras，前490—前420年）、苏格拉底和柏拉图等著名哲学家。

希波战争结束后，由于社会生活各方面条件的重大变化，希腊人的思想意识和价值观念随之发生了显著的改变，雅典社会进入了一个思想启蒙、个性解放的时代。与此同时，希腊人的理论兴趣逐渐从过去对自然现象的关注转向对社会、道德和人自身的探究。在早期智者和苏格拉底那里，希腊哲学完成了从自然哲学向社会人事哲学的过渡。正是在这种过渡中，形成了前5世纪丰富的政治理论、道德学说。也正是在这个过程中，产生了希腊教育思想的第一次重大发展。

伯罗奔尼撒战争期间以及战争结束以后，希腊（尤其是雅典）社会又一次发生了非常重大的变化，并对人们的思想意识产生了深刻影响。由于战争所造成的破坏，由于民主政治的衰落，由于城邦内部党派斗争的日益激烈和残酷，雅典人的道德观念发生了重大变化。希腊历史学家修昔底德说，在当时，"大多数的人宁愿称恶事为聪明，而不愿称头脑单纯为正直。他们以第一种品质而自豪，而以第二种品质为耻辱。"[①] 他又说，由于社会的剧烈动荡，雅典人大多感到朝不保夕，因此，他们追求及时行乐，而不顾及任何荣誉、信仰和法律的约束。

民主政治的衰落、道德的普遍沦丧，客观上要求人们深入探讨摆脱社会危机的途径，探索新的道德标准和价值观念，寻求新的政治体制和治国方略。因此，伯罗奔尼撒战争之后，希腊的政治、伦理学说得到了空前的发展，产生了柏拉图、亚里士多德等人的哲学。哲学的繁荣又直接促进了教育，特别是教育思想的大发展。

---

① 修昔底德著，谢德风译：《伯罗奔尼撒战争史》，商务印书馆1978年版，第141页。

三、古典时期的教育

古典时期是希腊教育发展的黄金时期。以智者的出现为标志,希腊(尤其是雅典)教育进入了一个新的发展阶段。

所谓"智者"(sophistes,又称诡辩家),在荷马时代,是指某种精神方面的能力和技巧,以及拥有这些能力和技巧的人。在《荷马史诗》中,造船工、战船驭手、航船舵手、占星术者、雕刻匠等,都被称作"智者"。以后,各行各业具有专门知识和技艺的人,如诗人、音乐家、医生、自然哲学家,等等,也被称为"智者"。随着"智者"词义的延伸,具有治国能力的人同样被当做智者。到前5世纪后期,"sophistes"一词获得了新的、特殊的含义,被用来专指以收费授徒为职业的巡回教师。这些人云游各地,积极参加城邦的政治和文化生活,以传播和传授知识获得报酬,并逐步形成了一个阶层。哲学史、文化史和教育史所探讨的就是这种意义上的智者。

智者派的主要代表人物包括:普罗塔哥拉、高尔吉亚(Gergias)、普罗狄克(Prodicus)、希庇阿斯(Hippias)、安提丰(Antiphon)等。

智者派共同的思想特征是:相对主义、个人主义、感觉主义和怀疑主义。

在智者看来,一切知识、真理和道德都是相对的,都有赖于具体的感知者。在一个人看来是真的,就是他所说的真。没有客观真理,只有主观意见。普罗塔哥拉指出:"事物对于你就是它向你呈现的样子,对于我就是它向我呈现的样子。"由此,他提出:"人是万物的尺度,是存在者存在的尺度,也是不存在者不存在的尺度。"①

---

① 北京大学哲学系编:《西方哲学名著选读》上卷,商务印书馆1981年版,第55页。

与苏格拉底等人的理解不同，普罗塔哥拉的"人是万物的尺度"这个命题中的个人，主要是指个别的、具体存在的人，也就是个人。以个人作为判断事物存在与否、真假、善恶的唯一标准，实际上提出了一种以人为中心的朴素的人本主义的价值取向。这在当时具有重要的思想启蒙作用。

智者不仅在希腊文化史上占有重要的地位，作为西方最早的职业教师，他们对希腊教育实践和教育思想的发展，同样作出了重大的贡献。第一，智者云游各地，授徒讲学，以钱财而不以门第作为教学的唯一条件，这既推动了文化的传播，又由于教育对象范围的扩大而促进了社会的流动。第二，智者适应了时代对辩论、演讲的广泛需要，抱着实用的目的研究与辩论、演讲直接相关的文法、修辞、哲学等科目，并把这些知识传授给他人，因而，既拓展了学术研究的领域，又扩大了教育内容的范围。西方教育史上沿用长达千年之久的"七艺"中的前三艺（文法、修辞学和辩证法），正是由智者首先确定的。第三，智者最关心的是道德问题和政治问题，并把系统的道德知识和政治知识作为主要教育内容。这样，不仅丰富了教育的内容，而且提供了一种新型的教育——政治家或统治者的预备教育。这种教育是奴隶主民主政治发展到鼎盛时期所必然产生的客观需要。智者派的教育活动顺应了时代的要求，并使这种教育得以确立。不仅如此，随着奴隶主民主政治的衰落，这种教育不但没有失去其存在的价值，反而日益成为人们关注的重大问题。

作为职业教师，智者已经较为明确地意识到教育活动的特殊性，并开始自觉地把教育现象与政治现象、道德现象等社会现象相区分。他们把教育过程当做一个运用秉赋、进行练习的过程。另一方面，他们也明确地认识到，教育与政治、道德具有密切的相互联系，教育在国家生活中具有举足轻重的作用。普罗塔哥拉指出："一个合理的国家的所有公民，包括坏的公民在内，比起一个既无文化、也无正义，也无法律，更无使公民养成公正习惯的强制力的国家的公民来,都要更好更正直。他们的这种优越性要归功于他们国家中的法律、教育、文化。"①

普罗塔哥拉曾经用普罗米修斯盗神火和技术给人类的神话故事,广泛阐述了关于政治、道德和教育的关系,以及教育的作用等方面问题的主张。这个神话说,神造万物时,为所有动物都规定了某种特性,却忘了给人类以任何必要的"装备"。于是,普罗米修斯从冶金之神赫斐斯特和文艺之神雅典娜那里偷了使用火和机械的技术。这样,人就分有了神的属性,逐步发明了语言和各种生产技术。但由于分散居住、无力抵御野兽的侵害,于是,人们聚集到城市中以求自保。由此却造成了人与人的残杀。在这种情况下,主神宙斯派遣神使黑梅斯来到人间,"带来尊敬和正义作为治理城市的原则、友谊与和好的纽带。黑梅斯问宙斯应当怎样在人们中间分配正义和尊敬,也就是说,分配给少数喜爱的人,让一个灵巧的人拥有足够的医术或别种技术为多数不灵巧的人服务?我究竟应当以这种方式在人们中间分配正义和尊敬,还是把正义和尊敬分给所有的人?''分给所有的人,'宙斯说,'我愿意他们都有一份;因为如果只有少数人分享道德,就像分享技术那样,城市就会不能存在的。此外,再遵照我的命令立一条法律,把不尊敬和不正义的人处死,因为这种人是国家的祸害'。"②

从教育史的角度看,普罗塔哥拉在这个神话中实际上说明了这样几个重要的教育问题。第一,德行是城邦存在和发展的前提,人人都应当具有德行。对那些不道德的人应该严加管束和惩罚。这是因为,德行本是可以通过学习、训练而得到的。这里实际上包含了

---

① 引自赵祥麟主编:《外国教育家评传》第 1 卷,上海教育出版社 1992 年版,第 23 页。

② 北京大学哲学系编:《古希腊罗马哲学》,人民出版社 1980 年版,第 136~138 页。

德行可教的思想。第二，正因为德行是政治社会存在的基础，而道德又是通过教育而获得的，这就赋予教育在城邦事务中以非常重要的作用。第三，因为人人皆具有德行，因而人人都应获得接受教育和训练的机会，从而进一步发展德行。从这个意义上讲，任何人都具有接受教育的权利。更为重要的是，任何人只要经过训练，就可以成为有道德、有能力的人，就可以具备做一个统治者的资格。这种思想无疑反映雅典奴隶主民主政治的客观要求。第四，道德是可教的，但是，这种教育应当是一种实际的练习，而不是说教。

在古典时期，希腊学校发生了一系列重要的变化。在雅典，逐渐形成了文字教师与音乐教师的分工，文法学校与弦琴学校从此分设。更为重要的变化是，出现了一些由著名学者创办的高等教育机构。前390年（或前392年），著名修辞学家、教育家伊索克拉底（Isocrates，前436—前338）创办修辞学校。前387年，柏拉图创办学园（阿加德米）。前335年，亚里士多德创办学园（吕克昂）。

第四节 希腊化时期的教育

公元前334年，马其顿国王亚历山大（Alexander, the Great，前356—前323年）开始向东扩张，先后征服了希腊、小亚细亚、叙利亚、埃及和印度等地区，建立了一个横跨欧、亚、非三大洲的军事帝国。亚历山大死后，这个帝国分裂为若干王国。以后，这些王国又先后被罗马灭亡。

亚历山大的军事扩张，在客观上起到了促进不同民族文化之间的交流与融合、推动希腊文化广泛传播的作用，从而为希腊化时期的教育发展，创造了有利的条件。

在希腊化时期，教育的变化主要表现在以下几个方面。第一，希腊特别是雅典的学校教育制度，广泛地传播到小亚细亚、美索不达米亚、波斯和埃及等广大地区，对这些地区的教育发展，起了积极的推动作用。第二，文化和教育的中心发生转移。在古典时期，雅典一直是文化和教育的中心，而在希腊化时期，文化和教育的中心逐步转移到亚历山大利亚城。该城由于拥有规模宏大的图书馆、博物馆、植物园和气象台，吸引了来自各地的学者，成为当时主要的文化、学术和教育中心，成为东西方文化交流的中心。第三，希腊的初级学校发生蜕变。在古典时期，希腊的小学通常注重以德育、智育、美育和体育为基本内容的多方面教育，以促进学生的多方面发展。而在希腊化时期，由于城邦的覆灭，带有军事性质的体育首先被取消，美育逐步被削弱，小学教育主要局限于读、写、算等知识性科目，注重和谐发展和多方面教育的传统遭到破坏。第四，中等教育同样面临衰微的境地。在希腊化时期，原有的中等教育机构——体育馆为文法学校（grammar school）所取代。与此相联系，中等教育日益偏重于知识教学，尤其强调文学教育，体育和美育被忽视。第五，希腊化时期真正得到明显发展的是高等教育。除原有的柏拉图的学园、亚里士多德的吕克昂和伊索克拉底的修辞学校之外，又出现了由芝诺（Zenon Kitieus，前336—前264年）开办的斯多噶（Stoics）学派的哲学学校（前308年）和由伊壁鸠鲁（Epicurus，前341—前270年）开办的伊壁鸠鲁学派的哲学学校（前306年）。公元前200年前后，上述几所学校被合并成为雅典大学。经过长时间的发展，到公元2~3世纪，雅典大学成为非常著名的学术研究中心和高等教育中心，为传播希腊文化、科学和学术，作出了重要的贡献（公元313年，基督教被定为罗马国教后，雅典大学开始衰落，529年被关闭）。

在西方教育发展史上，古希腊教育（特别是雅典教育）占有极重要的地位。希腊人在创造了灿烂的古典文化的同时，也为后人留下了丰富的教育遗产。这些遗产通过罗马人的传播，扩散到古代世界的许多地区，并对西欧近代教育的发展产生了直接影响。

思考题

1. 与斯巴达教育相比,雅典教育的基本特点是什么?
2. 试分析雅典教育特点形成的基本原因。
3. 智者在古希腊教育发展中的贡献是什么?

第三章

苏格拉底、柏拉图、亚里士多德的教育思想

苏格拉底、柏拉图、亚里士多德是古代希腊的三大著名哲学家，同时也是毕生从事教育工作的教育家。他们的教育思想对以后两千多年西方教育思想的发展产生了深远影响。后世的许多重要教育观点都可以从希腊三哲的思想中找到最初的痕迹。

第一节 苏格拉底的教育思想

一、生平和教育活动

苏格拉底出身于雅典一个手工业者家庭，父亲是雕刻匠，母亲是产婆。苏格拉底也和孔子一样"学无常师"。他师从当时各种学问的

大师，阅读了所有能得到的诗人和哲学家的作品，"吸收了家乡街头传闻的各种理论"①，"被公认为是一个有全面教养的人，受过当时所需要的一切教育"。②

苏格拉底一生的主要事业是探讨伦理哲学和从事公众教育。他在从事教育活动时，从不收取学费。他自己节俭刻苦，薄衣粗食、冬天跣足，一贫如洗，过着奴隶般的生活。苏格拉底的教育活动是以讲演、交谈的方式在各种场合进行的。广场、作坊、市场、街道都是他施教的地点。他的教育对象广泛，有贵族派成员，也有民主派成员；有豪门巨富的子弟，也有手工业者、穷人。苏格拉底说："我愿同样回答富人和穷人提出的问题，任何人只要愿意听我谈话和回答我的问题，我都乐于奉陪。"③ 甚至说："我不仅不索取报酬，而且有人愿意听我讲，我还愿意倒付钱。"④

苏格拉底秉性耿直、恪守道德、坚持真理、批评时弊，招致一些人怨恨，也引起一些误解。公元前399年，他被三名屑小之徒陷害诬告，被判死刑，终年70岁。以后，雅典当局认识到这次判决的不公正，诬告苏格拉底的人有的被处死，有的被放逐。苏格拉底的冤案遂得以昭雪。

苏格拉底和我国的孔子一样"述而不著"；但其思想通过其弟子柏拉图及色诺芬等的著述及记录得以保存。

二、教育思想

（一）论教育的意义与目的

---

① 文德尔班著，罗达仁译：《哲学史教程》上册，商务印书馆1987年版，第101页。

② 黑格尔著，贺麟、王太庆译：《哲学史讲演录》第2卷，商务印书馆1982年版，第45页。

③④ 柏拉图著，余灵灵、罗林平译：《苏格拉底的最后日子——柏拉图对话集》，上海三联书店，1988年版，第66~67、4~5页。

苏格拉底认为，人天生是有区别的。但不管这种区别有多大，教育能使人得到改进。不论是天资比较聪明的人还是天资比较鲁钝的人，都必须勤学苦练。越是秉赋好的人，越需要受教育，否则，好的秉赋就会使人变得难以驾驭。仅凭财富不能使人有才德，以为富有就不需要受教育的人是愚人。对于治国者来说，受教育更为必要，"最大的骗子乃是那些本来没有资格、却用欺骗的方法使人相信他们有治国才能的人。"①

苏格拉底认为教育的目的是培养治国人才。他是一位爱国者，对生育、教诲过自己的母邦雅典感恩戴德，曾为雅典的安全英勇战斗，为雅典祖先的丰功伟业感到自豪，严格遵守雅典的法律。但他对雅典流行的用抽签办法挑选国家官员的传统一再提出批评，认为把管理国家大事这种重大任务交给偶然中签的随便什么人，而不问他们的才德如何，这是不负责任的极端民主。苏格拉底是专家治国论者，他认为治国者必须有德有才，深明事理，具有各种实际知识。多数人的意见不一定正确，在判断是非、荣辱、善恶时，应受"有专门知识的人的意见所支配和左右……应敬畏有专门知识的人更甚于敬畏其他所有的人"②。至于担任将领，更必须通过学习，具有军事知识，因为在战时，整个城邦都交到将军手中，他的成败影响到城邦的成败。

（二）论德育

伦理、道德问题是苏格拉底整个思想体系的中心。

1. 实践的哲学——道德

苏格拉底以前的希腊哲学家都是自然哲学家。他们探索的对象是宇宙的本原，揣测这大千世界是由什么构成的。到苏格拉底的中年，雅典开始从极盛走向衰败，社会问题成堆，旧的传统开始动

---

① ② 色诺芬著，吴永泉译：《回忆苏格拉底》，商务印书馆1986年版，第139、92页。

摇。苏格拉底认为,自然哲学家的研究不能解决现实问题。哲学应从天上回到地上,从自然回到人间,从研究自然转向研究人类自身的问题,伦理、政治、哲学的研究应当是能够实践的。

2. 寻求道德的"一般"

智者宣称人是万物的尺度,观念起源于感觉,而感觉因人、因时、因物而异,知识只具有相对性而不具有普遍有效性。真理因人、因时而异,没有普遍的真理。苏格拉底不满意智者的怀疑论和相对主义,他汲取自然哲学家探讨万物本原的思想方法,要求在真理、道德问题上探求普遍有效的"一般",寻求本质,研究伦理概念的一般定义。

3. 教人学会做人

苏格拉底认为,教育的首要任务是培养道德,教人"怎样做人"。他劝人敦品笃行,"把精力用在高尚和善良的事上……努力成为有德行的人。……秉赋最优良的、精力最旺盛的、最可能有所成就的人,如果经过教育而学会了他们应当怎样做人的话,就能成为最优良最有用的人。"[①]

4. 智慧即德行

苏格拉底认为道德不是天生的,正确的行为基于正确的判断,做坏事的人按照错误的判断行事,没有人会明知故犯,所以教人道德就是教人智慧,教人辨别是非、善恶,正确地行事,智慧就是道德。"智慧就是最大的善……正义和其他一切德行都是智慧,因为正义的事和一切道德行为都是美而好的;凡认识这些事的人决不会愿意选择别的事情;凡不认识这些事的人也决不可能把它们付诸实践。……正义的事和其他一切道德的行为,就都是智慧。"[②]

智慧即德行(知识即道德)的论断在教育实践上有重要意义。既然正确行为基于正确认识,对人进行道德教育就是可能的,道

---

① ② 色诺芬著:《回忆苏格拉底》,第139、117页。

德是可教的。后世的教育家因此把发展道德意识、道德判断作为德育的重要任务之一。但知识即道德的观点是不完善的,因为知识并不等于道德。亚里士多德批评说:"说美德就是知识,这是不对的;但是说美德不能没有识见(不能没有知识),这句话却有道理。"①

5. 自制是德行的基础

苏格拉底要求人们以明智的认识约束自己的行为,抑制自己的欲望。他认为自制是"一切德行的基础"。对一个人来说,口才的流利、办事的能力、心思的精巧都是次要的,"首先必需的是自制"。他谆谆教人"把自制看得比什么都重要"。不能自制就使智慧和人远离,使人对快乐流连忘返,使本来能分辨好坏的人丧失辨别能力。苏格拉底要求将情欲控制在最必要的范围内,他本人即是自制的典范。

6. 守法就是正义

苏格拉底认为,正义的行为和其他一切道德都是智慧。区分正义与非正义的标志是什么?"守法就是正义。"正义的本质含义就是遵守城邦的法律。苏格拉底将教育、道德和政治、法律完全糅合在一起。中国古代儒家认为德化高于刑政,法家以法治排斥道德,苏格拉底则寓守法于道德之中。

7. 身教重于言教

苏格拉底不仅劝人向善,而且他本人就是崇高道德的榜样。他严于律己,以身教人。黑格尔说:"苏格拉底是各种美德的典型:智慧、谦逊、俭约、有节制、公正、勇敢、坚毅、坚持正义……不贪财、不追逐权力。苏格拉底是具有这些美德的一个人——一个恬静的、虔诚的道德形象。"②蒙田说:"苏格拉底在所有伟大的品性

---

① ② 引自黑格尔著:《哲学史讲演录》第2卷,第70、49~50页。

方面都堪称是一个完美的典型。"① 他又说:"苏格拉底之言行臻现了至善至美与大难大劫的极限,远非人工所及。"②

(三) 论智育

苏格拉底认为,治国者必须具有广博的知识。"在所有的事上,凡受到尊敬和赞扬的人都是那些知识最广博的人,而那些受人谴责和轻视的人都是那些最无知的人。"③ 为此,他孜孜不倦地以各种知识教人。色诺芬说:"凡是一个善良和高尚的人所应该知道的事,只要苏格拉底知道,他总是非常乐意地教导他们,如果他自己不熟悉,他就把他们带到那些知道的人那里去。他还教导他们,一个受了良好教育的人对于各种实际学问应该熟悉到什么程度。"④

苏格拉底除教授政治、伦理、雄辩术和人生所需要的各种实际知识以外,第一次将几何、天文、算术列为必须学习的科目,学习这些学科的目的在于实用,而不在于纯理论的思辨。例如,"一个人学习量地学,只须学到在必要时能够对于买进、让出或分配的土地进行正确的丈量,或者对于劳动量进行正确的计算。"又如熟习天文学,"只是为了能够知道夜间的时辰、月份节令,为了作水陆旅行、值夜班等工作的方便,以便利用征象来分辨上述时间。"⑤ 他还认为这些知识可以向有实践经验的人学习。

(四) 苏格拉底方法

苏格拉底在哲学研究和讲学中,形成了由讥讽、助产术、归纳和定义四个步骤组成的独特的方法,称为苏格拉底方法(或称"产婆术")。讥讽是就对方的发言不断提出追问,迫使对方自陷矛盾,无词以对,终于承认自己的无知。助产术即帮助对方自己得到问题的答案。归纳即从各种具体事物中找到事物的共性、本质,通过对

---

①② 蒙田著,陈晓燕选译:《人生笔记》,浙江人民出版社1987年版,第57、94页。

③④⑤ 色诺芬著:《回忆苏格拉底》,第109、183页。

具体事物的比较寻求"一般"。定义是把个别事物归入一般概念,得到关于事物的普遍概念。亚里士多德高度评价苏格拉底方法。他说:"有两样东西完全可以归功于苏格拉底,这就是归纳法和一般定义。这两样东西都是科学的出发点。"①

苏格拉底方法也称为问答法,这是苏格拉底探讨伦理哲学的研究方法,也是他的教学方法。这种教学方法的优点是不将现成的结论硬性灌输或强加于对方,而是与对方共同讨论,通过不断提问诱导对方认识并承认自己的错误,自然而然地得到正确的结论。这种方法遵循从具体到抽象、从个别到一般、从已知到未知的规则,为后世的教学法所吸取。后世许多名著都是以问答体形式出现。但是这种原始的教学方法是在当时没有成熟的教材、教科书和没有正规课堂教学制度的特定历史条件下的产物,它不是万能的教学方法,只能在一定条件下和适度范围内作为参照。

(五)论健康与锻炼

苏格拉底认为,身体健康在平时是有用的,因为人们做一切事情都需要用身体,要尽可能使身体保持最好的状态。至于在战时,身体健康就更重要。即使在思维活动中,健康的身体也是必要的,许多人"由于身体不好,健忘、忧郁、易怒,就会影响他们的神志,以致他们把已获得的知识全部丧失殆尽"②。苏格拉底要求每个人的身体能经受严寒、酷热、饥渴、疲劳困顿,以便能适应各种环境。苏格拉底"竭力劝勉他的门人,要注意身体健康。一方面要尽量向那些知道怎样保持健康的人学习,另一方面各人自己也要一生一世注意:什么食物、什么饮料和什么样的运动对自己有益处……"③

健康不是天生的,锻炼可以使人身体强壮。那些天生体质脆弱

---

① 北京大学哲学系编译:《西方哲学原著选读》上卷,商务印书馆1985年版,第58页。

②③ 色诺芬著:《回忆苏格拉底》,第132、184页。

的人,只要锻炼身体,就会在他所锻炼的方面强壮起来,比那些忽略锻炼的人更能够轻而易举地经受住疲劳。

苏格拉底自己经常锻炼身体,准备应付身体可能面临的任何考验。他每天早上都到广场去体育锻炼,因此培养了自己忍受饥渴、寒热、疲劳的惊人能力。

第二节 柏拉图的教育思想

一、时代与生平

柏拉图(Plato,公元前427—前347)是古代西方哲学史上客观唯心主义的最大代表。在西方教育思想史上,柏拉图的《理想国》和卢梭的《爱弥儿》、杜威的《民主主义与教育》被称为三个里程碑。

柏拉图生活于古希腊雅典城邦迅速走向衰落的时期。在柏拉图的青少年时期,雅典群龙无首,派别斗争尖锐,社会剧烈动荡。每一次政局变动,都伴随着逮捕、审判、处死、放逐、没收财产。雅典人的自信心、自豪感随之消逝。公元前399年,雅典发生了对无辜的苏格拉底审判、处死事件。柏拉图亲自旁听了对苏格拉底的不义审判并参与营救活动。此事使柏拉图的思想深受震动。到柏拉图的中、晚年,雅典已经衰落,雅典民主制的光荣已成为对遥远过去的回忆。柏拉图亲身经历了社会的混乱、多变、无序、争斗、罪恶,使他萌生了探求一个稳定、和谐、正义、不变、完善的理想社会的宏愿。

柏拉图出身于名门望族,母亲是改革家梭伦的后裔。柏拉图7岁进入狄奥尼索学校学习,12岁进巴斯特拉体操学校,对体育、文学、艺术、音乐有浓厚兴趣,写过一篇史诗和一部悲剧。公元前409年,18岁的柏拉图从体操学校结业,按当时规定在国内服兵役两年。20岁从师苏格拉底。青年时代的柏拉图对政治发生兴趣。"三十僭主"的头目克里底亚和查米达斯是柏拉图的亲戚,他们想拉柏拉图入伙，柏拉图也跃跃欲试。经过冷静观察，柏拉图对"三十僭主"的倒行逆施，特别是他们对苏格拉底的迫害十分厌恶，于是打消从政的念头，退而转入哲学的沉思。柏拉图跟随苏格拉底学习了8年。苏格拉底死后，柏拉图漫游各国达12年，成为阅历丰富、知识渊博、卓有声誉的学者。

公元前387年，柏拉图在雅典近郊的运动场附近创建学园，讲授哲学和科学。他主持学园40年，直到去世。他创办的学园存在了数百年，是当时的哲学和科学中心，并对中世纪和近代大学产生了影响。柏拉图的著作（包括《理想国》）大都是在学园时期写成的。晚年写成最后一篇著作《法律篇》，对自己在《理想国》中的观点作了重要修正。

二、政治观和哲学观

（一）政治观

柏拉图遍考当时各国的政体，发现没有一种政体是理想的。人们感官所及的现实中的政体都不完善，远离真理和正义，转瞬即逝。完善的、理想的、符合真理与正义的国度不存在于现实中，不是人的感官所能感受到的。它只存在于头脑中，只是思维的对象。这个存在于头脑中的、超越现实之上的理想境界就是他的大胆构想："除非哲学家成为我们这些国家的国王，或者我们目前称之为国王和统治者的那些人物，能严肃认真地追求智慧，使政治权力和聪明才智合而为一；那些得此失彼、不能兼有的庸庸碌碌之徒，必须排除出去，否则的话……对国家甚至我想对全人类都将祸害无穷，永无宁日。"[①] 根据这一构想，他在头脑中构建了一个"理想国"。在理想国中，爱智慧、掌握了真理的深明事理的哲学家居于

---

① 柏拉图著，郭斌、张竹明译：《理想国》，商务印书馆1986年版，第214～215页。

统治地位，居于辅佐地位的是具有勇敢美德的军人，这两种人都是护卫者。第三类人则是具有节制美德的手工业者和农民。三类人各安其位，各尽其责，互不逾越自己的本分，分工而又合作，不同而又和谐一致，这就是正义。智慧、勇敢、节制、正义，这就是理想国中的四种美德。（护卫者也应节制）为了防止争夺，在哲学家和军人中废除私有财产和一夫一妻制家庭，实行儿童公有公育。哲学家是生来含有黄金的人，军人生来含有白银，手工业者和农民则生来只含有铜和铁。一个人应归入这三类人中的哪一类，不是决定于他的血统和财产，而是决定于他的天赋和在教育、实践锻炼中表现出来的才德。金质的人的儿子，如果生来只含有银或铜和铁，应归入军人或手工业者、农民中去。银质或铜、铁质的人的儿子，如果含有金，则应成为哲学家、统治者。

柏拉图认为，只有哲学家成为统治者，理想的国家才能成为现实。

（二）哲学观

柏拉图青年时代学习过赫拉克利特的哲学，受到万物皆流、物无常在的观点影响。但是他抛弃了赫拉克利特的辩证法思想的核心，得出了轻视感性事物的结论。他认为从感性事物中不能得到真实知识，哲学的任务是超越变幻无常的感性世界，追求常驻不变的、无生无灭的永恒世界。柏拉图又受到毕达哥拉斯灵魂不灭思想的影响，相信轮回说和灵魂转世说，认为身体是灵魂的囚笼、坟墓，灵魂只有脱离肉体，才能升华，达到灵魂的净化。他将这一切哲学观和他的政治观结合起来，提出了两个世界的理论。他将世界划分为现象世界和理念世界。现象世界是不完善、不真实、暂时的，只有理念世界才是完善、真实、永恒的。哲学应追求真实知识、追求共相，追求普遍永恒的真理。在理念世界的众多理念（共相）中，最高的理念是善的理念。柏拉图关于现象世界和理念世界的划分，实际上是他对感性、现象与理性、本质的关系的扭曲，而最高的善的理念不过是他的思维在头脑中的产物——理想国。

(三) 认识论——学习即回忆

柏拉图给自己的认识论蒙上一层神秘主义的迷雾。他认为从感性的个别的事物中不能得到真知识，只有通过感性事物引起思维，认识共相，才能达到对真理的把握。强调理性思维，追求共相、本质，这个本来深刻的哲学见解被他作了唯心主义的解释，他把思维、共相看成与外界无关的、存在于人的灵魂的内部。他说人在出生以前已经获得了一切事物的知识，当灵魂依附于肉体（降生）后，这些已有的知识被遗忘了，通过接触感性事物，才重新"回忆"起已被遗忘的知识。"认识就是回忆""一切研究、一切学习只不过是回忆罢了"。学习并不是从外部得到什么东西，它只是回忆灵魂中已有的知识。黑格尔认为，学习即回忆是在比喻和寓言的意义下说的，绝不可以像神学家那样去追问是否人在生前已经有了知识，它存在于什么地方。回忆说是对苏格拉底追求"一般"的思想的进一步发展。

三、《理想国》中的教育观

柏拉图认为，教育和培养是当政者应注意的一件大事。理想国的建立和保持，端赖于教育，一个人得到的培养如果不合适，那么最好的天赋所得到的结果甚至会比差的天赋还要坏。理想国中对儿童也实行公养公育。婴儿呱呱坠地后即被送入国立养育院。有公民身份的男女儿童的教育从音乐和讲故事开始，歌词、曲调和故事内容都要经过严格审查，禁止不健康的东西。然后经过2~3年体育训练，锻炼吃苦、耐劳、勇敢等品格。10岁时所有男女孩子都被送到乡下去受教育，除识字、阅读、道德教育外，学习算术、几何、天文和音乐理论。20岁时，进行第一次筛选，被挑选出来的青年要能将学过的课程加以综合，以考察他们有无辩证法的天赋。30岁时，根据第一次挑选出来的人在学习、作战和工作中的表现，作第二次筛选并进行考试。被选出的人用五年时间专心致志地学习辩证法。35岁再放到实际工作中锻炼。50岁时在实际工作锻炼和知识学习中成绩优异并通过考试的人接受最后考验,从事管理国家事务并继续研究哲学。理想国中教育的最高目标是培养哲学家兼政治家——哲学王。这种教育贯串于人的整个一生。学习和实际锻炼始终紧密结合。

柏拉图认为女子应和男子受同样的教育,从事同样的职业。女子应同样受体操训练和军事教育。各种天赋才能同样分布于男女两性,根据自然,各种职务不论男女都可担任。

理想国中重视早期教育。柏拉图指出:人"在幼小柔嫩的阶段,最容易接受陶冶,你要把他塑成什么型式,就能塑成什么型式"①。"先入为主,早年接受的见解总是根深蒂固不容易更改的。"从小养成的习惯会成为第二天性,正如白色的羊毛一经染上颜色就不会褪掉。②

教育的最终目的是促使"灵魂转向"。各种知识都有其实用价值,但这不是终极目的。教育要培养人从可见世界上升到可知世界,也就是转离变化着的感性世界、现象世界,眼睛向上,转向光明,看到真理、本质、共相(理念),认识最高的理念——善。善不仅是认识对象,也是认识能力,只有从善理念的高度,才能见到真实的世界。柏拉图所要求的这个"灵魂转向",实际就是看问题的立脚点和世界观的转变。

柏拉图是"寓学习于游戏"的最早提倡者,他要求不强迫孩子学习,主张采用做游戏的方法,在游戏中更好地了解每个孩子的天性。但是游戏必须有选择,孩子参加的游戏必须符合法律精神。参加不符合法律精神的游戏,就会成为违法的人,不可能成为品行端正的守法公民。

柏拉图发展了苏格拉底关于节制的思想,认为节制是一种好秩

---

① ② 柏拉图著:《理想国》,第71、140、98页。

第三章　苏格拉底、柏拉图、亚里士多德的教育思想

序或对某些快乐与欲望的控制。正如在理想国里有三类人，每个人的灵魂中也有三种成分。人们用以思考推理的是灵魂的理性部分，人们用以感觉爱、饿、渴等物欲之骚动的是灵魂的无理性部分或欲望部分，激情部分是理智的同盟者和辅助者。通过教育和培养，使理智在人的灵魂中起领导作用，激情起辅助作用，欲望接受领导，被控制在简单的有分寸的范围之内，三者之间友好和谐而没有纷争，各安其分，这种人就是正义的人。

国家对教育的重视，教育与政治结合，高度评价教育在人的塑造中的作用，将算术、几何、天文、音乐理论四门课程（后来称为四艺）列入教学科目，第一次提出以考试作为选拔人才的手段之一，强调身心协调发展、男女教育平等，注意早期教育，主张课程学习与实际锻炼结合、净化教育内容，反对强迫学习，以理性指导欲望作为道德教育的中心任务，这些就是《理想国》中的教育观的积极因素。它们对后来西方教育理论的发展产生了长期影响。但是，《理想国》的教育过于强调一致性，用一个刻板的模子铸造人，忽视个性发展。此外，它拒绝变革，"不让体育和音乐翻新"。柏拉图认为音乐的翻新会给国家带来危害。①

---

① 在柏拉图一生中，曾三次去叙拉古，企图说服城邦僭主，实现其哲学家掌权的政治理想，均无结果。三次访问叙拉古受挫使柏拉图认识到，《理想国》过于理想，在现实中是无法实现的。他在晚年写成《法律篇》，重新设计了一个最接近于理想的政治制度（the second-best form of polity），被称为"第二个理想国"。在这个新制度中，实行君主制和民主制结合的混合政体，法治代替了哲学家的人治，哲学家被继承王位的王子所取代，恢复了私有财产和一夫一妻制家庭。法律是哲学家制定的，但执政的是一批无权修改法律的官员，立法和行政的职能已划分开。

在新制度中，柏拉图的教育观亦有重要变化。表现在哲学王不再是整个教育体系的重心和教育活动的主要目的，而是转为培养遵纪守法、护国卫道的公民；教育的任务改变为改造民心，陶冶性情、建树民德；同时废除逐层淘汰的教育体系。

第三节 亚里士多德的教育思想

一、生平和世界观

（一）生平

亚里士多德（Aristotle，公元前384—前322）是古代希腊百科全书式的学者，出生于希腊殖民地色雷斯，父亲是马其顿国王阿明达斯二世的御医。公元前367年，17岁的亚里士多德来到雅典，先入伊索克拉底的雄辩术学校学习，旋即转入柏拉图的学园，入科学组学习，凡20年，被誉为"学园的精英"。公元前343年，马其顿国王腓立慕亚里士多德之名，邀请他去担任时年13岁的王子亚历山大的老师。腓立在给亚里士多德的信中说："我有一个儿子，但我感谢神灵赐我儿子，还不若我感谢他们让他生于你的时代。我希望你的关怀和智慧将使他配上我，并无负于他未来的王国。"① 亚里士多德不负所望，他对亚历山大的教育取得成功，师生间建立了深厚的情谊。

公元前336年，腓立被刺，亚历山大继承王位。

亚历山大在征战途中，对亚里士多德的科学研究提供了有力支持。他命令部下，凡在亚细亚发现新的动植物材料，必须将原物或该物的绘图或详细描述寄给亚里士多德以供他研究。亚历山大还下令为亚里士多德搜集各城邦的法律和政治制度的资料，使他竟收集到了158个国家的宪法，还整理了雅典每年上演的悲剧和喜剧的演出记录。这些支持是使亚里士多德在诸多学科领域取得重大成就的重要原因之一。

当亚历山大开始远征后，亚里士多德回到雅典，并于公元前

---

① 引自黑格尔著：《哲学史讲演录》第2卷，第272~273页。

335年，在吕克昂开办一所学园，在此讲学、研究、著述凡13年。吕克昂学园中研究的学科遍及哲学、美学、诗学、伦理学、文法、修辞、逻辑学、天文、物理、生物、解剖、气象、心理等领域，包括了当时的一切知识部门。据说，亚里士多德有教育著作，可惜失传。现在只能从他的哲学、政治学、伦理学著作中窥见其教育思想的梗概。

（二）世界观

在哲学上，亚里士多德承认物质世界的客观存在。他批评柏拉图的与客观世界脱节的理念论，认为理念不能解释物质世界，理念不是事物的摹本，相反事物是理念的摹本。亚里士多德认为事物是质料和形式的统一，质料含有发展的可能性，只是由于形式的作用，它才现实化，即转化成为现实。他承认自然界是处在运动发展中的，发展即是质料形式化的过程，即可能性向现实性转化的过程，但是他又认为发展的动因是由于神的"第一次推动"。在认识论上，亚里士多德认为认识的对象是物质世界，物质世界是经验和感觉的泉源，而经验和感觉则是理性思维和概念的泉源。概念是由感觉产生的，它是知识的高级阶段。认识事物的一般，从感觉上升到理性思维，认识共相、概念，这是科学的任务。

亚里士多德在说明自己的唯物主义认识论时在西方首次提出"蜡块"说与"白板"说。他指出，理智没有什么东西不是先已在感觉中的。他用一个形象的比喻说明感觉与被感觉对象的关系。感觉只是采纳被感觉的东西的形式而不要它的质料，"正如蜡块只把带印的金戒指的印记接纳到自己身上，而不取黄金本身，而只纯粹取其形式。"① 又说，人的灵魂（意识）正如什么也没有写上的一张白纸，一块白板（tabula rasa），它能接受对象的知识。这种观点确认知识是从外面经过感觉进入意识的，与柏拉图知识即回忆的

---

① 引自黑格尔著：《哲学史讲演录》第2卷，第344页。

理论相对立，这是古希腊在认识论上的一个成就。后世的哲学家、教育家（如夸美纽斯、洛克）往往引用蜡块说与白板说的比喻来说明教育在人的形成中的巨大作用。

在社会政治观上，亚里士多德为奴隶制辩护。他认为在一个国家中，最富的人和最穷的人都不应该掌权，在两个极端之间的中庸适度是最好的，共和政体是最好的形式。

二、教育思想

亚里士多德的教育思想包括理论和实践两个方面。理论是指对教育的一些基本原理的论述，实践是指对具体教育工作的意见。

（一）教育理论

1. 论灵魂的三个组成部分

亚里士多德在《论灵魂》和《尼各马可伦理学》中都将人的灵魂区分为两个部分：理性的部分和非理性的部分。非理性部分又包括两种成分。所以人的灵魂由三部分构成，即营养的灵魂、感觉的灵魂和理性的灵魂。这三个部分相应于植物的灵魂、动物的灵魂和人的生命。当营养的灵魂单独存在时，是属于植物的，如果它还有感觉，则属于动物的灵魂。如果它既是营养的，也是感觉的，同时又是理性的，就是人的灵魂。在灵魂的三部分中，植物的灵魂与理性不相干，动物的灵魂即感觉的、欲望的灵魂在一定程度上分有理性，但它天性中有某种反理性的倾向，与理性相对抗、相搏斗，但它又有可能分有理性，特别是能自制的人是如此。使灵魂的三个部分在理性的领导下和谐共存，人就成为人。

亚里士多德的灵魂论在教育理论上的重要意义在于，首先，它说明人也是动物，人的身上也有动物性的东西，它们与生俱来，采取不承认主义或企图消灭它，是违反人的本性，也是做不到的；其次，人具有理性，人不同于动物，高于动物。能否用理性领导欲望，使欲望服从理性，是人与动物区分的标志。任凭欲望肆虐，不听从理性的领导,人就降低成为动物。用理性引导、限制、指导欲望,人就上升成为人。发展人的理性,使人超越于动物的水平,上升为真正的人,这就是教育,特别是德育的任务。第三,灵魂的三个组成部分的理论为教育必须包括体育、德育、智育提供了人性论上的依据。

2. 论教育的作用

亚里士多德提到了人形成为人的三个因素,即天性、习惯和理性。"首先一个人生来就是人,而不是其他动物,并且其身心必定有某种特性。但在初生时有些品质虽具有而无用,因为它们可以为习惯所改变,还有些秉赋天然地有待于习惯使之变好或变坏。……只有人类除天性与习惯外,尚有理性。由于天性、习惯和理性不能经常统一,要使它们互相协调并服从于理性,除了通过立法者的力量而外,就寄托于教育。"[①] 重视人的天性、在良好的环境和正当的行为中养成良好的习惯,并通过教育发展人的理性,使天性和习惯受理性的领导,人就能成为有良好德行的人。在这三个因素中,教育显然有其特殊作用。

亚里士多德关于形成人的三要素的理论,是后世关于遗传、环境和教育的理论的雏形,也是卢梭划分自然教育、事物教育和人为教育的张本。不同的是,卢梭以事物教育和人为教育服从自然教育(天性),亚里士多德则坚持天性、习惯服从于理性的指导。

亚里士多德在高度评价教育的作用时,并不认为教育在人的形成中的力量是万能的。教育并不能使那些天性卑劣而又在不良环境中养成了坏习惯的人服从理性的领导。对于拒不服从理性领导的不可救药的人,强制和惩罚是必要的。因此,必须建立公共生活的正确制度,有良好的立法和法律知识的教育。

---

① 亚里士多德著,吴寿彭译:《政治学》第 7 卷,商务印书馆 1965 年版,第 13 章。

3. 普遍的公立的教育与教育立法

与柏拉图一样，亚里士多德也认为教育应是国家的事务，立法者应首先注意少年人的教育，因为忽视教育就会危害政制，应陶冶公民使他们的生活适合于政府的形式。他称赞斯巴达人使教育成为国家的事业，批评"每人只分别地照顾自己的儿童，给以自以为适合于他们的教育"的现象。他认为人人都是国家的一分子，"既然全邦具有一个目的，显然所有的人就应该受到同一的教育，教育事业应该是公共的而不是私人的。"① 亚里士多德提到了教育立法，"教育应由法律规定。"② 古希腊人这些有远见的思想只是在两千多年后，在19世纪才被西方的政治家普遍接受并在各国成为现实。

（二）对实际教育工作的意见

1. 胎教和婴幼儿教育

亚里士多德主张优生优育，控制人口过度增长。男女应在精力最旺盛的年龄结婚、生育子女，以保证下一代的健康。孕妇应自己保重，应当从事运动，吃营养丰富的食物，保证心理的安静。婴儿出生以后，应吃含乳分最高的食物，应有适合于年龄的运动，在幼年时习惯于寒冷，但这种锻炼应是渐进的。在5岁以前，不应要求儿童学习课业或工作，以免妨碍其发育。游戏是有益的，但应避免鄙俗的游戏。对神话或故事要加以选择，其中大部分应是他们将来要认真从事的事业的模仿。应注意儿童语言的纯洁，防止下流的语言，不要让儿童接触不健康的演出。

2. 初等教育

亚里士多德主张遵守自然所作的年龄划分，人生以七年为一期，共分为三个时期。7～14岁为第二个时期。儿童从7岁开始上学。初等教育的分科有四种，即阅读、书写、体育锻炼、音乐和绘画。其中，读写和绘画在生活中有各种用途，体育锻炼可培养勇

---

① ② 亚里士多德著：《政治学》，第8卷，第1章、第2章。

气，学习音乐的目的在于要善于利用闲暇。教给儿童的东西应是"真正必需的有用东西"，而不是"一切有用的东西"。亚里士多德认为，职业可分为自由的和偏狭的，教学科目的性质也应该一部分是自由的，一部分是偏狭的。自由教育（亦称文雅教育）反对教育具有功利性，主张以提高一般文化素养为目的，只适合于自由民。任何职业、艺术、科学，凡是足以使自由民的身体、灵魂、心理不适应于实践或无法运用其德行者，都是鄙俗的，应予以拒绝。

不同于柏拉图先音乐教育、后体操训练的主张，亚里士多德认为在教育上，实践必须先于理论，身体的训练应在智力训练之先。体育训练的目的不是为了竞技，不应像斯巴达人那样用自以为将使儿童勇敢的艰苦操练而使儿童变得残忍，应该把高贵的东西而不是兽性的东西放在首位。他认为，那些专心致志于自己的儿童的身体锻炼而忽视他们必要教育的家长，实际上是使他们的孩子流于粗俗。儿童的体育练习应是比较柔和的，应避免粗劣的膳食和痛苦的劳作，使身体的生长不受损害，幼年的过度训练只有害处。

必须把音乐列入教育，这是因为音乐具有多种功能：教育、心灵的净化和理智的享受，为了紧张劳动后精神的松弛和休养。为了使音乐有教育作用，必须选择富于伦理性的旋律和曲调。

3. 高等教育

由于亚里士多德的著作残缺不全，现在已经无法知道他关于中、高等教育的论述。关于高等教育，从吕克昂学园的实践略知其大要。我们知道，在学园中，学科的门类十分广泛，它不仅是哲学学校，也是科学学校。那里实行教学和科学研究相结合，研究和实验相结合，讲授与自由讨论相结合。学园大致上根据学员的程度划分年级或班级，亚里士多德上午给高级班讲授哲学、物理、辩证法等较高深的课程，下午给普通班讲授修辞学、政治等学科。

4. 兴趣与学习

亚里士多德注意到了学习中的兴趣原理，"人们的活动为本身的快乐所加强、所延长、所改善,又为异己的快乐所妨害……如果一个人感到写和算对他是痛苦的,他就不肯再写,也不肯再算了,因为这些活动是一些痛苦。"① 因此,引起学习兴趣是重要的。

5. 家庭教育的特殊功能

亚里士多德认为:"在各个家庭中父亲的话语和家族惯例也具有权威性,而血缘关系越近,家庭给予的恩惠越多,这种权威也就越大。家庭成员对家长的依恋与服从最初是自然发生的。此外,个别教育优于共同教育……因为,每个人都应得到与他相适合的对待。"②充分利用家庭教育的这种特殊有利条件,是家长的责任。

(三) 伦理学与德育

伦理思想是进行道德教育的理论基础。在此问题上,亚里士多德提供了许多有益的见解。

亚里士多德谈论得较多的是美德。美德(virtue)一词,不仅指道德,也含有长处、特点、效能的意义。亚里士多德将美德分为两类:理性美德和伦理美德,后者才是伦理学讨论的对象。伦理美德就是中道,中道在两种过错之间,一方是过度,一方是不及。道德品质是被过度和不及所破坏的。如痛苦或快乐的情感,过多和过少都不好。有的人沉湎于一切快乐不能自拔而成为放纵,有的人则如一个苦行者,回避一切快乐而成为一个冷漠无情的人。这都是对中道的破坏。"若是在应该的时间、按应该的情况、对应该的人、为应该的目的、以应该的方式来感受这种情感,那就是中道,是最好的……所以德行就是中道,是对中间的命中。"③所以,美德就是适度,恰如其分,恰到好处。

亚里士多德认为美德既非出于本性而生成,也非反乎本性而生成,自然给了我们接受德性的能力,它以潜能的形式存在,然后再

---

① ② ③ 亚里士多德著,苗力田译:《尼各马可伦理学》,中国社会科学出版社 1990 年版,第 220~221、33、31 页。

以现实活动的方式展示出来，我们必须先进行有关德行的现实活动，才能获得德行，只知道德行是不够的，还要力求在实践中应用或者以某种办法变得善良。公正的人由于做了公正的事，节制的人由于做了节制的事，如果不去做这些事，谁也别想成为有德行的人。亚里士多德批评那些空谈德行而不实践德行的人，"有些人什么合于德行的事都不做，而是躲避到有关德行的道理言谈之中，认为这就是哲学思考……像这样的哲学也不能改善灵魂。"①

在实践德行中，亚里士多德强调动机与效果的统一，知与行的统一，主观与客观的统一。"合乎德行的行为，本身具有某种品质还不行，只有当行为者在行动时也处于某种心灵状态，才能说它们是公正的节制的。第一，他必须是有知、自觉的；其次，他必须是有意识地选择行为的，而且是为了行为自身而选择的；第三，他必须在行动中勉力地坚持到底。"②亚里士多德认为，对于获得德行来说，知的作用是非常微弱的，其他的条件比知的作用更重要，因为公正和节制的德行是公正和节制的行为多次重复后才产生的。正是在这个意义上，他批评苏格拉底智慧即美德的观点不完善。

苏格拉底、柏拉图、亚里士多德的教育思想是古代希腊长期发展的教育思想及教育实践经验的总结，又是以后两千多年西方教育思想发展的直接源头。古代希腊最早有文字记载的教育思想应溯源到约公元前7世纪（或8世纪）的赫西俄德。以后，毕达哥拉斯、德谟克里特、智者都有一些零星的教育观点。到苏、柏、亚三哲的时代，古代希腊的教育思想已经有了三四百年的历史积累，这是三哲教育思想产生的土壤。但是三哲以前的零星教育思想对后世影响甚微。对以后西方教育思想产生长远、广泛、深刻影响的，无疑是三哲的教育思想。除了在哲学、政治、伦理、美学、文学、修辞

---

① ② 亚里士多德著：《尼各马可伦理学》，第31、30页

学、逻辑学、科学、神学等方面的影响外,在教育理论方面,和谐发展、理性指导欲望、白板说、问答法、学园,都是长盛不衰的话题。后世许多重要的教育理论观点,都可以从古代希腊三哲那里找到发展程度不等的胚胎。甚至柏拉图为说明早期教育的重要性所举的那个白色羊毛染色的例子,也被昆体良、夸美纽斯一再援引。希腊三哲的教育思想是对西方,也是对人类的不朽贡献。

还应指出的是:古代希腊的教育思想的发展,明显地受到了古代东方文化的影响。古代希腊的哲学家大都游历过古代东方各国,广泛吸收东方文化。希腊的天文学、数学、几何学知识是从东方引进的。柏拉图在《法律篇》中详细记载了埃及人有关音乐教育、审查教材、"寓学习于游戏"等方面的经验。上述史实进一步说明了东方文明是世界文化之源。

思考题

1. 评苏格拉底问答法。
2. 比较苏格拉底和亚里士多德关于美德的见解。
3. 比较柏拉图的"知识即回忆"和亚里士多德的"白板说"。
4. 综述苏格拉底、柏拉图和亚里士多德关于理性与欲望的关系的思想。

第四章

古罗马的教育

在西方教育史上,古代罗马的教育也占有重要地位。罗马远不只是希腊文化教育的传播者,它本身也是一种文化教育的创造者。

古罗马的历史可分为三个时期:公元前8～前6世纪是王政时期;公元前6～前1世纪是共和时期;公元前1～公元5世纪是帝国时期。

王政时期是原始社会向奴隶社会的过渡时期,由于这个时期的教育没有可靠的史料作依据,所以我们讲古罗马的教育,一般只从共和时期讲起。而共和时期又分共和早期和共和后期两个时期。

第一节 共和时期的教育

一、古罗马共和早期的教育

在王政末期,由于平民对贵族的长期斗争,

公元前6世纪初罗马形成了共和政体。在这种政体下,平民和贵族都是罗马公民,具有同样的政治权利。

在经济上,这个时期与王政时期相似,居民主要从事农业、畜牧业、手工业,商业尚不发达。奴隶在生产部门中所占的比重还不大,主要的生产形式是小农经济,罗马人基本上是农民。但由于罗马城邦与毗邻城邦之间的频繁战争,又要求罗马人具有军人的品质。

这些社会特点决定了罗马共和时期的教育基本上是农民—军人的教育,其主要的教育形式是家庭教育。家庭既是经济和生产单位,也是教育单位。

古罗马以它的"家长制"出名。家长(父亲)对子女操有生杀大权。1~7岁的男女儿童由母亲抚养与教育。从7岁起,女童仍在家庭中从母亲那里受到作为未来的主妇与母亲的教育。男童的教育由父亲负责,从7岁到16岁与父亲形影不离。罗马的家庭教育以道德—公民教育为核心,男童从父亲那里受到敬畏神明、孝敬父母、忠爱邦国和遵守法律的教育,勤劳、节俭、朴实等农民品质的教育,以及对做农夫和军人的实际教育,如掌握农业技术、学会骑马、角力、游泳和使用各种武器。此外,还要记诵《十二铜表法》。文化教育占的比重很小。

二、古罗马共和后期的教育

从公元前3世纪开始,随着罗马共和国奴隶制经济的迅速发展,在共和国内形成了奴隶与奴隶主之间、平民与贵族之间、拥有大量土地的元老院贵族与商业金融贵族之间的各种矛盾和斗争,遂使罗马进入共和后期。

古罗马共和后期的学校教育制度既保留了罗马民族自身文化的特点,又吸收了古希腊文化教育的成就。公元前3世纪,罗马兼并了意大利南部的希腊殖民城市以后,便开始大量吸收希腊的文化教育成果。公元前146年,罗马征服希腊本土后,希腊的大批教师来到罗马，以办学校作为谋生之道，为罗马学习希腊文化提供了更方便的条件。但罗马人在吸收希腊的文化教育成果时并没有抛弃自己的文化教育传统，于是，在罗马共和后期，便存在着几乎是平行的两种学校系统，一种是以希腊语、希腊文学的教学为主的希腊式学校，另一种是拉丁语学校。

（一）初等教育

7～12岁的男女儿童入小学（ludus）。在共和早期，小学很少，它只是家庭教育的补充。到共和后期，小学才得到比较普遍的发展。教学内容是读、写、算，其中包括学习道德格言和《十二铜表法》。音乐和体育在罗马小学中不受重视。学校是私立的，收费的。平民的子女限于家财未必全都入小学或上完小学。一部分贵族又不屑于把子女送入小学，而是雇用家庭教师在家中教育子女。小学教师的收入菲薄，社会地位低下。

（二）中等教育

贵族及富家子女12～16岁入文法学校。文法学校以学习文法为主，包括语言。这种学校，起初完全由希腊人主持，教授希腊语和希腊文学，叫做希腊文法学校。随着拉丁文学的成长，到公元前100年前后才出现第一所拉丁文法学校。从西塞罗（Cicero，公元前106—前43年）起，拉丁文学得到蓬勃发展，拉丁文法学校也随之迅速发展起来。此后，儿童同时学习希腊文和拉丁文，或者兼上两种学校。希腊文法学校主要学习《荷马史诗》和其他希腊作家的作品。拉丁文法学校则学习西塞罗等人的著作。在这两种学校中也学习地理、历史、数学和自然科学，但这些学科的内容都比较肤浅。教学方法是讲解、听写和背诵。

（三）高等教育

准备担任公职的贵族子弟，在读完文法学校后进入修辞学校或雄辩术学校。雄辩术学校的目标是培养演说家或雄辩家。这是当时罗马日趋激烈的政治斗争和社会生活的需要。开始时，只有希腊语雄辩术学校，教学用希腊语，主要课程是学习希腊作家的作品，教师大多是希腊化地区和希腊本土的修辞学家。到公元前1世纪中叶，才建立拉丁语雄辩术学校。其教学内容取自拉丁作家的作品，使用拉丁语教学。作为高等教育的雄辩术学校，除重视学习文学和修辞学，还没有辩证法、历史、法律、数学、天文学、几何、伦理学和音乐等科目。当时认为，一个善于从事公民活动的演说家或雄辩家，还须精通文学，具有广博的知识。

罗马教育效法希腊教育和重视希腊文，有其多方面的原因：（1）罗马与希腊的雅典在政体上都实行奴隶主民主共和制；（2）希腊语是当时大半个"文明世界"的通用语言，罗马统治阶级需要有掌握希腊语和希腊文化的官员；（3）在当时，希腊文化的水平大大高于罗马，使罗马人不得不向希腊文化学习。

当然，引进和吸收希腊的文化教育，也曾引起罗马贵族中保守派和元老院的反对，但当时向希腊文化教育学习已是不可阻挡的潮流。而且，为了巩固罗马的传统，罗马的统治者也规定在其统辖的范围内，仍以拉丁语作为官方语言，并先后推动建立拉丁文法学校和雄辩术学校，以便在引进和吸收希腊文化教育中有用东西的同时，又能保持和发展自己的文化传统。

第二节 帝国时期的教育

一、帝国的政治与教育变革

在古罗马共和时期末期，被它征服的国家和地区越来越多，罗马的版图也越来越大。为了巩固对被征服的国家和氏族的统治，为了镇压奴隶的暴动和平民的反抗，统治者必须进一步加强国家的镇压力量。民主共和政体已经不适应新形势的需要。公元前30年，废除共和政体，古罗马历史从此进入奴隶制帝国时期。在帝国时期比较重大的教育改革主要表现在：（1）改变教育目的，把培养演说家改为培养效忠于帝国的顺民和官吏；（2）对初等学校（私立）实现国家监督，把部分私立文法学校和修辞学校改为国立，以便于国家对教育的严格控制；（3）提高教师的地位和待遇，改教师的私人选聘为国家委派。有的皇帝还规定教师任免办法，明令各地遵照执行，同时保留教师在任免上的最后决定权。但是，在罗马帝国，绝大多数教师的薪金不是由政府支付的，绝大部分学校是私立性质的。帝国所关注的只是中等、高等学校，小学教育不在奖励之列。①

二、帝国时期的各级教育

（一）初等教育

这时期的小学与共和后期的小学各方面的状况差不多，仍以平民子女为主要对象。教育内容还是读、写、算和道德教育。教材是文学作品，以诗歌为主，但教学重点已经由文学的学习转移到文法分析上。教师要求学生把文法的定义和规则抄录下来，并加以记诵。书写方面，教师要求学生抄写一些古今名人的道德格言。

（二）中等教育

帝国时期，中等教育发生了一个重要变化，即在文法学校里，拉丁文法与罗马文学的地位逐渐压倒了希腊文法与希腊文学。后来在西罗马帝国，希腊文法与希腊文学的学习几乎绝迹。

从公元3世纪开始，文法学校的教学逐渐趋向形式主义。教学与实际脱节，主要集中于文法与文学，实用学科减少。文学教学也日趋注意形式，忽视内容本身。比如，这一时期文法学校中形成了一套较完整的文学分析教学法，它包括下列一些步骤：教师朗读课

---

① 参见曹孚等编：《外国古代教育史》，人民教育出版社1981年版，第76页。

文，学生随读；教师逐段讲解课文；就课本作版本注疏；最后，对高年级学生就作家与作品进行文学分析与评论。这种形式主义的分析教学法对文艺复兴以后欧美的中学语文教学影响很大。

(三) 高等教育

与共和后期相比，帝国时期的高等教育既有所变化又有所发展。在共和时期，雄辩才能在政治生活中占有重要地位。在帝国时期，皇帝独裁，不容许臣民到处自由演说以干预政治。所以，高等教育从培养演说家变为培养官吏。虽然文法、修辞教育的传统仍然保留了下来，但学习内容已越来越脱离实际，一步步地走向形式主义：教师与学生致力于文字上的咬文嚼字，词藻上的争奇斗巧。①

在罗马帝国时期出现了专门教授法律的私立学校。设立在罗马、雅典、亚历山大里亚和迦太基的法律学校非常有名，吸引了四面八方的学生。法律学校的教学方法是阅读和背诵，由著名律师讲解法律。为了加强对法律学校的控制，狄奥多西一世（Theodosius I）在公元4世纪末把私立法律学校改为国立。

帝国时期，罗马政府已在各城市建立医院，军队里也有了医护兵，还设立了海军医院，对医生的需要量大增。在这种情况下，正规的可以成批培养医生的医护学校应运而生。这种医护学校由著名医生担任教师，采取理论和实践相结合的培养模式。此外，还有各种各样的人跟随哲学家或者在哲学学校里学习哲学。

第三节 基督教的兴起与早期基督教会的教育活动

在帝国时期，罗马社会和教育领域中发生的一件大事是：基督教作为世俗文化和教育的对立面而出现，并逐渐由弱小变为强大，

---

① 参见曹孚等编：《外国古代教育史》，第77页。

以至产生了基督教文化教育系统,最后在罗马帝国的很大范围内取代了罗马的世俗文化和教育。

一、基督教的产生及其在罗马帝国的传播

基督教产生于公元1世纪左右。这时罗马帝国正处在强盛时期,被奴役、被压迫、被征服的人民,在强大的帝国政权下几乎不可能作出有效的反抗,便到宗教中去寻找精神上的安慰。基督教就是在这种条件下产生于罗马帝国的一个行省——巴勒斯坦。早期基督教宣称人人都是上帝的子民,在上帝面前人人平等;号召教徒之间患难与共,互相周济;宣传相信基督的人将会得到拯救,进入极乐世界。这种教义宣传对被压迫的人具有很大的吸引力。帝国统治者残酷迫害早期基督教徒,但阻止不了基督教的传播。从公元2世纪后半期起,基督教教义逐渐宣扬逆来顺受、爱一切人;宣扬君主是神的代表,基督教徒要像敬神一样地尊敬君主。这一切迎合了当时统治阶级的需要,于是,基督教便逐渐变成了罗马帝国统治者对人民进行精神统治的工具。公元4世纪初,基督教被当时的罗马皇帝宣布为合法的宗教,4世纪末被定为罗马帝国的国教。

二、早期的基督教教会学校

基督教最早的教育活动以成人为对象。教会在接受信徒之前,要由教会长老对入教者进行有关教义、教规的教育。后来,这种教育扩展为一种学校机构,即初级教义学校(catechumenal school)。

教会的另一种教育机构是高级教义学校(catechetical school,或译教理学校)。它是为年轻的基督教学者提供深入研究基督教理论的场所。公元2～3世纪,埃及的亚历山大里亚和巴勒斯坦的凯撒尼亚高级教义学校,由于早期基督教著名神学家兼哲学家奥里根(Origenes,约185—约254)的教学与研究活动而声名远扬。安条克的高级教义学校也很有名。在这些学校中,由主教或

基督教的大师给门徒讲授神学以及高深的学问，由助手讲授一般基础科目。学员不仅研究教义，还要学习和研究世俗文化，即希腊、罗马文化。这几所学校为当时的教会培养出一批很有学问的传教士和神学家，有力地推动了基督教的传播与发展。公元4世纪左右，在叙利亚和波斯附近的阿拉伯地带也建立了一些类似的高级教义学校。

在儿童教育方面，由于不论是公立还是私立的学校，都是世俗学校，教师都是世俗教师，教会把这些学校的教学思想和教学内容看作异端，力图予以拒绝和排斥。但因教会还没有足够的财力和物力设立自己的学校系统，所以不得不允许教徒的子女入世俗学校学文化，但同时要求家长在家庭中进行宗教教育。随着教会势力的发展，它后来也开始设立自己的学校，如堂区学校、唱歌学校，等等。公元381年，在君士坦丁堡举行的一次教会领袖的会议上，更作出了要在各地开设学校和免费教育儿童的决定。

第四节 古罗马的教育思想

在古罗马教育史上，最有影响的教育家是西塞罗、昆体良和奥古斯丁。

一、西塞罗

西塞罗（Marcus Tullius Cicero，公元前106—前43年）是罗马最杰出的演说家、教育家，罗马文学黄金时代的天才作家。他先后在著名的修辞学家、法学家和斯多噶派哲学家所办的学校接受教育。他起初从事律师工作，公元前64年当选为执政官。

《论雄辩家》（De oratore）是西塞罗论述教育的主要著作，发表于公元前55年。在此书中，他谈论一个演说家和雄辩家所必需的学问和应有的品格以及培养。

西塞罗指出,一个名副其实的雄辩家必须能就眼前任何需要用语言艺术阐述的问题,以规定的模式,脱离讲稿,伴以恰当的姿势,得体而审慎地进行演说。他认为,雄辩家的特点是具备令人钦羡的高贵风度,还掌握雄辩术的一切准则,能就自己选择的任何论题进行阐述和发挥,既清楚地表达自己的思想,又能影响听众。

西塞罗认为,要想成为一个名副其实的雄辩家,必须具备下列条件。这些条件也就是雄辩家教育的内容。

要有广博的学识　雄辩术本身的特点决定了必须具有广博的学识。西塞罗说:"雄辩术集众多科学与学问,其内容远比人们所想像的要广泛得多。""除非他拥有各种重要的知识和全部自由艺术,否则他就不可能成为一个多才多艺的雄辩家,因为不具备真才实学的人,他的语言必然是矫柔造作的,而且是冗长得令人难以忍受的,其演说也必然流于语言空洞而幼稚。"[①] 西塞罗这里所说的自由艺术,指的是文法、修辞、算术、几何、天文、音乐等学科;所说的各种重要知识,主要是指有关政治、法律、军事和哲学等方面。而西塞罗认为哲学包括物理学、逻辑学、伦理学等三个部分,其中伦理学是哲学的中心和基础。

西塞罗还论证说,雄辩家应是社会活动家,应能在社会生活的各个领域发表有影响的演说。因此他也应该了解有关自然和社会的各种知识,了解人类的各种感情活动,否则,其演说很难打动人心。所以,雄辩家必须懂得人生,具备丰富的阅历。

要在修辞学方面具有特殊的修养　西塞罗指出,决定演讲之高明与否的重要方面,是善于遣词造句以及构思整个演说词的文体结构,使演说的内容充实、语言丰富而打动人心。在谈到语言修养应

[①] Paul Monroe, *Source Book of the History of Education for the Greek and Roman Period*, New York, 1915, pp. 429—430.

达到哪些标准时,他认为:第一,要表达正确;第二,要通俗易懂;第三,要优美生动;最后,语言应与主题相称。

要有优美的举止与文雅的风度 西塞罗指出:"演说是由身体、手势、眼神以及声音的调节及变化等加以控制的,它们对于演说本身所产生的作用是巨大的。"①? 而要达到具有优美的举止与文雅的风度,则必须付出很大的努力。

关于培养雄辩家的方法 西塞罗认为,练习是培养雄辩家的必不可少的环节。练习的方法有多种,最常用的练习法是模拟演说。此外,练习写作也甚为重要。写作可以锻炼人的思维能力和表达能力。这种能力可以转移到演说能力中去。

上述西塞罗培养雄辩家的教育思想和他在拉丁文法、拉丁文学方面的成就与贡献,对罗马帝国时期以及后来欧洲的教育都产生过较大的影响。

二、昆体良

(一) 生平

昆体良(Marcus Fabius Quintilianus,约35—约95年)是公元1世纪罗马最有成就的教育家。他出生在西班牙,其父在罗马教授雄辩术,颇有名声。昆体良少年时随父亲到罗马求学,受过雄辩术教育。他当过10年律师。公元70年被任命为一所国立拉丁语修辞学校的主持人。由于在雄辩术方面的造诣以及在办学上的卓越成就,当罗马帝国在公元78年设立由国家支付薪金的雄辩术讲座时,昆体良成了该讲座的第一位教师。

昆体良的主要教育著作《雄辩术原理》(12卷),既是他自己约二十年教育教学工作经验的总结,又是古代希腊、罗马教育经验

---

① Paul Monroe,*Source Book of the History of Education for the Greek and Roman Period*,p. 429.

的汇集。昆体良的教育理论和实践都以培养雄辩家为宗旨。

文艺复兴时期,久已失传的昆体良的上述著作被重新发现时,立即光彩夺目,使厌倦了经院主义的人文主义者为之倾倒。

(二) 论教育与天赋

昆体良高度评价了教育在人的形成中的巨大作用。他说:"大多数人既能敏捷地思考,又能灵敏地学习,因为此种灵敏是与生俱来的。……天生的畸形和生来有缺陷的人才是天生愚鲁而不可教的人,这样的人肯定会有,然而很少。"① 因此,一般的人都是可以通过教育培养成人的。

昆体良继承了柏拉图、亚里士多德重视人的天性差异的观点,并作了进一步发挥。他强调提出以下观点。

首先,要研究儿童的天赋、倾向、才能,根据其倾向和才能进行教育和教学。例如,在雄辩术的教学上,有的人宜于用文雅的态度演讲,有的人宜于用生气勃勃的表情演讲,有的人则适于用粗犷的态度演讲,这就要求教师要使每个人的特点都能得到充分的发挥。教师还应了解年轻人的倾向,帮助他们选择最适合他们天分的学科,避免叫学生做不可能做到的事。

其次,教育必须遵循儿童的年龄特点。教师要了解并确定儿童在不同年龄期的接受能力,切忌给予幼弱的学生以过重的负担。超越儿童头脑所能接受的东西,儿童是学不进去的。

昆体良还强调说,重视儿童的天性,适应儿童的倾向和才能,并不意味着可以忽视教育的作用,而是为了更好地发挥教育的作用,使儿童的才能得以充分发挥,因为"自然如果辅之以精心的培养,就能获得更大的力量"②。一个优异的雄辩家,更多得之于学习,而不是更多得之于天性。

---

① ② 任钟印选译:《昆体良教育论著选》,人民教育出版社 1989 年版,第 10、90 页。

昆体良对教育作用的高度评价以及教育适应天性的主张，反映了他对教育规律的一定认识。他的这些思想曾给文艺复兴时期的人文主义教育家以深刻影响。

（三）德行是雄辩家的首要品质

昆体良提出的教育目的，是培养善良而精于雄辩术的人。善良是第一位的，在雄辩术上达到完美境界是第二位的。因此，他坚持把良好道德的培养放在教育任务的首位。他认为真正的雄辩家应当是高尚的，值得尊敬的，在德行上是无可指责的。一个品德邪恶的人不可能成为完美的雄辩家，这种人即使在法庭上胜诉，并捞取大量钱财，也不配享有雄辩家的称号。"因为如果以雄辩的才能去支持罪恶，那么无论从私人的还是从公众的角度看，没有什么东西比雄辩术更有害的了……"① 如果是这样，教师尽力培养雄辩才能的努力，就不是给战士提供武器，而是给强盗提供工具。

昆体良认为，雄辩家的主要任务是宣扬正义和德行，指导人们趋善避恶，为正义与真理辩护。所以，只有善良的、具有识别善恶的能力和遵守法律与坚持正义的人，才能成为雄辩家。

善德是如何得到的？昆体良说："美德虽然也从自然获得一定的动力，它仍需要教育使之成为现实的东西。"② 因此，道德原理应该成为学校的主要课程。学生可从这门课程中学到有关正义、善良、节制、刚毅、明智等品质的认识，这样他才有可能成为一个有德行的人。

（四）学校教育优于家庭教育

在昆体良时代，有人反对学校教育，认为许多学生混杂在一起，儿童易染上恶德和恶习。人们对学校教育和家庭教育孰优孰劣

---

① 任钟印选译：《昆体良教育论著选》，第 155 页。
② Paul Monroe, *Source Book of the History of Education for the Greek and Roman*, p. 503.

看法不一。昆体良认为,家庭和学校这两种教育场所都有可能产生善德和恶德,不能把家庭理想化。学校教育优于家庭教育在于学校教育可以起到激励学生的作用,因为在学校里,儿童每天都可以看到好的和坏的行为,每天都会听到对德行的赞扬和对错误的批评。好的行为对儿童是一种鞭策,错误的行为对儿童是一种警戒;学校能给儿童提供多方面的知识,还能培养成学生适应社会公共生活的习惯和参加社会活动的能力。因此,雄辩家必须在学校中培养。

(五)论学前教育

昆体良十分重视学前教育。那时的人们对7岁前的幼儿应否进行智育,看法不一,但都认为应该进行道德教育。昆体良则认为,在幼儿能说话的前后就应该对他进行智育。但在7岁前每次的学习量应当很少。

昆体良主张教幼儿认识字母、书写和阅读。他在教育史上第一次提出了双语教育问题,希望儿童先学希腊语,然后学拉丁语,最后,两种语言的学习同时并进。

关于学前教育的方法,昆体良认为应注意两点:(1)"最要紧的是要特别当心不要让儿童在还不能热爱学习的时候就厌恶学习。"(2)"要使最初的教育成为一种娱乐。"①

(六)教学理论

昆体良在教学理论方面提出了许多精辟的见解,这对罗马帝国以及文艺复兴时代的教育影响很大。

1. 班级授课制思想的萌芽

昆体良认为,大多数的教学可以用同样大小的声音传达给全体学生,更不必说那些修辞学家的论证和演说,无论听众多少,每个人都能全部听清楚。他还说过,根据一些教师的实践,可把儿童分

---

① 任钟印选译:《昆体良教育论著选》,第15页。

成班级，依照他们每个人的能力，指定他们依次发言。昆体良的这些见解，是班级授课制思想的萌芽。

2. 专业教育应建立在广博的普通知识基础上

昆体良与西塞罗一样，认为一个合格的雄辩家必须有宽广深厚的基础知识。他指出，当时一些浅薄的雄辩术教师迎合学生及家长的速成要求，只着眼于雄辩术的技术训练，从而压缩文法课中阅读的分量，甚至以为雄辩术不必学习广博的知识。与这些错误的想法和做法相反，昆体良极力主张雄辩家的教育应建立在尽可能广博的普通知识的基础上。他不仅认为雄辩家应学习包括文法、修辞学、音乐、几何、天文学、哲学（物理、伦理、辩证法）等课程，并且对每门学科在培养雄辩家的各种素质、能力、技能等方面的作用和意义作了充分的论述。

3. 关于启发诱导和提问解答的教学方法

昆体良指出，教师应善于回答学生提出的问题，并向那些不发问的学生提问。他认为，经常提问学生有许多好处：（1）可以借此测验学生的鉴别能力；（2）可以防止学生漫不经心，防止他们对教师的讲课充耳不闻；（3）可以引导班上的学生自己发现问题，运用他们的智力，而这正是课堂提问这种教学方法的最终目的。

4. 对教师的要求

昆体良对教师提出了很高的要求，主要有下列几点。（1）教师应该是德才兼备的，既教学生学习基础知识和雄辩术，又教学生做人。选择教师首要的一点是，弄清他是否具有良好的德行。教师务必以自己纯正的德行引导未成熟的儿童走上正道。（2）教师对学生应宽严相济。他应当严肃而不冷酷，和蔼而不纵容。因为冷酷会引起学生的厌恶，纵容则招致学生的轻视。教师不应当发脾气，但又不应当对应该纠正的错误视而不见。（3）教师对学生的教育要有耐心，对学生要多勉励，少斥责；在实行奖惩时要注意分寸，既不能"吝啬表扬"，也不能"滥用惩罚"。（4）教师应当懂得教学艺术，教学应当简明扼要，明白易懂，深入浅出。(5) 教师要注意儿童之间在能力、资质、心性等方面的差异，因材施教。

综上可见，昆体良的教育思想是比较全面和丰富多彩的。他在《雄辩术原理》中所论述的教育、教学的原理、原则和方法，从公元1世纪至四五世纪，为整个罗马帝国的学校和教师所重视和效法，并在文艺复兴时期对人文主义者和教育家，对夸美纽斯，也产生了深刻的影响。

三、奥古斯丁

奥古斯丁（Aurelius Augustinus，354—430年）是一位神学家和哲学家，他用柏拉图的理念论和灵魂不死等理论解释《圣经》并加以发挥和创造，使哲学与宗教结合，从而创立了基督教宗教哲学体系。他所创立的基督教哲学，成为中世纪的基督教教义的重要组成部分，是经院哲学所依据的权威之一。他在其《忏悔录》这部著作中，结合自己的经历，阐述了对教育的一系列看法。他的教育哲学成为中世纪基督教教育的理论基础。

奥古斯丁运用柏拉图的理念论、新柏拉图主义所发挥的两个世界论（虚幻的现象世界与永恒的理念世界）、斯多噶学派中的怀疑论与禁欲主义等所创立的宗教哲学断言：上帝是永恒存在的不变的本体，上帝创造了人和世界上的万事万物。上帝即真理，真理即上帝。上帝是至真、至善、至美的本体。奥古斯丁还把柏拉图的回忆说加以改造，使它成为适合基督教需要的先验论的认识论。他认为，知识、概念是人的心灵所固有的，它们与物质世界无关。要获得知识和真理，不能靠感觉，也不需要靠感觉，而是靠上帝赐予的"灵魂的眼睛""智慧之光"，靠思想。思想所认识的对象不是有形的物，而是抽象的东西，是概念。从这种认识论出发，他竭力论证信仰高于理性，宗教虔诚高于知识。他认为，如果知识不能为宗教服务，则不仅无用，而且有害。

奥古斯丁把追求学问和真理看做危险的好奇欲，是出于浮夸、沽名钓誉，这与基督教所主张的谦卑、蔑视人的能力、蔑视现世等相违背。因此，他不仅轻视自然科学，还抨击古希腊、罗马作家的文学、诗歌作品，认为它们都是荒诞不经的虚浮的文字，理应受上帝的惩罚，学校不应该将它们作为教材。

至于文法、修辞、辩论术、几何、音乐、数学、天文等"自由艺术"，奥古斯丁认为并不都是邪恶的，其中有"正确的论点"，值得学习。但学习这些学科的最终目的是为了认识永恒的存在，认识真理，认识上帝的至真、至善、至美。他认为，除了"自由艺术"外，还有一本最重要的书就是《圣经》，它是上帝的语言，是一切知识的源泉。基于这些观点，他指出，"教学的目的在于使学生发现心中已有的真理，而不是去认识客观的物质世界。教学活动就是通过符号、言语、数等以引起学生对其心中已有的概念的重新认识。"① 这成为中世纪教会学校教育中的教学脱离实际、轻视实用知识、普遍流行经院式的教条主义的教学方法的理论渊源。

奥古斯丁曾批判善恶二元论，提出万物无不善的观点。但他又认为，人可以为善，也可以作恶，恶就是犯罪，就是对上帝的背叛，行善或者犯罪，完全取决于人的意志与选择。基于此，他劝导人们弃恶从善，皈依上帝。

奥古斯丁根据《圣经》的一句话（"我是在罪孽里存在的，在我母亲怀胎的时候，就有了罪"②）进行思辨演绎，提出了"原罪论"。这种理论认为，所有的人都是带着原罪来到人世。人人因原罪都要受到上帝永劫的惩罚。他还根据"原罪论"提出禁欲主义思想。这些理论以后成了基督教的重要教义之一，对后来的西方文化

---

① 滕大春主编：《外国教育通史》第1卷，第386页。
② 《圣经·旧约》，第668页。

教育产生了极坏的影响。

诚然，在奥古斯丁的伦理学中也保留了早期基督教的平等思想。例如，他主张行善，强调宽容、温良、慈善待人、谦逊和顺从，等等。

奥古斯丁是古罗马帝国后期在文化教育方面具有很大影响的人物。他创立的基督教宗教哲学以及相关的教育观，对西欧中世纪教育的发展产生了深远的影响。因此，了解奥古斯丁的主要教育思想，是理解罗马帝国后期和西欧中世纪教育的重要环节。

古罗马在王政时期教育不发达，以家庭教育为主。进入共和后期，它在吸收和改造希腊文化教育的基础上建立了自己的文化教育体系。到了帝国时期，古罗马无论是在教育目的、教育制度还是教师的任命和待遇方面都发生了很大的变化。

西塞罗是共和末期的教育家，昆体良是帝国前期的教育家，二人生活在不同的政治体制条件下。虽然昆体良处处祖述西塞罗，但二人的教育思想却存在某些差异，如西塞罗主张雄辩术与哲学并重，昆体良则独尊雄辩术，不提哲学；昆体良比西塞罗更重视道德教育，等等。这些差异与不同时期教育实践的发展，特别是教育目的、教育制度的变化是相适应的。西塞罗特别是昆体良的教育思想不仅指导着罗马当时的学校教育实际，而且对后世影响深远。奥古斯丁是罗马帝国后期基督教教父哲学的集大成者。他的教育思想成为西欧中世纪教会教育的理论基础，其影响也既深且广。

思考题

1. 古罗马从共和时期到帝国时期，在教育上发生了哪些变化？其原因是什么？

2. 西塞罗教育思想的特点是什么？它对后世有什么影响？
3. 试论昆体良教育思想在教育史上的贡献。
4. 你怎样评价奥古斯丁的教育哲学体系？

第五章

西欧中世纪的教育

公元5世纪,曾称雄一时的罗马奴隶制帝国处于崩溃之中。剽悍的日耳曼族与西罗马帝国内揭竿起义的奴隶、隶农联合,于476年推翻了西罗马帝国。西罗马帝国的灭亡,在欧洲历史上标志着以希腊、罗马文明为顶点的奴隶制社会的终结,此后,西欧进入了封建时代。

西欧的封建社会延续了一千多年。其中5世纪末至14世纪文艺复兴运动之前的这段历史被称为中世纪。

西欧中世纪是在罗马帝国的废墟之上,由文明程度远低于罗马人的外来"蛮族"建立起来的。一方面由于战乱的破坏,另一方面限于占领者的文化水准,他们还不可能欣赏、学习和消受古希腊、罗马时代的辉煌的文化遗产,因此,在中世纪早期,古希腊、罗马的文化成就为世人所遗忘,西欧的文化教育水准大幅度下降。"其结果正如一切原始发展阶段中的情形一样,僧侣们获得了知识教育的垄断地位,因而教育本身也渗透了神学的性质。"①

第一节 基督教教育

基督教早在公元1世纪,在罗马帝国统治之下的巴勒斯坦地区萌芽。从犹太教的一个分支到罗马帝国的国教,基督教经历了很大的发展和改变。作为一个社会组织,教会形成了独具特色的组织结构、管理体制与程序,即以主教为中心的教职、教阶体系和具有法律效力的教规、教纪制度。作为一种文化,一种意识形态,基督教不但与西欧社会的风俗习惯、伦理道德相联系,而且对人们的精神、情感、心理产生重大影响。正是这些特点使基督教会在罗马帝国后期能够经受社会动乱的严重危机,而且在罗马帝国灭亡、蛮族势力全面控制西欧的情况下成为古代文明的唯一载体,基督教信仰也成为影响和教化新兴民族的主要力量。

严格说来,基督教神学与基督教会是两个相互联系而又含义不同的概念。前者是指比较抽象的思想、理论、观念等,后者则指有形的教会团体、组织和系统。中世纪早期,基督教势力在这两方面都达到不可一世的程度,而且明显地对这一时期的西欧教育产生了深刻影响。

一、基督教的教育形式和机构

中世纪最典型的教会教育机构应该算是分散于各地的修道院。

---

① 恩格斯:《德国农民战争》,《马克思恩格斯全集》第七卷,人民出版社1959年版,第400页。

修道院早在罗马帝国时期已经出现。最初它们并不是真正的教育机构，只是一种教徒集体修行的场所。但是进入中世纪以后，特别是在早期，由于其他教育形式基本不存在，它们不但承担起教育的基本职能，而且成为西欧最主要的教育机构。

修道是一种训练，是对人精神和肉体的训练。这种活动早在古希腊罗马时期就已存在，反映了古代社会的人们相信肉体与灵魂分离、肉体在某种意义上与灵魂相敌对的思想。基督教不但继承了这种观点，而且其神学理论在经过奥古斯丁的改造以后，把肉体看成是灵魂的监狱，把源于人性的情欲看成是人最大的堕落。强调只有克制，乃至消灭肉体欲望才能获得精神上的拯救和神圣。因此禁欲、苦行、修行等成为基督教信条中的组成部分。另外，早期基督教所生存的环境使教徒们时刻面临殉教的危险，对教徒进行应付折磨甚至死亡的殉道教育，使他们能从容面对迫害，平静迎接死亡，成为基督教存在和发展的必需。所有这些原因都使基督教的修行修道制度迅速发展起来。

最早的修道院由生于埃及的圣·安东尼（Saint Antony，250—358）在4世纪初创办于尼罗河边，以后，罗马帝国境内的其他许多地区也出现类似机构。

在西方基督教的历史上一般认为圣·本尼狄克（Saint Benedict，480—547）是西方修道制的鼻祖。他于529年在罗马与那不勒斯之间的卡西诺山上建立起以自己的名字命名的修道院，他亲自为修道院制定了详细严格的"管理条例"（也可称为"教规"），这一条例成为欧洲许多类似修道院效仿的模式。①

---

① 美国教育史学者克伯雷将这一条例收入他选编的《教育史读本》(Readings in the History of Education) 中，见华中师范大学等单位合译的《外国教育史料》，华中师范大学出版社1991年版，第63~66页。

本尼狄克称这一修道院是"为主效力的学校"①，这充分说明这一机构的性质和目的。本尼狄克对基督教教育发展的主要贡献并不在他创立了修道院，而在于他制定了一套严整的规章制度，使修道院成为集生产、生活、教育等多重功能于一身的特殊机构。

欧洲中世纪的修道院"一直具有一种对其社会责任及其传教功能的强烈意识"②，这使它们很自然地注重教育。所有进入修道院学习的人，不管今后是做教士还是从事世俗职业，都要读书写字，这使他们在获得基督教信仰的同时也获得了文化知识，一些人成为当时著名的学者，另外的许多人成为传教士。而在当时的社会，无论是学者还是传教士，大都同时从事教育，因此从某种意义上说，修道院又成为这一时期西欧教师的养成所。

修道院最初只接收志在侍奉上帝，准备充当神职人员的人进行教育，以后扩大范围，一些并不以神职为生的人也被接纳。但两类学生分开，前者称为"内学"，毕业后将终生做圣职。后者称为"外学"，入修道院只为学习知识，学成后仍为俗人。修道院学校的学生一般10岁左右入学，学习期限大约为8年。早期的修道院学校主要强调宗教信仰的培养，知识学习的内容不过是简单的读、写、算，以后课程逐渐加多加深，"七艺"成为主要课程体系。

修道院学校的教师完全由教士担任，教学方法主要是教师口授和学生背诵、抄写相结合。实行个别教学，学生的入学时间、学习进度和时间安排因人而异。学校的纪律十分严格，体罚盛行。

除修道院学校外，中世纪的西欧还有主教学校和堂区学校。前者设在主教的所在地，学校的条件较好，水平也较整齐，但数量有限。后者设在堂区教士所在的村落，是由教会举办的面向一般世俗

---

① 《本尼狄克教规》，克伯雷选编：《外国教育史料》，第64页。
② 克里斯托弗·道森著，长川某译：《宗教与西方文化的兴起》，四川人民出版社1989年版，第137页。

群众的普通学校。12世纪中期，教皇要求所有堂区兴办学校，使堂区学校出现大发展，成为中世纪欧洲最普遍的学校教育形式。

堂区学校一般由教士或其他指定的教会人员负责。招收7～20岁的男青年入学（少数学校也招收女生）。学校的课堂以灌输宗教知识为主，也同时进行读、写、算及简单世俗知识的教学。与修道院学校和主教学校相比，堂区学校的教育范围更大，培养目标更为宽泛，但学校的条件和水平较低。

二、基督教的教育思想与理论

西罗马帝国灭亡后，基督教会填补了由于罗马帝国政治崩溃而留下的不能由任何"蛮族"首领来取代的巨大空隙。基督教不仅改造了"蛮族"，而且从某种意义上来说也塑造了新欧洲。这就使罗马帝国之后的欧洲成为基督教的天下，使中世纪成为神性的时代。

神性时代有自己占统治地位的教育思想和理论，这具体体现为基督教的神学世界观、人生观（儿童观）、知识观、目的论等。

基督教作为一种一神论宗教，设定了一个绝对的、完善的、超越的神。它无所不在，无所不能，是世界和万物的本源。基督教确立了一个超理性的信仰权威，同时又赋予其极丰富的道德内涵。在基督教看来，人和世上的万事万物一样，是上帝创造的。上帝虽然按自己的形象创造了人，但由于亚当、夏娃偷吃禁果，人类犯下了原罪。这种原罪伴随人类始终。但是，作为上帝最高级、最精巧的创造，人除了和动物一样生存之外，还具有动物所不具备的理解力。他能够认识抽象的东西，掌握真正的知识，这就是对上帝的敬畏与信仰。所以，敬畏与信仰上帝被基督教看成是人最基本的特性。缺了它们，人类就与动物无异。

基督教对教育对象的看法，对教育性质的认识与基督教的世界观及人生观紧密相连。在奥古斯丁之前，基督教尽管也讲人的罪恶，但在对儿童的看法上还比较宽容。例如，4世纪很有名的基督徒演说家约翰·克里索斯托（John Chrysostom，345—407）就提出虽然任何人都要面对灵魂拯救的问题，但儿童特别是幼儿，"像蜡一样"可塑性很强，如果从他们刚出世起就开始教育他们，使他们不受邪恶事物和语言的影响，他们就会成长为高尚的人。反之，他们就会成为邪恶的俘虏。

奥古斯丁的原罪理论成为罗马教会的官方学说以后，儿童也和他们的父兄一样为"原罪"所败坏。为此，教会要给刚出世的婴儿施洗礼，以后要严格控制儿童的欲望。由于儿童的本性罪恶，要想控制儿童邪恶的本性并使其成为高尚的人就必须惩罚他们的肉体，压制他们的欲望。基于这样的认识，对儿童的约束与惩戒成为中世纪教育的重要特征，戒尺、棍棒是中世纪学校不可缺少的工具。

在整个中世纪，基督教会中也有一些比较开明的思想家、教育家，对于人的本质及儿童观问题，提出了不同于罗马教会官方理论的学说，有些还相当具有革命性，如爱尔兰著名神学家埃里金纳（Johnannes S. Eringena，810—877）的人神统一说①，法国神学家阿伯拉尔（Pierre Abelard，1079—1142）对罪感与罪罚的区别②等，但是，中世纪的思想家在探讨人（儿童）的本质时，大都脱离不了宗教神学的束缚，无论是相信性本善还是性本恶，依然把儿童看成是上帝的造物。这种观点忽视了儿童自身的主体存在，束缚了儿童健康积极的自主发展。

基督教的知识观最典型的特征就是以神学为最高学问，任何世俗学问都服从于上帝的学说。第一个用拉丁文写神学著作，被人称

---

① 埃里金纳在《自然的区分》一书中提出：造物主和被造物是同样一个东西，因为被造物除非是上帝的自我显示，什么也不是。

② 阿伯拉尔在《伦理学》一书中指出：亚当遗传于人类的是罪感，而不是罪罚。不可能设想上帝会因为一个人的父母犯罪而惩罚他。他认为人有善良的动机，因此本心向恶有罪，而过失犯罪无罪，由于无知而做了坏事也无罪。另外，儿童心灵洁白，不会有罪。

为拉丁教父哲学创始人的德尔图良（Tertullian，160—240）认为：基督教是对上帝的认识，对上帝的认识便是真理。这样的真理不能靠科学和哲学来探讨、取得，而只能凭着人对教会权威的信服，凭信仰才能得到。在他之后的奥古斯丁虽然没有像他那样完全用信仰取代理性，提出"理解为了信仰，信仰为了理解"，甚至大量利用古希腊哲学家的理论论证基督教神学，但是在本质上，奥古斯丁仍然把宗教信仰看得重于理性，而且对希腊人所研究的物理学等自然科学知识不屑一顾。在中世纪的神学家中，托马斯·阿奎那（Thomas Aquine，1225—1274）是对希腊哲学，特别是亚里士多德的各种著作研究得最深、运用得最多的人，但是，他却用从亚里士多德那里学来的形式与质料说来论证他所提出的宇宙中的知识等级体系。他认为科学是依赖于质料的，只有神学，其研究对象是离开物质而存在的，是永远不在质料之中的东西，如上帝、天使等。根据这种对科学的分类，低级的学科以追求高级学科为目的，而最高的目的是神学，因而科学要服从神学，神学理论高于其他科学。

作为一种宗教信仰，基督教从其形成之日起就把传播教义、争取信徒作为重要目标，教育正是它实现这一目标的重要途径。由于基督教特别是早期的基督教，将物质世界与精神世界，将人的理性与信仰分离开来、对立起来，把前者看成邪恶的代表，后者作为高尚与真理的象征，因此，在他们眼中，对人的教育过程就是使人摆脱尘世的困扰，逐渐从俗世王国中挣脱出来的过程，教育的最高目的是使人进入绝对真理的世界，成为具有纯粹信仰的人。

基督教的思想，包括其教育理论，在人类社会发展的历史上，并非毫无意义。其中的一些内容对后世后人还颇有启迪意义。例如，首先由犹太人创造，进而为基督教所继承和发展的上帝创世说把人视为超种族的历史存在，把世界看成是遵循一个统一、普遍的规律而运行的文明体。人类社会的历史运动是一种有目的、有意义、朝向完美的终极目标前进的过程。这种世界观与历史观打破了此前流行的认为世界和人类社会是地域的、循环往复的、杂乱无序的思想。另外，基督教的人生观借助上帝的名义取消了人与人之间的不平等，原罪说使人的本性有了共同来源。上帝的完美与人的不完美，现世的痛苦与来世的幸福，等等，基督教用充满辩证关系的论证在人与神之间建立起相互联系。人是上帝的造物，但又拥有自由意志，他既受制于上帝，又与其相抗争，人的罪恶既是对上帝的背叛，也是其自由意志的表现……所有这些不仅揭示了基督教在人生问题上丰富的辩证法和深刻的哲理性，而且赋予这一宗教本身强烈的伦理化色彩。基督教强调人的精神追求和道德生活的重要，把人的救赎与社会的教化联系起来，正是由于这些原因，教育成为基督教极为关注的领域，而在教育中，对人的精神、灵魂与智慧的陶冶和培育成为最重要的内容。

基督教明确地区别了信仰与理性的不同，并且在两者中明显地偏重于前者。这使其知识观具有不可克服的缺陷。但是，我们必须看到，基督教的生命和本质就在于其超越感性直观和经验理性的神秘主义，基督教在学理上对理性与信仰的区别、对两者不同含义和相互关系的探讨，恰恰是它对人类知识观的一大贡献。

第二节　封建主贵族的世俗教育

公元6世纪以后，在西罗马帝国的废墟之上，西欧封建制逐渐发展起来。封建制不仅仅是一种经济形式，也是一种阶级结构。作为统治者的封建主以国王为最高代表，在分封土地的过程中形成等级。在整个中世纪，虽然基督教教会和高级神职人员是西欧封建主阶级的重要组成部分，但教、俗封建主之间还是存在着分野，教权与王权的斗争也一直时隐时现。特别是中世纪中期以后，这种现象十分明显。在文化教育上，公元8世纪以后，随着封建制的发展和王权的巩固,有别于教会学校的、满足世俗封建主需要的教育形式和机构开始出现。

一、宫廷学校

宫廷学校是一种设在国王或贵族宫中,主要培养王公贵族后代的教育机构。

在中世纪初期,西欧最具实力的是由法兰克人建立起来的王国。早在墨洛温王朝后期,法兰克王国的统治者就已经意识到发展文化教育的重要性。著名宫相查理·马特在位期间(Chales Martel,715—741),就在宫廷中设立了以王室和贵族子弟为对象的学校。查理曼大帝于公元768年即位以后,大力发展文化教育,宫廷学校成为欧洲重要的世俗教育形式。

查理曼大帝(Charlemagne,742—814)统治时期是法兰克王国国势最为强盛的时期,这位国王一生征战五十余次,使王国的版图西起大西洋岸,东到易北河、多瑙河,北起北海、波罗的海,南到意大利,几乎与强盛时的罗马帝国相同。然而,由于法兰克人的文化水平低,造成管理水平和能力差,这使查理曼大帝下决心通过发展教育,提高法兰克人的文化素质。

他于787年发布公告,要求全国的"主教管区与修道院,除了维持修道院生活的秩序、进行神圣的宗教活动外,还应当对靠上帝恩赐能够学习的人,按照他们的才能,热忱地教他们学习识字"[①]。两年后,他又发表补充通告,要求各教区"设立学校,使儿童学习阅读"[②]。为给臣民作出榜样,他不但自己潜心学习,还广揽欧洲知名学者,做自己及子孙后代和朝廷官员们的顾问、教师。其中最著名的是英格兰教士、学者阿尔琴(Alcuin,735—804)。阿尔琴

[①][②] 《查理曼教育通告》,克伯雷选编:《外国教育史料》,第103、104页。

从小在英格兰最著名的约克郡主教学校中学习，以后成为这所学校的校长。他于782年应查理曼大帝的邀请，来到法兰克宫廷，协助改进国家的教育工作。他亲自担任法兰克王宫宫廷学校校长14年，使这所学校成为欧洲最著名的宫廷学校。

宫廷学校的学习科目与当时的教会学校一样，主要是七艺，教学方法也采用教会学校盛行的问答法。经验丰富的阿尔琴根据法兰克王宫的特殊需要，编写了很多问答体教材，令学生记诵，学生通过记诵这些问答，掌握了有关宗教、自然和社会的各种知识。

宫廷学校主要是培养封建统治阶级所需要的官吏，由于中世纪早期欧洲社会生活的特点，教俗封建主往往两者合一，世俗官吏教育自然也具有浓厚的宗教色彩。阿尔琴在长期主持法兰克王国宫廷学校以后，又转到图尔的圣马丁修道院学校工作。他在这两所性质不同的学校里，基本上采用了相同的教育形式和方法，这说明早期宫廷学校与教会学校的密切联系。

二、骑士教育

骑士教育是西欧封建社会的一种特殊教育形式。它与等级鲜明的欧洲中世纪封建制结构相适应。

这一时期的欧洲，封建国家的最高统治者是国王，其下是有爵位的贵族，依次称为公、侯、伯、子、男爵。最低一级的贵族是骑士，他们一般是贵族家庭中的次子，不能继承家庭的封地和爵位，只拥有很少的土地和农民，主要靠替国王和大贵族打仗，获得分封和奖赏。骑士制度最盛行的时期是十字军东征的11、12世纪。

骑士教育是一种特殊形式的家庭教育。主要目标是培养勇猛豪侠、忠君敬主的骑士精神和技能。

骑士教育的实施分为三个阶段。从出生到七八岁，为家庭教育阶段。儿童在家庭中受母亲的教育，主要内容是宗教知识、道德教育和身体的养护与锻炼。儿童满七八岁以后，进入礼文教育阶段，贵族之家按其等级将儿子送入高一级贵族的家中充当侍童，侍奉主人和贵妇。通过在贵族家庭中与主人的朝夕相处，学习上流社会的礼节和行为规范。这种教育有时也包括一些知识内容，如识字、拉丁文法等，但更多的是吟诗、奕棋、唱歌、奏乐等技艺。在此阶段，贵族子弟也开始学习赛跑、角力、骑马、游泳和击剑，以便成长为身体强壮、能征善战的武士。这样的训练一直继续到14岁。从14岁至21岁为侍从教育阶段，重点是学习"骑士七技"，即骑马、游泳、投枪、击剑、打猎、奕棋和吟诗；同时要侍奉领主和贵妇。这一阶段如发生征战，侍从要以生命保护主人和主妇。贵族子弟在这种教育过程中年满21岁时要通过授职典礼，正式获得骑士称号。

综观骑士教育的全部内容，我们可以看出，这是一种典型的武夫教育，对文化知识的传授并不重视，重在灌输服从与效忠的思想观念，训练勇猛作战的诸种本领，养成封建统治阶级的保卫者。中世纪备受歌颂的"骑士精神"，体现了当时社会所崇尚的人格品质和道德风范：对主人和君长尊崇忠诚、对贵妇斯文典雅，作战时勇猛果敢，与人交往中慷慨豪侠。然而在实际生活中，真正具有这些品质的骑士很少。

封建领主的女孩受教育极少，主要是在贵族官邸中进行，目的在于培养贤妻良母，内容除编织、缝纫等家务外，也包含一些礼仪训练、音乐舞蹈等，尤其注重的是如何持家、管理财产的训练。因为家中男人经常离家征战或为高一级领主服务，管理家务的工作往往就由主妇承担。

封建贵族的世俗教育内容虽然简单，但比较实用。无论是宫廷学校还是骑士教育，都以培养当时社会所需要的实际应用人才为主。以后随着社会的发展，世俗教育日见发达，逐渐形成自己的体系。

第三节 中世纪大学的形成与发展

西欧封建制度在11～12世纪进入发展的顶峰时期。王权日见强固，社会趋于稳定，农业生产稳步上升，手工业逐渐成为专门的职业。工商业者所定居的城市开始在西欧的一些地区出现。

新兴的城市市民阶层成为推动社会向前发展的主要力量，他们不仅提出了新的经济、政治要求，也提出了新的文化要求。这种要求从十字军东征后重新在欧洲出现的古希腊罗马文化遗产中找到了依据。追求新学问成为一种时尚。无论是教会学校还是宫廷学校，传统的教育机构不能满足这种需要，因此，新的教育机构和形式开始出现，其中中世纪大学最为引人注意。

最初的中世纪大学从性质上来看是一种自治的教授和学习中心。一般由一名（或数名）在某一领域有声望的学者和他的追随者自行组织起来，形成类似于行会的团体进行教学和知识交易。中世纪大学的基本目的是进行职业训练，培养社会所需要的专业人才，因此，大学教育往往分文、法、神、医等专业学院来进行。

中世纪大学与教会的关系是我们研究这一段历史时应该注意的问题。一般教会史学家认为，中世纪大学的出现是教会的功绩，是教会对人类社会发展所作的贡献。这种看法虽然不无道理，但显然夸大了教会的作用。从本质上来说，中世纪大学是西欧社会发展到特定阶段的产物，教会自身不具备创造大学的能力，甚至在最初，教会也并不存在发展这种教育的动机。

意大利是欧洲中世纪经济较为发达的地区，最早的中世纪大学也首先在这里孕育形成。意大利南部的萨莱诺风景秀丽，气候宜人，丰富的矿泉资源使这里很早就成为欧洲著名的疗养胜地。这里原有一所医学校，11世纪中（1050～1060年），在这所医学校的基础上成立萨莱诺大学，成为欧洲有影响的医学教学研究中心。1231

年得到政府的正式承认。这所大学一直以医学见长。

12世纪初形成的波隆那大学的前身是一所法律学校。该校地处商业发达地区,由于商业纠纷和民事诉讼的需要,人们重新对罗马法、民法感兴趣,纷纷来这里学习。最初,由于罗马法与教会法规相对立,教会对这所学校的出现并不高兴。一群学生不顾教会的不满,自行组织起来,自雇教师,自付学费,使学校得以维持。1158年波隆那大学正式为政府承认。

巴黎是中世纪基督教世界的知识之都。巴黎大学的前身之一是巴黎圣母院大教堂的附属学校。欧洲著名学者阿伯拉尔(Pierre Abelard,1079—1142)曾在这里任教。最初,圣母院大教堂附属学校的校长想把追随阿伯拉尔而来的青年人控制在手,但受到教师和学生的共同抵制,他们自行组织起大学。1200年法国国王把大学交给教区主教管理,大学师生对此不满,向教皇申诉,教皇趁机插手,宣布巴黎大学受教皇保护,巴黎主教无权过问。以后教皇把他宠信的教士学者大批派往巴黎大学任教,使巴黎大学成为欧洲正统神学理论研究的中心。

这一时期,欧洲各国的大城市大兴办学之风。一些著名大学先后建立起来。如英国在1168年建立牛津大学,1209年又建起剑桥大学。德国1358年设立海德堡大学,1388年建成科隆大学。

从组织上看,中世纪大学起初是由进行知识交易的人自行组合而成的团体,"universitas"这个拉丁词的本意就是"组合""行会""团体"等。14世纪以后,这个词才专指由教师和学生结合成的团体——大学。大学的师生来自欧洲各个国家,这使中世纪大学的人员构成,超越了特定的民族和国家,具有一定的国际性。校内学生一般都有按籍贯组成的"同乡会",每一同乡会都有自己的首领,其职责是代表本团体,维护本团体的权利,约束本团体成员的行为。大学的教师一般按学科组成"教授会",除交流学问外,也反映教师的利益和要求。

中世纪大学从最初形成时已表现出自治的特点。以后，虽然教俗统治者都不断加强对大学的控制，但学校内部事务基本由学校管理。大学还利用教会、世俗政权以及各地方当局之间错综复杂的矛盾为自己争取到不少特权。如大学师生免税、免服兵役，大学有权设立特别法庭处理大学师生与外人之间发生的诉讼，大学有集体迁移的自由，等等。大学自治是学术研究自由的必要保证。在这一点上，中世纪大学已为西方高等教育的发展打下了初步的基础。

中世纪大学按领导体制可分为两种：一种为"学生"大学，一种为"先生"大学。前者由学生主管校务。教授的选聘、学费的数额、学期的时限和授课时数等，均由学生决定。南欧的大学，如意大利、法国（巴黎大学除外）、西班牙等国的大学多属此类。巴黎大学则是"先生"大学的典型，由教师掌管校务，学校诸事均由教师决定。北欧的大学，如英格兰、苏格兰、瑞典、丹麦等地的大学多属这一类。

大学的课程开始并不固定，各大学甚至各教师自己规定开设的课程。13世纪以后，课程趋向统一。文学院一般课程六年，属大学预科性质，学生结束文学院的学习后，分别进入法学院、神学院、医学院，学习有关专业课程。

中世纪大学已有学位制度。学生修毕大学课程，经考试合格，可得"硕士""博士"学位。最初，这两种学位并无程度上的差别，以后分化成表示不同学术水平的独立的学位。

由于中世纪的社会性质，中世纪大学以后都逐渐为教会所控制。教会控制大学的重要途径是通过新型托钵修会（也称教团）。这一时期最著名的托钵修会是圣方济各会和多明我会。

圣方济各会由意大利人圣方济各（St. Francisci, 1182—1226）创立，会员自称"小兄弟"。他们麻衣赤足，周游各地，宣传所谓"清贫福音"。多明我会的创建者是西班牙贵族圣多米尼克

(St. Dominic，1170—1221)。他希望创建一个更有组织、教育水准更高的宗教团体，通过高质量的教学和文化活动与异教进行斗争。该会成立不久即由教皇委托主持异端裁判所，成为教皇迫害异端、镇压不同思想的重要工具。1217年，第一批多明我会修士被派往巴黎大学和波隆那大学，几年后，他们又出现在牛津大学，并在很多新建的大学中负责神学院的工作。他们的榜样很快为方济各会修士所模仿。这一时期，欧洲几乎所有著名的哲学家、神学家都属于这些托钵修会，如托马斯·阿奎那、罗吉尔·培根（Roger Bacon，1214—1292）、邓司·司各特（Johannes Duns Scotus，1265—1308）等。其中的不少人曾在大学中工作过。他们的学识丰富了大学的成就，也使基督教的学说与思想在中世纪大学的理智生活中的地位得到加强。

阿奎那承认感性经验，肯定理性认识，借助于客观世界，运用后天证明，这一切与基督教会的传统做法很不相同。另外，由于阿奎那的博学以及对复杂问题的综合分析能力，使他在亚里士多德学说的基础上建立起一个完整、庞大、系统的自然神学体系。根据这一学说，人同时具有自然理性与信仰的能力。有些知识可以通过自然理性获得，但带根本性的神学问题却只能由启示而来。由启示而来的真理虽然不能为理性获得，但与理性并不相违。他用"超理性"而不是"反理性"来说明神启与理性的关系。这种学说对科学知识的态度不同于传统神学理论。首先，他承认科学知识的存在，承认通过自然理性对特定事物进行研究、获得知识的可能性。其次，他承认科学知识与神学并不矛盾，甚至朝向同样的目标，两者的区别是等级不同。科学是低级的知识，神学是最高的学问。这一切虽然仍是为了论证上帝的存在，但却扩大了人们的视野，使开拓中世纪原有知识体系的工作成为可能。

第四节　新兴市民阶层的形成和城市学校的发展

早在古希腊、罗马时代，西欧已有了相当繁华的城市。然而，这些城市到四五世纪，随着古罗马帝国内的危机加速，又经"蛮族"大迁移时期的破坏，或者完全消失，或者失去城市的意义。在长达四五百年的时间里，西欧几乎不存在作为手工业、商业中心的城市。从十一二世纪开始，由于生产的发展，西欧城市开始重新形成。这些城市以商品生产和交换活动为主，从事这些活动的手工业者、商人等构成了城市中的特殊阶层，也称市民阶层，他们是资产阶级的前身。

新兴市民阶层具有本阶级的特殊经济利益和政治斗争的需要，这些利益和需要必然反映在教育上。然而，当时的学校教育，无论是掌握在教会手中的教会学校还是为世俗封建主所把持的诸如宫廷学校之类的世俗学校，都不能满足这种需要，因此，一种新型的学校形式应运而生并很快发展起来，这就是城市学校。

城市学校并不是一所学校的名称，而是为新兴市民阶层子弟开办的学校的总称。里面包含不同种类、不同规模的学校。例如，由手工业行会开办的学校被称为行会学校，由商人联合会设立的学校被称为基尔特学校。城市学校内部虽然在课程设置、教师成分、学习年限等方面各不相同，但与传统学校相比，城市学校作为一种新的学校类型具有一些共同的特点。

在领导权上，最初的城市学校大多由行会和商会开办，以后随着城市的发展和管理的加强，这些学校逐渐由市政当局接管。由市政府决定学费金额、选聘教师、支付工资、确定儿童入学资格等。从城市学校的归属上看，尽管它与教会还有着千丝万缕的联系，如不少教师仍是僧侣，课程内容仍包含不少宗教知识等，但它基本上属于世俗性质。这就打破了教会对学校教育的垄断，应该说，这是欧洲中世纪教育的一个很大的进步。

从内容上看，城市学校强调世俗知识，特别是读、写、算的基础知识和与商业、手工业活动有关的各科知识的学习，这扩大了学校教育的内容，使学校教育为人们的现实生活服务。城市学校，尤其是程度较低的学校，一般都使用本民族语进行教学，这与完全用拉丁语讲授的教会学校形成鲜明对照。

从培养目标上看，城市学校主要满足新兴城市对从事手工业、商业等职业人才的需要，因此城市学校虽然主要是初等学校，但也具有一定的职业训练的性质。

总之，城市学校是适应生产的发展、市民阶层的利益需要而出现的新型学校。它具有很强生命力，在教会的多方反对和阻挠中成长起来。到15世纪，几乎西欧所有的大城市都办起了城市学校。城市学校的兴起和发展对处于萌芽阶段的资本主义生产方式的成长起了促进作用。

马克思主义认为，以封建制度为主要标志的中世纪是人类社会发展进程中的一个重要阶段。中世纪曾经粗暴地打碎了奴隶社会的灿烂文化成果，但是也正是这一时期，近代资产阶级的文化幼芽得以孕育。

与中世纪的社会性质相一致，中世纪的教育具有十分明显的封建等级性。由于教会对教育的全面垄断，教育又带有浓厚的宗教性。中世纪教育的这些特性成为人们创建新的教育系统时所着力打破的，在对中世纪教育的反叛中，近代教育制度与思想得以形成。

中世纪也有着自己在文化教育上的创造，其中很多已融入现代人们的生活。中世纪大学是近代西方大学的直接渊源。在现代西方高等教育的不少方面，我们能清晰地看到中世纪大学所具有的文化精神和教育特征。带有职业培训色彩的城市学校，贵族气息浓重的宫廷学校、骑士教育等，都以其独特的方式为这个时期的世俗社会教育作出贡献。即使是为后人多方批评的教会学校，与现代西方国家的教育也仍然具有不可忽视的联系。在思想与理论上，基督教的哲学观、教育观糟粕不少，但是其所关注和研究的一些问题超越时代、地域和宗教的局限，对人类当前及未来生活仍有意义。

思考题

1. 西欧中世纪教育的基本性质和主要特征。
2. 什么是教会学校？其在西欧中世纪社会的地位与作用。
3. 简述西欧中世纪世俗封建主教育的主要形式。
4. 中世纪大学的产生及在教育史上的地位与作用。

第六章

拜占廷与阿拉伯的教育

公元 330 年，罗马皇帝君士坦丁（Constantine，306～337 年在位）在古希腊移民城市拜占廷旧址建立新都，取名君士坦丁堡。395 年，罗马帝国分裂为东西两个独立国家。东部以君士坦丁堡为都城，为东罗马帝国，史称拜占廷帝国。西罗马于 476 年灭亡后，拜占廷帝国又存在了近一千年，直到 1453 年灭于奥斯曼帝国。拜占廷极盛时包括巴尔干半岛、小亚细亚、叙利亚、巴勒斯坦、埃及以及美索不达米亚和南高加索的一部分。阿拉伯于 7 世纪兴起，8 世纪中叶已形成地跨欧、亚、非的强大帝国，其中有些地方原属拜占廷。拜占廷和阿拉伯保存了希腊、罗马文化，并沟通了东西方文化，影响了欧洲的文艺复兴，其教育颇具特色。

第一节 拜占廷的教育

一、世俗教育

拜占廷的世俗教育比较发达。其原因是在拜占廷的封建化过程中始终存在比较强大而统一的中央世俗政权；具有从古代承继下来的比较繁荣的城市和比较发达的工商业，并继承了希腊古典文化遗产。在拜占廷，希腊语是教学的通用语言。荷马、索福克勒斯、爱斯库罗斯和其他诗人以及希腊历史学家的原著都可以在学校传授。柏拉图和亚里士多德的著作仍被学者研究。古代积累的科学知识得以保存和运用。在广泛的商业活动交往中，它还吸收了波斯、印度和中国的文化成果。

拜占廷盛行私人讲学。私立初等学校招收6～12岁儿童，学习正字法、文法初步、算术以及《荷马史诗》《圣诗集》等读物。其初等教育一直保持了希腊化时代的传统。在《查士丁尼法典》中，一再提到要求公众识字。所以，在拜占廷识字的人是比较多的。

拜占廷的中等学校主要是文法学校，学习的基本内容是文法和古典作品。拜占廷与其周边国家时有战争。政府为战士遗孤专门建有学校，要求"给这些孤儿以良好的教育"①。

在拜占廷帝国初期，在首都君士坦丁堡和其他一些城市中的高等学校仍继续存在，如雅典大学、亚历山大里亚的医学和哲学学校、贝鲁特的法律学校和各地的修辞学校等，对其初期文化教育的发展起了重要作用。随着教会势力的增长和阿拉伯帝国的兴起，拜占廷的世俗高等教育遭到削弱。

在拜占廷，最有影响的高等学校是创办于425年的君士坦丁堡

---

① James Bowen, *A History of Western Education*, St. Martins Press, New York, 1972, vol. I, p. 311.

大学。帝国政府创办这所学校目的，是为国家培养高级官吏。教师是著名学者，领取国家俸禄并免税。5世纪时，该校有教授三十多名，主持31个讲座：10个希腊文、10个拉丁文、3个罗马演说术、5个智者派学说、2个法律和1个哲学。学生修业5年，以七艺为基础课程。

拜占廷一向重视法学教育。帝国初期，不但在君士坦丁堡大学设法学讲座，而且在一些地方设有法律学校。529～533年，在查士丁尼（Justinian I，527～565年在位）主持下，由特里波尼安、西奥菲勒斯和多拉西斯等10名法学家在君士坦丁堡完成了《民法大全》的编纂。它包括《法典》12卷，《学说汇编》50卷，《法学总论》4卷。《法典》为历代法律，《学说汇编》为法学家的观点，《法学总论》是教科书。查士丁尼亲自为《法学总论》写序。全书以查士丁尼的口气撰写，让学生感觉在与皇帝交谈。由于有查士丁尼的号召，加之其他高等学校被关闭，只剩君士坦丁堡和贝鲁特的学校被准许进行五年制的法律教育，各地求学青年一时趋之若鹜。534～565年，由查士丁尼颁布的法律又汇编成了《法令新编》，供学校教学用。

在公元600年以后，拜占廷的高等世俗教育一度陷于停滞。7世纪时，君士坦丁堡大学的教学一度中断。到迈克尔三世（Michael Ⅲ，842～867年在位）统治时期，由于他的叔叔凯撒·巴德斯（Caesar Bardas）的努力才使世俗教育重趋活跃。863年，在首都的玛格劳拉宫（Magrnaura Palace）重建君士坦丁堡大学。由哲学家利奥（Leo）任校长并主持哲学讲座。几何、天文和语言学讲座由利奥的学生西奥多（Theodore）、西奥德格斯（Theodegus）和库默特斯（Cometus）主持。该校还开设数学、语法、音乐、法律、医药等讲座，著名学者常到校讲学。一些阿拉伯和西欧的青年也来校求学。

1045年，君士坦丁九世（Costantine Ⅸ，1042～1055年在位）

重振法学教育。他强调法律教育要重实践并培养律师和官员。同时,帝国政府对哲学教育也给予关注。君士坦丁堡大学分为法律和哲学两个学院。希菲林那斯(John Xiphilinus,1010 或 1013—1080)为法学院院长。法学院学生须受过基础教育,入学免费。教授由国家支付薪俸。教材是拉丁语的《查士丁尼法典》,因此,拉丁语又受重视。毕业生要实习并须在法律界服务。希菲林那斯的好友普塞洛斯(Psellus,1018—1078)任哲学院院长。他使学校成为帝国的哲学研究中心,复兴了对柏拉图和亚里士多德的研究。哲学院吸引了塞尔特人、阿拉伯人和非洲人前来学习。但是,普塞洛斯的教学活动为保守派所不容。当普塞洛斯退居隐修院后,哲学院院长职务由伊塔卢斯(Italus)接任。伊塔卢斯着重讲授柏拉图和亚里士多德的著作,成为研究亚里士多德的权威。青年们都聚集来听他讲学,但他很快走向极端,并轻视对亚里士多德没有热情的人。最后,伊塔卢斯也被放逐,哲学院被关闭。

拜占廷医学教育也较发达。医生奥雷巴西(326—403)著有《医学大全》70 卷。7 世纪时,医生保罗(Paulus Aegineta,约 625—690)也写了一本《医学概要》。这些著作都被译成多种文字,流传到阿拉伯和西欧。尼古拉·米列柏卓斯于 13 世纪编写的《药物学指南》,到 17 世纪时仍被巴黎大学用做教材。

世俗教育在拜占廷的宫廷教育中也居重要地位。在这个方面,各代皇帝做法不尽相同,一般是请教师教其子女七艺和柏拉图、亚里士多德的著作。安娜[①]说,她处在希腊语和柏拉图、亚里士多德的作品以及四艺的包围之中。她提到大量的参考书,有古希腊的神话以及荷马等人的八十多本古希腊文学作品。军事、宫廷礼仪都要学习。867 年以前,皇帝由元老院、军队、市民选举产生。为了能当选,未来皇帝的学习更重要。因此,拜占廷上层人士常邀请学者

---

① Anna comnena,她是 1081~1118 年在位的亚里克修斯皇帝的女儿。

到家讨论文、史、哲、医、政治、地理、数学和声学等。这是他们接受世俗教育的一种形式。

二、教会教育

与西欧不同，拜占廷不存在高于王权的教会权力。拜占廷的教会是受皇帝控制的。皇帝可以颁布神学理论、解释教义、发布教规、任命高级神职人员。当然，皇帝也给予教会各种特权。

总的说来，拜占廷教会比较重视教育。教会学校主要有两种：一种是远离城市的隐修院（修道院），另一种是附设于主教教堂里的座堂学校。

680年，君士坦丁堡教会两次颁布关于学校教育的通谕。第一个通谕是关于座堂学校和隐修院学校的，它明示任何教士都可以送子侄或亲戚进这两种学校。第二个通谕指出，在农村和城镇，教士开设的学校应当主要教授文法。

隐修院是4世纪初由安东尼（Anthony）所创。在隐修院中，注重祈祷、读经、行善和生产劳动。集体祈祷每天六次。读经由院长主持。学习主张苦思、默想。每个修士各有一个小室，学习主要在小室进行。隐修院附属有孤儿院，既行善又教育儿童。一些隐修院还设立了养老院，配备了医生和护士。生产劳动主要是农业劳动。为了有教材，隐修院广泛收集经卷、书籍，组织抄写。抄书为修士们的日常活动之一。隐修院的图书馆收藏经书和手稿，成为当时的文献资料中心。隐修院常邀请基督教学者来讲学。学者退休后有的也进隐修院。为满足教学和研究需要，手抄本的生产很快。学者都力求有根据地恢复文学遗产。许多这样的材料来自波斯的景教（nestorian）学者。由于这些大量的文学活动，君士坦丁堡成为主要的学术中心和重要的书市。11~13世纪初，威尼斯商船把许多书籍运到意大利，使希腊文化传到欧洲大陆。

座堂学校是培养神职人员的学校。教学内容主要是神学。从君士坦丁到查士丁尼的两百多年，帝国的1 800座教堂因得到皇帝和人民的不断捐赠而日益富裕。有些皇帝同时也是教皇。6~11世纪，座堂学校有较大发展。拜占廷最高级的教会学校是君士坦丁堡大座堂学校，其教师都经过严格考试。学校神学权威云集，有权解释教义。学校有五个教授，分别担任一个宗教学科的教学，如《福音书》《使徒书》《诗篇》等。学校也设世俗学科，包括七艺、哲学和古典文学。学生在这里研究基督教经典，学习古代哲学著作、七艺、演讲术和一些科学知识，以便日后成为善于辞令、能言善辩的高级神职人员。

第二节 阿拉伯的教育

6~7世纪之交，阿拉伯的氏族社会开始瓦解，农牧业生产兴起。7世纪初，穆罕默德（570—632）借天神"安拉"之名口授《古兰经》，创立伊斯兰教。7世纪20年代，穆罕默德在麦地那建成神权国家，统一阿拉伯半岛。穆罕默德死后，他的继承者哈里发（政教首领）屡败波斯和拜占廷。在第二代哈里发欧默尔时期（634~644），已取得叙利亚、耶路撒冷、巴勒斯坦、埃及等地，并消灭了伊朗的萨珊王朝。到倭马亚王朝（661~750）形成了横跨欧、亚、非三大洲的萨拉森帝国（中国史书称"大食"）。继倭马亚王朝的是阿拔斯王朝（750~1055），但是到10世纪初，帝国已一分为三：东方以巴格达为首都，为黑衣大食；西方以西班牙的科尔多瓦为首都，为白衣大食；南方定都开罗，为绿衣大食。

一、萨拉森帝国及各大食国的教育

伊斯兰教创立之前阿拉伯还处于蒙昧时期。伊斯兰教初兴时，其贵族古莱族能书写的仅有17人。奥斯族和海兹勒支族只有11人能书写。能书写的人如此之少，因而，兼教书写、射艺、游泳者被称为"全才"。伊斯兰政权建立后，各类教育机构才陆续出现。

昆它布（kuttab）是一种简陋的初级教育场所。通常是教师在家招收少量学生，教简单的读写。早在伊斯兰政权建立之前，昆它布就已存在于叙利亚、小亚细亚、君士坦丁堡和北非，是基督教徒和犹太教徒举办的一种学校。伊斯兰政权建立后，原昆它布的教师多被政府或宗教部门征用，造成的空缺由识字的战俘填补。能教会若干儿童读写者，即获得释奴资格。当时，求学的人不多，教学仍多在教师家进行。8世纪初，阿拉伯的昆它布才由哈克·伊本·穆扎西木（？—723）在库法开创。

倭马亚王朝时，远征军司令部里设有随军教师，负责传教和教学。各地建立清真寺后，清真寺一般附设昆它布。于是，昆它布出现在清真寺内外，遍及城乡，几乎每个村镇都有，有的还不止一所。昆它布的教学内容主要是《古兰经》、先知的故事、语法、书法、诗歌、算术等，也有的教骑马、游泳等。教学重背诵。昆它布由教师决定是否收取学费。

哈里发必须具备较丰富的知识。但在倭马亚王朝初年，教育还不普及，王子们被送到叙利亚沙漠里去学习纯正的阿拉伯语，通晓阿拉伯诗歌。① 倭马亚王朝首任哈里发穆阿维亚（Muawiya b. Abi Sufyan，661～680年在位）之子叶齐德（680～683年在位）即如此。到麦立克时代（685～705）才逐渐形成宫廷学校。当时，家庭教师多半是平民和基督徒。家庭教师也是朝廷的重要职务。一些贵族则请教师到家教育后代。8世纪起，多数穆斯林领袖都雇教师来教育他们的孩子。② 这就形成一种府邸教育。

---

① 希提著，马坚译：《阿拉伯通史》，商务印书馆1979年版，第293页。
② 西·内·费希尔著，姚梓良译：《中东史》（上），商务印书馆1979年版，第164页。

阿拔斯王朝时，宫廷沙龙盛行。主持人必须是哈里发，参加者有等级限制，且须准备充分、遵守时间。哈里发赖世德还曾邀请诗人、神学家、史学家等学者辩论诗歌、宗教、文法、文学等问题。哈里发迈蒙（Al-Mamun，813～833年在位）还从拜占廷邀请学者、教师、翻译家来宫廷研讨学术，举办沙龙。

在埃及的绿衣大食，从图伦王朝（Tulunids，868～905）到伊赫什德王朝（Ikhshids，935～969）都在宫廷、府邸或学者之家进行教学。在伊赫什德的宫廷，每天晚上都举办历史沙龙。后来的法蒂玛王朝（Fatimids，969～1171）也经常举办沙龙，法学家、哲学家、数学家、物理学家都穿着特制的礼服出席。

学馆是学者在家讲学的地方。其讲授的内容比昆它布高深，但又低于宫廷学校，相当于中等程度的教育。学者的家在清真寺建立之前就已经成为教育场所。在清真寺建立后仍相当普遍，成为私人讲学的一种重要形式。学馆的学生不分贫富。艾卜·阿塔西叶原是一个陶器商，在学馆学习，后来成了大诗人，即为一例。①

清真寺既是教徒礼拜的圣地、施行政令的要地、宗教法庭的所在，也是重要的教育场所。穆罕默德是最早提倡清真寺教育的人。他说："进入清真寺教学或接受教育的人，犹如为真主而战的勇士。"②早年的清真寺条件简陋，院子、房顶和讲台是其三要素。

回历③17年（638年），哈里发欧麦尔派遣《古兰经》诵读者到各地去，并命令各地人民每星期五到清真寺去见他们。回历3世

---

① 郭应德著：《阿拉伯史纲》，中国社会科学出版社1991年版，第223页。

② 纳忠等著：《传统与交融：阿拉伯文化》，浙江人民出版社1993年版，第203页。

③ 回历即伊斯兰教历，以公元622年7月16日为元年元旦，每年354或355日。回历403年相当于公元1025年，英文缩写：A. H.。

纪时，巴格达的清真寺已有 3 000 所。回历 614 年（1232 年），亚历山大里亚的清真寺达 1.2 万所。在西班牙的白衣大食，也建立了许多清真寺。清真寺鼓励男童入学，也吸收女童入学。

在阿拉伯，儿童刚会说话，其父亲就开始教他读清真言："除真主外，绝无应受崇拜的。"①儿童满 6 岁，就应学习礼拜，开始其正式教育。在清真寺里，除附设昆它布对儿童施以初等教育外，也传授高深知识。

巴格达最有名的清真寺曼色（Mansur）建于回历 145 年，知名学者的讲学使学生趋之若鹜。一些学者所编著的语言学名著《雅古特》（Al-Yagut）曾流行一时。耶路撒冷的清真寺建于 691 年，是伊斯兰世界最宏伟的建筑之一。大马士革的清真寺建于 705 年。它富丽华美，为当地教育重地，因学生众多，曾以民族划分坐地。教学时，学生依次而坐，秩序井然。在开罗，阿穆尔（Amr）清真寺建于回历 21 年。回历 38 年，苏里曼（Sulaiman）到寺祈祷和断案，使之成为教育的中心和法庭。其教学环在最盛时有 40 个，还有 8 个学会（lawiyashs）。有的学会只吸收有名望的神学家和学者参加。爱资哈尔清真寺一直是伊斯兰教的著名学府，法蒂玛王朝的哈里发阿齐兹（976—996）是个诗人和学术爱好者，他将其变成一个学院。图兰清真寺（Jami Tulwn）在研究《古兰经》注释学、医学、圣训、法学和天文学方面享有盛誉。②

在白衣大食，教育一度由清真寺独揽。研究西班牙历史的伊斯兰学者曼格里（Al-Maggari）曾在科尔多瓦、奈赫赖（Nahhilah）和萨喜赖（Al-Zahira）三地的清真寺执教。他说："安德鲁西（Andalus）的人民，没有学校帮助他们求学，因此，他们自纳学费在清真寺里学习各科知识。"③

---

① 参见希提著：《阿拉伯通史》，第 483 页。
②③ 参见滕大春主编：《外国教育通史》，第 2 卷，第 65~66、66 页。

从上可见，许多清真寺实际上相当于高等教育机构。据美国俄亥俄州大学历史学教授费希尔考证，在每个较大的清真寺都有学校（Madrasah）。这些学校教授神学、法律、哲学、历史和科学。教学以记诵为主。①

由于穆斯林尊重学术，各伊斯兰国家的图书馆都很发达。图书馆不仅收集各种图书，吸收东西方文化，而且培养许多文人学者，是特殊形式的高等教育机构。

例如，巴格达的拜伊特·勒·赫克迈（Bait Al-Hikmah）图书馆，后来发展成著名学府，有的历史学家称它为赫克迈大学。它是阿拔斯王朝哈里发赖世德建立的。内藏哈里发迈蒙时期西西里岛行政长官奉献的大量希腊文献。有迈蒙函请拜占廷皇帝代为罗致的大量希腊著述，还有希伯来文、叙利亚文、埃及文、印度文、波斯文图书。其规模仅次于亚历山大里亚图书馆。它还设有天文台。历任馆长均为学者，如天文学家、数学家波斯人花剌子密（780—850前后）、翻译家侯奈因（809—873）、数学家萨拉姆等。②

为传授和宣传什叶派教义，绿衣大食法蒂玛王朝的哈基木（996—1021）于1005年在开罗设立的达赖·勒·伊勒姆（Dar Al-Im）图书馆。该图书馆藏书也极为丰富，并重视天文学和医学的教育，被一些历史学家称为伊勒姆大学。

白衣大食的科尔多瓦有图书馆17个，其中有一个图书馆的藏书达40万册。科尔多瓦皇家图书馆是穆罕默德一世（852—886）所创，后来的哈里发曾加以扩建和捐书，使之成为规模最大、秩序最好的图书馆。他们也曾到东方各国花重金买书。

在科尔多瓦，阿卜杜勒·拉赫曼三世（929～961年在位）在主要的清真寺创办了科尔多瓦大学。该校比尼采米亚还优越。它吸

---

① 西·内·费希尔著，姚梓良译：《中东史》（上），第165页。
② 郭应德：《阿拉伯史纲》，第222～223页。

引了来自欧、亚、非的基督教和伊斯兰学生。以后，哈康二世（961～976年在位）又扩建了清真寺里的校舍。用铅管引来泉水，请拜占廷细木工装修学校，花费达261 537第纳尔。他从东方聘请许多教授，并捐大量基金，作为教授的薪俸。① 他还派人到亚历山大里亚、大马士革、巴格达等地购买了大量书籍和手稿。由于他的努力，终于使这所大学成了当时世界最有名的学府。

二、塞尔柱帝国和奥斯曼帝国时期的教育

11世纪初，各大食国相继衰落。其中黑衣大食首先为塞尔柱帝国所取代。以后，塞尔柱帝国的领土又先后被蒙古人和奥斯曼帝国所征服。由于蒙古人统治时期的资料缺乏，以下只能简介塞尔柱和奥斯曼帝国时期的教育。

（一）塞尔柱帝国时期的教育

11世纪，突厥酋长塞尔柱（Seljug）夺取波斯。1055年，塞尔柱之孙托格卢尔·伯克（Toghril Beg, ？—1063）进占巴格达，推翻白衣王朝，迫使阿拔斯王朝哈里发授予苏丹称号，建立塞尔柱帝国，并不断扩张。极盛时的版图东含锡尔河流域，西至地中海沿岸。帝国仍奉伊斯兰教为国教。但其教派矛盾日益尖锐。正统的逊尼派受到帝国的支持，而具有民主色彩、流行于黑衣大食和绿衣大食的什叶派则被视为异端。

在塞尔柱帝国，政府建立了学校制度，提供教育经费。政府管理学校，并由宰相尼采姆（Nizam Al-Mulk）主持。故有史书据此说尼采姆是伊斯兰教学校的创始人。其实清真寺的教育依然存在，只是新学校已成为教育的主干。

1065～1067年，尼采姆在巴格达等城创建专科学校，取名尼采米亚（Nizamiyyia），历史上称尼采米亚大学。美国普林斯顿大

---

① 希提著：《阿拉伯通史》，第631页。

学的阿拉伯专家希提认为,它才是伊斯兰教的第一所真正的高等学校。建尼采米亚的目的是宣传逊尼派教义,肃清什叶派和训练官员。教师由政府委任有学识者担任,享受优厚的待遇。学生由政府选录,供给食宿。教学分两科。宗教科培养逊尼派骨干,学习逊尼派理论和神学、法学。军政科培养军政人员,学习法律和世俗知识。学生毕业后职业有保障,待遇优厚,故吸引了大批青年。但是,学校中思想专制,不容忍有异端思想。

由于统治者的需要,尼采米亚不久就成为各地效法的榜样。不仅在黑衣大食广泛设立,在白衣大食和绿衣大食也先后出现。

塞尔柱帝国时期也注重初等教育。伊斯法汗尼(Jmad Al-Din Al-Jsfahani)说:"尼采姆每在镇上遇见有学识的人,立即为他设立学校,作为教学之用,并给他以资助,还赠送以大量书籍。"撒伯其(Al-Subki)说:"据说尼采姆在伊拉克和库兰桑(Khuransan)境内的每个城镇都设有学校。"①

1258年,蒙古伊儿汗王朝创立者旭烈兀攻克巴格达,城市惨遭浩劫,但尼采米亚大学还存在。1393年,巴格达再次陷落,尼采米亚大学仍存。两年多过后,它才与穆斯台绥木(Mustasim,1242～1258年在位)在1234年建立的穆斯台绥里亚大学合并。穆斯台绥里亚大学是一所宗教大学,讲授正统派四大家的教律学。

(二)奥斯曼帝国时期的教育

14世纪初,土耳其人建立奥斯曼帝国后逐渐扩张。1453年攻下君士坦丁堡,灭拜占廷,并迁都至君士坦丁堡(改名为伊斯坦布尔),成为东伊斯兰教国家的统治者。但他们的文化水平低、人数少。为了统治的便利,帝国建立了"奴隶馆"。强调上至宰相,下至园丁,均为王室的奴隶,只有皇帝至高无上。这里所谓的奴隶实

---

① 参见滕大春主编:《外国教育通史》第2卷,第71～72页。

际上是统治者的佐助人员,主要来自战俘和贡奉。其中忠且能者,不论民族、门第、学识,将被任以官职,或成为皇亲。

奥斯曼帝国也仿照尼采米亚建立了新的宫廷学校。穆拉德二世(1421~1451年在位)聘用了国内最开明和最卓越的学者来任教。教师中许多人兼有军政要职。在宫廷学校里,王子的同学有战俘和显要的藩属之子。穆拉德要求教师们尽职教王子,并把其他青年锻炼成遵守纪律、为人正直和有道德的人。①

政府规定,地方官员应选送12~14岁的儿童到伊斯坦布尔学习,入学还需通过严格的体格和智力考验。学校订有各种规章。学生必须:着制服,与家人隔离,不结婚,尊师守法,恪守规章。入学的头几年,学生间的交往也受限制。

16世纪,宫廷学校分初高两级,均修业6~8年。初级为基本训练,高级为分科训练。学习内容分学科、体育、战术和专业训练,学时各占25%。学科有土耳其语、阿拉伯语、波斯语、土耳其和波斯文学、《古兰经》和注释、神学、法学、历史、数学、音乐,称为学艺十科。语言的学习在低年级,其他各科在不同年级。体育和战术则每天学练。其中举重、角力、击剑、骑马等为较高难的课程。各科学习通过考试者升级,否则重学。于是,优者可迅速升到最高级,而完不成学业的劣者则做下级官吏。高级毕业者约占25%~32%。②

宫廷学校的教师必须是伊斯兰教徒,也有学者或诗人。教师的待遇丰厚。学生的费用也由政府提供。学生毕业为帝国文武官员,终身任职,报酬极丰且免税役。

---

① 西·内·费希尔著:《中东史》(上),第244页。
② 参见滕大春主编:《外国教育通史》第2卷,第73~74页。

第三节 拜占廷和阿拉伯教育的特点及其影响

一、拜占廷教育的特点及其影响

如上所述,在拜占廷封建化的过程中,始终存在一个比较强大而统一的世俗政权,城市也没有受到严重破坏,手工业和国内外贸易继续发展。拜占廷教会与世俗政权的关系和西欧罗马教会也有所不同。西罗马灭亡之后,在西方缺乏一个统一的世俗政权,罗马教皇的权力在一段时期里高于世俗政权。在中世纪早期,西欧的文化教育完全由教会垄断。在拜占廷,教会与世俗政权之间也有相互利用与争斗的关系,但教会始终处于从属于世俗政权的地位,主要行使神甫的职能。在拜占廷,反对正统教会的势力常掀起圣像破坏运动(iconoclasm),主张废止崇拜圣像、圣骨。皇帝也加入其中。8世纪至9世纪之间,圣像破坏运动几起几落,其间既反映了农奴、城市贫民反对教会剥削的斗争,也反映了统治者内部军事贵族和教会显贵互争权夺利的斗争。拜占廷的政治、经济特点,特别是它的教会与世俗政权之间的关系对它的文化教育的发展产生了明显的影响,使它具有以下的特点:其一,直接继承了古希腊和罗马的文化教育遗产;其二,存在着因世俗生活需要而得到发展的世俗教育体系;其三,教会的文化教育体系与世俗的文化教育体系长期并存。此外,在拜占廷教会,除主教外,所有教士均可以结婚,这一点对教会教育的内容和方式也有影响。

总的说来,拜占廷教育起了保存和传播古希腊罗马文化的作用。

拜占廷的文化教育对东欧的影响很大。862年,摩拉维亚公国脱离日尔曼而独立。罗斯吉司拉夫大公即请拜占廷派遣传教士,用斯拉夫语传布基督教教义。863年,拜占廷的宗教活动家美多德和西里尔发明了斯拉夫字母,开始把教会书籍译成斯拉夫文。他们也用斯拉夫语进行礼拜仪式,并在班诺尼亚和摩拉维亚训练斯拉夫神职人员。后来,美多德的门徒又带着斯拉夫文的教规和教会书籍到保加利亚并扎下了根。10世纪末,拜占廷公主远嫁基辅罗斯大公弗拉基米尔。因此,988年,弗拉基米尔自拜占廷接受了基督教,并将它定为国教在罗斯开始设立学校。1037年,索菲亚大教堂在基辅奠基。1053年,拜占廷又向罗斯派去希腊人大主教并带去大量斯拉夫文字的书刊。书刊内容除神学外,还有科学、文学、史学等。拜占廷与罗斯在教会上的隶属关系一直延续到1448年。总之,"拜占廷对东斯拉夫人来说,如同罗马对日耳曼人而言一样,是伟大的教育者、伟大的引导者、宗教和文明的源泉。"①

拜占廷的文化教育对西欧影响也很大。在很长的时间里,拜占廷与西欧特别是意大利保持着经济联系。11世纪前,拜占廷的文化教育水平不但高于东欧各国,而且也处于西欧各国之上。到君士坦丁堡求学的不只是拜占廷各地的青年和属于阿拉伯语地区的青年,还有意大利的青年。拜占廷文明对意大利的文艺复兴也起了一定的作用。拜占廷的文化教育对阿拉伯教育的发展也有影响。

二、阿拉伯教育的特点及其贡献

阿拉伯人在7世纪兴起之初,其文化教育是非常落后的。但是在历史上比较短的时间里,他们竟后来居上,建立起"一种融合了犹太文化、希腊—罗马文化和波斯—美索不达米亚文化传统的混合文明",使自己在文化科学的成就上达到了引人注目的高峰。②这在很大程度上得益于阿拉伯国家的许多哈里发推行了一种比较开明的文化教育政策。他们对被征服地区人民的宗教信仰和文化采取了比较宽容的态度,并鼓励学术研究。因此,阿拉伯人就能在继承东、

---

① ② 斯塔夫里阿诺斯著,吴象婴译:《全球通史——1500年以前的世界》,上海社会科学院出版社1988年版,第417、360～361页。

西方文化成果的基础上迅速发展自己的文化与教育。阿拉伯的教育具有尊师重教、教育机会比较均等、神学与实用课程并存、教学组织形式多样和多方筹集教育资金以保证发展教育的物质条件等鲜明特点。这些特点也是与他们开明的文教政策有机联系着的。阿拉伯国家由于重视吸收别人的文化成果而鼓励翻译。翻译家侯奈因等人的月薪达500第纳尔。哈里发迈蒙曾以译稿的分量付给侯奈因等量的黄金。① 这位翻译家实际上是一个基督徒。他曾出访希腊语国家收集手稿,同助手一起翻译了许多著作,其中包括希波克拉底、加伦、欧几里德、托勒密、柏拉图和亚里士多德的作品。另一大翻译中心设在白衣大食国的托莱尔城。在12～13世纪,这里的翻译家有犹太人、西班牙人和欧洲各地的外国学者。②

阿拉伯人由于其文化教育政策的开明和尊师重教、鼓励学术研究而使其教育得到迅速发展,并在文化科学上取得了巨大成就。阿拉伯的伟大数学家穆罕默德·伊本·穆萨(即花剌子密,约780—850年)创立了代数学。他编写的《积分和方程计算法》于12世纪传到西欧,一直到16世纪还是大学使用的教材。通过他的著作,西方还懂得了使用阿拉伯数字。阿拉伯人在天文学、医学、哲学和文学方面也都作出了自己的贡献。阿拉伯著名的化学家和医生拉齐斯(约850—925)著有关于炼丹术和医学的书籍,其中的《秘典》一书包含着丰富的化学知识,《医学集成》吸取了希腊、波斯和印度的医学知识,《天花和麻疹》载有这些疾病的临床记录。阿拉伯的另一名医学家伊本·西那(即阿维森纳,980—1037)则被誉为"医中之王"。他的《医学原理》一书讨论了传染病、寄生虫病、皮肤病、精神病等广泛的医学问题,记载了七百六十多种药物,因而

---

① 参见希提著:《阿拉伯通史》,第143页。
② 斯塔夫里阿诺斯著:《全球通史——1500年以前的世界》,第366～367页。

有"医中圣经"之称。它在12～17世纪一直是西欧大学医科教育的主要教材。阿拉伯的哲学家伊本·拉西德（即阿威罗伊，1126—1198）对亚里士多德著作所作的注释、提示和摘要在西方流传了几个世纪，对西欧重新认识古希腊文化产生了重要影响。①

思考题

1. 试评述拜占廷的教育及其影响。
2. 试述阿拉伯文化教育迅速取得伟大成就的原因及其贡献。

---

① 参见吴式颖等编：《外国教育史简编》，教育科学出版社1995年版，第62～63页。

第二编

近代教育史

第七章

文艺复兴与宗教改革时期的教育

文艺复兴运动是公元14世纪到17世纪欧洲在意识形态领域里向封建主义和天主教神学体系发动的一场伟大的文化革命运动。文艺复兴运动具有阶段性和地域性，它最先发生于意大利，后传至北欧，使人文主义新文化得以广泛传播，并引发了北欧的建立在人文主义与宗教理想双重基础之上的宗教改革运动，而北欧的宗教改革运动又导致了天主教会的反宗教改革运动。人文主义和宗教改革是文艺复兴运动的两大重要成就，具有历史进步意义，而反宗教改革则是天主教会对历史进步的一种反动。与之相应，文艺复兴时期的教育大致可分为人文主义教育、新教教育、天主教教育（包括从中世纪沿袭下来的以及在反宗教改革运动中由耶稣会创办的）三种类型。这三种教育势力交织在一起，相互间产生了错综复杂的关系，对当时及其后教育与社会的发展产生了各不相同的影响。

第一节 人文主义教育

一、文艺复兴运动与人文主义的特征

"文艺复兴"就其词义看，是指古希腊、古罗马人文学科的复活或复兴，但就其实质看，复兴的范围绝不仅限于人文学科，而且复兴过去并不是为了过去而是为了现在和未来，文艺复兴不仅仅是复兴，而且是新时代对古代文化的继承、利用和发展，使古典文化成为表达新文化的媒介。

文艺复兴运动历时久长，持续近三百年；波及面广，整个西欧都受其洗礼；影响深远，它标志着欧洲近代文化的开端，为人类文明的进步开辟了广阔的前景；涉及领域广泛，它并不仅仅是"文艺"的复兴，其成就包括文学、艺术、哲学、科学、宗教、法律、教育等多个方面，不少成就虽以古典文化为基础，但青出于蓝而胜于蓝，尤其是艺术成就至今令人仰之弥高。

人文主义文化是文艺复兴运动的重要成就。人文主义是文艺复兴时代不同国家、不同领域、不同时期的人文主义者所共有的世界观，这种世界观主要体现为以下数端。

第一，歌颂赞扬人的价值和尊严。人文主义文化的核心是提倡人道，肯定人的价值、地位、尊严。人文主义对人的赞颂与中世纪特别是与中世纪早期对人的贬抑形成鲜明对照。中世纪神学认为，上帝是全知全能全善的，而人是卑微的，人具有天生的原罪，人唯有靠上帝的恩惠才能得救，而人文主义是对这种宿命论的反叛。

第二，宣扬人的思想解放和个性自由。中世纪神学宣扬人对教会的教义与教规的绝对信仰和盲目服从，而人文主义与这种权威主义做法相对立，要求把人从教会的教义、教规和其他教条的束缚中

解放出来，如同英国史学家西蒙兹（Symonds）所言，"这是思想大解放……人们竞相摆脱控制，纷纷批判循规蹈矩，全都热衷于自由自在的古风，对审美观有了新的认识，不顾一切地要为自己争取不受权力约束的自由天地。人们是如此精力充沛和自有主见，都感到了探索的愉快。没有他们不敢面对的问题，没有他们不愿按他们的新认识来加以修正的公式。"①

第三，肯定现世生活的价值和尘世的享乐。肯定现世享乐是对中世纪禁欲主义和来世说宗教教条的悖离。来世说以今生受苦受难作为来世欢乐的条件，使人克制甚至泯灭人生各种合理的欲望与追求。人文主义者将天国的幸福和欢乐移至人间，认为不言今生的幸福，就根本谈不上来世的欢乐。

第四，提倡学术，尊崇理性。有人称中世纪为黑暗时代、愚昧时代，意指其学术的不盛与文明的不举，虽言辞过激，却不乏合理之处。文艺复兴带来了学术的繁荣，知识受到尊崇，理性得以弘扬。

人文主义世界观是人文主义教育的指导思想，在人文主义教育理论与教育实践中有鲜明的反映。

二、人文主义教育的发展历程

人文主义教育的发展可分为前后两个时期，前期所体现的人文主义精神比较狭窄，后期所体现的人文主义精神则比较宽泛。

（一）前期人文主义教育

文艺复兴最早发生于意大利。意大利文艺复兴以古罗马文化的复兴为先导，继之以古希腊文化的复兴，这种复兴迅速影响到教育界。人们从古希腊罗马著作中发现了一个崭新的美好世界，对人文

---

① 西蒙兹著：《意大利文艺复兴》，转引自托马斯·马丁·林赛著，孔祥民等译：《宗教改革史》（上册），商务印书馆1992年版，第44页。

学科的狂热崇拜迅速蔓延到整个意大利，一些不同于中世纪教会学校的世俗学校应运而生，教师为世俗人士，教授的也是世俗的人文学科，打破了教会对教育领导权的垄断。一些教育家的理论和实践活动进一步促进了意大利人文主义教育的发展。

弗吉里奥（Pietro Paolo Vergerio，1349—1420）是率先阐述人文主义教育思想的学者，其思想大大受益于昆体良。他为昆体良的《雄辩术原理》作注释，使之风行于意大利内外。他还写了一篇题为《论绅士风度与自由学科》（约1404）的论文，认为人文主义教育的目的在于对青少年施以通才教育以培养身心全面发展的人。通才教育（liberal education，或译自由教育或博雅教育）渊源于古希腊，其理想为文艺复兴时代的人文主义者所普遍接受。弗吉里奥曾给通才教育下过这样的定义：它是一种符合自由人的价值的，使受教育者获致德性与智慧的，能唤起和发展那些使人趋于高贵的身心的最高才能的教育。在教育方法上，弗吉里奥认为必须使所教内容适合学生的个人爱好和年龄特征。在教育内容方面，弗吉里奥最推崇的三门科目是历史、伦理学（道德哲学）和雄辩术，认为这三门课程最能体现人文主义精神。弗吉里奥还依据亚里士多德的《政治学》提出体育、文学、绘画、音乐四门科目，并讨论了数学、医学、法律、自然知识等科目。他重视体育，认为健全的身体是将来从事任何事业的前提；重视文学，认为文学（包括文法、写作、逻辑、修辞、诗歌）是学习其他学科的基础；他还赋予自然知识以重要价值，认为这是一门既使人感兴趣又对人有益的学科。他也看重医学和法律的实际价值，但他像亚里士多德一样，将自由教育与职业教育截然对立，因而认为医学和法律与职业相关，对培养绅士是不适宜的。值得注意的是，在其论文中，未讨论神学这一中世纪最重要的学科，显示出意大利人文主义教育世俗性较强的特点。

维多里诺（Vittrino da Feltre，1378—1446）是弗吉里奥教育理想的实践者。他对西塞罗的《论雄辩术》颇有心得，深谙西塞罗精神的内蕴,并热衷于古希腊身心和谐发展的教育理想。他对教育实践热忱很高,曾于1423年开办宫廷学校,并于此终生执教,他把学校称为"快乐之家",校址环境优美,校风朴素自然,师生关系融洽,学生的生活与学习过程充满欢乐。同弗吉里奥一样,他也主张通才教育,并以古典学科作为课程的中心。他重视学生品德的培养,重视学生基督教信仰的养成,并认为古典著作所包含的异教道德观念与基督教教义是不冲突的。

格里诺(Guarino da Verona,1374—1460)是维多里诺的朋友,也办过宫廷学校,但其教育观与弗吉里奥和维多里诺有所不同。他认为古典文化教育本身就是目的,而不是促人充分发展的手段,主张一个受过教育的人必须学习特定的科目而不管其内容如何。在学习方法上他主张先学习语法规则然后学习古典作品,夸大了语法规则的价值。在古典作品中,他过高地评价西塞罗文体并将其作为作文的唯一正确的典范。格里诺对15世纪末意大利"西塞罗主义"的产生起了推波助澜的作用。西塞罗主义反对使用在西塞罗作品中没有出现过的词汇和习语,主张单纯仿效西塞罗。这样,意大利人文主义教育在发展过程中产生了形式主义的弊端,背离了人文主义文化修养的目标,说明意大利人文主义教育因食古不化而走上了穷途末路。人文主义教育的内涵亟须予以新的丰富和拓展。

北欧的文艺复兴运动是受意大利的影响而产生的,人文主义教育也随之逐渐发展起来。北欧宗教改革前人文主义教育的重要代表人物主要有尼德兰的伊拉斯谟(Desiderius Erasmus,1467—1536)、西班牙的维夫斯(Juan Luis Vives,1492—1540)、英国的莫尔(Thomas More,1478—1535)、德国的温斐林(Jacob Wimpheling,1450—1528)和法国的比代(Guillaume Bude,1468—1540)等人。

在北欧诸国中,尼德兰的教育比较发达,尤其是尼德兰的一个宗教团体"平民生活兄弟会"所办的教育更是成绩卓著,北欧著名的人文主义教育家和思想家大多出身于兄弟会所开办的学校。伊拉斯谟就是如此。

伊拉斯谟是一位基督教人文主义教育理论家。他虽然对古典文化推崇备至,认为研习古典文化有助于改造社会、改良教会、净化基督教,使人走上虔敬与德行之途,但在古典文化与宗教二者的关系中,他并不像意大利人文主义那样过于偏重古典文化,而是基督教与人文主义并重,主张人文主义基督教化、基督教人文主义化。他用人文主义的方法研究《圣经》,对基督教情有独钟,认为"应该用基督教的标准估量一切东西"①,应使学生成为一个虔敬的基督教徒。他虽然不反对宗教本身,却对教会推行的蒙昧主义和教会的虚伪腐化深恶痛绝,他的《愚人颂》(1519)的核心就是对虔敬与道德的呼唤。他在教育方面的代表作主要是《基督教君主的教育》(1516)和《论童蒙的自由教育》(1529)。伊拉斯谟所要培养的人的品质主要是虔敬、德行和智慧。虔敬意指敬上帝,德行意指应通过教育使人具有宽容人道、公正无私、节制自律、诚实正直、勤奋有为等美德,而智慧则受虔敬与德行的指引。获得虔敬、德行和智慧的必经之路就是学习古典文化,其中《旧约》和《新约》也是古典文化的重要组成部分。但他没有像意大利一些人文主义教育家那样走向西塞罗主义和形式主义,反而著文《西塞罗主义》(1528),对之予以抨击批判。在他看来,文以载道,学文重要,学道更重要,最根本的目的是学古人之道以改造现实社会。他还特别重视教学方法问题,要求教师了解学生,因材施教。

维夫斯的主要教育著作是《知识论》(1531)和《论灵魂与心灵》(1539),其中《知识论》影响甚巨,被誉为"文艺复兴时期最

---

① 吴元训编:《中世纪教育文选》,人民教育出版社1989年版,第169页。

彻底的教育书籍"①。维夫斯的教育观与伊拉斯谟相近,也主张将基督教与人文主义结合起来,认为一切教育皆应引导到虔敬,应在学生心中确立"《圣经》的威信"②,但其人文主义精神较之伊拉斯谟更加强劲。他思想激进,富有民主性,认为一般民众也应有自由发展的权利。维夫斯的教育思想中最具光彩之处在于他提出要以新的哲学方法,要用心理学方法来解决教育问题。他深刻揭露了经院哲学的弊端,认为经院哲学及其赖以为据的亚里士多德逻辑学的根本缺陷,在于以无根基的一般概念和命题为先决条件,然后进行枯燥的推理。他指出,经院哲学的这种方法是导致学术腐化的根本原因,唯一能消除这种弊端的办法,就是从个别的事实经验开始,通过头脑的自然的推理并由这此事实经验形成概念,简言之,正确的认识方法与学习方法不是演绎法而是归纳法。因此,学习过程应由感觉开始,由感觉到理解,由个别事实到一般事实。学问并不尽在古典著作中和故纸堆中。维夫斯还认为教育主要是一个由学习者的本性所决定的过程,他力图把教育和教学建立在心理学的基础上,他对心理的对象、心理活动、心理类型和差异等进行了大量的深入的研究。维夫斯的教育理论对夸美纽斯有深刻的影响。

英国初期文艺复兴对人文主义教育作出积极贡献的主要是林纳克(Thomas Linacre,1460—1524)、科利特(John Colet,1467—1519)和莫尔。科利特在伊拉斯谟等人的帮助下,约在1510年创办了人文主义性质的圣保罗学校,该校成为英国人文主义学校的楷模。在林纳克、科利特和莫尔等人的推动下,加上英国国王的支持,人文主义教育在英国日盛一日,不仅大学,而且中等教育性质的公学也大受其影响。莫尔是英国最著名的人文主义者,其教育思想主要体现在《乌托邦》(1516)中。莫尔曾于牛津大学师从林纳

---

① S.E. 佛罗斯特著:《西方教育的历史和哲学基础》,第209页。
② 吴元训编:《中世纪教育文选》,第289页。

克和科利特学习古典语言，对古典文化厚爱于心，尤其陶醉于柏拉图的"理想国"。在《乌托邦》中，莫尔要求废除私有制，实行公共教育制度，所有儿童不分男女皆享有平等的受教育的权利；所学知识主要是古代作家尤其是希腊作家的哲学、历史、戏剧、医学、植物学等作品；要求培养儿童仁慈、公正、勇敢、诚实、仁爱、合作等品质，培养儿童对神的虔敬；此外，莫尔还重视劳动的价值并要求对青少年进行劳动教育。这些教育观都洋溢着鲜明的进步精神。

德国邻近意大利，受意大利文艺复兴的影响较早。温斐林是宗教改革前较重要的人文主义教育家，他反对古典语言的学习中专重文法的错误倾向，强调人文之学要以维护社会的道德为标准，其人文主义精神与其宗教意识相伴而行，极言学术知识与宗教信仰并行的重要性。德国的一些大学如爱尔福特大学、巴塞尔大学、科隆大学等皆成立了人文主义者团体，致力于传播古典文化，抨击当时的教会。人文主义和人文主义教育的开展为德国的宗教改革创造了良好的文化条件。

法国的文艺复兴开始较晚。早期表达人文主义教育思想并对人文主义教育施以重要影响的是比代。他对希腊、罗马文学造诣颇深，对罗马法也有透彻研究，认为不掌握人文之学，犹如夜间行路而无灯光。1515年他写作《论王侯的教育》，建议君主学习古典著作。在他的推动和国王的支持下，法国先后建立起富有人文主义精神的法兰西学院（1530）和奎恩学院（1534），与教会大学分庭抗礼，学院不事经院之学而崇尚古典学术。法国激进的人文主义思想家、教育家蒙田就是在奎恩学院接受的人文主义教育。

两者对比不难发现，北方人文主义教育与意大利人文主义教育有着显著的差异，主要表现在两方面。其一，意大利人文主义教育具有较强的世俗性，而北方人文主义教育则十分强调虔诚与道德的价值。意大利的学校从古罗马时代世俗气息就比较浓厚，中世纪以及其后建立的大学和城市学校，也多受世俗势力控制，而北欧的宗教势力比较强大，且北欧的人文主义者多从宗教团体"共同生活兄弟会"那里接受的教育，因此有这种差异就不足为奇了。其二，因政治背景的不同，教育的政治功能亦旨趣迥异。意大利在文艺复兴前期实行城市共和制，共和政体要求培养富于自由、平等精神的公民，而北欧人文主义教育家崇尚君主制，把治理国家的希望寄托在君主和朝臣身上，因此，他们关注的是如何对那些将来有希望成为君主和朝臣的人物施以什么样的教育。

尽管存有差异，但二者的一致性却是更为根本的，体现在：第一，古典科目构成人文主义课程的基础和主体；第二，强调教育与社会的联系，重视治人治世之学，力图通过教育改造社会，至于自然的改造、自然科学的研究尚未受到重视；第三，重视古典语言，漠视本族语教学，本族语在教育中地位甚低；第四，早期人文主义教育后来走向了形式主义，意大利表现得非常明显，北方人文主义者虽然反对西塞罗主义，但由于宗教改革的冲击，很快为新教教育的形式主义所取代，如新教教育家斯图谟的学校中就存在明显的形式主义倾向。

随着社会的发展，早期人文主义教育的上述特征日益滞后于时代，人文主义教育的内涵必须予以新的拓展，这种新拓展主要体现在培养目标的改变、世俗精神的增强、学习内容的丰富、本族语的引入、学习方法的进步等方面。意大利的卡斯底格朗、法国的拉伯雷和蒙田、英国的埃利奥特和培根成为新的教育精神的代表人物。

（二）后期人文主义教育

15世纪末16世纪初，意大利政局发生变化，共和制为君主制所取代，人们对共和制、公民权等概念的意义日益淡漠。在教育上，由注重培养合格的公民转而注重培养理想的君主和朝臣，出现了许多关于君主、朝臣教育的论著，其中尤以卡斯底格朗（Baldassare Castiglione，1478—1529）的《宫廷人物》影响最甚。该书大约于 1513 到 1518 年间写成，书中描绘了为当时的时代所需要的完美的新绅士、朝臣（侍臣）形象，鲜明地体现了新人文主义的教育精神。从政治上言，从培养公民转到培养君主和侍臣也许是一种倒退，但从教育上看，却又是一种进步，"与早期人文主义教育的公民性质大大不同，'侍臣'的新概念显然是向贵族阶级的标准的倒退。然而，依照卡斯底格朗的设想，'侍臣'却是文艺复兴的'一般人'；在实质上，侍臣的这种概念并不是从中世纪骑士制度的土壤中生长起来的，而是脱胎于以锻炼身心并鼓励雄心和一切适合人类天性的高贵感情为基础的培养完人的人文主义教育纲领……尽管从 15 世纪下半叶起一些中世纪的传统又卷土重来，它们是经过文艺复兴精神的熏陶后而再现的。"① 因此，卡斯底格朗的培养目标不是中世纪擅长军事体育、具礼仪风度而只粗通文墨甚至不通文墨的骑士，也不是前期文艺复兴精通古典文化的学者型人物，而是二者精华的凝炼与综合，体现了新的"文雅骑士"精神，反映了新时代对富于开拓精神的人的需要。

　　法国的保守势力一直比较强大，极力压制新思想的发展，过分的压制带来了强烈的反抗，一种崭新的教育精神在保守的土地上勃然升起，拉伯雷、拉谟斯、蒙田成为新教育精神的象征。

　　拉伯雷（Francois Rabelais，1494—1553）对教育感兴趣主要是因为受了伊拉斯谟和新教教育家斯图谟的影响，其教育思想主要体现在他的讽刺性文学作品《巨人传》中。该书要点如下。第一，阐述了一种新的教育自由观。他要求打破一切戒律，不论是教会的还是世俗的。他认为，理想的社会由享有完全自由的人所组成，"想做什么，便做什么"是他所推崇的准则，他所主张的自由不同于意大利早期文艺复兴的城市自由，而主要是一种个人自由，表现

---

① G. R. 波特编，张文华等译：《新编剑桥世界近代史》第 1 卷，中国社会科学出版社 1988 年版，第 102～103 页。

出对个性价值和个人自由的确信。第二,主张身心并行发展,重视体育,他所列的体育活动的名目非常多,骑马、击剑、角力、跑步、游泳、射箭、登山、攀树等,不一而足。第三,要求认识所有事物。拉伯雷提出了一个包罗万象的学习知识的范围,古典语言和著作是学习科目的主体,但拉伯雷引入了自然科目,要求对大自然予以"尽心的研究"。拉伯雷还注重本族语教学,要求日常交往中使用本族语言。第四,提出了新的学习方法和途径。拉伯雷对经院主义的烦琐论证、死记硬背的方法深恶痛绝,要求知识的掌握应建立在理解的基础上,认为"没有经过理解的知识等于灵魂的废物",他要求采用新的教学方法,使教与学的过程轻松愉快,"与其说是一个学生在学习,毋宁说是一个国王在消遣。"[①] 书本是知识的一个来源,观察、谈话、游戏、游学、参观、旅行等也是获取知识的重要途径。

拉谟斯(Petrus Ramus,1515—1572)反对泥古崇古,反对迷信权威,不论是中世纪后期亚里士多德的权威还是文艺复兴时代西塞罗的权威,认为人人皆应得到自由思考的权利,这是对是古非今、泥古不化者的批判。拉谟斯强调实用性,认为学习知识的目的是为了用于实践,各种知识的教学都应与生活现实相联系。

蒙田(Michel de Montaigne,1533—1592)的主要著作是《散文集》。《散文集》中的文章篇幅长短不等,内容包罗万象。他的教育思想主要体现在《散文集》第一卷第 24 章《论学究气》和第 29 章《论儿童的教育》中。蒙田具有很强的批判精神,其思想的广度、深度远远超过了同时代人。蒙田反对培养学究,要求培养"完全的绅士"。这种绅士具有渊博的、对生活有益的实用知识,具有良好的判断力,具有坚忍、勇敢、谦逊、爱国、忠君、服从真理、关心公益等品质,具有强壮的体魄。他说:"一切运动和锻炼,如

[①] 吴元训编:《中世纪教育文选》,第 361 页。

长跑、击剑、音乐、舞蹈、打猎、骑马,都应该是学生学习的一部分。我希望他的外表、态度或礼节和他的心智一起形成起来;因为,我们所训练的,不是心智,也不是身体,而是一个人,我们决不能把二者分开。"① 蒙田倡导怀疑精神,反对盲信盲从,注重对知识的理解。他说:"我希望做教师的使他的学生谨慎地严密地吸取一切东西,绝不要相信只凭权威或未经考察的东西。"② 与此相关,蒙田反对死记硬背,认为死读书只能培养出鹦鹉学舌的学究。反对理智屈从于权威,认为一个人应有判断力,绝不可人云亦云,但人应服从和热爱真理,应虚心好学,敢于并善于纠正自己的错误。蒙田反对空疏无用,崇尚实际效用。他认为学究式的学问是无用的,教师教的和学生学的应是对生活实际有用的东西。在语言学习方面,蒙田认为本族语是最有价值的,其次是邻国语言,最后才是作为一个绅士的重要装饰品的希腊语和拉丁语。蒙田不主张学生过分依赖书本而成为书本的奴隶,要求儿童多从生活和事实中学习,多行动,多实践,这样获取的知识才最具实效。行动和实践是教育的重要手段,也是检验学生学习效果的尺度。在教学教育方法方面,蒙田反对强制压迫,主张自然发展。他认为严厉的惩罚不仅会扼杀儿童学习的愿望,还会使人的高贵本性堕落,他要求抛弃暴力和强制,使教育成为一种"没有惩罚、没有眼泪"、充满兴趣和欢乐的活动,使儿童的天性得以健康发展。蒙田认为没有一种完全适合于一切学生的教学方法,教师应"掌握分寸",因材施教。

  蒙田的教育思想是对中世纪和文艺复兴前期教育理论与实践深刻反思的成果,他提倡身心并进,重能力培养,求实际效用,尚行动实践,反对权威主义,批判死记硬背,抨击学究气息,鞭挞禁欲主义,充分表现出后期人文主义教育的新气象。

  如果说莫尔时代英国的人文主义还是一种狭隘的人文主义,那么

---

① ② 吴元训编:《中世纪教育文选》,第438、420页。

到了埃利奥特（Thomas Elyot，1490—1546）著《行政官之书》（1531）时，英国的人文主义教育便开始呈现一种新人文主义的风貌。

意大利人卡斯底格朗的《宫廷人物》的影响绝不仅限于意大利境内，它对阿尔卑斯山以北的国家也产生了重要影响，对法国和英国的影响尤甚。在蒙田等人的教育思想中可明显看到这种影响。埃利奥特的《行政官之书》可以说是《宫廷人物》的英国版。埃利奥特既是一位学者，也是一位行政官员，这种双重身份使其对当时人文教育的迂腐与不切社会实际有切身的体会。他主张教育的目的是培养绅士而非学究，主张学习古典语言应建立在学习本族语言的基础上，重视教育中具体经验的价值，强调通过角力、赛跑、游泳、骑马、打猎、跳舞等进行体育锻炼。英国宗教改革后，埃利奥特的新人文主义教育精神在英国新贵族的推动下得以进一步弘扬。许多新贵族凭自己的力量和才能取得了较高的经济地位和政治地位，他们逐渐认识到实用知识对实现他们的抱负的价值，实用学科如民族语言、自然科学、绘画、体育等受到重视。如何对贵族青年进行绅士教育以培养适合新时代需要的经世致用之才成为人们关注的焦点。

这种培养目标与课程的变化表现出前后期人文主义教育间的重大区别，"由于学问变得日益迂腐，并陷入脱离实际生活的危险之中，教育思想的重点，也逐渐从学术的成就转到绅士风度的培养上来。当时明智的人所需要的教育，与其说是造就一些可能在其专业上侥幸能自立的学者，毋宁说是培养一群以学问装饰起来的、精明强干的绅士。"[①]

与之相关，培根（Francis Bacon，1561—1626）从认识论、知识论方面体现出强烈的近代精神。培根不是教师，对教育实践也不感兴趣，但他对近代教育的影响却远非与他同时代的教育家所能

[①] 博伊德、金合著，任宝祥等译：《西方教育史》，人民教育出版社1986年版，第208页。

比。他提出了科学认识的方法——归纳法，抨击以烦琐主义和形式主义为特征的经院哲学。他认为经院哲学崇尚推理演绎，但推理演绎的前提无真凭实据，其目的也不在于发现新知，而是烦琐论证某些空洞的问题，要真正认识事物，必须求助于归纳法。归纳法分若干步骤：通过观察和实验收集事实；通过例证列表，整理感性材料；通过概括排除，淘汰非本质的规定性；作出肯定的结论以解释自然。培根的认识论为教学方法的根本变革提供了哲学依据。培根还提出了研究百科全书式知识的理想，认为"知识就是力量"，培根尤其强调自然科学知识的价值，将自然科学视为知识的最主要内容。培根对一些人过于尊崇古典文献持否定态度，认为对古典文献应甄别取舍而不应全盘接受。在《新大西岛》（1623）里有关"所罗门宫"的描述中，他提出"泛知识"的建议，认为人应学习一切知识，尤其是自然科学知识，成为夸美纽斯"泛智论"之先声。

从以上的简略叙述中，可以感受到前期人文主义教育与后期人文主义教育的差异，后者的世俗性更强，学科范围更加扩展，更加贴近现实生活，近现代精神愈加强劲。

三、人文主义教育的基本特征

尽管人文主义教育在不同的地域和不同的发展阶段有不同的特色，但在基本特征上毕竟有共通之处，这些特征是人文主义的基本特征在教育上的具体表现。

其一，人本主义。人文主义教育在培养目标上注重个性发展，在教育教学方法上反对禁欲主义，尊重儿童天性，坚信通过教育这种后天的力量可以重塑个人、改造社会和自然，这些都表现出人本主义内涵，人的力量、人的价值被充分肯定。

其二，古典主义。人文主义教育思想吸收了许多古人的见解，人文主义教育实践尤其是课程设置亦具有古典性质，但这种古典主义绝非纯粹的"复古"，实则含有古为今用、托古改制的内涵，尽管它也具有局限性，然而在当时却是进步的。

其三，世俗性。不论从教育目的还是从课程设置等方面看，人文主义教育充溢着浓厚的世俗精神，教育更关注今生而非来世，这是人文主义教育与中世纪教育的根本区别。

其四，宗教性。人文主义教育仍具有宗教性，几乎所有的人文主义教育家都信仰上帝，他们虽然抨击天主教会的弊端，但不反对宗教更不打算消灭宗教，他们希冀以世俗和人文精神改造中世纪陈腐专横的宗教性以造就一种更富世俗色彩和人性色彩的宗教性。

其五，贵族性。这是由文艺复兴运动的性质（并非大众运动）所决定的，人文主义教育的对象主要是上层子弟；教育的形式多为宫廷教育和家庭教育而非大众教育的形式；教育的目的主要是培养上层人物如君主、侍臣、绅士等。

综上可见，人文主义教育具有两重性，进步性与落后性并存，尽管它有不足之处，但它扫荡了中世纪教育的阴霾，展露出新时代教育的灿烂曙光，开欧洲近代教育之先河。

第二节 新 教 教 育

一、宗教改革运动与新教的建立

宗教改革运动产生于 16 世纪初，其矛头直指天主教会，其实质是企图以一种新的宗教去取代原有的旧的宗教。

文艺复兴为宗教改革作了思想准备，人文主义思想家对天主教会和神职人员的腐败、愚昧与虚伪的揭露，对改革教会、改革现实社会的呼吁，对人道精神、批判意识的推崇等，成为宗教改革者对天主教会及其教阶制度、仪式、教义等予以怀疑、批判并进而予以否定的重要条件。可以说，宗教改革是文艺复兴运动在宗教领域的继续。宗教改革者并不要求消灭宗教而是主张改良宗教，并不是要废除教会而是主张建立新的教会以取代声名不佳的天主教会。宗教改革者所主张的宗教被称为"新教",以区别于"旧教"——天主教。信奉新教者被称为新教徒,以区别于旧教徒——天主教徒。

新教有不同的教派,各派主张不尽相同,但基本观点却是一致的。新教徒反对罗马教廷巧立名目,欺世敛财;反对僧侣们的荒淫无耻,贪婪腐化;反对教会仪式的繁文缛节、陋习陈规等。新教徒依然信仰基督教,但都反对旧教教义。中世纪罗马教廷的正统教义认为,教会是上帝和信徒之间的中介,教徒要获得上帝的恩宠,必须假手于教会和教士,教徒必须在教士参与下依天主教教义和教皇训诫来理解《圣经》,教徒必须在教士的主持下履行洗礼、圣餐等仪式,方能赎罪和得救。由于教士掌握着《圣经》的解释权和圣礼的主持权,使得教会具有无上的权威,使得教皇成为权威的权威。新教则强调个人而不是教会在宗教生活中的地位,否认教会的绝对权威;认为上帝与教徒的沟通不必以教会为中介,教徒可通过个人对《圣经》的独立阅读和理解,通过个人对上帝的信仰来获得上帝的恩典;不是教皇、教会,而是《圣经》才是唯一的权威,"《圣经》而且只有《圣经》才是新教徒信奉的宗教。"① 这样,信仰就成为个人的事情,任何外在的权威和中介都失去了存在的合理性和必要性。新教实质上是个人主义的,它对大一统的教皇统治有强大的消解作用。新教还进而怀疑和指责天主教教义,认为中世纪教会不同于古代教会,中世纪教会的许多教义、教规在《圣经》中没有依据,完全是出于天主教会自身的需要而杜撰的。新教要求以原始基督教义取代中世纪教会教义,以古代教会为楷模革新天主教会。

宗教改革运动使一个受罗马教廷统治的统一的欧洲基督教会分崩离析了,欧洲基督教分裂为新教和旧教两大营垒。宗教改革运动与文艺复兴中的人文主义运动相比,是一场更广泛、更深刻的社会

---

① 托马斯·马丁·林赛著:《宗教改革史》,上册,第389页。

改革运动，它的意义绝不仅在于"宗教"的改革，而是触及社会生活的各个主要层面。宗教是西方文化的核心，而教育是传播文化的工具，宗教的变革势必会导致教育的变革。

宗教改革使欧洲的宗教势力的划分呈现出错综复杂的局面，旧教依然有较强的势力，尤以西班牙、法国、意大利和德国南部为甚。新教分为不同教派，大的教派主要有路德派、加尔文派和英国国教派，此外还有很多小的新教派别，这些新教教派之间意见不一，也存在分歧和斗争，但更大的分歧和斗争来自新教势力与旧教势力之间，这种分歧与斗争在教育领域也有充分的表现。

二、路德派新教与教育

宗教改革运动始于德国，发难者是威登堡大学神学教授马丁·路德（Martin Luther，1483—1546）。

15～16世纪的德国虽然还处于邦国林立、四分五裂的封建割据状态，但工业、农业和商业却发展很快，国家繁荣富庶。罗马教廷与德国教会势力相互勾结，对德国横征暴敛，大量财富流入教会和罗马教廷，德国因之被称为"教皇的奶牛"。教皇的行径激起了德国一些诸侯、贵族以及新兴资产阶级的不满，随着世俗势力的渐趋强大，德国大小统治者日益不能容忍教廷对世俗事务的干涉。

1517年10月，教皇利奥十世（Leo X）为聚敛钱财派特使到德国出售"赎罪券"，宣称"只要购买赎罪券的钱一敲响钱柜，罪人的灵魂就可以从地狱飞升天堂"。路德随即提出了抨击教皇出售赎罪券的《九十五条论纲》，认为教徒要使灵魂得救，须依靠自己对上帝的真诚信仰，而无须购买赎罪券。赎罪券是一种欺骗，是教廷滥用神圣职权的表现。《论纲》引起了巨大反响，宗教改革的序幕就此拉开。当时路德并不欲与教皇决裂，只想促进教会进行内部改革，以建立一个"廉洁教会"。直到1520年教廷宣布路德为异端时，路德才正式与教廷决裂。随后路德发表了一系列著述，全面阐述了他的宗教、政治与教育思想。

路德的宗教与政治主张主要表现在四个方面。第一，主张因信称义。人因真诚的信仰而获新生，而使灵魂得救，使一切罪得以赦免，而不是因为斋戒、施舍、朝圣和买赎罪券。这与中世纪教义相对立，并直接触动了教会的经济利益。第二，主张众信徒皆教士。人只要是为了信仰，在上帝面前就享有平等的权利和义务。只要大家同意，任何信徒都可像教士一样主持圣礼。这种平等观念彻底否定了教阶制度和教士的各种特权。第三，提倡新的善功与天职观念。中世纪教会所推崇的生活方式是禁欲主义的修道生活，认为人只有独身禁欲、忍受饥寒才能变得圣洁，路德则认为修道是逃避尘世的责任，凡凭信仰从事的各种职业和日常生活皆属善功。上帝所能接受的唯一的生活方式是每个人完成其在尘世的义务。天职与尽世俗义务是一致的。路德使世俗生活与宗教生活紧密结合于一体。第四，主张政教分离。教会和世俗政权各自分管精神生活和世俗生活，互不干涉，各得其所，教会不应干涉世俗事务。这种观念得到了世俗政权的较为广泛的支持。

路德的宗教、政治主张与其教育理论有着密切关系，路德有关教育的论述主要有《致德国市长和市政官员书》（1524）和《论送子女入学的责任》（1530）。路德重视教育是出于与天主教争夺信徒的现实需要，教育的首要目的是宗教性的，在于使人虔信上帝，使灵魂得救。这与其因信称义、众信徒皆教士之说紧密相关。路德同时还强调教育的世俗性目的，认为兴办学校不仅益于教会，也利于国家。他甚至指出，即便不考虑灵魂、天堂、地狱等问题，为了培养有德有才的臣民并使国家安全与兴旺，国家也应兴办学校。他要求国家像重视收税和征兵一样重视兴办教育。强调教育的世俗性目的与路德的天职观念、政教分离思想是相通的。

路德不是严格意义上的教育家，但他所提出的两个原则却对后来的教育影响甚巨，其一是教育权由国家而不是由教会掌握；其二

第七章 文艺复兴与宗教改革时期的教育

是由国家推行普及义务教育。

路德早期认为教会是一个独立于国家之外的机构，因而主张教会对学校承担监督之责。后来他改变了主张，认为教会应从属于国家政权，教会人员是国家的臣民，并认为国家政权不仅应管理世俗事务，也应管理精神事务。因此，应当由国家掌握教育事业的管理职能，负责开办学校、提供经费、任命教师。这样，教育的管理权就完全归于世俗政权——国家，而不是像中世纪那样归于教会。尽管教育目的是双重的，但教育管理权的归属却是唯一的。

按照路德派教义，个人的信仰源于个体对《圣经》的独立的理解，人人都应读《圣经》。这种平等的观念反映到教育上则意味着受教育权利的平等。路德认为应使每一个儿童，不分男女贫富都受到教育，教育应在所有等级的儿童中普及。与普及教育的主张相联系，路德进而提出义务教育的主张。他认为，对父母而言，使子女受教育是一种对于国家和社会应尽的义务；对行政当局而言，使儿童受教育是一种不可推卸的责任，国家应强迫父母把子女送入学校受教，对不承担义务的父母，国家应予以惩罚。

路德认为，儿童到了一定年龄就应入校学习，男童每天在校学习两小时，其余时间在家中学习手工技艺和其他劳动技能；女童每天在校学习一小时，其余时间在家中学习家务劳动。初等学校教学内容以宗教为主，《圣经》是主要学习科目，其余科目还有读、写、算、历史、音乐、体育等。在教学方法方面路德要求废除体罚，满足儿童求知和活动的兴趣，并主张运用直观的方法进行教学。

但路德并没有一贯地强调其普及义务教育的主张。德国农民战争后，路德的注意力转移到中等和高等教育，更为注重培养教会和国家未来的领袖，这是一种精英式教育。教学内容主要是古典科目，但意图都是为了更好地理解《圣经》和其他基督教典籍。

路德的教育思想在一些新教诸侯的支持下，由他的几个追随者付诸实践，其追随者主要有梅兰克顿（Philip Melanchton，1497—

1560)、斯图谟（J. Sturm，1507—1589）和布根哈根（Johannes Bugenhagen，1485—1558）等人。

梅兰克顿既是一个新教神学家，又是一个人文主义者和教育活动家，他毕生致力于在德国各邦建立新的学校教育体系，在此体系中，国家对教育行使控制权，教育的宗教性目的和世俗性目的兼顾，神学和人文学科并重。他依路德的主张改革了一些旧大学如海德堡大学、威登堡大学，并积极参与了马尔堡大学（1527）、哥尼斯堡大学（1544）、耶拿大学（1558）等的创建工作。在中等教育方面，他在不同时期拟订的一些教育法令和学校改革计划为新教中等教育新体制的确立提供了蓝图，他的主张为德国大部分新教地区所采纳，由此而形成的拉丁文法学校体制一直延续至19世纪初。梅兰克顿还编写了不少教科书，给德国新教中、高等教育的课程以重要影响。梅兰克顿为德意志民族的教育作出了突出贡献，被教育史家誉为"无与伦比的德意志人的伟大导师"[①]。

斯图谟在创建和完善新教中学方面成就突出。他曾把三所旧的拉丁中学改造为一所新教性质的中学，在教育中强调教育的宗教性目的，教学内容以古典拉丁文、希腊文为主。他受比利时一所人文主义性质的学校——列日（Liege）学校分级制的影响，在他改造过的这所古典文科中学中采用了比较严格的分级教学制度，将学生分为十个年级，每级依固定的课程进行教学，最后一级的课程与大学课程相衔接。每年都举行隆重的升级仪式，奖励品学兼优者。由于组织严密，管理有方，这种中等教育模式卓有成效，成为以后三百多年德国和其他一些欧洲国家中等学校的主要模式。

与高等教育、中等教育的改革与发展相比，宗教改革时期德国初等教育的发展要缓慢得多。尽管依路德的新教教义，应使教育普

[①] 鲍尔生著，滕大春等译：《德国教育史》，人民教育出版社1986年版，第40页。

及到每一个人，但实际上直到 1559 年，这种初等性质的学校才得到官方认可。德国新教性质的初等学校的创建，始于布根哈根。1528 年，布根哈根制定了一个学校章程，提出为所有儿童开办良好的初级学校，进行宗教教育并用德语教儿童读写。布根哈根一直致力于在德国北部的城镇和乡村创办这种初级学校。1559 年以后这种学校在新教地区得到较为迅速的发展。

在梅兰克顿、斯图谟、布根哈根等人的推动下，路德关于实施义务教育、国家管理学校以及建立学校新体制的主张，在 16、17 世纪的德国新教各邦得到了初步实现。

路德派新教在德国的主要势力范围是在德国北部，在国外的影响主要及于斯堪的纳维亚诸国如瑞典、丹麦、挪威等。但路德派新教在教育理论与实践方面的影响却远远超出这些国家和地区。17 世纪德国教育家拉特克和捷克教育家夸美纽斯的教育思想以及美国 17 世纪的教育实践，都深受路德派新教教育的影响。

三、加尔文派新教与教育

加尔文派新教兴起于瑞士。瑞士的慈温利（Ulrich Zwingli，1484—1531）1518 年任苏黎世大教堂的教士，他在传教中抨击天主教会的腐化堕落，反对出售赎罪券，主张教士可以结婚，结果导致了新旧教之间的斗争并引起了内战，慈温利也在内战中阵亡。从此瑞士分裂为新教诸州和旧教诸州。1534 年，法国的加尔文（John Calvin，1509—1569）到瑞士宣传新教教义，使加尔文派新教运动首先于瑞士，继而在法国、荷兰、英格兰、苏格兰、北美等地获得广泛开展。

加尔文从少年时代起就热衷于人文学科，后受路德影响，立志以古代基督教的面貌改革教会。由于在法国受政府和教会的迫害，他流亡至瑞士。在瑞士除宣传教义外，加尔文还继续从事《圣经》和路德派教义的研究工作。他于 1536 年完成的《基督教原理》，系统地阐释了加尔文派新教教义和改革教会的激进主张。

加尔文同路德一样,也主张因信称义,只承认《圣经》为唯一权威,人只须《圣经》办事,勿须教会的指示,也不必向教士忏悔,因此,加尔文更强调个人在宗教生活中的地位。在教会与世俗政府的关系上,加尔文在教权高于政权的原则下把教权与政权统一起来,认为世俗的政府和教会这一代表上帝意志的精神政府都是依上帝的意志建立起来的,服从于世俗政权和服从于教会是一回事。世俗政府的任务在于扶植教会,保护教会不受异端邪说危害。这种政教合一的主张1541年在日内瓦成为现实。加尔文欲使教会民主化,主张地方教会由教民选出的长老和牧师共同治理,全国教会的最高权力机关是由全国各地教会推选的代表组成的全国教会会议。此外,他还极力宣扬一些有利于当时资本主义经济发展、利于培育资本主义精神的新教伦理,如加尔文以其命定论为前提,认为个人贫富得失和经济竞争的胜败乃上帝所决定,个人无能为力,但个人可据《圣经》对个人的得失成败持正确的态度,同时加尔文强调通过节俭、勤劳等个人的努力,可发财致富,并求得上帝的恩眷。这样就使其命定论宗教信条与经济活动中的自由竞争协调统一起来。

加尔文的教育主张主要表现在《基督教原理》(1536)、《教会管理章程》(1537)、《日内瓦初级学校计划书》(1538)等著述中。

加尔文重视教育对个人生活、社会生活和宗教生活的意义。他认为,人与生俱来带有"原罪",若不加以教化,抑恶扬善,人必定走向堕落;其次,人信仰热爱上帝之心不是先天所有而是后天养成的,人为了信仰,为了能直接阅读《圣经》,也须受教;复次,人的知识和能力在社会生活中具有重要价值,而人不像上帝那样全知全能,故应不断追求新知,不断完善自身,这也须受教;最后,为具备一个真正的基督徒所具有的勤奋、俭朴、效率、责任感等道德品质,人也须受教。

加尔文进而提出普及、免费教育的主张,要求国家开办公立学校，实行免费教育，使所有儿童都有机会受到教育，学习基督教教义和日常生活所必需的知识技能。这种教育的目的具有双重性，首先是为了促进宗教信仰，其次是为了世俗利益。加尔文认为天国与尘世、永生与今生、教会与国家是相得益彰、并行不悖的，但作为一个神学家和宗教改革家，他更重视宗教信仰的养成。

加尔文和路德都提出了普及教育的主张，与路德不同的是，加尔文还亲自领导了日内瓦城普及、免费教育的实践，基于此，美国学者班克罗夫特（G. Bancroft）认为加尔文是普及教育之父，是免费学校的创始人。

作为一个人文主义学者，加尔文重视人文学科的价值，他说："虽然我们把《圣经》置于首位，但我们并不排斥良好的训练。《圣经》确实是一切学识的基础，但是人文学科有助于充分理解《圣经》。"① 这种看法使他在中等教育中注意将宗教科目与人文科目的学习相结合。加尔文还重视法语教学，而且在古典语言教学中注意克服形式主义倾向，如他没有像斯图谟那样对西塞罗推崇备至。

加尔文还注意借鉴他人之长，1538～1541年间他曾于斯图谟的学校中教授过神学，1556年又再赴该校访问。加尔文借鉴了斯图谟古典文科中学严密的管理制度——循序渐进的班级、班内10人一个小组的划分、一年一度的升级仪式等，只是他将斯图谟的十个年级改为七个年级。1559年他据此模式在日内瓦创办了一系列教育机构，包括法律学校、文科中学等。

在高等教育方面，加尔文1558年创办日内瓦学院（日内瓦大学的前身），以培养传教士、神学家和教师为目的，由于管理有方，瑞士其他城市和西欧一些国家的许多青年慕名来此求学。日内瓦学院成为荷兰的莱顿大学、英格兰的牛津大学和剑桥大学、苏格兰的

---

① 博伊德、金合著：《西方教育史》，第197页。

爱丁堡大学、美国的哈佛大学以及法国一些著名大学的办学样板。日内瓦学院毕业的传教士被派往法国、荷兰、英格兰、苏格兰、德国等地,大大促进了加尔文派新教的传播。

加尔文不是职业教育家,但其教育思想和实践,随着加尔文新教的广泛传播而影响到法国、荷兰、英格兰、苏格兰、美国等地,对西方教育产生了许多职业教育家所无法比拟的影响。

四、英国国教与教育

英国的宗教改革与德国和瑞士迥然不同,主要不是出于宗教原因,而是出于政治和经济原因所促成的一场自上而下的改革。

英国国王亨利八世(Henry Ⅷ)对德国的宗教改革并不感兴趣,路德的著作传到英格兰后曾遭到查禁,亨利本人于1521年还亲自著文抵制路德,此举深得教皇赞赏,于是教皇封他为"信仰维护者"。亨利后来之所以与教皇决裂,主要原因在于他想夺取教皇在英国所具有的权力和教会的财产。至于亨利本人的宗教观点,除以他自己的权威取代教皇外,全属天主教正统信仰,他信仰的是一种"没有教皇的天主教"[①]。这样建立起的英国国教既不同于天主教和其他新教派,也不能得到它们的包容。

从1531年起,亨利开始与教皇分裂,1534年11月英国国会通过《至尊法案》,宣布亨利及其继位人是"英格兰教会在世间唯一最高首脑",这样就否认了教皇干涉英格兰事务的权力,从而彻底与罗马教廷决裂,国王成为至高权威者。亨利强迫全国臣民接受《至尊法案》,一些人包括人文主义者托马斯·莫尔因否认国王对教会的至上权威而被处决。亨利去世后,英格兰宗教势力分为三派,即否认教皇权威的国教派、想恢复教皇权力的天主教派和想引进大

---

① K. O. 摩根著,王觉非等译:《牛津英国通史》,商务印书馆1993年版,第265页。

陆宗教改革的新教派（激进派）。三派展开了长期的斗争，其间，经过1554年玛丽女王（1553～1558年在位）的天主教复辟，最后由伊丽莎白女王（1558～1603年在位）使国会于1559年通过新的《至尊法案》才使英国国教会的统治最终确定了下来。但英国的加尔文派新教徒对英国国教会及其教规依然不满，主张清洗教会，因之被称为"清教徒"。1560年以后，清教徒与英国国教会的矛盾日益表面化并因此受到迫害。17世纪中叶清教徒成功地领导了英国资产阶级革命，然而直到英国二次革命后于1689年颁布了《宗教宽容法》，才使各教派得以和平相处。

就总体而言，英国宗教改革对教育的影响并不大，新教会还在行使与旧教会一样的职责，国家还是像过去一样通过教会来管理学校，而管理的主要内容是教师的资格认定和偶尔对教材作出规定。

国教会严格监督学校教师的言行、宗教信仰，对不遵奉国教的教师予以罚款、免职甚至关进监狱的惩罚。要取得教师资格，须先获得教会当局颁发的特许状，还必须签署书面的誓言，宣誓效忠君主、遵奉国教："我，某某（姓名）郑重声明，不论以什么借口，凡拿起武器反对国王的行为都是不合法的；我十分憎恶那些凭国王的权威拿起武器反对他的百姓或反对由他委任的人的叛变行为；我愿遵奉现在已经依法确立的国教会的礼拜仪式……"[①]

英国宗教改革后的教育与宗教改革前一样依然具有强烈的人文主义色彩。除了宗教教育依国教的精神有所改变外，学校的教学内容基本上是古典主义的。尽管亨利八世处死了人文主义教育家莫尔，但这主要是基于政治原因，莫尔生命的终结绝不意味着英国人文主义教育的衰退。亨利八世是人文主义的热情支持者，热心于教育事业，他将没收的教产用于学校的重建和创办，这些学校都充溢

---

① E. P. 克伯雷选编：《外国教育史料》，第286～287页。

着人文主义精神，重视古典文化的学习。伊丽莎白一世在亨利八世之后进一步促进了英国教育的发展。除教育的规模得到扩大外，教育中的人文主义精神也得到新的拓展。1561年卡斯底格朗的《宫廷人物》英译本在英国出版，是新人文主义教育精神的重要体现。在宗教改革中兴起的新贵族进一步推动了这一新教育精神的发展。他们重视学习有助于实现个人抱负的学科如英语、外国语、物理、化学、体育，等等。在他们的努力下，学校的课程开始发生有益的变化，更加有益于世俗生活，教育的目标更加注重培养在社会生活中能有所作为的绅士，现实主义精神愈益增强，为17世纪弥尔顿和洛克教育思想的产生奠定了社会基础。

  宗教改革后教育上还有一个重要的变化，那就是英语教学的加强。在社会生活中，英语日益成为日常交往和表达知识的手段。在许多学校中，英语在语言学习中的比重愈益加重，而古典语言在课程中的地位则逐渐下降。当时一位教育家马尔卡斯特（Richard Mulcaster）说："我爱罗马，但更爱伦敦。我喜爱意大利，但更喜爱英国。我熟悉拉丁语，但崇拜英语。"他认为，"任何一种语言，在其含义和简洁方面都比不上英语那样能明确地表达思想。英语严谨而含蓄，丝毫不比希腊语差。在描述美好的事物时也赶得上华丽的拉丁语。"① 将英语作为一门重要课程不仅仅是增加一门实用学科的问题，也不仅仅是一个改进古典语言教学方法的问题，它体现的是民族自尊心的增强，是民族意识的崛起，是教育与社会生活联系的进一步加强。

  英国宗教改革后的教育理论和实践为17世纪以弥尔顿、洛克和夸美纽斯为代表的唯实主义教育思想的形成奠定了坚实的基础，17世纪的唯实主义教育与英国16世纪后期的教育是一脉相承的。

---

  ① 博伊德、金合著：《西方教育史》，第231页。

第三节 天主教教育

一、文艺复兴时期天主教会的改革与复兴

天主教会在中世纪漫长的发展历程中，积弊随时间的推移而加深。对这些弊端，天主教会本身也深感不安，天主教会内部的有识之士力图革除教会的弊端，改革教会行政，但最后都以失败而告终。既然这种内部的自上而下的自我改革不能实现，那么外部的、自下而上的宗教革命就必然难免。随着新教势力的不断壮大和天主教会危机的日益加深，罗马教廷于16世纪中叶开始采取措施来遏制宗教改革运动，史称"反宗教改革运动"。反宗教改革运动主要采取了以下四项措施。其一，改组宗教裁判所，加强思想控制，以镇压异端。其二，发展耶稣会，以与新教相抗衡。其三，召开特兰托公会议，会议始于1545年。会议确认教皇为教会的最高权威，宣布一切新教派都是异端，宣布罗马天主教会的教义和仪式全部正确无误并公布禁书目录，同时还下令开办神学院培养神职人员，并要求对神职人员的道德表现予以更严格的监督。其四，积极推进海外传教。天主教主张"在欧洲失去的，要在海外补回来"，因此向美洲和东方派遣了大量传教士，海外传教扩大了天主教在世界各国的影响。随着反宗教改革运动在16世纪中叶取得成效，天主教的力量渐趋增强，使天主教和新教的冲突和斗争愈益加剧。这种冲突和斗争先是在各国国内激烈地进行，随着冲突的加剧，国内战争遂发展为一场国际战争。1618～1648年的三十年战争就是一场大规模的国际性的宗教战争。这场战争是天主教势力与新教势力的一次大决战，以德意志为主要战场，丹麦、瑞典、荷兰、英国、法国、瑞士、西班牙、波兰、教廷皆介入其中，战争给整个西欧尤其是德意志造成了巨

大破坏。战争的进程使新、旧教国家或诸侯都认识到，谁也不可能消灭对方，继续战争只能给双方带来更大的危害。最后，战争以妥协而告终，参战各方签署了《威斯特伐利亚和约》。和约确定了"教随国（君）定"原则，规定路德派、加尔文派信徒同天主教徒一样享有同等权利。三十年战争的结果，结束了中世纪以来一个教皇、一个皇帝主宰欧洲的局面，承认了国际间大小国家平等、信教自由的原则，大体确定了欧洲各国疆界和新、旧教势力范围，新教基本上获得了平等地位，"欧洲大陆上的宗教改革运动可以认为至此结束"①。三十年战争结束后，新、旧教之间的大规模冲突随之告终，欧洲各地的宗教状况也基本形成定局。但教皇对三十年战争的休战提出抗议，反对新、旧教议和，并利用耶稣会以地下活动和外交手腕继续反对新教，竭力全面恢复天主教。

二、耶稣会的教育活动

耶稣会是反宗教改革运动的先锋和中坚，其首创者是西班牙人罗耀拉（Ignatius of Loyola，1491—1556）。罗耀拉原是一名贵族军官，在一次战争中受伤而成为跛子，后成为虔诚的天主教徒，1541年被选为耶稣会第一任会长。耶稣会仿照军队建制组成，纪律森严，要成为该会会士须经过长期的严格训练。会士必须宣誓绝财、绝色、绝意并绝对服从上级。他们没有专门的会服和固定的活动场所，尽力向社会各个阶层渗透。耶稣会始终走在反宗教改革运动的前面，为了维护教皇和天主教会的利益，往往不择手段，不仅以讲道、传教、兴办教育等手段扩大天主教的影响，而且还采取暗杀、放毒、策划政治阴谋等手段维护天主教的政治利益。作为一个

---

① 威利斯顿·沃尔克著，孙善玲等译：《基督教会史》，中国社会科学出版社1991年版，第502页。

国际性的宗教组织,耶稣会意欲"让世界都服从罗马教廷"①,这势必会与民族国家的利益发生冲突,加上耶稣会不择手段干涉各国内政的做法以及它自身滋生的一些腐败现象,使耶稣会的声名日落,英国于1580年和1688年两次取缔耶稣会,葡萄牙、法国、西班牙、奥地利、普鲁士于18世纪中后期先后将耶稣会逐出国门。在强大的社会压力下,教皇于1773年忍痛割爱,被迫宣布解散耶稣会。但到了1814年,教皇又恢复了耶稣会,尽管该会的势力不如17世纪上半叶那么大,但依然是天主教的一股重要力量,对19和20世纪的国际社会尤其是欧洲社会一直发生着重要影响。

耶稣会把兴办教育视为实现其宗教和政治目的的重要手段。由于措施得力,耶稣会的教育活动颇有成效,在16~18世纪的欧洲,"没有哪一个教育团体像耶稣会那样在教育上发挥了重要作用"②,因此,耶稣会的教育活动在西方教育史上占有不可忽视的一席之地。耶稣会挽救了由于新教教育的冲击而导致的天主教教育的颓势,使天主教教育在16世纪中叶后到18世纪得以东山再起。

出于培养精英以控制未来的统治阶层的考虑,耶稣会集中全力于中等和高等教育方面而不重视初等教育。耶稣会设立的学校统称为学院,其中初级部5~6年,相当于中等教育和大学预科,学习内容以拉丁语、希腊语、希伯来语、文法、古典文学等人文学科为主,意在为进一步的学习奠定基础。高级部即哲学部和神学部属高等教育。哲学部学习年限一般为三年,内容包括逻辑学、形而上学、心理学、伦理学、数学、物理学、天文学等,这里的自然科学知识以古代经典所涉及到的知识为限,并以亚里士多德的著作为准,与近代新科学不是一回事。神学部是最高一级的教育,学习时

---

① 埃德蒙·帕里斯著,张茹萍等译:《耶稣会士秘史》,中国社会科学出版社1990年版,第24页。

② P. 孟禄:《教育百科全书》,第3卷,1918年英文版,第533页。

限为 4~5 年，学习《圣经》和经院哲学（尤其是阿奎那的著作）。

从耶稣会教育的分级和教学内容看，与当时的一些人文主义学校和新教学校的做法相似，并无多少新奇与过人之处。耶稣会学校富有成效主要取决于完备的组织管理、高水平的师资和切实可行的教学方法。

耶稣会学校的组织管理一切以 1559 年的《耶稣会章程》和 1599 年的《教学大全》（Ratio Studiorum）这两个纲领性文件为标准和尺度，前者由罗耀拉起草，其中的第四章篇幅最长，专门对教育问题如授课时间、顺序、方式等作出规定；后者由耶稣会第五任会长阿奎瓦拉（Claudius Aquavire，1543—1615）主持制定，试行八年并反复讨论后正式颁行，该文件完全讨论教育问题，以权威的形式明确规定了耶稣会学校的教学内容和方法的一切细节。这两个文件还对各级教育行政管理人员的职责权限及其相互关系作了明确规定。这些规定确立了教育管理的详尽、明确而实用的规范，不同于一般性教育文件对教育事务的宏观的笼统的规定，从而使得两个文件成为"教育方法和学校及课堂管理的实用手册"①。这些规定具有法律的权威，对学校工作具有普遍的指导意义，保证了散布欧洲各地的耶稣会学校组织和管理上的统一、集中和稳定，使得耶稣会学校能够有条不紊、高效率地工作，从而获得可观的成效。

高水平的师资也是耶稣会学校取得成功的一个重要条件。耶稣会十分重视师资的培养和训练。师资的培养和训练主要有三个方面的内容。一是宗教训练，通过这种训练，使受训者忠于上帝、教皇和天主教会，成为虔诚的天主教徒。二是知识训练，这种训练持续很长时间，学习内容因将来所从事教育的对象的程度不同而有差异。一般而言，耶稣会学校的教师较新教学校和原天主教会学校的教师在学识上更为广博。三是有关教育和教学方法方面的训练。耶

---

① 转引自赵祥麟主编：《外国教育家评传》第 1 卷，第 380 页。

稣会认识到对于一个教师而言仅有热情和知识是不够的，教师还需要具备一些重要的职业技能和素质，包括不同科目的教学方法、班级管理方法、运用谈话和竞赛等手段调动学生积极性的方法，等等。这方面的充分训练使每个教师都能较娴熟地掌握教育技巧。

耶稣会学校的教学方式和方法也富有成效。耶稣会学校采用寄宿制和全日制，学生因能力水平的不同分别被编入不同班级，教学以班级为单位采用集体授课的方式，教师在教学中具体使用讲座、讲授、阅读、写作、背诵、辩论、练习、考试、竞赛等方法，学校提倡温和纪律、爱的管理，强调亲密的师生关系，很少使用体罚，即便偶尔使用，也要由校工而不是由教师来执行。这些方式方法广泛吸收了当时人文主义教育和新教教育中的一些卓有成效的做法，虽无新异之处，但这些方法的综合运用却给耶稣会学校带来了高质量的教学，并使耶稣会学校赢得了良好的声誉。

耶稣会教育随耶稣会势力的扩张而扩张，如17世纪法国的中等教育和高等教育几乎都控制在耶稣会手中。但耶稣会教育有其致命的弱点，那就是，不管它的制度、方法多么完善，组织管理多么周密，师资水平多么高，这些都服从于一个目的——企图重建教皇和天主教会对欧洲的统治，这一目的是逆历史潮流的，是与民族国家的兴起相对立的。耶稣会必然因之而遭到各民族国家的拒斥，它所开办的教育也必定随之受到冷落。富有成效的手段服务于一个背时的目的，只会给社会带来更大的危害，结果必然为历史所淘汰，这正是耶稣会教育的悲剧所在。

随着各国纷纷驱逐耶稣会，禁止耶稣会的活动，尤其是到了1773年，教皇被迫解散耶稣会并将总会长囚禁，耶稣会学校在欧洲的兴盛遂成为历史陈迹。但它的许多做法依然有影响，耶稣会学校也并未完全绝迹，而且还力图适应时代的变化在教育上作相应的调整。1814年教皇宣布恢复耶稣会，1832年为适应新形势耶稣会修改了1599年的教育计划，对教学科目作了较大的调整，"人文学科虽仍然强调教授拉丁文、希腊文，但更多的时间被用来学习本国语；低年级不再要求必讲拉丁语；历史、地理等知识作为单独学科进行讲授，有关自然科学的基础知识也在这一阶段的教学中出现；哲学和自然科学的教学得到进一步加强；学科扩大，增加了化学、生物学、动物学、矿物学等新学科；物理、数学、天文、心理学等原有学科也增加了新分支和现代科学的内容；不再一切以亚里士多德为准。"① 这种调整表现出耶稣会教育走向近代化的努力，但其维护教皇权威的根本目的并未改变，这使得欧洲各国到了20世纪还对耶稣会办教育存有戒惧心理，如20世纪70年代的瑞士宪法第51条就曾明确规定：耶稣会在瑞士领土上不得从事任何文化或教育活动。由此可见欧洲民族国家对耶稣会及其所办教育的态度。

三、三种教育力量的冲突与融合

人文主义教育、新教教育、天主教教育三种教育势力之间既有相互冲突的方面，也有相互融会吸收的方面。

尽管人文主义运动导致了宗教改革，但大多数人文主义者都反对宗教改革造成的教会分裂，而主张在教会内部实行不流血的改革，人文主义和天主教都是反对宗教改革的。

新教教育与天主教教育都是宗教教育，尽管人文主义教育也带有一定的宗教性，尽管所有的人文主义者都信仰上帝，但新教和天主教还是共同反对人文主义教育中尤其是意大利人文主义教育中的异教因素，宗教改革运动"压制了人文主义运动的种种世俗倾向"②，而反宗教改革运动则想把当时的社会和教育带回宗教性更强的中世纪。

人文主义教育具有贵族性，新教教育则具有较强的群众性和普

---

① 参见赵祥麟主编：《外国教育家评传》第1卷，第384页。
② 威利斯顿·沃尔克著：《基督教会史》，第537页。

及性,天主教教育尤其是耶稣会的教育出于其控制社会精英的政治目的而重视上层社会子女的教育因而带有强烈的贵族性。人文主义教育的贵族性是由人文主义运动的性质所决定的,与耶稣会教育的贵族性在性质上是不同的,后者的目的在于通过教育使社会精英或未来的社会精英为天主教服务。

尽管如此,三种教育也有一些共同点。三者都很重视古典人文学科。人文主义教育重视古典人文学科自不待言,新教教育和耶稣会教育也以古典人文学科为学校课程的主干。此外,在教育教学的管理方面,三种教育也有很多相通之处。

这三种教育的根本差异主要在于它们所服务的目的不同。新教教育为新教服务,天主教教育为天主教服务,教育在新教和天主教那儿主要是作为一种宗教的工具而被运用,渗透于新教教育和天主教教育中的古典人文教育主要是作为一种技术性的语言工具而被利用,对个人发展的考虑、对世俗利益的考虑,一直被放在次要地位。宗教的迷雾依然笼罩在欧洲上空,渗透到包括教育在内的社会活动的各个层面。但与中世纪不同的是,宗教改革结束时(1648年)却展露出教育新时代的曙光。

持续不断的宗教冲突尤其是宗教战争给欧洲社会带来了极大的破坏,也给教育带来了厄运,教育饱受摧残,长时间难以复苏。但宗教冲突使冲突的参与者认识到,不论是新教势力还是旧教势力,谁都不可能吃掉对方,持续的冲突和战争对哪一方都无益处,世俗政权支持任何一个教派实行宗教划一政策,都会引起更多的教派的反对,都会导致社会的不稳定,唯一的出路就是走向宗教宽容。宗教宽容承认宗教分歧存在的合理性,是违反宗教统一这一原则的。宗教宽容实质上是一种政治妥协,在这种妥协中,宗教信仰的地位服从于世俗现实利益的考虑,这种妥协利于维持一个社会的生存所必须具有的秩序,更重要的,它给以后的社会尤其是政治、文化和教育的发展带来了生机。政治模式的变化给教育管理模式带来了变革，"中世纪和宗教改革时代那种由教会统治国家与社会的模式让位于建设一种对宗教持中立态度的文明的冲动"①，政府对宗教持中立态度标志着国家世俗权力的加强，意味着世俗权力和宗教权力的分离，预示着政教分离原则的最后胜利。这对教育而言则意味着教育势必要成为一种民族的教育，一种由国家控制领导权的教育，一种避免宗教争端的世俗性、公共性的教育。

宗教冲突的另一个后果就是世俗性的增强。新教的兴起和众多新教派的建立使人的思想和信仰趋向多样化，宗教宽容政策不仅给不同的宗教信仰带来宽容，也预示着为各式各样的世俗思想带来宽容，宽容带来了思想解放，使近代科学和哲学兴起，这种兴起大大改变了人对自然、社会和自己的看法，遂使17世纪后期成为科学和哲学发展的盛期，涌现出一些哲学和科学巨人，以至于西方人将17世纪称为"天才的世纪"。一般的人也由于厌恶宗教争斗而越来越注重今世生活。在这种氛围之中，教育与世俗生活的结合更趋紧密，学校的课程也随之发生变化，世俗性知识比重加大，自然科学进入课程之中，教育的总体精神正在发生重大转折，这种转折标志着世俗性的近代教育已从根本上取代了宗教性的中世纪教育，标志着教育正迈向近代化。

人文主义和人文主义教育也倡导世俗性，但这种世俗性是一种肤浅的世俗性，因为它是局限于上层社会的，并未影响到社会生活的各个层面；还因为它是建立在尽管反对教会腐败但却赞同天主教会的统一这一基础上的，与宗教战争后建立在宗教宽容之上的世俗性显然不可同日而语。宗教改革尽管是宗教性的，尽管"压制了人文主义运动的种种世俗倾向"，但它的后果却是世俗精神的大弘扬，宗教改革带来的世俗性是一种更深刻的、有广泛社会基础的世俗性。在这种基础之上建立起的教育是一种真正充溢着近代世俗精神

---

① 威利斯顿·沃尔克著：《基督教会史》，第537页。

的新教育。

尽管宗教改革是人文主义引发的，但宗教改革对近代教育转折的历史意义远远高于人文主义。宗教改革运动结束后，西方教育的近代化（国家化、世俗化、普及化）历程便真正开始了。

持续近三百年的文艺复兴时期的教育发展史，头绪纷繁，错综复杂，这与当时的社会发展状况是相一致的。人文主义与中世纪神学的矛盾、新教与天主教的斗争、民族国家与罗马教廷的冲突在教育领域皆有鲜明的反映。人文主义教育、新教教育、天主教教育三种教育势力相互之间的冲突与融合，奠定了近代西方教育的基本格局。三种教育中的每种教育尽管皆有不足之处，所服务的目的也大相径庭，但它们都对西方教育的发展作出了贡献。

思考题

1. 简述人文主义教育的发展历程及其一般特征。
2. 宗教改革运动对西方教育的发展有何影响？
3. 比较分析文艺复兴时期人文主义教育、新教教育和天主教教育的联系与区别。

第八章

夸美纽斯的教育实践与教育思想

夸美纽斯（Johann Amos Comenius，1592—1670）是17世纪捷克的伟大爱国者、教育改革家和教育理论家。在欧洲封建主义和资本主义交替的历史时期，他继承了文艺复兴以来人文主义教育思想的成果，总结了自己四十余年丰富的教育实践经验，系统地论述了教育的理论和实际问题。他所著的《大教学论》，是独立形态的教育学的开端。他对世界教育的发展作出了巨大的贡献，因此，在世界教育史上占有特别重要的地位。

第一节 生平和世界观

一、生平

1592年3月28日，夸美纽斯出生在一位

"捷克兄弟会"（捷克的一个民主教派）成员的家庭里。他的父亲是一个磨坊主。夸美纽斯12岁时失去双亲，在兄弟会的资助下受到中等和高等教育；16岁入拉丁学校，毕业后去德国上大学；1614年归国，担任兄弟会一所拉丁文法学校的校长；两年后，又被推选为兄弟会的牧师。在此期间，他以极大的热情探索教育改革：传授实用的自然科学和社会科学知识，使教育为现世生活服务，编写简易拉丁文课本。1618年，三十年战争（1618～1848）爆发。1620年捷克新教势力战败，捷克兄弟会受到西班牙占领军的残酷迫害。夸美纽斯和一些兄弟会会员辗转流离于深山密林之中，丧失了所有的藏书和手稿；不久，又在瘟疫中失去妻子和儿女。夸美纽斯在极端困难的条件下仍埋头研究和著述，《世界迷宫》和《心的天堂》就是这一时期的重要著作。夸美纽斯在书中淋漓尽致地揭露了封建社会的虚伪、不平等和欺骗，深刻同情遭受苦难的劳苦大众。

1628年，夸美纽斯被迫率领兄弟会的三万会员逃离祖国，定居于波兰的黎撒。在这里，他担任兄弟会的文科中学校长14年，并先后撰写了《母育学校》（1628～1630）、《语言学入门》（1631）、《大教学论》（1632）等教育理论著作和教科书。

从17世纪30年代初开始，他从事"泛智"研究。"泛智"就是一种百科全书式的能为一切人所掌握的各种自然和社会知识的大全。1642年，他应瑞典政府邀请去编写拉丁文教科书和教学参考书，前后达六年之久。1650年，他又应邀到匈牙利，受聘担任沙洛斯—波托克地方的长年教育顾问，并创建一所"泛智学校"，以实验他的泛智教育思想。这几年他的主要著作有《世界图解》《泛智学校》《论天赋才能的培养》等。《世界图解》是儿童看图识字课本，被译成欧亚各国十几种文字，保持其教科书地位近二百年。1654年，夸美纽斯再返黎撒。两年后，黎撒毁于战火，他的住宅和书稿被焚。最后，他定居于荷兰的阿姆斯特丹，并从1657年起在此出版他的《教育论著全集》。他于1644年至1645年间开始撰写、最终未能完成的七卷巨著《人类事务改进通论》，是一部综合性理论著作；其中第一、二卷于 1666 年在阿姆斯特丹发表，其他五卷的手稿于 1934 年才被发现。1670 年 11 月，夸美纽斯逝世，终年 78 岁。

二、世界观

夸美纽斯生活在新旧两种社会的交替时代，新旧思想对他都有强烈的影响。文艺复兴运动、宗教改革运动和崇尚科学的唯实主义思潮等新思想不断产生，天文学、地理学、气象学、航海学、物理学和生物学等自然科学知识迅速传播，新的思维方式和培根的归纳法日益被人们接受。这些先进的思想对封建制度、神学世界观和经院主义习气提出了挑战。然而，封建制度在欧洲仍占统治地位；宗教神学的世界观和经院主义习气仍然束缚着人们的头脑。这种新旧思想的矛盾也反映在夸美纽斯的世界观中。一方面，他具有强烈的民主主义思想，谴责大国欺侮小国的现象，要求各民族和大小国家一律平等；他对封建社会中"到处是穷多于富"等诸如此类的不合理现象表示愤慨，对穷人争取幸福生活的愿望深表同情；人道主义是夸美纽斯世界观的重要因素，他受人文主义思想的深刻影响，不相信天主教会散布的原罪说，认为"人是造物中最崇高、最完善、最美好的"，他肯定人的智慧和创造力，认为人能完成最伟大的事业，他重视人的现世生活，关心人的健康与幸福；他接受了感觉论这种唯物主义的观点，认为"早先在感觉中没有的东西，在意识中也不会有"。另一方面，由于他是基督教新教派的领袖，基督教的世界观根深蒂固；他既强调感觉是认识的起点和基础，又认为《圣经》是认识的源泉。夸美纽斯世界观中的矛盾性，必然会反映在他的教育理论体系中。

第二节 论教育的目的和作用

一、论教育的目的

夸美纽斯对教育目的的看法是矛盾的。他从宗教世界观出发，认为人生的最终目的是为达到"永生"，世间的生活只是"永生"的一种准备，因此，教育的目的也应是使人为来世生活作好准备。但另一方面，在他的《大教学论》等著作中又渗透着现实性的教育目的。他认为，人既是上帝"最崇高、最完善、最美好"的创造物，人就应该成为理性的动物，要主宰万物，并利用万物来过好现世生活。而且，"学问、德行与虔信的种子自然存在我们身上。"①这就要通过教育使人认识和研究世界上的一切事物，培养和发展他们的各种能力、德行和信仰，以便享受现世的幸福，并为永生作好准备。这种教育目的论和现实性因素，反映了他的世界观中的民主主义、人道主义精神和唯物主义观点。这些观点在夸美纽斯的教育目的论中具有更为重要的地位。

二、论教育的作用

夸美纽斯高度评价教育的作用。首先，他把教育看做改造社会、建设国家的手段。他说：假如男女青年都"毫无例外地、全部迅速地、愉快地、彻底地懂得科学，纯于德行，习于虔敬"，社会就"可以减少黑暗、烦恼、倾轧，增加光明、整饬、和平与宁静"②。夸美纽斯在《论天赋才能的培养》中，多方面地对比了有教养的民族和没有教养的民族之间的差别，以说明教育对于开发自然资源、发展生产、增进人类幸福和加强国家实力的作用。在《大

---

① ② 夸美纽斯著，傅任敢译：《大教学论》，人民教育出版社 1984 年版，第 28、1～2 页。

教学论》的最后一章中,夸美纽斯详细地讨论了合理的教育和人才培养与经济建设、国防建设的关系问题,劝告人们在青年的教育方面"不可吝啬费用"①。夸美纽斯强调教育对于改造社会、建设国家的意义的见解是深刻的,是值得肯定的。但他把教育当做"人类的得救"的主要手段,则又过分夸大了教育的作用。

其次,夸美纽斯高度评价教育对人的发展的作用。在他看来,人都是有一定天赋的,而这些天赋发展得如何,关键在于教育。只要接受合理的教育,任何人的智力都能够得到发展。

第三节 论教育适应自然的原则

教育适应自然的原则是贯串夸美纽斯整个教育理论体系的一条根本的指导性原则。他之所以提出这个原则,是因为他认为"在此以前没有一所完善的学校"②。而在那些不完善的学校里之所以存在种种弊病,归根结底是因为当时学校的教育工作不符合事物的自然秩序,"以致学校变成了儿童恐怖的场所,变成了他们的才智的屠宰场……"③

夸美纽斯认为,在宇宙万物和人的活动中存在着一种"秩序",即普遍规律,这种"秩序"保证了宇宙万物和谐发展。因此,人的各种活动包括教育活动都应该遵循这些自然的、普遍的"秩序"或规律。他把遵循"秩序"这条普遍法则视为教育适应自然原则的重要内容。他说:"改良学校的基础应当是万物的严谨秩序……"④"教导的严谨秩序应当以自然为借鉴……"⑤

依据人的自然本性和儿童年龄特征进行教育,是夸美纽斯教育适应自然原则的另一个重要内容。他认为,人是自然界的一部分,

---

①②③④⑤ 夸美纽斯著:《大教学论》,第259、60、61、75、79页。

人的发展也有其本身的法则。他说:"我们的格言应当是凡事都要追随自然的领导,要去观察能力发展的次第,要使我们的方法依据这种顺序的原则。"① 他还说:各级学校"自始至终,要按学生的年龄及其已有的知识循序渐进地进行教导"②。这无疑是正确的。

夸美纽斯在总结文艺复兴以来进步的教育思想和实际经验(包括他自己的教育经验)的基础上,提出了一系列正确的教育主张和见解。同时,他又一反过去引证《圣经》的做法,而是追随当时许多科学家倾向探索自然、引证自然的时尚,更多地到自然界去寻找教育的规律,力图引证自然界的普遍规律来说明和论证自己的教育主张和见解。夸美纽斯在这方面的重要贡献是,他不仅力图将以往零散的教育经验加以理论化,引导人们注意遵循教育规律,而且使教育理论在从神学束缚中解放出来的道路上跨出了一大步,给人们教育思想上的解放以重大的启示,使教育理论的发展取得了突破性的进展。当然,当他引证自然,当他采用与自然或社会现象类比的方法论述教育问题时,由于时代的限制,他未能真正找到自然、社会和人的发展的普遍法则,因而在他的教育理论中也就不免出现许多片面、机械甚至牵强附会的东西。

第四节 论普及教育和统一学制

夸美纽斯从他的民主主义的"泛智"思想出发,提出了普及教育思想。他的泛智思想要求"把一切事物教给一切人",并且认为"一切儿童都可以教育成人"。当时的学校仅仅为富人而设立,穷人被忽视,因而埋没了许多卓越的人才。他对这种现象表示愤慨,要求让贫苦人民的子弟也能进入学校,因此提出普及教育的民主要

---

① ② 夸美纽斯著:《大教学论》,第222、221页。

求。他提出"一切男女青年都应该进学校","不仅有钱有势的人的子女应该进学校,而且一切城镇乡村的男女儿童,不分富贵贫贱,同样都应该进学校。"① 夸美纽斯要求把教育普及于一切男女儿童的思想无疑是进步的。但由于受历史条件的局限,他的普及教育思想是有缺陷的。他认为一切男女青年受教育的目的和程度应是不同的,权贵和富人的子女受教育是为了更加有智慧,成为领袖人物;地位较低的人受了教育才能聪明地、谨慎地、自愿地服从长上。至于妇女们受教育,主要是使她们能够照料家庭,增进她的丈夫和家庭的幸福。普及教育思想最先由早期空想社会主义者莫尔以及稍后的宗教改革领袖路德提出,在新教各派部分地区初步实行过。在此问题上,夸美纽斯与路德的不同之处是,新教各派的领袖主张普及识字,是为了使人人能直接阅读《圣经》,直接与上帝沟通心灵,免受牧师的愚弄,所以他们的普及教育主张是为宗教服务的,但这在客观上也起到有益的作用。夸美纽斯主张普及教育主要是为了现世的目的,为了使人成为理性的动物,成为万物的主宰。这与夸美纽斯的教育目的论是一致的。

为了实现普及教育的理想,夸美纽斯呼吁帝王和官吏为民众兴办学校,并号召广大民众起来劝说当权者兴办学校;他鼓励教育工作者以无比的热情献身普及教育事业;他恳请学者和神学家们促成普及教育事业。

为了使所有儿童都有上学的机会,夸美纽斯还根据教育适应自然的原则提出了建立全国统一学制的主张。他把一个人从诞生到成年分为四个时期:婴儿期(1~6岁)、儿童期(6~12岁)、少年期(12~18岁)、青年期(18~24岁),并主张按这种年龄分期设立相应的学校。"每个家庭应当有个母育学校,每个村落应当有个国语学校,每个城市应当有个高等学校(或称拉丁语学

---

① 夸美纽斯著:《大教学论》,第52页。

校，即中学——笔者注），每个王国或每省应当有个大学。"① 夸美纽斯这种建立全国统一的既分段又连贯的学校制度的思想，对后世影响很大，各国的普及教育及公立学校制度正是在此基础上逐步发展起来的。

夸美纽斯不仅提出了统一的学制，而且为各级学校规定了广泛的百科全书式的教学内容。他非常重视早期教育，在《母育学校》一书中详细论述了对学前儿童的体育、智育、德育和游戏在学前教育中的意义，甚至还谈论到胎教问题。夸美纽斯扩大了初等教育（国语学校）的内容，除了读、写、算和教义问答外，增加了几何测量、自然常识、地理、历史、唱歌和手工技艺等。他强调在国语学校中应用国语进行教学，反对用拉丁语进行教学的传统做法。拉丁学校（中学）的教学内容除传统的"七艺"（文法、修辞、辩证法、算术、几何、音乐、天文）与神学以外，他要求增加物理、地理、历史和伦理学。他认为大学的课程应该是广博和周全的。

第五节 论学年制和班级授课制

在中世纪，西欧各国学校工作的组织基本上处于混乱无序的状况，学生在一年中可以随时入学。为改变这种状况，夸美纽斯制定了统一的学年、学日制度。他在《泛智学校》中说，根据学年制度，各年级应在同一时间开学和放假；每年招生一次，学生同时入学，以便使全班学生的学习进度一致；学年结束时，经过考试，同年级学生同时升级。他还强调学校工作要有计划，使每月、每周、每日、每时都按计划进行各项工作。例如，他建议国语学校每日要

---

① 夸美纽斯著：《大教学论》，第221页。

有四小时用于上课;在一小时紧张的学习后,要休息半小时;每天要保证八小时的睡眠;每周三、六的下午是学生自由活动时间。每年有四次较长的假期,每次八天,还有其他各种节日。这样,就对学生的学习、休息和生活都可能作出合理的安排。

中世纪学校的教学组织工作十分松散,坐在同一间教室里的学生,学习的内容和进度都不同,教师只对学生进行个别教学和指导,教学秩序混乱,效率很低。为了改变这种状态,夸美纽斯在总结16世纪新旧各教派所兴办的学校中实行班级授课的初步经验的基础上,提出并全面系统地论述了班级授课制度。他认为,班级授课是提高教学效率的有力措施。他说:"教师看到跟前的学生数目愈多,他对于工作的兴趣便愈大……教师自己愈是热忱,他的学生便愈会表现热心。同样,在学生方面,大群的伴侣不仅可以产生效用,而且也可以产生愉快(因为人人乐于劳动的时候有伴侣);因为他们可以互相激励,互相帮助。"① 他主张把全校的学生按照年龄和程度分成班级,作为教学的组织单元。每个班级有一个教室,以免妨碍别的班级。每个班级有一个教师同时对全班学生进行教学,以代替传统的个别施教。每个班级又分成许多小组,每组10人,选出一名学习好的学生为组长,帮助教师管理小组同学,考查同学的学业。他还认为一个教师可以同时教几百名学生。夸美纽斯关于班级授课制的论述,为彻底改革过去那种个别教学的形式提供了理论基础。采取班级授课制的教学组织形式,可以扩大教育对象,提高教学效率,促进学生集体的形成,也为学校教学管理的制度化、标准化提供了可能。为了提高教学的效能,与学年制和班级授课制配套,夸美纽斯还制定了一套考试规则。

夸美纽斯关于学年制和班级授课制的理论,是他对世界教育史作出的重大贡献之一,对普及教育的发展起了很大的推动作用。不

---

① 夸美纽斯著:《大教学论》,第139页。

过,他当时对班级教学的理解还是相当粗糙和机械的。在谈论班级教学时,他只强调集体教学,忽视了个别指导,而且认为每班的学生越多越好,这是不科学的。

第六节 论教学原则

教学理论在夸美纽斯的教育理论体系中占有重要地位,而有关教学原则的论述则是他的教学理论的重要组成部分。他批评当时经院主义学校的教学教得费力,徒劳无功;认为必须寻找一种使教学工作进行得"迅捷、愉快、彻底"的方法。他提出了不少正确的教学原则和方法。特别是在《大教学论》第16~19章中对此作了较详细的论述。但是,夸美纽斯在《大教学论》中所概括的某些教学原则,"其划分是不十分科学的,每条'原则'包含的内容过于庞杂,各条原则的内容也有交叉、重复,一些性质并不相近的内容也被纳入同一原则中。"① 因此,我们只能根据夸美纽斯的有关论述,扼要地把他所提出的主要教学原则归纳为以下几条。

一、直观性原则

文艺复兴以来,一些教育思想家或教育家如伊拉斯谟、莫尔、康帕内拉、拉伯雷等曾经谈到过直观原则。不过他们仅仅提倡采用直观教学,没有给这种方法提供理论上的根据。夸美纽斯的功绩在于第一次从感觉论出发来论证直观教学。他认为,"一切知识都是从感官的感知开始的。"② 在感觉中没有的东西,在理智上也不会

---

① 李明德、金锵主编:《教育名著评介·外国卷》,福建教育出版社1992年版,第59页。
② 夸美纽斯著:《大教学论》,第112页。

有。因此,他把通过感官所获得的对外部世界的感觉经验作为教学的基础,并宣布运用直观是教学的一条"金科玉律"。

关于直观教学的方法,他认为教学应从观察实际事物开始;在不能进行直接观察时,可以使用图片或模型;在呈现直观教具时要将它们直接放到学生的眼前,放在合理的范围以内;要让学生先看到实物或模型的整体,然后再分辨各个部分,等等。

夸美纽斯从理论上论证了直观教学原则,把学校从文字教学的绝境中引导到认识生活、认识周围世界的广阔道路上,这在当时具有革新意义,对后来普通教育的发展也起了良好的作用。但他过于夸大直观的意义,往往把直观知识和间接知识对立起来,在一定程度上,不理解理性认识的重要作用。而且,他在强调通过观察实物去认识事物的同时,又承认"神启"的作用。

二、激发学生求知欲望原则

这是夸美纽斯针对当时的学校普遍存在"强迫孩子们去学习功课"的现象而提出的。他指出,凡是"强迫孩子们去学习的人,就是大大地害了他们"。我们"应该用一切可能的方式把孩子们的求知与求学的欲望激发起来"。① 怎样激发孩子们的求知、求学欲望呢?他认为,父母应当在子女面前赞扬学问与具有学问的人们;教师应该用温和的亲切的语言和循循善诱的态度去吸引学生,时常表扬用功的学生;学校应该是经过精心布置的:房舍明亮、清洁,各处挂着名人画像、地图、历史图表,有宽阔的活动场所,有花园,等等;所教的科目是符合学生年龄特征的,并且写得清清楚楚有吸引力的;所使用的方法能够激起学生爱好知识的兴趣;政府当局应当在公共场所赞扬用功的学生,等等。

---

① 夸美纽斯著:《大教学论》,第107页。

三、巩固性原则

夸美纽斯特别强调使学生获得巩固的知识。怎样才能算是巩固的知识呢？他认为，不仅要使学生领会知识，牢牢地记住知识，并且会应用知识。怎样才能得到巩固的知识？首先，他认为理解性的教学有助于知识的巩固，因为只有理解了的知识才能记住。他把理解性的教学比做钉子、钩子、夹子，能把知识牢牢地钉在、夹在脑子里。其次，他认为经常地练习和复习是巩固知识的重要方法。再次，把自己所掌握的知识教给别人，也是一种好的巩固知识的方法。

四、量力性原则

夸美纽斯反对经院主义教学的强迫性和不考虑学生的接受能力。他说："一切学科都应加以排列，使其适合学生的年龄，凡是超出了他们的理解的东西，就不要给他们去学习。"① 他指责经院主义教育用繁多的抽象教材、儿童陌生的拉丁文、长时间的教学和死记硬背的方法增加儿童的心理负担。认为"假如一切事情都按学生的能量去安排，这种能量自然就会同学习与年龄一同增长"②。

夸美纽斯从教育适应自然的理论出发，在教育史上初次提出了这个原则，这对后世的影响很大。就其主张教学不可使学生负担过重，要照顾学生的接受能力来说，一方面击中了时弊，另一方面在一定范围内反映了教学工作的客观规律，无疑是有进步意义的。但是，他对儿童有巨大的学习潜力却估计不足。

五、系统性和循序渐进性原则

夸美纽斯批评经院主义学校教给学生的知识，都是一些片断、零碎的知识，其原因是没有按照系统性原则去处理教材，而是零星地、杂乱地去教，使学生不易看出知识之间的相互联系。为了改变

---

① ② 夸美纽斯著：《大教学论》，第93、114页。

这种零乱的教学状况，他提出系统性的教学原则。他说，系统性原则要求教材的组织具有系统性和逻辑性，要把一个学科的知识排成一个整体，"其中一切部分都来自同一来源，并且有它自己的地位……"①不省略或颠倒任何东西。

教学的系统性原则要求教学循序渐进。他的理论根据是"自然并不跃进，它只一步一步地前进……"②因此，教学也应当是循序渐进的，"务使先学的能为后学的开辟道路……"③他还要求教学应遵守从已知到未知、从易到难、从简到繁、从近及远等规则。

夸美纽斯关于教学系统性和循序渐进性原则在一定程度上反映了教学工作的客观规律性，但存在着机械化、简单化的缺陷。例如，他要求学校应组织得"使学生在一定的时候只学一件事情"④，绝对遵守教学时间和学科的安排，不得有任何省略或颠倒，等等。

除教学原则外，夸美纽斯关于自然科学、艺术和语言的教学方法也有许多论述⑤。这同样是他在教学理论方面作出的重要贡献。

第七节 论道德教育

夸美纽斯虽然没有论述道德教育问题的专著，但在他的许多著作中，都涉及到道德教育，有的著作如《大教学论》《母育学校》，还列有论述道德教育的专章。

一、德育的重要性

夸美纽斯非常重视道德教育，把培养德行看做学校的主要任务

---

① ② ③ ④ 夸美纽斯著：《大教学论》，第129、101、102、97~98页。

⑤ 夸美纽斯关于自然科学教学法、艺术教学法和语言教学法的论述，详见《大教学论》第20~22章。

之一。在他看来，德育比智育更重要。

按照西欧早期中世纪教会学校的教育传统，道德教育和宗教教育是同义语，不存在宗教教育以外的道德教育，不允许有宗教教育以外的道德信条，也不知道有读经、祈祷、禁欲、盲从以外的道德教育方法。夸美纽斯的道德教育理论突破了这种框框或模式，把世俗道德的培养从宗教教育中分离出来，成为一个独立的部分，使它不仅与宗教教育处于平起平坐的地位，而且放在宗教教育之前。如在《大教学论》中，他就把"道德教育的方法"列为第23章，把"灌输虔信的方法"列为第24章。在道德教育的理论基础上，夸美纽斯也突破了宗教教育的束缚。他不是以基督教教义为理论基础，而是以功利主义和人文主义为理论基础。他强调，伦理道德要为政治服务，并要关心国家文化的繁荣。与基督教教义的禁欲主义观点相反，他在《大教学论》《母育学校》两书中，高唱欢乐的人的赞歌，并宣称他对伦理道德的研究是以人的利益为中心的。

二、德育内容

在道德教育内容方面，夸美纽斯作为一个神学家和有宗教信仰的教育家，他没有采用《旧约全书》（即使是著名的摩西十诫里的伦理规范），也没有采用《新约全书》基督永生的戒律，而是采用了古希腊所通用的苏格拉底、柏拉图、亚里士多德这一哲学学派加以发挥了的术语——智慧（有的史书上为"贤明""明智"）、勇敢、节制、公正，作为自己的道德教育内容，这不能不令人惊奇。他把智慧、勇敢、节制、公正这四种品德称为主要的或基本的德行。他认为，"对于事实问题的健全判断是一切德行的真正基础。"[①] 而这种健全的判断或智慧非得之于书本，而得之于对事物的认识，对周围存在的各种事物之间的区别、是和非的认识。因此，他要求从小

---

① 夸美纽斯著：《大教学论》，第179页。

就养成儿童正确判断是非的能力,使他们习惯于追求正确的判断,避免错误的判断,并使之成为第二天性。节制是对人、对己都有益的道德品质,应教育儿童在饮食、睡眠、工作、游戏、谈话等方面都具有节制的能力,不可放纵,"一切不可过度"。勇敢包括沉着、坚忍、履行职责、刻苦耐劳及抑制急躁、愤怒。按照夸美纽斯的意思,公正的品质主要表现为诚恳、正直、不伤害别人,"敏于而且乐于替别人服务";他认为,"人人想到的……只是自己的幸福,脑子从不想到别人"这种"自私自利的恶德……是人生紊乱的最大根源。"① 他要求把"人生的真正目标教给青年,必须教导他们,使之知道我们生来不是单为我们自己的,而是为的上帝与我们的邻人,就是说,为的人类。"② 这样,夸美纽斯就把柏拉图提出的具有抽象性质的公正概念,赋予了实际的意义。

夸美纽斯还在德育内容中纳入了一个在当时是崭新的概念——劳动教育。他要求儿童学会从事一切诚实的劳动,不做寄生虫。

三、德育方法

关于道德教育的方法,夸美纽斯提出了下列几种:(1)尽早开始正面教育。他说:"幼年儿童在其生活中的头几年,能比以后更容易地锻炼每种好德行。"③ (2)从行动中养成道德行为的习惯。他说:"德行的实行靠行为,不靠文字。"④就像"孩子们容易从行走学会行走,从谈话学会谈话,从写字学会写字。同样,他们可以从服从学会服从,从节制学会节制,从说真话学会真实,从有恒学会有恒。"⑤ (3)榜样。他说:"父母、保姆、导师和同学的整饬生活的榜样必须不断放到儿童的跟前。"⑥ (4)教诲与规则。他说:

---

①②④⑤⑥ 夸美纽斯著:《大教学论》,第182、181、183页。

③ 任钟印选编:《夸美纽斯教育论著选》,人民教育出版社1990年版,第50页。

"榜样之外，关于行为的教诲与规则也是必须的。"①（5）择友。他说："儿童必须非常用心地避免不良的社交，否则他们便会受到传染。"②夸美纽斯还谈到纪律在道德教育中的作用。他引用了一句谚语："学校没有纪律犹如磨盘没有水。"

第八节 教育管理思想

夸美纽斯在教育史上的另一个重大贡献，是他提出了一套比较完整的、系统的、有独创性的教育管理思想。如前所述，夸美纽斯从事了四十多年的学校教育管理工作，其间还应聘到别的国家帮助教育改革，加上他善于吸收前人的好的教育管理经验，因此，他有条件创立一套教育管理思想。

一、国家的教育管理职权

夸美纽斯认为教育对于改造社会和建设国家，对人的发展都起着巨大的作用。国家应该重视教育，应该普遍设立学校。国家既对教育具有不可推卸的责任，也有管理教育的最高权力，而不应该将教育事业拱手让给教会和其他社会力量。

二、督学的职责

夸美纽斯认为，国家应设置督学，对全国的教育进行监督，以保证全国的教育的统一发展。督学的主要职责是：（1）培训将成为教育管理者的人，使他们学会组织学校、制定规章制度，从而把各自所管理的学校组织得像一座有序运行的精良的"钟"；（2）管理各级学校人员；（3）检查学校的教学工作；（4）监督各学校规章制度的执行；（5）到社会上去了解学生家长和监护人是如何教育和指

---

① ② 夸美纽斯著：《大教学论》，第183页。

导孩子的，以便使学校与家庭在教育上取得一致。

夸美纽斯提出，任命督学是国王和当权者的权力。他们应该把那些"受人尊敬的、贤明的、信教的和积极的"人推举到督学的工作岗位上去。① 这些人还必须具有丰富的教学经验，自愿担任督学。

三、校长的职责

夸美纽斯在《创建纪律严明的学校的准则》中，把学校人员分成三部分："一部分是那些学习知识的人，即学生和他们的十人长；一部分是传授知识的人，即学校的教师……还有一部分是管理学校工作的人，即副校长和主任。"② 在夸美纽斯的著作中，出现了校长、副校长、主任这些学校专门的管理人员，这表明在当时的一些学校中，至少是在他领导的学校中，管理人员已从教学人员中分离出来，专门从事管理工作，有了真正意义的管理。夸美纽斯认为，作为学校总管理者的校长，是全校的核心和支柱。他不担负直接的教学工作，其职责是对学校各项工作的领导和协调。校长的主要管理职责包括：（1）了解教师的生活和教学工作情况，帮助和指导教师掌握教学的方法和策略；（2）监督整个学校各项规章制度和准则的执行，使学校一切工作都井井有条，顺利进行；（3）妥善照管、认真保存学校的档案材料，包括学校的创建、规章制度、重要记录、教师名单、学生的花名册、校史资料等。

夸美纽斯既是一位伟大的教育理论家和实践家，又是一位多产的教育著作家。他善于吸取和总结前人和他自己的教育理论和实践经验，撰写了好几种教科书和内容丰富且对后世有广泛而深刻影响的教育理论著作。其中的《大教学论》是西方第一本独立形态的教

---

①② 任钟印选编：《夸美纽斯教育论著选》，第419、313页。

育学。它把反映教育这一复杂社会现象的某些属性和关系的概念和范畴，如教育的目的和作用，教育和教学的内容、方法、原则，教学的组织形式，学年计划、开学、放假、年级、考试，教师，教科书，学校制度，等等，组织成一个比较完整的理论体系，从而使以往对教育现象的描述进一步转向理论的论证，使教育学的理论化水平有了一定程度的提高。

夸美纽斯是一位伟大的教育改革家。他的所有教育著作几乎都不同程度地包含着教育改革的思想。在教育的基本观念、教育目的、教育内容和方法以及教育管理等方面，他都力图推陈出新，提出了许多宝贵的创新思想，并力求在自己的教育活动中加以实践。夸美纽斯对学前教育也作了开创性的研究。他撰写的《母育学校》可以说是西方教育史上的第一本学前教育学。

夸美纽斯一生致力于通过教育为人民的幸福，为人类的进步服务。在他的晚年，他还在呼吁建立一个和平、和谐、安宁的世界。夸美纽斯的思想和业绩是属于全人类的，他的贡献是世界性的。

思考题

1. 试述夸美纽斯教育适应自然原则的意义。
2. 试评述夸美纽斯的普及教育思想与班级授课制理论。
3. 夸美纽斯提出了哪些主要的教学原则？它们的科学性如何？
4. 试述夸美纽斯的道德教育思想。
5. 试述夸美纽斯对教育管理思想的主要贡献。
6. 试论夸美纽斯在教育史上的地位。

第九章

17~18世纪欧洲和美洲主要国家的教育

　　文艺复兴和宗教改革运动以后，人文主义思想获得传播，自然科学中一系列重大发明和发现、社会生产力的提高，都使得欧洲人的思想观念进一步贴近现实，并引发了对传统观念的进一步挑战，加快了新思想的流行。

　　从17世纪的英国革命到18世纪的工业革命和法国大革命，资产阶级在世界历史舞台上的地位最终得以确立。反映这两百年间的社会需求和科学进步的新兴教育思潮，使欧洲教育逐渐由注重书本转向注重经验，由注重思辨转向注重科学实践，这些重要的转变，使英、法、德、俄、美等主要欧美国家的教育都呈现出各具特色的新面貌。

第九章 17~18世纪欧洲和美洲主要国家的教育

第一节 17~18世纪的英国教育

英国作为欧洲北部的一个岛国，受欧洲大陆专制主义的影响相对较弱。英国教育上自由放任的根基由此得以形成。16世纪中期以后大量科学新发现和新思想的有力冲击，使得17世纪初的英国不仅封建关系土崩瓦解，而且在1640年先于其他国家发生了资产阶级革命；在思想领域则较早地出现了提倡科学和科学教育的"近代科学之父"培根。洛克的实科教育思想对于17、18世纪的英国及其他欧美国家的教育也产生了很大的影响。

一、教育概况

17、18世纪英国教育的发展是十分缓慢的，学校教育主要还是沿袭了文艺复兴和宗教改革形成的传统，初等教育一直由国教会掌管。此外，非国教会的个人或团体也创办了一些慈善学校，如"免费学校""贫儿学校"或"乞儿学校""流动学校"等。18世纪后期出现的星期日学校，后来也曾流行欧美各地。此外还有依照洛克的主张，集中贫苦儿童或流浪儿童以职业劳动为主的"工作学校"、收容犯罪儿童的感化学校等。按1601年《济贫法》规定，教区应将父母不能教养的儿童分配给手工业师傅管教，称为学徒制。此外还有私立收费的初等学校，如"妇姆学校"等。

初等学校的教学条件很差，教学内容极为简单，重宗教、阅读而轻计算；教师不是专门职业，多由手工业者、教堂人员、伤残军人、老年人充任，地位很低。学校的教育对象主要是贫民儿童，富人则聘用家庭教师对子女进行启蒙教育和中学预备教育。

中等教育主要是富家子弟的升学预备教育。文法学校和公学都是私立寄宿的，也接受来自教会等社会团体的资助。文法学校是沿用传统的名称，"公学"则是相对于私人延聘家庭教师的教学而言，强调这种学校是由公众团体集资兴办,其教学目的是培养一般公职人员,其学生是在公开场所接受教育。它较之一般的文法学校师资及设施设备条件好、收费更高,是典型的贵族学校。其中最为人称道的是伊顿、温彻斯特、圣保罗等九大公学。

文法学校和公学修业年限通常为五年,以升学教育为宗旨,注重古典语言的学习,同时为适应上层社会交往的需要,也注重体育和军事训练,养成绅士风度。但因纨绔子弟放荡不羁,一些学校风气败坏,有的学校到18世纪还未授英国历史、地理和文学等课程,于是受到一些有识之士的批评。弥尔顿设想的学校Academy(汉译为学园、学院、专科学校或文实中学等)既为升学青年服务,也为就业青年服务,其实用倾向代表了近代中等教育发展的方向,因而受到社会欢迎,并在清教徒移居地北美大陆流行开来。

英国近代高等教育始于中世纪后期牛津大学的设立。古老的牛津、剑桥大学一直是英国高等教育的象征。两校注重古典文化,贵族性强,同时它们又为英国造就了众多政治人才和学术巨匠,从而得到王室、贵族及政府的重视。到17世纪,两校已拥有众多学院,规模扩展,经济宽裕,学术气氛浓厚,学生中来自社会中下层的人数有所增加。18世纪初培根的唯物主义哲学和牛顿等人的科学研究成果开始渗入教学内容,并开设了一些自然科学讲座,对亚里士多德的研究日益减少。英格兰本土之外,苏格兰等地的五所大学较之牛津、剑桥更为重视自然科学和实用学科,力求与社会保持密切联系,学费也较低廉。非国教派学者所建立的学院常常遭到国教会的排斥,大多只能维持几年、十几年。总之,这一时期的高等教育仍是牛津、剑桥的天下。

综上所述,17、18世纪英国学校教育从整体上看仍然沿袭旧制,如国家采取放任政策、教会渗透学校、学制双轨、通行初等慈善教育等。不过随着近代产业的发展以及培根等先进人士的新思想的传播,也渐渐给沉闷的教育吹进了清风,虽一时尚不见显效,但为此后的教育进步打下了基础。

二、培根论教育

弗兰西斯·培根（Francis Bacon，1561—1626）是英国革命前一度活跃于英国政治界、学术界，以提倡近代自然科学和科学教育而著名的重要哲学家和社会活动家，是"整个现代实验科学的真正始祖"①，开辟了近代科学教育发展的道路。

培根生活于16世纪末17世纪初近代自然科学蓬勃发展的时代，他在《新工具》一书中以"知识就是力量"等名言对科学知识的价值作了高度概括，突破了后期人文主义的空疏学风，把"崇尚自然"这一人文主义精神更具体化为崇尚自然科学。培根还认真分析了经院哲学的演绎方法，认为它不能给人类增加新的知识，也不能揭示事物的本质，却会阻碍科学的进步。培根针对演绎法的不足，创立了科学研究的"新工具"——归纳法，即"从感觉与特殊事物把公理引申出来，然后不断地逐渐上升，最后才达到最普遍的公理"②。他要求像蜜蜂那样既从外部广泛地采集事实材料，又用自己的力量来安排并消化外部材料，从而有所创造。

培根立志改造全部人类知识，建立并传播新的科学知识体系。他曾起草了一个百科全书式的学科大纲，几乎包括了科学知识以及技术的各个方面，却唯独没有了宗教神学的地位。这个新的科学体系对后来学校课程的科学化影响很大。17世纪夸美纽斯和洛克重视实用的课程体系，以及18世纪法国启蒙学者们的百科全书计划，都曾受到培根这一科学体系的启发。

培根关于科学教育的宏伟理想，还体现在他设想的新大西岛上

---

① 《马克思恩格斯全集》第2卷，人民出版社1958年版，第163页。
② 北京大学哲学系编译：《16～18世纪西欧各国哲学》，商务印书馆1975年版，第10页。

的乌托邦国家中。在这里政府官员都是科学家，他们所兴建的"所罗门之宫"是一所规模极大的科学教育机构，其目的是"探讨事物的本原和它们运行的秘密，并扩大人类的知识领域"①。它有各种设施和设备，奖励科学发明创造，积极与国外的科学界交流。在这里青年们不断地受到教育和训练，成为科学研究的新生力量。总之，"新大西岛"是培根心目中的一个科学主宰一切的社会，为近代科学教育的兴起提供了重要的激励。

培根众多著作中反映的教育思想还有：强调道德实践活动、习惯、求知、社会环境对培养德性的影响；教师应注重启发、示范、直观演示，根据教材内容采用不同的教学方法，注意发挥学生的个性特长；学习者应当有思有疑，有探索精神，深入了解知识的来龙去脉；游历应作为教育年轻人的一种重要方式。国家应慎重选择教师；要通过建筑学术场所、印行学术书籍、提高学者待遇去办教育、办科学；要加强学术交流。学校应当成为科学成果的收藏地。

培根在当时学术界旧权威仍然占据统治地位的情况下，以惊人的勇气高瞻远瞩地倡导科学，勇敢地站到了时代的前列，动摇了经院哲学在学术界、教育界的统治地位，开创了科学发展、科学教育的新时代。他的思想启发了英国及其他国家的教育家，为近代教育的发展指引了新的方向。

三、洛克的教育思想

洛克（John Lock，1632—1704）是英国著名的实科教育和绅士教育的倡导者。由于他在哲学和政治学方面也有很大的贡献，因而在世界思想史上占据重要地位。洛克关于教育的专门著作是《教育漫话》，其次还有《工作学校计划》《关于理解力的指导》《人类理解论》，等等。

---

① 培根著，何新译：《新大西岛》，商务印书馆1959年版，第28页。

洛克像培根一样反对流行的"天赋观念"论，认为人出生后心灵如同一块白板，"我们的一切知识都是建立在经验上的，而且最后是导源于经验的。"①"白板论"表明了他是主张经验主义的认识论的。但他又认为"我们的心理活动是观念的另一个来源"②，五官的感觉只能了解物体的部分性质，而内心的"自我反省"可使人了解复杂的概念。这一观点反映了洛克经验主义认识论的不彻底性。

洛克高度评价教育在人的形成中的巨大作用，认为人之好坏，或有用或无用，"十分之九都是他们的教育所决定的"③。教育的社会意义在于它关系到国家的幸福与繁荣。不过洛克更注重的是教育对个人幸福、事业、前途的影响，显示出明显的功利主义和个人主义色彩。

洛克还认为教育发挥其正面作用的场所并不在学校。他说当时的学校是集合了形形色色被教育坏了的、满身毛病的一群学童的机关，教师也不可能认真顾及每一个儿童，所以只有在家庭中聘用优良的教师，才能避免"恶习熏染"，并得到适合儿童个性的个别指导，因为每一个儿童的天性是不同的。

洛克认为一国之中绅士教育是最应该注意的，他说，一旦绅士受到教育，上了正轨，其他的人很快就都上正轨了。洛克注重的绅士教育，就是培养既具有封建贵族遗风，又具有新兴资产阶级特点的新式人才的教育，他主张把社会中上层家庭的子弟培养成为身体强健、举止优雅、有德行、智慧和实际才干的事业家。

《教育漫话》中把体育作为第一个问题加以论述。洛克希望每

---

① ② 洛克著：关文运译：《人类理解论》，商务印书馆1981年版，第68、69页。

③ 洛克著，傅任敢译：《教育漫话》，人民教育出版社1979年版，第4页。

个绅士的身体必须适应一个事业家在对外开拓活动中可能遇到的艰苦环境，他认为身体强健的主要标准是能忍耐劳苦，而学会忍耐劳苦的原则是要从小逐步养成习惯，不要间断。洛克关于体育的见解内容十分丰富，其新颖与系统，在西方教育史上没有先例。

洛克认为道德观念来自教育和生活环境，否认天赋观念和神的启示。他认为"善行"就是能带来幸福和利益、能达到个人目的的行为。洛克把德行放在比知识更重要的地位，把听从理性的指导、克制自己的欲望看成是一切道德与价值的重要标准及其基础。教育者应当依据理性去约束儿童，不可放纵溺爱。要如同体育上的学会"忍耐劳苦"一样，学会忍受心理上的痛苦，克制自己的欲望，并由此培养节制的美德和刚毅、勇敢的个性。洛克认为正确处理"克制"和"精神活泼自由"之间的关系是教育的真正秘诀。

洛克还具体论述了诚实、智慧、勇敢、仁爱等美德，但他尤其重视"礼仪"。讲究礼仪就是整个外表的举止要优雅有礼，并能视社交对象与环境灵活自如地表现自己，博得朋友的好评，受到欢迎和重视。洛克强调德育中的早期教育、良好榜样、行为习惯，尽可能不使用体罚。

洛克批评当时人们把教育与学问等同起来的风气，在智育问题上尤其强调德性重于学问；学问的内容必须是实际有用的广泛知识。这两点可谓洛克的醒世之言。

除了学习有用的知识之外，洛克认为还应培养学生良好的学习态度，提高他们的能力。教师的工作不是要把世界上可以知道的东西全部教给学生，而是要使学生爱好知识、尊重知识，使学生采用正确的方法去求知。因此他认为只需让学生了解各学科的基础内容即可，不必过深过细，教育的目的只在于向学生启示一条途径，日后没有教员时，学生自己也可以前进。在方法上，洛克重视直观教学、循序渐进，以及好奇心、注意力和记忆力的培养，等等。

1697年洛克为英国贸易和殖民地事务委员会拟写过一份《工

作学校计划》。洛克主张将没有工作而领取教区补助金的贫民家庭的14岁以下的子女组织起来劳动，以便安定社会秩序，减轻教会负担，创造更多利润。工作学校中没有文化知识的学习，只有养成宗教意识的活动和从事纺织品制作等方面的手工劳动，还允许雇主来校挑选儿童当学徒。被选者直到23岁之前无偿地为雇主劳动。工作学校实际上就是贫穷儿童收容所、职业分配机关或童工工场。洛克的这一思想与他的绅士教育主张形成鲜明的对照。

洛克的教育思想以其世俗化、功利性为显著特点。他比弥尔顿更少古典主义色彩，比夸美纽斯也更为彻底地破除了宗教神学的束缚。他的思想在实践中和理论上都对英国及西欧教育的现代化作出了贡献。但他的教育思想局限于绅士教育而缺乏夸美纽斯那样的民主性也是不言而喻的。

第二节 17～18世纪的法国教育

自中世纪中期起，法国一直是欧洲大陆上强大的封建专制国家。在宗教改革的风潮中，一些罗马天主教徒借此得到了较多的保护，在法国保持了强大的势力；资本主义的发展也因此受到更多的压制，资产阶级革命迟于英国一百多年才发生。然而，也正因为专制势力的强大压迫，法国的资产阶级和农民、市民才得以站在一起形成"第三等级"，进行了比英国更为彻底的革命；18世纪的法国思想界也因此产生了影响整个欧美历史的启蒙运动，出现了卢梭、爱尔维修、拉夏洛泰这样一批在思想界革故鼎新的人物。

由于上述社会特点，17、18世纪的法国教育从总体上看主要还是教会特别是天主教会的天下，到了18世纪中后期才发生重大改观。

一、教育概况

虽然强大的法国专制政府不像英国那样对初等教育漠不关心，但实际上由于政府不直接办学，也由于新教力量的弱小，所以初等学校大多还是掌握在天主教派手中。由天主教神父拉·萨尔（La Salle）于1684年建立的"基督教学校兄弟会"，后来成了法国从事初等教育的主要力量。

当时的初等学校以宗教教育为主，辅以读、写、算的教学；采用班级授课制，以法语讲课；面向下层社会的子女，免收学费。富人聘用家庭教师开启子女的初等教育，并流行雇保姆哺育婴儿、按成人的衣着打扮孩子的风气，引起卢梭的严厉批评。

在1618～1764年近一个半世纪中，耶稣会所办的学院在中等教育方面占据统治地位。17世纪初成立的"耶稣基督圣乐会"在中等教育中的力量仅次于耶稣会。特别是在18世纪中期耶稣会被逐之后，更成为举办中等教育的主要力量。这一派的教育受到笛卡尔理性哲学影响，尤其重视历史特别是法国史，此外还拓宽了数学教学的范围，以此训练人的理智。力学、地理、现代外语及拉丁文也受到重视。18世纪末，圣乐会的各种教育机构达七十多个。

到18世纪法国共有22所大学，超过其他欧洲各国。最古老的是巴黎大学，其保守性也是最突出的。在大革命之前，它排斥新思想、新学科，奉亚里士多德的著作为经典；打击新教学生或不授予他们学位；禁止和焚烧笛卡尔、爱尔维修、卢梭等人的著作等，加上学费及其他费用昂贵、学习年限过长等原因，学生逐渐减少。

由于法国王朝的重商政策，专业技术的实用价值受到重视；加之这方面教会控制较弱，一些技术专门学校得以建立。如路桥学校（1747）、矿业学校（1778）、皇家军事学校（1751）及各兵种的专门学校等，还建立了法兰西科学院、自然历史博物馆等机构。法国女子教育的理论和实践也走在欧洲各国前列；面向上层贵族子弟、培养善于应世接物的官吏的宫廷教育也一度成为各国的样板。

二、18世纪法国启蒙时代的教育思想

1789年法国大革命爆发之前,曾出现过一批"为行将到来的革命启发过人们头脑"① 的伟大人物。他们就是以伏尔泰、卢梭、爱尔维修、狄德罗等人为骨干的一批启蒙思想家。他们的教育理想深刻影响了法国大革命时期和整个西方近代教育的思想和实践。

爱尔维修(C. A. Helvetius,1715—1771)从唯物主义认识论出发,认为人人都是通过感官获取知识,从而获得精神的发展;人人都有获取同样知识、达到同样成就的能力,人人都有享受中高等教育的权利。在这里,爱尔维修表达了人人智力天生平等的观点和教育的民主化主张,直接抨击了以人的天赋不平等论证社会及教育的等级制度合理性的贵族理论。

爱尔维修把人的成长归因于教育与环境。马克思指出爱尔维修所理解的教育是"个人的一切生活条件的总和"②,表明了他的唯物主义观点,并表达了通过改变整个社会制度达到解放思想、造就人才的愿望,具有重要的革命意义。但他在这个问题上走入极端,提出"教育万能"的口号,否定了遗传因素的影响,并把改变旧的社会环境的希望寄托于教育、寄托于少数天才人物,从而在社会历史观上陷入了唯心主义。

鉴于教育对个人和国家的重大影响,爱尔维修要求彻底改造旧学校。认为教会对学校事业的垄断是"民族的灾害",主张由国家创办世俗教育。他论述并倡导人们关心现实的利益,认为顺应"自爱"并"以公共利益作为行为的指南"才是高尚的道德。这种强调"利益""情感"的世俗道德观,已把宗教的道德抛到了九霄云外。

爱尔维修还论述了学习科学知识的重要性,指出知识的学习依赖于感官的发展和教育,而且人的终生都是在学习和受教育。他还

---

① 《马克思恩格斯选集》第3卷,人民出版社1995年版,第719页。
② 《马克思恩格斯全集》第2卷,人民出版社1958年版,第169页。

主张爱护身体，重视体育。

狄德罗（D. Diderot，1713—1784）是爱尔维修同时代的法国唯物主义者，启蒙运动和百科全书派的领袖人物。恩格斯说他是为了真理和正义而"献出了整个生命"的人。①

狄德罗认为，人与人之间存在的大脑和感官结构上的某种差异，决定了智力发展水平上的某些不同，因此他否认了爱尔维修的"教育万能"论，认为教育可以发展人的优良的自然素质，抑制不良的自然素质，进而启发人的理性，认识社会中的罪恶现象，唤起对正义、善行和新秩序的爱。可见，狄德罗也像爱尔维修一样高度评价了教育在个性发展和社会变革中的重大作用。

狄德罗深刻揭露封建专制剥夺人民受教育的机会、利用教育愚弄人民、扼杀人民中大量天才的事实。他主张剥夺教会的教育管理权，把教育交由新的国家政府管理，教会人员不得在新学校中担任职务。国家应当推行强迫义务教育，"每一个人都应该学会阅读、书写和计算。"② 中学和大学应当向一切人开放。法国大革命中的改革方案、拿破仑的教育改革、19世纪俄国教育改革和英国空想社会主义者的思想中，都或多或少地体现出狄德罗的思想影响。

狄德罗设想在初等教育中设读、写、算及公民道德等课程，在中学里设数、理、化、自然、天文学、机械学以及史、地、音、体、美各种学科，提供教学用的各种实验室设备。学校和家长都应注意学生的道德修养，使学生具备仁爱之心，将来能用明智的理性指导自己的行为，具备诚实、礼貌、同情和遵纪守法等良好品质。

像培根一样，狄德罗指出研究和学习的主要方法是观察、思考、实验，认为思维能力的培养也是教育的一项重要任务。

拉夏洛泰（La Chalotais，1701—1785）是18世纪中期法国驱

---

① 《马克思恩格斯选集》第4卷，人民出版社1995年版，第232页。
② E.P. 克伯雷著：《教育史读本》，1920年英文版，第512页。

逐耶稣会运动的主要倡导人、著名的法官。他的《论国民教育》系统地论述了国家办学的思想，对法国乃至西欧各国世俗公共教育制度的建立发生过很大影响。

拉夏洛泰国家办学的思想，是基于对教会教育特别是对耶稣会教育的批判之上形成的。他还从知识和教育的巨大作用角度说明了国家办教育的必要性。拉夏洛泰还指出，每个民族教育自己人民的权利都是不可剥夺的，国家办学乃是天经地义的事。

拉夏洛泰认为，法国国民教育的目的应该是培养良好的法国公民，教育应该首先考虑的是国家。教育最终要达到使人民心智完善、道德高尚、身体健康的目标。他设想了按年龄划分的三级教育制度：即从5~6岁到10岁；10~16岁；16岁以上在工作中学习。各阶段的学习都要求注重本国语和科学学科，使青少年获得作为良好公民所应具备的实际知识。"凡是重要的事，他们都要学习……"① 要促使青年将美德付于实践。

拉夏洛泰认为良好的教师必须是严谨的、有道德的并且懂得如何读书的人；又认为自然是最好的教师，要让儿童多观察各种各样的事物，通过自然本身来教育儿童，从抽象概念开始的方法是不适合儿童的。拉夏洛泰还强调了优秀课本的重要性。

拉夏洛泰关于国家办学的论证走在了时代的前列，启发了同时代的和后来的人们，为后来法国国家中央集权教育领导体制的形成提供了思想启示。

三、法国大革命中的教育改革

1789年爆发的法国资产阶级大革命，是比一个世纪前的英国革命更为激烈壮观、也更为彻底地取得了胜利的革命。它改变了欧

---

① 任钟印主编：《世界教育名著通览》，湖北教育出版社1994年版，第421页。

洲的历史，有着世界性的深远影响。

在法国革命中先后上台的立宪派、吉伦特派、雅各宾派，分别制定了有代表性的三个教育改革方案。即塔列兰教育法案（1791年）、康多塞的国民教育组织计划纲要（1792年）、雷佩尔提的教育方案（1793年）。其他类似的教育方案在革命中提出了二十多个。尽管这些方案的内容有差别，而且上述三个方案一个比一个激进，但从主体上看，都不同程度地体现了资产阶级各派的共同愿望，其主张主要表现在以下几个方面。

第一，主张建立国家教育制度，提出了课程及年限互相连接的学校系统的设想。例如，塔列兰教育方案中规定了四级学制：小学、中学、专门学校、大学院。康多塞方案提出了五个阶段的公共教育体制：初级学校、高级小学、中学、专门学校、国家科学与艺术研究协会。后者既是监督和指导所有教育机构的领导机关，也是一个学术研究中心。从这里我们看到了此后拿破仑设立的"帝国大学"的影子。

第二，主张人人都有受教育的机会与权利，国家应当保护并实行普及教育。尤其是雷佩尔提的方案，甚至提出由国家举办"国民教育之家"，让五到十一二岁的男女儿童免费入学，由国家提供衣食住的条件等主张。该方案还具体规划了普及教育的经费来源。

第三，在教育内容和教师问题上实现世俗化、科学化，也是大革命中各种教育方案的共同要求。康多塞的计划纲要取消了学校中的宗教课，要求小学学生除学习读、写、算基本学科外，还应学习测量土地、农业、手工艺的初步技能及道德基础知识，高级小学应有图书馆和实验室，中学应传播对每个公民无论选择什么职业都将有益的知识，并兼负培训小学教师的任务。专门学校要为社会培养各种专门人才。雅各宾派掌权时期，拉瓦锡提出的教育方案更是强调以自然科学和技术操作作为学生课业的中心。雷佩尔提的方案不仅注意到实科教育，也重视以道德教育取代宗教教育，注意了体育和劳动教育等，主张培养多方面发展的优秀公民和爱国者。

法国大革命时期的教育改革方案在男女平等、成人教育方面也提出了要求，不过它们毕竟是代表大资产者利益的，一些方案中的规定大大地限制了劳动者子女获得初等以上教育的机会和权利。

各种教育方案因各掌权派别的短暂执政期而难以实施，只是在粉碎第一次反法同盟、大资产阶级执政稳定之后，才实施了一些具体措施。包括初等学校教师的考核、保障工作稳定性及生活水准；中等教育方面设立了一批"中心学校"，在欧洲首创了中学的自由选修制度和以课程为中心的教学组织；特别是创办了包括著名的巴黎理工学校在内的一大批高等科技专门学校和科学机构，培养了众多高级科技人才，奠定了拿破仑帝国的基础。

第三节 17～18世纪的德国教育

17世纪德国四分五裂的封建割据状态以及三十年战争，使经济发展受到严重挫折，各方面远远落后于英、法等欧洲国家。各邦之中，普鲁士因地处对外通商要道，经济恢复较快，势力最强。至18世纪，普鲁士出于对内统治和对外扩张的需要，加之欧洲新思想、新科学的流行，统治者和民间团体在教育上都有所作为，成为德意志各邦的表率和欧美各国的榜样。因此，教育史上所述这一时期的德国教育一般是以普鲁士教育为主的。

一、教育概况

德意志各邦国受路德思想的影响，并从巩固自己小王朝的统治需要出发，从16世纪中期起先后颁布了有关国家办学和普及义务教育的法令。这比当时经济较为发达的英国等国家要早得多。例如：1559年威丁堡的法令决定国家在每个村庄设立初等学校，强制家长送子女入学；魏玛公国1619年的法令要求开列6～12岁男女儿童的名单，以保证适龄儿童入学。特别是进入18世纪以后，普鲁士国王腓特烈·威廉一世从1713年起接连发布了多项教育法令，详细规定了政府设校、强迫义务教育、学校课程、办学经费、教师等方面的具体要求和措施。他的后继者腓特烈二世在18世纪中期也颁布了多项法令，1794年法令进而宣布了大、中、小学均由国家兴办的具体规定和措施。其他各邦在18世纪中也相继仿效。虽然17、18世纪的许多教育法令由于种种原因未能很好地实施，但这些法令毕竟表明德国是较早由世俗政权掌握教育事业的国家。

18世纪后期德国的"泛爱学校"，是在夸美纽斯和法国启蒙学者的教育观影响下出现的新式学校。"泛爱学校"的创始人是巴西多（J. B. Basedow，1724—1790）。他按照卢梭的教育观点，提出了培养博爱、节制、勤劳的美德，注重实用性和儿童兴趣，寓教育教学于游戏之中等极富新意的办校设想，呼吁人们捐资兴学，赢得了包括奥地利国王、俄国女皇在内的一批达官显贵的支持。他的学校于1774年12月正式开学。后来，巴西多又采用张贴公告力邀各界人士来校参观学生考试等措施，扩大了影响，学生由十几人发展到五十多人，他的同事后来也相继开办了不少类似的学校，影响遍及欧洲各地。

泛爱学校中采用"适应自然"的教学方式，入学的贵族子女一律改着简单活泼的儿童服装，还儿童以本来面目。教学中注重直观，学生常在游戏、表演、诵读、交谈、心算等活动中学习。学习的内容十分广泛，本族语和实科知识占重要地位，还有外语、体育、音乐、舞蹈和农业劳动、手工业劳动等，许多科目达到了初等以上水平。

1774年巴西多编出包括多种科学基础知识的《初级读本》，该书附有100帧插图，被誉为18世纪的《世界图解》、教育史上第二本有插图的教科书。此外他还写有《教育方法手册》等。巴西多的事业受到了康德、黑格尔等人的关注,成为18世纪后期德国教育领域中引人注目的事件。

在中等教育方面,普鲁士的文科中学相当于英国的文法学校和公学,是17、18世纪德国中等学校的主要类型。这种学校1537年由斯图谟创办,其前身是路德新教人士梅兰希顿在1528年教育报告中倡导的分级式拉丁学校。拉丁学校主要是训练牧师,斯图谟式的文科中学则尤重古典。到17、18世纪时,文科中学既保持了古典传统,更把升学预备教育和培养上层职业者(医生、律师、牧师、官吏等)作为重要任务。

工商业的发展和城市生活的日渐丰富,使实科教育随之兴起。弗兰克(A. H. Francke,1663—1727)1695年在哈勒开办了一所国民学校,以实科内容和直观方法施教并对贫家子弟免费提供教材,此后又设立科学学校(其中配备各种实验室、各类仪器)、诊所、印刷厂、师范学校及文科中学等。1708年,哈勒学园副主教席姆勒(C. Zemmler)创办了数学机械学经济学实科学校,教授数学、物理学、机械、天文、地理、法律、制图、绘画及宗教科目。肄业于哈勒学园的赫克(J. J. Hecker)又于1747年建立了类似的学校,所开设的实科课程更为广泛,又附设工艺学习班、师训班,影响更大。

德意志各邦国为了培养文武高官、巩固统治,还面向上层贵族子弟设立"骑士学院"。这是当时德国教育异于其他欧美国家的一个特点。这类学校中也是现代外语和自然科学占首要地位,法律、军事、工艺、建筑、机械等课程占很大比重,不学拉丁文、希腊文,实际上是一种培养新贵族的特殊学校。

1694年建立的哈勒大学,是欧洲第一所新式大学。新大学的特征之一是积极吸收最新的哲学和科学研究成果,排除宗教教条。为此大胆选用了崇尚理性、善于思考和具有冒险精神的学者任教,为大学注入了新的生机并奠定了高水平科研和教学的基础。

哈勒大学的又一特色是提倡"教自由"和"学自由",为摆脱传统的束缚和促进科学进步提供了宽松的条件。学校还在高等教育中首开民族语（德语）讲课的风气,重视现代外语。1737年建立的哥廷根大学则进一步注重科学研究,设有藏书丰富的图书馆和各种研究所。上课多采用讨论、实验观察等新方法,即使对古典文化的研究也抛弃了背诵、模仿等做法。此后,其他大学也以这两所大学为榜样,进行了程度不同的改革,为19世纪柏林大学的建立和德国大学成为欧洲最高学府,奠定了思想基础,积累了实践经验。

二、康德论教育

康德（I. Kant,1724—1804）不仅是著名的哲学家,而且也是18世纪重要的德国教育家。他大学毕业后当了八年家庭教师,后来一直在大学任教,终生献身于教育事业。康德在大学工作期间有四个学期主讲教育学。他虽采用巴西多的《教育方法手册》为教材,却多加批注,表达了对教育的新见解。这些内容后来由他的学生整理出版,这就是《论教育》一书。康德的教育思想除集中于《论教育》外,其他著作也有涉及。

康德十分注意教育与人的关系问题,认为教育是人类文化发展的结果,是人为的创造性活动,所以只有人才能对人实施教育;教育必须是有目的、有标准、有计划的,要灵活地运用适当的方法。

康德与启蒙主义者卢梭一样,高度推崇人性、人的尊严,充分肯定人的价值。这就使他在改革旧教育、要求教育切实尊重儿童本性等方面与卢梭取得了极大的一致。但不同的是,卢梭认为人性本善,是后天造成了人的恶;而康德虽然也说人性中找不出恶的根源,但他又说作恶的原因是因为对本性缺少适当的控制,所以实质上他认为人性中既有善也有恶。因此,卢梭认为教育就是让人"返回自然"、恢复本性,而康德则认为教育必须去恶扬善,特别是要以理性抑制人性中的野性,进而发展人的自然天赋。也只有教育才能完成这样的任务,教育对于人来说不可缺少。他曾说人只有通过教育才能成为人,人完全是教育的产物。这样,康德和卢梭从不同的角度高度评价了教育在人的成长中的重大意义。但他要求给予儿童更多的指导和管束,与卢梭的"消极教育"思想迥然不同。然而康德也认识到教育过程中学生的主体地位,因而并不把教育进程看成只是灌输和管束的过程,而是要给学生自我活动的自由,让他们自然地运用自己的各种器官,从而均衡地、有目的地发展人的一切能力。他曾说"人的教育不能只是简单地、机械地接受训练,最重要的是要使儿童学会思考"[①],否则与训练犬马无异。

康德认为人与动物之所以有区别、有其人格与尊严,归根结底是因为有道德。既然要将人最终提升到具有后天教养的"道德人",那么道德的培养就是十分重要的。康德认为道德教育中既要注意让儿童自然而自由地成长,又要让他们自觉地接受理性的引导,这是教育上最大的问题之一。自由是道德教育的最高目的,但要儿童服从不可避免地需要一定的强制,特别是在成长的早期更是如此。原因是学龄期之前的儿童尚无明确的道德意识而多受个人欲望的支配,因此这一时期尤其应加以"管束"和"训导"。管束带有强制性,要求儿童遵守规则,防止受动物冲动的支配;训导则是积极地教育儿童逐渐自觉地达到"自律",从而具备义务心、责任感、善良、意志、自觉服从、诚实等良好德行。这一思想对后来的赫尔巴特有很大的影响。至于宗教教育,应当放到道德教育之后;教师还应当对十三四岁的孩子适当地进行性教育,以工作、学习、良好的生活习惯去抑制不良冲动。康德还提倡道德修养中的范例、格言、赏罚以及说理、行动等具体方式。

康德在其《论教育》中把全部教育分为体育、管束、训育和道德陶冶四个部分,并将道德教育之外的部分又称为广义的体育。

[①] 转引自赵祥麟主编:《外国教育家评传》第1卷,第721页。

关于体育，康德主要论述了婴儿的抚育。其具体见解除重复了洛克、卢梭的意见之外，还补充强调了有益的体育运动对发展儿童体力和感官的重要作用。这也就是身体方面的"训育"。

"训育"的又一重要内容是判断力、注意力、记忆力、理解力、推理力、思考力等"心理功能"的培养。要在实际活动中予以综合地培育，以期和谐均衡地发展人的一切能力。为此，他主张游戏应与功课并重，但不同意巴西多将学习完全变为游戏的做法和卢梭要求儿童12岁之前不读书的主张。女子也应具有教养和社会交往的能力，负起延绵种族、影响男性、促进社会进步的责任。

康德认为婴儿的养育应当由家长负责，这是家庭教育的重点，但其他方面则必须由公共教育来施行。在学校中，儿童可以向教师学习课程和为人处事的生活准则，儿童相互学习和竞争也有助于他们能力的发展。公民的养成则更非公共教育莫属。康德的这一观点与洛克、卢梭大相径庭。不过康德主张专家治校，以保持教育的纯净，更好地带动社会进步。认为教育一旦受官员制约，则极易流于迎合当权者的好恶，甚至成为政治野心的工具，更遑论推动社会的完善。

康德关于公共教育的观点，关于教育几个部分的划分，以及对洛克、卢梭教育思想的修正等，在教育思想上给人们留下了多方面的思考。

第四节　17～18世纪的俄国教育

俄国近代文化教育的发展起步甚晚，而且发展缓慢，这是因为自12世纪中期起封建贵族之间内战频频，到13世纪时又遇蒙古入侵和统治，直到15世纪为止。在此几百年之中，除少数教会学校得以维持以外，便是私人教育（"蒙师"）的流行，直到16世纪时才有文教复兴的端倪。此后的17、18世纪，则是俄国教育向近代化迈进的起步时期和重要转折点。

一、16～17世纪的文教复兴和18世纪初的教育改革

由于拜占廷文化传统的影响和俄罗斯世俗文化的发展，俄国教育从一开始就比较重视实用知识的传授。16～17世纪教堂或神父家中设立的读写学校不仅有祈祷文、教义问答的教学，也教授字母，讲解历法、计算、史地、关于自然的简单知识。一般的读写入门书也是如此。贵族家庭的子女还学习有关外交、军事、商业及其他社会活动方面的有益知识。

16世纪末的兄弟会是当时乌克兰人和白俄罗斯人为反对波兰贵族和天主教压迫而组成的。他们所办的兄弟会学校面向所有兄弟会会员子弟并接受会员监督，组织上比较民主，教学上提供广泛的知识，把本族语教学放在首要地位。1632年他们将一所设在基辅的学校升级为专科学校（基辅莫吉拉学院），成为俄国第一个高等教育机构，为后来俄国中、高等教育的发展提供了榜样。在1687年建于莫斯科的斯拉夫—希腊语—拉丁语学院及其他中、高等学校中，很多校长教员都曾在兄弟会学校中学习过。这些学校培养的人才成为18世纪俄国教育近代化的骨干。进入17世纪以后，热衷于扩充势力范围的俄国统治者在与西欧的政治、经济交往和向邻国的扩张中看到了自己的落后。为了广泛吸收先进国家的科学技术和管理经验，17世纪末沙皇彼得一世匿名考察欧洲各国，回国后立即进行了多方面的社会改革，拉开了俄国近代化的序幕。

创建实科性质的学校，特别是有关军事技术的专门学校，是彼得一世教育改革的重要措施。从1701年1月10日发布炮兵学校建校命令起，在很短的时间内相继建立了数学及航海学校、各国语言学校、外科医校、工程学校、矿业学校，等等。在这些实科专门学校中一般先有基本的读、写、算的学习，然后转入高级班以学习专

门技术。国家对学生发给生活补助费,毕业后大多为部队服务,有的毕业后还被送出国学习。学校对学生的要求十分严格,对其中的贵族子弟也不例外。这些学校为俄国培养了不少科学技术(特别是军事技术)的专门人才。

彼得一世在初等义务教育方面也采取了一些措施。他下令开办俄语学校、计算学校,并把各地开办学校的责任委于当地教会,促进了初级主教学校、堂区学校的发展。不过贵族家庭大多聘用外籍家庭教师对子女进行初等教育,一时形成风气。

当时伦敦、巴黎及柏林等地都有皇家科研机构。彼得一世有鉴于此,为了培养本国的高级人才,提出了建立科学院的设想:科学院分为数学研究、自然研究、文科研究三大部分,并附设大学和预备中学。拟先聘请欧洲著名学者任教,然后逐步以本国学者取而代之。彼得一世去世不久,科学院就正式成立了。

彼得一世的改革是为了强化国力,以大规模引进西方先进科学技术为主要特征的,因此在改革中强化了教育的实科倾向,扩大了普及面,向教育近代化迈出了一步。但当时的封建贵族势力还很强大,俄国近代资本主义的发展还相当薄弱,不足以形成推动改革的强大经济力量,因此整个改革缺乏更为广泛的社会基础,改革取得的成果也就难以保持。

二、18世纪中期和后期的教育进展

莫斯科大学的创建是18世纪中期俄国教育史上的重要事件,它的创建和发展得力于著名科学家罗蒙诺索夫(М. В. Ломоносов,1711—1765)的长期努力。

罗蒙诺索夫出身贫困但热心求学。19岁时,他假称自己是"教士的儿子"而得以进入莫斯科的斯拉夫—希腊语—拉丁语学院学习,几年后因成绩出色被送往科学院的附属大学学习,不久又被派往德国深造。罗蒙诺索夫学习过哲学、伦理学、数学、物理、化

第九章　17～18世纪欧洲和美洲主要国家的教育

学、冶金、探矿、动植物等课程，后来成为在化学和物理方面具有世界性贡献的科学家。

贫困的出身和广泛的阅历，造就了他思想中的民主观念、世俗主张、爱国主义以及对科学知识的热爱。他和一批进步学者对当时外国院士们趾高气扬地轻视俄国文化、抑制俄国学者成长的状况极为不满。在他回国进入科学院特别是参与科学院及其附属大学及中学的领导工作后，就积极提出了大力培养俄国学者的主张。1754年在他的主持下提出了设立莫斯科大学的《莫斯科大学及附属中学章程草案》，第二年莫斯科大学正式开学。

根据该草案，莫斯科大学归中央政府直辖，教授会管理；设法律、哲学、医学三个系和两个文科中学，不像西欧大学设神学系。附属中学里有供贵族子弟学习的分部，也有供非贵族子弟学习的分部，两部分年限一样，课程也大致相同。大学本部也可招收农奴以外的非贵族子弟入学。这些都反映了莫斯科大学的世俗性和民主化倾向。此外，学校还注重俄语和科学知识在教学中的地位，注意培养学生的独立工作能力。

由于罗蒙诺索夫等进步学者的努力，颇具俄国特色的莫斯科大学取得了很大的成就。在校内，俄国学者和教师不断增加，大多数讲义也改用俄语发行；除中学外，后来又附设了印刷厂及俄国第一所师范学校；对校外，莫斯科大学的影响也不断扩大，它向各地提供了大批的教师、教材和教学设备，出版发行了第一批世界教育名著，如《世界图解》《教育漫话》《爱弥尔》的俄文本，等等。此后莫斯科大学一直保持了俄国最高学府和世界著名大学的崇高地位，为俄国社会的近、现代化源源不断地提供了大批人才。

1762年叶卡捷琳娜二世上台，基本上结束了此前30年的皇位争夺期。政治上的相对稳定和工商业的发展，国内进步思想以及西欧18世纪启蒙主义教育思想的传播，促使俄国统治者又一次注意教育问题。他们以与俄国国情近似的奥地利为样板，于1782年成立"国民学校委员会",1786年颁布《俄罗斯帝国国民学校章程》,这是俄国政府历史上发布最早的有关国民教育制度的法令。

1786年的法令规定各地设国民学校,由当地政府领导,聘请校长进行管理。经费由当地政府、贵族、商人共同负担。学制形式是:在县设置两年制的免费初级国民学校;在省城设置五年制的免费中心国民学校,也可同时设初级国民学校。初级国民学校与中心国民学校的前两年课程相同,有读、写、算及文法课。中心国民学校的后三年设有机械、建筑、物理、自然、地理、历史等学科。宗教、人与公民的义务是两种学校学生都必须学习的课程。想升入文科中学和大学的学生,可以在中心国民学校的后三年中学习拉丁文及其他外语。

《章程》还对师生的品德、教学乃至日常生活及宗教信仰提出了严格要求。学生可以来自社会的各个阶层,但《章程》并未规定适龄儿童必须入学。到18世纪末,国民学校达三百余所,学生近两万人。

贵族的寄宿学校仍然是这一时期俄国教育中的重要方面。寄宿制学校对贵族女子来说是修道院式的与世隔绝的教育,对男子来说则是准军事性的训练。例如各寄宿学校要求学生严守作息制度,平时不与家人见面,也不许外出。每天学习时间达八小时,学习百科全书式的广泛知识,以适应日后从军、从商和从政的需要。

法国大革命爆发前后,沙皇政府害怕革命思潮的影响,对西方学术采取了排斥的态度,压制学校中的进步力量,只允许学生看经过审查的俄文书籍等,文化教育的发展在18世纪末又陷入低潮。

第五节 17~18世纪的美国教育

17世纪初欧洲刚刚经历过如火如荼的宗教改革运动,基督教形成了众多的派别,有的相互水火难容;这一时期又是欧洲资本原始积累继续蓬勃发展的时期,对海外资源的渴求成为新兴阶级进军世界的强大动力。此时,原始美洲的发现,恰为人们提供了取之不尽的物质资源宝库,又为人们提供了逃避宗教或政治迫害的避难所,还给那些衣食无着的社会下层人民带来了新的希望。各种宗教和政治势力也都力图扩展到美洲。结果从17世纪起欧洲移民大量进入北美,相继在大西洋沿岸建立了13个稳定的殖民地管辖区。自那以后,有组织的教育就发展起来了。

一、殖民时代的教育概况

对北美的13个殖民地,一般划分为北部、中部、南部三大地区进行研究。

北部殖民地又称"新英格兰",移居这里的多是英国的清教徒。根据清教教义,儿童负有原罪,因此必须敬畏上帝,并且学会阅读《圣经》、祈祷赎罪等。所以,教会儿童阅读和培养合格牧师就成了清教移民美洲后兴办教育的目的。宗教是教育的灵魂。

为了培养清教牧师,1636年马萨诸塞殖民地的清教徒们开办了美洲第一所高等学府——哈佛学院。由于经济拮据,整个17世纪哈佛仅有一名校长兼任教师,负责全部工作。该校仿照英国剑桥,只收男生,以拉丁文为教学语言,课程涉及宗教神学、拉丁文、希腊文、历史、天文、算术、几何等,教学方式主要是教师宣读教材,学生跟读、复述、写大纲、讨论。每周课堂上课时间很少,学校规模与欧洲古典大学不可同日而语。

为了培养儿童的宗教观念、阅读能力,长大后很好地履行社会义务,1642年和1647年马萨诸塞州还制定了强迫教育法令,要求家长和师傅们对自己的孩子或学徒进行教育,要求各乡镇居民点的居民共同出资兴办初等和中等学校等,否则处以罚款。结果在各殖民地出现了一些公办的初等读写学校,也称乡镇学校;其他如年老妇女或手工业师傅在家中招收儿童进行教学，开办拉丁文法学校等，照搬了英国的做法。最早的中等学校是1635年在波士顿设立的拉丁文法学校，后来成为哈佛学院的预备学校。北部殖民地的学校基本上是移植了英国的学校模式，但也不是完全照搬，因为当时创业维艰，不可能完全模仿；地方政府出资或征税设校，也不同于英国学校的私立性质。

南部的殖民者们大多属于英国国教会。他们在英国本土不像清教徒那样受到排斥，主要由于经济利益的驱使来到美洲。他们带着契约奴，以后又利用黑人奴隶，在北美南部开辟一个个庄园，利用丰富的农副业资源，在与欧洲等地的贸易中发财。孩子的初等教育或中等教育大多是由家庭教师完成的，然后便送往欧洲中学和大学深造。因此南部殖民者们对举办公共教育并不热心。南部殖民地虽然比北部开发得早一些。但直到17世纪末（1693年）才建立了一所初期为中等水平的"威廉—玛丽学院"，比哈佛学院迟了近六十年。至于劳动者和少数民族的子女，也像在英国本土那样只能接受有限的慈善教育和学徒教育。

中部殖民地的移民来自欧洲各地，因此教派林立，民族众多。人们各自生活在自己的群体中，教育搬用各宗主国的学校模式。堂区学校是这一地区教育的主要机构，面向平民子弟，既重宗教教育，也注意读写和计算。中等学校为数很少，更无学院与大学。17世纪后期中部地区英国国教会势力增长，私立慈善教育机构和学徒制教育有所增加。

总之，17世纪北美殖民地的教育事业以移植欧洲教育模式为主，宗教是教育的主要出发点和归宿。但教育又是与殖民地的生活状况紧密联系在一起的，数量少、水平低，是学校的明显特点。

17世纪中期以后，北美与欧洲、南美、非洲的海上贸易日益频繁，欧洲移民也因各种原因继续大量移居北美，结果工商业迅速发展，城市数量增多，生产规模扩大，城市生活更为丰富。资产阶级势力雄厚起来，教育也随之发生了新的变化。简单的读写教学和古典气息浓厚的少数文法学校都不适应需要了。

18世纪初，北部和中部殖民地城市私人教学开始兴盛。这种私人教学虽然把一股新风吹进当时宗教教育和古典教育充斥的教育界，但它并非完整意义上的学校，不能满足人们的更高要求。

在私人教学之风兴盛的背景下，科学家、政治家富兰克林于1751年在费城创办了一所文实中学（Academy）。这是18世纪中期美国中等教育界的新生事物，是美国中等教育的发展进入新阶段的标志。该校既对青年施以升大学的预备教育，又教给学生就业所需要的知识，并且以英语作为教学语言，也招收女生，从而使美国中等教育从完全古典的升学预备性的文法学校向实际生活迈进。

18世纪40年代至60年代又是北美殖民地大学迅速增加的时期，30年间出现了6所，而此前的100年间只有哈佛、耶鲁（1701年创办）和威廉—玛丽学院三所大学。新产生的大学大部分是各教派势力兴办的，尽管如此，这些大学在课程的设置上则不能不受到社会进步的影响，向学生多少提供了一些测量、航海、商业、物理等课程，就连古典主义浓厚的哈佛学院，也在18世纪20年代增设了数学和物理讲座。不过古典的和宗教的教育仍占主导地位，一切也都十分简陋。

为解决农村儿童的受教育问题，从1725年开始，马萨诸塞殖民地开始在镇周围的乡村设若干教学点（"巡回学校"），各教学点附近的儿童定时集中，由市镇学校的教师去各教学点巡回上课。后来又在各教学点所在区域采取了独立办学的做法，这便是"学区制"的萌芽。巡回学校成了学区学校的前身。1766年，康涅狄格殖民地最先承认了将市镇以外地区划分为若干学区的必要性。1789年（建国后），马萨诸塞州颁布法令规定了50户、100户、150户、200户四种规模的学区，并赋予学区与市镇同样的办学权，学区制度从此得以确立。

学区制度适应当时农村地广人稀的实际,也便于当地人民直接参与教育的管理,解决了儿童就近上学的问题,所以后来各州相继确立了学区制度。但学区制也强化了教育的地方主义,引起各地教育水平差距拉大,妨碍了教育的进一步发展。

二、建国初期的教育和教育理想

1776年的《独立宣言》宣告了北美殖民地的新生,但教育事业并没有立即发生翻天覆地的变化。美国《独立宣言》以及1787年的宪法等建国后诸多重要法令都对教育问题避而不谈。1791年批准的《人权法案》即宪法修正案第10条指明:"宪法未曾给予联邦或未曾禁止各州行使的权利,都保留给各州或人民。"这句话中虽未见教育一词,但教育恰好属于两个"未曾"的范围,这便成了教育分权的法律依据,从此国家政权对于各地教育事业便失去了直接干预的法权,只能施加间接影响。

尽管联邦政府无权直接干预地方教育,但本着宪法序言中所述的"保证国内安宁、筹备公共防务"、"增进全民福利"的要求,必要时还是可以以法案或经济的手段参与教育决策的。1787年的土地法令中就有为建立学校而要求各州划出土地的原则性规定。这个法令虽是在宪法修正案被批准之前制定的,但此后这类法令或案例仍然不断出现,成为联邦政府指导和平衡各州教育的重要手段。

建国初期,由于宪法修正案承认宗教信仰的自由,鼓励了城市中各派教会的办学热情,教会学校大为增加。英国的海外福音传教会(SPQ)也在各州开办了许多学校。与此同时,慈善教育团体也纷纷活动,加之黑人解放团体的积极斗争,更多的慈善学校建立起来了。另外,从1786年起星期日学校也从欧洲传入美国,逐渐流行开来。

在中等教育方面,文法学校依然是美国中等教育的主要机构,它接受各种资助而兴盛起来。文实中学已有取代文法学校的趋势,后者的数量逐年减少。

建国后高等教育发展的特点之一是速度更快。1780年至18世纪末近20年间计有18所大学建成，包括原有的共达27所学院和大学。特点之二是州立大学的出现，私人或教会已不是兴办大学的唯一力量。这些都反映出各地方当局振兴本地文化教育的决心。大学和中学教学内容中也增加了新学科的内容，有的大学还取消了录取新生时的教派限制，神学课中也减少了教派的影响。

作为建国初期重要教育思想的代表，杰斐逊（J. Jefferson, 1743—1826）的《知识普及法案》是18世纪建国后倡导普及教育和公共教育制度的典型。

在法国革命思想和欧洲资产阶级民主教育思想的影响下，作为美国独立自由和民主政治的捍卫者，杰斐逊认为让无知的民众掌握自由和组织政府是十分危险的，受过教育的民众才是自由的最可靠的保障；民众中杰出的人才也应当有施展才华的机会，以便他们为国家作出更大的贡献。这种普及教育与精英教育相结合的观点，是他主要的教育指导思想。由此，杰斐逊在提案中设想了一个单轨制和筛选性的学校阶梯。按他的计划，弗吉尼亚州每5～6平方英里分为一个学区，每学区都设立三年制的免费公立小学，让所有的儿童获得初等教育。小学之上是公立文法学校，收容小学中的优秀学生寄宿读书，对其中家庭经济困难者，以公费助学。这种学校既教授古典语文，也教授自然科学知识。在学习的六年中进行多次淘汰，毕业时约有一半学生是其中的优秀者，可免费进入设在弗吉尼亚州的威廉—玛丽学院学习，未能升入学院的，可任小学教师。不过他对威廉—玛丽学院的非公立性质并不满意，曾试图将其改造成州立大学。其他州也曾有类似的愿望。但由于私立学校的抵制，特别是1816年著名的"达特茅斯学院案"，使私立学校的存在受到了法律保护，改造私立大学的势头遭到遏止。杰斐逊建立弗吉尼亚州大学的愿望到1819年才得以实现。

杰斐逊关于实行普及免费的初等教育和建立单轨制免费公立学校系统的理想,是十分清晰、具体、前所未有的,成为19世纪公立学校运动的先声,表达了建国时期一代政治界、知识界先进人物的共同愿望和教育理想,具有重要的历史意义。

17世纪和18世纪,是欧美各主要民族国家形成、资产阶级经济地位逐渐巩固、科学技术水平进一步提高的时期,也是一个新思想、新观念出现和发展的时期。在这一时期,无论是教育思想方面还是教育制度方面,都表现出国家对教育的关心进一步加强,教育与科学、生产发展的关系进一步密切,教育中的民主意识和实用观念进一步显现等特征。19世纪法国教育中央集权的确立、美国公立学校运动的兴起、英国导生制的流行和初等教育制度的建立,以及德国教育思想的传播,等等,都与17世纪和18世纪欧美教育的进步有着重要的历史联系。

思考题

1. 试析17~18世纪欧美主要国家教育发展的不同特点、共同特征和发展趋势。

2. 17~18世纪欧美教育思想的主要倾向有哪些?它们对人类教育的发展有什么重要意义?

第十章

卢梭的教育思想

让·雅克·卢梭（Jean Jacques Rousseau，1712—1778）是18世纪法国启蒙运动中最激进的思想家。在法国大革命中，他被视作导师和旗手；在对封建旧教育的批判中，卢梭也是一名扭转乾坤的勇猛战士。

第一节 生平、活动与著作

卢梭生于瑞士。自幼受父亲影响，养成了倔强性格和嗜读习惯，从而初步接触了古代希腊、罗马伟人的思想，也锻炼了自学能力。卢梭10岁时，父亲为当局所不容，被迫离家出走。从此卢梭失去了家庭，处于不稳定的生活之中，唯一的一次正规学习是在波塞学习了两三年拉丁文、数学和绘画。后来卢梭在各地漂泊,从事过各种下层职业,广泛接触了城市和乡村的各种社会阶层。此后卢梭一直保持了对劳动者的同情和对恶势力的憎恨。年轻的卢梭在这一时期还大量接触了当时最新的科学知识和思想成果,阅读了大量的古代名著。他以顽强的毅力,经过多年的勤奋学习,在众多领域积累了广博的知识,为自己创造了迈上思想界高峰所必须具备的条件。

1742年卢梭来到巴黎。在巴黎,他结识了启蒙思想家的先锋人物伏尔泰以及霍尔巴赫、狄德罗等无神论者。卢梭和他们一起以编辑百科全书为手段,掀起传播新知识、宣扬新思想、揭露社会黑暗的启蒙运动,客观上为行将到来的法国大革命炼制了思想武器。卢梭的成名始于1749年第戎学院的一次有奖征文。他的论文《论科学和艺术的复兴是否有助于敦风化俗》,以思想的深刻、感情的充沛和文笔的优美而荣获首奖,整个法兰西为之瞩目。不久,卢梭又有应征论文《论人类不平等的起源和基础》问世。在这两篇论文中,卢梭不仅展开了对封建社会的揭露批判,也表达了建立新社会的革命愿望,孕育了教育"回归自然"的光辉思想。

卢梭在1754年回日内瓦小住之后,仍然回到法国致力于著述。这一时期相继出版了《新爱露伊斯》《社会契约论》《爱弥儿》等惊世骇俗之作。作为专门的教育论著,《爱弥儿》不仅包含了卢梭此前的革命思想,而且将这些思想运用于教育问题的思考,得出了教育上哥白尼式的革命结论。但教育历来是欧洲教会势力盘根错节的重要领地,捅了这个马蜂窝立即给卢梭带来了铺天盖地的迫害。巴黎大主教亲自出面,宣布焚烧《爱弥儿》,随后高等法院也下令通缉卢梭,报刊杂志则推波助澜,甚至一些原来的朋友也与他反目。卢梭以其50岁之身躯,八年之中,先后逃亡于瑞士、普鲁士及英国等欧洲各地,最后隐姓埋名于法国乡村。1770年卢梭获赦重返巴黎。他仍然坚持自己的理想,声望日著。1773年,他还应邀写出了《关于波兰政治的筹议》一文,对波兰的复兴提出了卓越的见解。马克思评价"卢梭曾为波兰人草拟过最好的政治制度"。①1778年，卢梭在贫病之中与世长辞。

第二节 论人的天性

一、性善论

卢梭关于人的天性的理论中，与教育有密切联系的是性善论和感觉论。前者指明人的本性，后者指明人的本能和知识的来源。

卢梭关于人性本善的观点是他整个社会发展观的一部分。卢梭认为，人类的原始时代是人类的黄金时代，与充满欺诈、野心、贪婪、倾轧、伪善、罪恶以及战争的社会不可相比。自然是善的，人性是善的，只是社会把人变坏了。为了改变这种状态，必须彻底改变暴君专制统治，建立新的理性王国。这便导致了卢梭的激进的社会政治观；为了改变这种状态，同时还要求人们"在社会秩序中把自然的感情保持在第一位"②，要培养社会条件中的自然人，这便是教育的责任了。

卢梭认为人的善良天性中，包括两种先天存在的自然感情，即自爱心和怜悯心，自爱心是为了生存而具有的原始的、内在的、先于其他一切的自然欲念，只要顺其自然发展，就能达到高尚的道德。怜悯心可以使人的自爱心扩大到爱他人、爱人类，产生出仁慈、宽大等人道精神。卢梭提出自爱心与怜悯心的善良与合理，具有反禁欲主义的启蒙作用，也提供了教育顺从天性的理论基础。

卢梭还特别强调"良心"在使人为善中的重要作用。良心也是

---

① 《马克思恩格斯全集》第4卷，人民出版社1958年版，第348页。
② 卢梭著，李平沤译：《爱弥儿》，人民教育出版社1985年版，第6页。

得自天赋的,它的作用不仅指导人判断善恶,而且能引导人弃恶从善,原因在于良心始终不是遵从人为的法则而顺从自然的秩序。因此,它可以使人的自爱心和怜悯心协调一致,引导自爱心的自然发展。不过,虽说良心人人皆备,但由于世间的吵闹、偏见,良心便难以起作用了;恶劣的教育又从小向儿童强行灌输偏见和谬误,更使人良心泯灭、社会罪恶横流。因此,改造这种教育迫在眉睫,而最好的办法是让儿童及早避开乌七八糟的城市社会,到接近自然的农村生活,以免良心遭受污染。

卢梭的性善论与宗教的原罪说是针锋相对的,充满着反封建的战斗精神,具有进步的历史意义。但他把自爱、良心等归之于天赋,并将之普遍化为超阶级超时代的抽象物,反映出他的思想局限。实际上,"良心是由人的知识和全部生活方式来决定的"。①

二、感觉论

卢梭不仅认为人性本善,而且深信人的心灵中存在着认识世界的巨大能量,人生来就具有学习能力。卢梭认为尽管人和动物都可以被看成是一部精密的机器,但人是"自由主动者",有自己的自由意志,不像无机物乃至动物是完全受制于外力的;同时人又是有智慧的生物,对事物能够进行比较、分析、判断,也就是说有理性。理性使人认识事物,自由意志使人选择事物,良心使人热爱正确的事物,最终就能够使人获得知识与道德。

卢梭像其他启蒙学者们一样,承认感觉是知识的来源。他说,所有一切都是通过人的感官而进入人的头脑的。所以人的最初的理解是一种感性的理解,正是有了这种感性的理解做基础,理智的理解才得以形成。不过,理性使人认识事物的前提是感觉器官的成熟。所以孩子们不成熟、不完善的感官需要通过实际训练加以完

---

① 《马克思恩格斯全集》第6卷,人民出版社1958年版,第152页。

善。卢梭设想了种种训练感官的方法，其系统性是前所未有的，反映了卢梭对这一问题的高度重视。

卢梭重视感官训练的思想来自他的具有唯物主义因素的人性观，针对当时的教育只重书本的不良现象，他指出当时人们所遗忘的，而且最易于为人们所忽略的，也是感官的训练。认为如果用书本代替感官，那就不是在自己推理、自己学习，而仅仅是在利用别人的推理，仅仅是相信别人的话，因此也只能是接受偏见和谬误。卢梭试图把儿童的教育建立在关于儿童天性的理论研究之上，显示了近代教育心理学化的端倪，预示了教育的发展方向。

第三节 自然主义的教育理论

一、自然教育的基本含义和培养目标

卢梭自然主义教育的核心是"回归自然"（back to nature）。一方面，他认为善良的人性存在于纯洁的自然状态之中。只因社会的文明特别是城市的文明才使人性扭曲、罪恶丛生。因此，只有"回归自然"、远离喧嚣社会的教育，才有利于保持人的善良天性。因此15岁之前的教育必须在远离城市的农村中进行。

另一方面，卢梭还从儿童所受的多方面的影响来论证教育必须"回归自然"。他说每个人都是由自然的教育、事物的教育、人为的教育三者培养起来的。只有三种教育圆满地结合才能达到预期的目的。但自然的教育人力不能控制，所以无法使自然的教育向事物的和人为的教育靠拢，只能是后两者趋同于自然的教育，才能实现三种教育的良好结合。因此教育"回归自然"，即以自然的教育为基准，才是良好有效的教育。

要求教育遵循自然天性，也就是要求儿童在自身的教育和成长中取得主动地位，无须成人的灌输、强迫，教师只须创造学习的环

境、防范不良的影响。他的作用不是积极的,而是消极的。所以卢梭"回归自然"的教育也是"消极教育"。

自然的教育又主要是针对富人的。原因是穷人所处的环境特别是农村环境已经十分接近自然,而且他们被迫只能接受这种自然的教育,不可能得到其他教育。而富人从他的环境中所受的教育,对他本人和对社会都是不相宜的。因此卢梭认为针对富人子弟的自然教育至少可以挽救和培养一些人成为人。

总之,卢梭为之呼号的"自然教育",是针对专制制度下的社会及其戕害人性的教育所发出的挑战,"回归自然"、遵从天性,就是开创新教育的目标和根本原则。

卢梭在《爱弥儿》中表示,自然教育的最终培养目标是"自然人"。按照他的论述,"自然人"有以下主要特征。

第一,自然人是能独立自主的人("绝对的统一体"),他能独自体现出自己的价值。而公民的一切仰赖于专制社会,失去了自身的独特价值。

第二,在自然的秩序中,所有的人都是平等的;而社会之中,公民是有等级的。"回归自然"的教育当然不培养等级的人,不造就王公贵族或奴隶。

第三,自然人又是自由的人,他是无所不宜、无所不能的,而国家公民在社会中常常是某种专业化的职业人,他被囿于他的职业而失去自由。

第四,自然人还是自食其力的人。自食其力便可无须仰赖他人为生,这是独立自由的可靠保证。

总之,自然人相对于专制国家的公民来说是独立自主、平等自由、道德高尚、能力和智力极高的人。

"自然人"虽然是与专制国家的"公民"相对立的概念,但并不与"社会人"完全对立。卢梭特别强调:要培养一个自然人,并不等于要把他变成一个野蛮人并把他赶到森林中去。他指出,社会中的自然人要头脑清醒，知道怎样在城市中谋得生存而不为偏见、欲念、权威所控制。他既能尽到作为社会成员的职责，又能保持纯真的天性，自由发展。因为他始终是在社会秩序中把自然的感情保持在第一位的人，所以仍称为"自然人"，不叫做"社会人"。

卢梭所憧憬的身心协调发展的、广泛适应社会情况的社会"自然人"，也就是摆脱封建羁绊的资产阶级新人。卢梭在对这个问题的论述中所包含的重视普通教育、反对等级教育、强调体脑并用、身心两健、培养独立判断能力和适应能力等教育思想，是教育思想中宝贵的理论财富。

二、自然教育的方法原则

卢梭猛烈抨击了当时向儿童强迫灌输旧的道德和知识、摧残儿童天性的做法。他认为产生这些恶果的原因，从教育上看就在于没有正确认识儿童。他指出，人们一点也不理解儿童的，而且关于儿童的观念也是错的，所以越走越步入歧途。儿童有他特有的看法、想法和感情，如果想用成年人的思想去代替儿童的思想和感情，这是最愚蠢的。因此新的教育即自然的教育的一个必要前提就是要改变对儿童的看法。他提出：在万物的秩序中，人类有他的地位；在人生的秩序中，儿童有他的地位；应当把成人看做成人，把孩子看做孩子。他呼吁人们既不要把儿童当成待管教的奴仆，也不能把他作为成人的玩物。

卢梭反对在儿童的心灵成熟之前就向他们灌输种种本是要求于成人的东西。以免摧残儿童的心灵。他提出，取代这种"积极"教育的只能是遵循自然天性的教育。他说，我们总的原则就是在任何事情上都让大自然按它最喜欢的办法去照顾孩子，成人不必干预。教育只须遵循自然，沿着它给你指出的道路前进。

成人的不干预、不灌输、不压制和让儿童遵循自然率性发展，就是所谓"消极教育"。其依据是人性本善、自然皆善。善良的天性既然已由自然赋予，那么只要不受外界污染，儿童必能健康成长。大自然总是向最好的方面去做的，又何劳成人从外界注入什么呢？因此，要贯彻遵循自然的消极教育，必然就要给予儿童以充分的自由。所谓"消极教育"实际上就与传统的教育相反，把成人、教师在教育中的中心位置让位于儿童的自主发展；儿童不再是被动受教，教师也不再是主宰一切。可见，卢梭的这一"回归自然"的主张确实是教育史上的哥白尼式的革命，带来了儿童观、教育观的翻天覆地的变化。

卢梭注意到儿童天性的个体差异，要求因材施教。他指出，每一个人的心灵都有它自己的形式，必须按它的形式去指导它。他要求教育者必须在了解了自己的学生之后才对他说第一句话。

第四节　自然主义教育的实施

卢梭认为：人生的每一个阶段，都有它适当的完善程度，都有它特有的成熟期，这是自然的安排。教育者要按照学生的年龄去进行教育。卢梭在《爱弥儿》一书中根据自己对儿童的观察和研究，设想了教育的四个阶段。

一、婴儿期的教育（出生后的两年）

卢梭把出生后的两年划为成长和教育的第一阶段。他说在这个阶段中儿童明显的特征是不会说话，体弱无能；虽能活动，有感觉，但不成熟，更没有思考能力。因此这一时期应以身体的养育和锻炼为主。他认为良好的体质是智力发展的基础，反之，虚弱的身体使精神也随之衰弱。

关于发展身体的具体意见，卢梭与洛克的近似之处是注意锻炼，使身体能适应比较艰苦的环境，反对娇生惯养。但他认为身体保育的一切措施都要合乎自然，要给孩子活动的自由。他还认为，人的教育在他出生的时候就开始了，在能够说话和听别人说话以前，他就已经受到教育了。这种教育是他天生感觉到的，例如，大小、冷热、轻重、软硬，等等，因此只有给他充分的自由，他才能更好地积累感觉经验。人们常常认为让孩子自由活动会增加发生危险的可能性，但他在活动中正是在接受自然给他的锻炼，恰恰就是自然在为他分散危险、减少危险。

针对封建专制盘踞的城市，卢梭认为城市是坑害人类的深渊，他不仅主张把婴儿送往乡村，而且主张妇女到乡村去分娩，自己哺乳孩子。家庭教师也必须跟随儿童到乡村去，并且由受过良好教育、不重金钱名利的尽可能年轻的人从事这一职业，以便更好地成为孩子的伙伴和知心人。卢梭还认为，教育不在于教师教给孩子的是些什么，而在于他指导孩子怎样做人。他的责任不是教给孩子们行为的准绳，而是促使他们去发现这些准绳。

二、儿童期的教育（2～12岁）

卢梭认为儿童期从会说话开始。由于有了语言，哭的表现比过去减少；由于他们体力增强，可以更多地依靠自己并能意识到自己。正是在这第二阶段开始了他个人的生活。但是，因为在人的身上理智的发展最迟，首先趋向成熟的是感官，所以应该首先锻炼的是感官并继续发展身体，以便日后发展他的智慧。卢梭激烈地批评了在儿童期进行理性教育的做法，认为这是本末倒置；不仅阻碍体力的发展，而且促使儿童为了对抗外界强加的义务而学会逃避、虚伪、骗人等恶习。这实际上是卢梭对封建道德教育的猛烈抨击。

另一方面，卢梭也承认长到12岁的孩子没有一点是非观念是不可能的，而且他们并不是一点理解力也没有，所以卢梭又同意这一时期的儿童应掌握一些道德观念，例如，财产的私有观念和"绝不损害别人"的道德法则。不过这些观念的教育应当在尽可能晚一些并联系具体事例进行。在方法上要行动多于口训,最好是利用儿童自身不良行为所产生的自然后果使他们接受教训,这样,无需大人的教导和禁止也能使儿童感到十分公正而自行改正过失,且不容易忘记。在这里又反映出卢梭的"消极教育"的观点。

与反对道德灌输一样,卢梭也反对在这一时期让儿童读书。因为读书也是理性教育的一部分,同样不适宜于"理性睡眠期"的儿童。他认为儿童周围的事物就是一本书,它使儿童在不知不觉中持续地丰富记忆,增进判断能力。成人的责任是慎重选择他周围的事物,至多是让他尝到不识字的坏处而产生学习的欲望。

卢梭重视这一时期的感官训练和身体发育,提出了较为详细的训练原则和方法。经历儿童期的这种自然教育,儿童在获得相应的理智的同时,也获得了他的体质许可他享有的快乐和自由,可以说是"成熟的儿童"了。

三、青年期的教育(12~15岁)

卢梭认为 12 岁到 15 岁是儿童体力发展最旺盛的时期,但又是一个十分短促的时期,所以弥足珍贵,必须善加利用。同时,经过前一阶段的教育,儿童已经有了好奇心,也能进行思索了。所以,这一时期是可以和必须学习的时期。卢梭主要论述了这一阶段中的知识学习和劳动教育等问题。

在学习知识的问题上,卢梭把培养兴趣和提高能力放在首位,并注意通过学习知识陶冶情操。这是儿童无须仰赖他人就能很好地学习并成为一个独立的自然人的重要保证。他指出,问题不在于教他各种学问,而在于培养他有爱好学问的兴趣,进而在这种兴趣充分增长起来的时候,教他以研究学问的方法。卢梭认为这是一切良好教育的一个基本原则。

在学习内容方面,卢梭首先要求的是有用且能增进人的聪明才智。选择知识的另一个原则是不要让孩子学习他不可能理解的人际关系方面的知识。卢梭只提自然科学，不主张儿童学习历史、哲学等社会学科。卢梭排斥人文学科的做法，既基于他对这一时期儿童天性的理解，也表明了他对封建旧文化的厌恶。

在智育的方法上，卢梭的基本原则是让学生在实际活动中自觉自动地学习，反对啃书本，反对长篇大论地口头解释。卢梭认为，让儿童置身于自然环境或工场的劳动环境中，以教师为行动的模范，他从一小时工作中学到的东西，比听教师讲一整天课学到的东西还多。卢梭强调儿童从活动中学习，有过分强调儿童个人直接经验的倾向，与后世教育家杜威的"从做中学"颇为相似。

卢梭认为，引导儿童投入活动的是欲念、兴趣和好奇心。良好教育的基本原则首先是培养爱好学问的兴趣，并且只有有形的物质的东西才能引起孩子们的兴趣。所以卢梭主张直观教学，并要求在讲解知识时揭示知识的用途。但是他特别告诫教育者重在引发学生的好奇心，而不要直接去满足他们的好奇心；不要直接教他这样那样的学问，而要由他自己去发现学问、满足自己的好奇心。可见，卢梭早已是主张"发现法"教学的了。

卢梭预见到社会危机和革命的时代已经来临，现有社会秩序已不可依赖，因此他从培养"自然人"的独立性出发，主张青年期的孩子应当学会劳动。他说，无一技之长而全靠他人之力生活，到了一无所有的时候又怎么办呢？他认为只有依靠自己的劳动成果，才能过上自由、健康、诚实、勤劳和正直的生活，保持自己做人的尊严。况且劳动是社会人不可或免的责任，那些不劳动的寄生虫也就是盗贼、强盗和流氓。卢梭主张学生必须学一门职业，但这还不是最根本的。首先，卢梭要求培养尊重劳动和劳动者的感情，陶冶学生的思想。其次，卢梭还希望通过学习劳动，锻炼学生的思维能力，养成反复思考的习惯。他希望以手帮助心灵发展。必须像农民那样劳动，像哲学家那样思考，虽非学识渊博，但却善于学习。这样，当他面临剧烈的社会动荡时，就会处变不惊，保持独立的人格。学习做人才是更难更重要的事情。

卢梭关于劳动教育的思想与他早年生活在社会下层,接近和了解了劳动者的生活是分不开的。他的劳动观较之洛克的劳动消遣论和劳动处罚论要进步得多;他关于爱弥儿在选择一门职业学习之前已经懂得各种技术的机械原理,熟悉各种手工工具的使用方法等观点,说明卢梭已经注意到了专业教育之前的人的一般发展教育。不过卢梭的劳动教育涉及的仅仅是手工业生产,这是他的时代局限性。

四、青春期的教育(15~20岁)

卢梭认为15岁以后的阶段是男孩脱离儿童状态的"第二次诞生",不仅生理上发生狂风暴雨般的巨变,而且经过前十几年的发展,已经积累了较为丰富的感性经验和自然知识,已经懂得所有那些与他自己有关的道德观念,有了了解社会道德关系的欲望。鉴于这些身心变化,爱弥儿可以由农村返回城市,接受道德教育及宗教教育,学会做一个城市社会中的自然人。卢梭认为:有道德的人就是那种能够克服欲望、遵照理性和良心指引、成为自己的主宰而不受外界诱惑的人。他们能够用自己的眼睛去看,用自己的心去想,除了他自己的理智之外,不为任何其他的权威所控制。

卢梭否认先天道德观念,但又认为人生而具有"公平的道德原则",这就是良心。服从良心的指导就可以只凭直觉迅速作出正确的道德判断。道德既不是纯粹为了尽某种义务,也不是为了服从别人的需要,更不是为了个人的名利,否则道德规则或行为就会被世俗要求或名利所左右,就不会有真正的道德了。卢梭认为道德的价值主要是心灵的内在满足,可以说是为道德而道德。当人们做了错事时内心不安,就是真正的惩罚,反之,如果知道自己的行为符合道德,内心得到满足,就是获得了奖赏,感到的就是幸福。

卢梭认为道德教育应从发展人的自爱自利开始。自爱是本性。但是进入社会以后,若还停留在这种自然的自爱水平上,自爱就会发展成卑劣的自私。德育的目标就是把这种自然的天性扩展开来。只要把自爱之心扩大到爱别人，就可以把自爱变为美德，也可以得到别人的爱。卢梭提高"爱"的地位，以"爱"作为道德的中心内容，推动了18世纪的"博爱"潮流，以抽象的人类之爱冲击了封建的等级观念。卢梭还注意到了道德教育的知、情、意、行几个方面，方法上是不主张道德说教的。

宗教教育也是这一时期道德教育的重要内容。卢梭指出：没有信念，就没有真正的美德。他要求人们爱上帝胜于爱一切。但他反对教士们编的荒诞教义，反对教会的繁文缛节，反对对儿童过早地灌输宗教观念。

卢梭还提出了青年时期的爱情教育和性教育问题，并把它们作为道德教育的一部分。他认为只有纯洁的灵魂才能使爱情更加美满，并能借此摒弃一切不良的生活。他反对有的人为了不让青年人掉入情欲的陷阱而把爱情说成像犯罪一样的东西，认为这完全是违背了自然；把青年日益增长的欲望完全看成理性教育的障碍也是一种狭隘的眼光。卢梭指出，始终要从天性的本身去寻找控制它的适当的工具。要引导青年多多地投入到学习和劳动中，防止懒散、孤独，此外还应当在择业、交友、阅读和衣着等方面避免不良的影响。卢梭在这些方面的详细论述是前所未有的。

爱弥儿的教育最后以在欧洲各国的旅行而告结束。

五、女子教育

卢梭关于女子教育的观点也是从他的"遵循自然""回归自然"的基本思想中申引出来的。他说，所有一切男女两性的特征，都应当看做由于自然的安排而得到尊重。卢梭对男女差别的基本看法是：一个是积极主动和身强力壮的，另一个是消极被动和身体柔弱的。他认为女子虽弱，但也可支配强者；她们是孩子和父亲之间的纽带；生儿育女、帮助和体贴丈夫是她们应尽的自然义务。她们有很多东西需要学习,但是她们只能学习适合于她们的东西。

卢梭认为,像男孩的教育一样,对女孩也是首先培养健康的身体,但更着重于培养灵巧。女孩不可整天坐着不动、娇生惯养,而应当尽情游戏,免除过分的束缚,这对于以后生育健壮的孩子和获得良好的身段是有益的。卢梭还安排女子学习唱歌、跳舞、绘画等,使之声音动人、身材灵巧、风度优雅并具有思考的习惯,以便更好地愉悦家人、教育子女,而不是为了参加社交活动。女子的治家能力是她尽相夫育子天职所不可缺少的。卢梭理想中的女子不仅是女工的能手,而且是管理、调度、安排全家生活、使全家人亲密相处的能人。不过,她最好不进菜园和厨房。卢梭还认为女子没有相当精细的头脑和集中的注意力去研究严密的科学。

综上所述,卢梭在女子教育问题上总的倾向是保守的。小家碧玉、贤妻良母是其教育的目标。尽管如此,这对于当时贵族妇女不事家务、奢侈放荡的风气来说,也不啻是一种反叛了。

第五节 论理想国家的公民教育

卢梭在《爱弥儿》中所表达的自然主义教育思想,是在封建制度发生危机、资产阶级革命时代已经来临、但封建专制制度尚未倒台的政治前提下提出的革命主张。这只是卢梭教育思想的一个方面。另一方面,卢梭又是一个对新的社会制度充满幻想的思想家。他在设想新制度建立后的教育问题时,特别主张建立国家教育制度和培养良好的国家公民。这一思想主要表现在 1773 年写的《关于波兰政治的筹议》中,其中第四章专论教育。[①]

卢梭认为理想国家中的教育"必须给予人民的心灵以民族的形

---

① 本节引文均见于任钟印主编:《世界教育名著通览》,第 475~476 页。

式",其目标是培养忠诚的爱国者。这种爱国主义的教育应当从一个人诞生的时候开始。卢梭所设想的过程是:儿童能阅读时就看有关本国知识的书籍,10岁时熟悉国家的物产,12岁时熟知一切省区、道路和城市;15岁时学习本国的历史;16岁时知道一切法规;20岁时就是一个良好的国家公民,对祖国的光辉历史、英雄人物铭记在心。卢梭把德育和智育结合在一起,这与"爱弥儿"12岁以后才读书、15岁以后才接受道德教育很不相同。

卢梭认为实现上述目标必须改变现有制度及其教育。他指出,法律虽有重要的作用,但"倘若加以一种深思熟虑过的教育制度,则它自可期望更丰硕的成果,而且也必能得到"。否则,法律将被回避而毫无效力,甚至引出新的社会问题。因此卢梭认为教育"是具有头等重要性的"。

卢梭主张国家掌管学校教育,"设立一个最高行政院为教育的最高管理机构",它决定校长、教师的人选和升迁。卢梭不同意按教育对象的贫富分设学校和课程的贵族性主张,要求儿童受同样的教育。又说:"即使不可能建立一种完全免费的公家教育,不管是哪一处,所收的费应该是放低到使最贫苦的也能付与。"国家要给予补贴,特别是让那些曾经有功于国家的士绅的子弟享受优先的权利。教师"应尽是已婚男子,不但在良好的识见和智慧方面即在品德和诚实方面应已为人所确信",而且必须由本国公民担任。国家对优秀教师予以提拔重用,不使之成为终身职位。

卢梭认为体育是教育里最重要的部分,"不仅是为使儿童健康而强壮,尤其是为了对道德的影响"。在公共教育制度中很容易实行"消极教育",即让儿童获得充分自由的运动,从而预防邪恶的影响;在家庭中受教育的孩子也应当参加集体游戏和运动竞技等,这有利于培养运动的习惯、平等待人的作风和竞赛获奖的能力。这与"爱弥儿"15岁前离群索居的安排是完全不同的。

卢梭还十分推崇瑞士首都伯尔尼市学校的做法,在学校内模拟政府机构组成相应的团体。学生们在这里"以现代游戏所得的经验来为真正国事的管理",受到生动的行政管理训练。卢梭称之为"未来政治家的培养场所"。这种形式的训练在20世纪的美国一些中学学生团体中仍然存在。

与《爱弥儿》一样,卢梭在《关于波兰政治的筹议》中所谈的教育主要是针对"有身份的人""年轻的绅士"。此外,在这份文件中,卢梭关于教学不应当成为一种专业的观点也是不妥当的。

卢梭教育思想的基本内容是高度尊重儿童的善良天性,倡导了自然教育和儿童本位的教育观。卢梭教育思想的著名实践成果是德国巴西多开办的"泛爱学校"。不过,卢梭主张的是家庭教育,巴西多创立的却是学校;卢梭反对儿童读书,巴西多及其助手却编出了图文并茂的教科书和儿童文学读本等。可见"泛爱学校"既是卢梭精神的产物,也是发展卢梭思想的成果。裴斯泰洛齐则在注重儿童价值和地位的基础上,进而提出了教育心理学化的要求,并且把教育实践的重心更为明显地移到贫民儿童方面。除了巴西多和裴斯泰洛齐之外,欧洲各国其他许多教育家,例如当时的康德和后来的福禄培尔、赫尔巴特、杜威等,也都研究、实践、丰富了卢梭的教育思想,新的儿童观被广为普及。

作为18世纪的一个历史人物,卢梭的思想在今天看来当然存在着局限性;但他对封建教育的批判,对新教育所提出的设想仍然有着划时代的意义,不仅在当时的法国引起过强烈反响,而且对整个欧洲、对后世的教育也产生了深刻的影响。卢梭提出的研究学生、研究儿童的号召,已经成为教育研究中的永恒课题。

思考题

1. 试析卢梭教育思想的主要特点及其形成原因。
2. 试析卢梭自然主义教育理论的主要内容、意义和局限性。

第十一章

裴斯泰洛齐的教育实践与教育思想

裴斯泰洛齐（Johan Heinrich Pestalozzi, 1746—1827）是19世纪瑞士著名的民主主义教育家。他热爱教育事业的奉献精神，对教育革新的执着追求，在教育理论上许多独创的论述，不仅为世界教育发展作出了重要贡献，而且为一切教育工作者树立了一个令人十分崇敬的形象。

第一节 生 平

裴斯泰洛齐1746年1月12日出生于瑞士苏黎世一个医生家庭。从一所拉丁学校毕业后，裴斯泰洛齐进入卡罗林学院学习语言学和哲学。在此期间，他既受到法国启蒙思想特别是卢梭思想的影响，又直接得益于学院一些进步教授的教诲,从而激起了他对瑞士资产阶级革命的同情,并参加一个进步青年学生的团体"爱国者协会"。1767年,该协会被政府取缔,裴斯泰洛齐也遭到短期拘禁。获释后,他决定到农村去探求帮助农民和"教育救民"之路。

1768年,裴斯泰洛齐于苏黎世的比尔村建立示范农场,取名诺伊霍夫(Neuhof)新庄。他试图以此来影响和帮助附近农民掌握新的农业技术,从而提高产量,改善生活。但由于经营不善,五年后示范农场宣告破产。

然而,这一失败却激发了裴斯泰洛齐谋求通过教育革新来实现其社会理想的愿望。他将新庄逐渐变成一所"贫儿之家",先后收容6~18岁的穷孩子五十余人。裴斯泰洛齐一方面亲自教他们读、写、算的知识,并施以道德教育,同时让他们学习农耕、纺纱等生产技艺,参加生产劳动,实行生产自给。可是不久,"贫儿之家"又日益难以为继,1780年被迫停办。

此后,裴斯泰洛齐转向对社会和教育问题的深入思考和探索。他发表了《林哈德和葛笃德》等重要论著,总结了他早期的社会活动和教育实践的经验,初步建构了自己的社会观和教育思想。

1798年,瑞士爆发了资产阶级革命,新政府委派裴斯泰洛齐在斯坦兹城组建一所孤儿院。从1799年初开始,孤儿院陆续收容了八十多个5~15岁的儿童。裴斯泰洛齐基于对儿童的"爱",力求将孤儿院办成一个充满亲子之爱的大家庭式的教育机构。他努力对儿童进行"心的教育—手的教育—头的教育",使儿童在智力、身体和道德方面都得到发展。为此,他在已有经验基础上,继续探索读、写、算的知识教学和学习工农业技艺以及参加与劳动相结合的教育途径,探索教育过程的人性基础。只可惜由于战争,1799年9月孤儿院改作医院,裴斯泰洛齐只得又一次终止其教育实验。

离开斯坦兹后,裴斯泰洛齐来到布格多夫一所小学任教。不久又应邀负责领导另一所小学的工作。他增设了培养初等学校教师的训练班，开展了第三次教育实验。他悉心探讨如何在初等学校根据人性的发展规律组织合适的教学内容，运用简化的教学方法对儿童进行全面的和谐发展教育。经过几年的努力，师生之间形成家庭式的融洽关系，学生身心得到了和谐发展，而且逐渐形成了一套新型的教育和教学原则与方法体系，从而受到国内外的极大关注。

1805年，裴斯泰洛齐带领部分师生迁到伊佛东城，建立了伊佛东学校，设小学、中学和师范部。在此，裴斯泰洛齐更系统地继续开展他的教育革新实验和教育理论探索近二十年。伊佛东学校建校后的前10年成绩最为突出，一时成了当时欧洲的"教育圣地"。

1825年，由于各种矛盾和困难相继出现，裴斯泰洛齐无奈地停办了伊佛东学校。此后，他拖着疲惫和衰老的身体，回到他早年创办的新庄，并写出了《天鹅之歌》和《生活命运》，以总结他一生的教育活动。1827年2月17日裴斯泰洛齐病逝，终年81岁。

第二节 论教育目的

裴斯泰洛齐所处的时代，正是他的祖国处在从封建主义向资本主义过渡的时期。由于政局动荡，社会腐败，广大人民的生活仍然处于极其贫穷和落后的境地。裴斯泰洛齐早年生长于农村，后来在学校又受到进步教师的启示，对人民的这种境况深有了解，并十分同情和强烈不满。然而，怎样才能帮助人民摆脱贫困和落后，进而改造社会呢？在18世纪启蒙思想的影响下，裴斯泰洛齐认为，人们有了知识，就能认清自己的本性和使命，摆脱愚昧，走向真理，从而建立一个自由、平等、博爱的美好社会。教育具有巨大的力量，人民群众如果能受到合理的教育，成为有健全理性的人，也就能改善自己的生活，并推进社会的改良和进步。

裴斯泰洛齐对当时少数上层阶级的子弟享有教育的特权，广大劳动人民的子弟被排斥于学校之外的现象非常不满。他呼吁人人都应受教育。不过,在他看来,所谓平等的教育权利,不在于富人和穷人、平民和贵族受到相同的教育,而是要求每一个人都必须获得符合他的天性和社会地位的教育。他的着眼点是,农民的子女需要学习知识和新的耕种方法,手工业者的子女也需要学习文化和工艺技术,因为只有这样,劳动人民的生活才能得到改善。

裴斯泰洛齐认为,教育的首要功能应是促进人的发展,尤其是人的能力的发展。他说:"为人在世,可贵者在于发展,在于发展各人天赋的内在力量,使其经过锻炼,使人能尽其才,能在社会上达到应有的地位,这就是教育的最终目的。"①

裴斯泰洛齐的这个基本教育思想有其独特的丰富内涵。首先,他接受了德国哲学家莱布尼兹"单子论"和法国思想家卢梭"自然教育"的思想影响,认为由于上帝的创造,人有"心、脑、手"三种天赋的基本能力。他所说的"心",不仅指伴随我们全部知觉和思想而来的一切感情范围,而且包括基本的道德感情。他所说的"脑",常常是指人认识世界、理智判断一切事物的所有内在精神的官能,包括感觉、记忆力、想像力、思想和语言。而他所说的"手",指的是人身体的各种活动能力。而且,他强调指出,这三种基本能力都具有从不活动状态到充分发展的内在倾向。

裴斯泰洛齐的这些观点显然具有唯心主义色彩,但他却据此肯定每个人生来都具有发展的要求和发展的可能性,"我们没有权力限制任何人发展他的全部才能的机会。"②

第二,"人只有通过艺术,才能成其为人。"③ 这里所说的艺

---

① 张焕庭主编:《西方资产阶级教育论著选》,人民教育出版社1979年版,第173页。

② 夏之莲等译:《裴斯泰洛齐教育论著选》,人民教育出版社1992年版,第358页。

③ 《裴斯泰洛齐教育论著选》,第75页。

术，也就是教学或教育艺术。裴斯泰洛齐认为，人是由三种互相依存的状态组成的：一是动物性，它是大自然的产物，表现为自然人；二是社会性，它是社会的产物，表现为社会人；三是道德性，它是自我创造的产物，表现为道德人。① 人的发展不仅是自然的，同时还具有社会的目的，因此教育的措施既要适合儿童的天性，又要符合他们所处的社会条件，将人的天性纳入社会秩序的正轨，并促使他们把自己提升到道德状态。

第三，"教育意味着完整的人的发展。"② 裴斯泰洛齐认为，既然在人的本性中，存在人的心、脑和手的能力的均衡性，并构成人的整体性和统一性，教育也就应该使儿童德、智、体诸方面的能力得到均衡、和谐的发展。他说："我的初等教育思想，在于依照自然法则，发展儿童道德、智慧和身体各方面的能力，而这些能力的发展，又必须照顾到它们的完全平衡。"③ 在裴斯泰洛齐看来，人的发展实际上也就是德、智、体的全面发展；一个人只有在德、智、体诸方面都得到发展，才既是个性"完整的人"，又是人格上真正独立的人。这种人既将获得个人幸福，也有益于社会。

裴斯泰洛齐关于教育目的和作用的观点，尽管带有浓厚的人道主义和理想主义色彩，在当时瑞士的社会条件下是不现实的，但其中民主主义的和积极的教育思想，仍是十分可贵的。

第三节 论教育心理学化

在西方教育史上，也可以说在世界教育史上，裴斯泰洛齐是

---

① 参阅阿·布律迈金主编，尹德新组译：《裴斯泰洛齐选集》第2卷，教育科学出版社1996年版，第116～121页。
② 《裴斯泰洛齐教育论著选》，第411页。
③ 张焕庭主编：《西方资产阶级教育论著选》，第206页。

第一个明确提出"教育心理学化"口号的教育家。他在1800年发表的《方法》一文中，首次明确地提出："我正在试图将人类的教学过程心理学化；试图把教学与我的心智的本性、我的周围环境以及我与别人的交往都协调起来。"① 这表明，裴斯泰洛齐固然赞同卢梭关于有效的教育应是自然的教育、人的教育和事物的教育三者协调的观点，但他更加强调的是"使教育心理学化"的思想。

1801年，裴斯泰洛齐在其《葛笃德如何教育她的子女》这一重要著作中，更明确地写道，他长期寻求一切教学艺术的共同心理根源，因为他确信只有通过这个共同的心理根源才可能发现一种符合人类教养的自然规律的教育形式。② 裴斯泰洛齐指出，专制主义和经院主义的教育的弊端和危害，首先就在于它违背儿童的本性，采用不适合儿童发展的教育方法。教育心理学化，就是要找到根除这种教育弊病的"教学机制"，而且这种"教学机制"是基于人类本性的永恒规律的。他说："如果不能成功地把教学的机制化为永恒的规律，那就绝对不可能从整体上纠正学校的弊病。"③ 在裴斯泰洛齐看来，实现教育心理学化，建立符合儿童心理规律的"教学机制"，是建立新式学校教育的关键所在。

裴斯泰洛齐还认为，"教育必须提高到科学的水平，教学科学应该起源于并建立在对人类天性最深入的认识的基础上……"④ 教育心理学化，就是把教育提高到科学的水平，将教育科学建立在人的心理活动规律的基础上。他说当时人们对此可能是全然无知的，但他深信全世界都会认识到这一点。

根据裴斯泰洛齐的论述，所谓教育心理学化，第一，是要求将教育的目的和教育的理论指导置于儿童本性发展的自然法则的基础

---

① ② ③ ④《裴斯泰洛齐教育论著选》，人民教育出版社1992年版，第189、83、73、330页。

上。所有的教育者都必须充分认识到，人生来具有天赋的潜能，这种潜能不但有要求不断发展的内在倾向和内心动力，而且还有一定的发展规律，因此，只有认真探索和遵循儿童的心理活动和心理发展的规律性，才能达到应有的教育目的。

第二，必须使教学内容的选择和编制适合儿童的学习心理规律，即教学内容心理学化。在裴斯泰洛齐从应使学生得到全面发展的基本思想出发，主张在初等学校教育阶段开设广泛的基础知识课程。同时，裴斯泰洛齐还力图从客观事物和人的心理过程探索教育和教学内容中普遍存在的基本要素，并认为如果各科课程和教学内容都依这些要素为核心来组织，则必定能提高教育和教学效果。

第三，教学原则和教学方法的心理学化。裴斯泰洛齐认为"教学艺术的力量依赖于它的结果和它的工作跟大自然的基本活动方式相协调。它的整个活动与大自然的活动密不可分"①。这就是说，教学艺术要遵循自然的规律，要与自然活动的规律相协调。而首要的是要使教学程序与学生的认识过程相协调。

裴斯泰洛齐认为，人的认识过程包括三个阶段：从模糊的感觉印象到精确的感觉印象，从精确的感觉印象到清晰的表象，从清晰的表象到确定无误的概念。教学过程实际上也是依循这三个阶段进行的。他说："教学首先把混乱、模糊的感觉印象一个一个地呈现到我们的面前，然后把这些孤立的感觉印象以变化的姿式放到我们眼前，最后把它们跟我们早先已有的整个系统组合起来。清晰概念就是这样形成的。"②

由于裴斯泰洛齐认为对客观事物的感觉印象是人的知识的唯一真实基础，同时也是教学的唯一真实基础，因而他将直观性作为基本的教学原则。

---

① ②《裴斯泰洛齐教育论著选》，第76、84页。

循序渐进性，是心理化教学的另一重要原则。裴斯泰洛齐说，正如智慧和才能的发展一样，教学"要有一个适合人类本性的、心理学的、循序渐进的方法"①。

第四，要让儿童成为他自己的教育者。裴斯泰洛齐说："人自身有一种力量，用许多方式按照本人意愿控制和影响这种力量。一旦他这样做，就会影响到对他的教育和对他发生作用的环境。"②因此，教育者不仅要让儿童接受教育，还要适应儿童的心理时机，尽力调动儿童的能动性和积极性，使他们懂得自我教育。

由于时代的局限，裴斯泰洛齐对人的心理的理解还不是真正科学的，甚至存在严重的唯心论缺陷。但他关于教育心理学化的思想，不仅成为他自己关于人的和谐发展论、要素教育论、简化的教学方法和初等学校各科教学法的重要理论基础，而且对19世纪教育心理学化在欧洲一些国家逐渐发展为一种思潮，产生了重大影响。

第四节 论要素教育

要素教育论是裴斯泰洛齐基于教育心理化理论对初等教育内容和方法的重要论述，也是他为初等教育革新所从事的开创性实践的结晶。

要素教育论的基本思想，就是认为初等学校的各种教育都应该从最简单的要素开始，然后逐渐转到日益复杂的要素，循序渐进地促进人的和谐发展。裴斯泰洛齐说："我们观念中的'要素方法'，其主旨就是追求各种才能的均衡。为此，它要求人的所

---

① 《裴斯泰洛齐教育论著选》，第191页。
② 阿·布律迈金主编：《裴斯泰洛齐选集》第2卷，第71~72页。

有基本能力都充分发展。"① 要素教育既要求初等学校为每个人在德、智、体几方面都能受到基本的教育而得到和谐的发展,又要求在德育、智育、体育的每一个方面都通过"要素方法"获得均衡的发展。

一、德育

裴斯泰洛齐认为,德育是培养和谐发展的人的极为重要的方面。儿童对母亲的爱,是道德教育最基本的要素。这种爱的情感发自亲子之间的自然关系。随着孩子的长大,他便从爱母亲进而爱双亲,爱兄弟姐妹,爱周围的人。当儿童上学校以后,社会交往和人际关系日益扩大,又把爱逐步扩大到爱所有的人,爱全人类。而爱人类与爱上帝是一致的,这是德行的最高要求,至此,一个人的道德力量也就得到充分发展和实现。这就是裴斯泰洛齐所认为的"道德的自我发展的基本原理"②。

关于道德教育的任务,裴斯泰洛齐指出,就是遵循道德自我发展的基本原理,培养和发展儿童的德行。初步的道德教育,包含着三个显著的部分:一是激起儿童的道德感;二是必须教导他们练习自我控制,关心一切公正的和善良的东西;三是帮助他们形成应有的道德权利和义务的正确观念。

对于道德教育任务的实现,裴斯泰洛齐认为,首先在于家庭教育,然后是学校中的教育,但二者应该密切联系。无论在家庭或者在学校,都要对儿童满怀爱心。他甚至主张把学校道德教育建立在类似家庭生活关系和亲子之情的基础上。但是,裴斯泰洛齐也同时指出:"用单纯的慈爱办教育也是没有用的,只有慈爱和威严互相

---

① 《裴斯泰洛齐教育论著选》,第413页。
② 张焕庭主编:《西方资产阶级教育论著选》,第193页。

结合才行。"①

裴斯泰洛齐还认为，道德教育要重视道德说理和道德行为的练习，不能求助于体罚，因而通过智育授给儿童以知识，发展他们的智力，对儿童道德发展具有积极影响。

裴斯泰洛齐将人的道德力量视为天赋的，并把德行归结为所谓爱全人类和对上帝的信仰与敬爱，这反映了他的唯心主义世界观和资产阶级人道主义思想。但他强调家庭与学校教师要重视儿童德行的培养，要以爱心关注和教育儿童，要重视说理和道德行为实践等见解，都是很有意义的。

二、智育

裴斯泰洛齐强调指出，智育不仅是教给学生知识，还要着力"帮助促进他们的思考能力、调查研究能力和判断能力的自然发展，以便有意识地占有人类几千年获得的东西"②。

如何更好地使学生既获得知识又发展智力呢？裴斯泰洛齐说："培养智力和技能需要有适合于人类本性的、符合心理学规律的一套循序渐进的方法。"③

首先，教学应从教学的基本要素开始，使教学过程心理化。裴斯泰洛齐说："使一切通过感觉印象而获得的认识得以清晰的手段，来自数、形和词。"④一个有教养的人当他希望把呈现在眼前的含糊不清的任何对象——区别开来，并且逐渐使自己获得清晰的概念时，他会注意三件事：（1）他面前的对象有多少？有哪几种？（2）它们的外貌、形状或轮廓是怎样的？（3）它们的名称是什么？如何用一个声音或词去称呼它们？由于数、形、词是一切事物的共同的

---

① 裴斯泰洛齐著：《林哈德和葛笃德》下卷，人民教育出版社 1984 年版，第 67 页。

②③④ 《裴斯泰洛齐教育论著选》，第 420、170、85 页。

基本特性,因而也必然成为人们认识的基本要素。而为了回答这三个问题,也就必须具备和发展相应的三个方面的能力:(1)按照外貌认出不同对象和讲出对象所包含的内容的能力;(2)说出这些对象的数目并指出它们是多还是少的能力;(3)用语言称呼这些对象以及它们的数目和形状并加以记忆的能力。因此,裴斯泰洛齐把数目、形状和语言确定为教学的基本要素。儿童正是通过计算来掌握数目,通过测量来认识形状,通过言语(说话)来掌握语言,并同时培养和发展自己的计算、测量和言语的能力。裴斯泰洛齐从这种思想出发进一步认为,初等学校的智育主要是计算教学、测量教学和语言教学,而这些教学又要分别从数目、形状和言语所含的更简单的要素开始。

其次,要改进初等学校的教学科目和教学内容。裴斯泰洛齐认为,在初等教育阶段,应开设阅读、书写、算术、几何初步、测量、绘画、唱歌、体操、地理、历史、自然等课程,而且,一切课程编制和教学内容都要以各自的要素为核心。

再次,裴斯泰洛齐认为,人的内在的任何才能都是和一定的活动相联系的,所以每种能力的发展都来自专门的活动和训练,而智力的发展则主要来自思考,因此教师在教学中应引导和组织学生进行各种思维练习。裴斯泰洛齐强调在教学中通过思维练习来培养和发展学生的智慧和智力,有其积极意义。但他有时过分强调形式上的练习,因而存在某些形式主义的倾向。

三、体育

裴斯泰洛齐认为,不仅要发展儿童的道德和智慧,还应发展儿童的身体力量,因为体育和德育、智育及劳动教育是紧密联系的,儿童的认识能力、实践能力的基础都蕴含在儿童身体的发展之中。

裴斯泰洛齐指出,体育也要遵循人的力量的自然发展规律。他认为，打击与搬运、刺戳与投掷、拖拉与旋转、围绕与摆动等是简单的体力表现形式，这些"体力表现形式……虽各不相同，但是或合或分，都蕴含着一切可能的行动的基础，乃至蕴含着构成人类的各种职业的最复杂的行动的基础"①。而这些最简单的体力表现形式的基础，则是自然所赋予的关节活动的能力。因而，各种关节的活动应是体育最简单的要素。儿童的体育训练就是要从这些基本动作的训练开始，并随着年龄的增长逐渐进行较复杂的动作训练，以发展他们身体的力量和各种技能。体育应该从儿童的早期开始，学校的体育活动应是多种多样的。

第五节 建立初等学校各科教学法

裴斯泰洛齐根据教学心理学化和要素教育的理论，具体地研究了初等学校各科教学法，是现代初等学校各科教学法的奠基人。

裴斯泰洛齐说："教学艺术首先要用来培养基本的计算能力、测量能力和说话能力，这些能力是一切精确认识物体意义的基础。我们应当用最严格的心理学的艺术来培养它们，努力强化它们，使之强而有力，并且作为发展和教养的手段，使它们达到最简单、最牢固、最和谐的程度。"②因此，他对初等学校的语言教学、算术教学和测量教学尤其重视。

一、语言教学

裴斯泰洛齐认为，语言教学要从发音教学开始，然后进行单词教学，最后是严格意义上的语言教学。这就是裴斯泰洛齐提出的语

---

①②《裴斯泰洛齐教育论著选》，第171、86页。

言教学的三个阶段。

发音教学 要使儿童学会发音，首先应让他们练习听音。应先学元音，再学辅音。学会发音后，再学字母、音节和单词。

单词教学 单词教学，确切地说，是名称教学。它教儿童学习周围环境最重要的事物、历史、地理、人们的职业和社会关系等方面的单词即名称。裴斯泰洛齐为单词教学编制了由一系列名称组成的名称一览表。

语言教学 语言教学就是要教儿童把名称和事物联系起来，认识事物的各种特性，特别是它的数和形，以及各种事物间的相互联系，并学会清晰地表述它，从而既发展儿童的语言及认识能力，又使他们获得各种知识。

基于上述观点，裴斯泰洛齐设计了语言教学的各种练习形式。例如，先列出某种事物的名称，然后，描写它的显著特征；或者先列出某种显著特征，然后指出其所属事物的名称。

裴斯泰洛齐在语言教学中强调从简到繁地进行练习，有其合理性。但他在实际运用中常只注重事物的外部特征和联系，而未能引导儿童认识事物的内在联系，有些练习也显得机械和单调。

二、算术教学

裴斯泰洛齐说："算术应被看成最直接地达到教学目的——清晰概念的手段，是一切手段中最重要的手段。因此……对这门学科的教学应特别仔细，特别讲究技巧。"①。

他认为数字"1"是数目的最简单要素，而计数是算术能力的要素。算术教学应首先通过具体实物或直观教具使儿童产生"1"这个数字的概念，并从"1"开始，用个位数进行运算。然后了解和运算十位数、百位数……在形成整数概念的基础上再进

---

① 《裴斯泰洛齐教育论著选》，第129页。

行整数四则运算，其教学程序是先加法、乘法、除法，然后减法。

由于一切物体的增减不仅意味着包含多少单位，而且还意味着每个单位可分解成多少组成等分，因此裴斯泰洛齐在教分数概念时创制了一种"分数表"。这种表由一串正方形组成，可用不同的方法，如水平地或垂直地对其进行分割，以使学生形成整体与部分之关系的分数感觉印象。这种"正方形"组成的图表，后来由裴斯泰洛齐的后继者加以发展，成为著名的"算术箱"教具。

三、测量教学

裴斯泰洛齐也将测量教学称为形状教学，其目的是发展儿童对事物形状的认识能力。他认为，直线是构成各种形状的最简单的要素，因此，测量教学应从认识直线开始，先通过直观教具观察直线，然后认识角，再进而学习由直线组成的四边形、三角形及各种多边形。在此基础上，再学习曲线、圆形和椭圆形等。在教学过程中，不仅要让儿童观察各种几何线条和图形，还要让他们学习测量和绘图，才能发展他们的观测能力。

裴斯泰洛齐还将测量教学和图画教学、写字教学联系起来，认为直线、曲线等形状要素也是绘画、写字教学的简单要素。图画教学的起点应是对各种几何形体的观察和描绘。写字教学也应该先教儿童书写各种线形。从这种关系看，绘画和写字的教学也是促进儿童对形状的认识和测量能力的发展的重要途径。

此外，裴斯泰洛齐还论述了地理教学法。他主张地理教学应按照由近及远的原则进行，可先让儿童观察用黏土塑造成的有关地理模型，然后再教会他们使用地图。

第六节 关于教育与生产劳动相结合

裴斯泰洛齐虽不是第一个提出教育与生产劳动相结合思想的人,但他却是西方教育史上第一位将这一思想付诸实践的教育家。

在新庄"贫儿之家"时期,裴斯泰洛齐便开始了教育与生产劳动相结合的初步实验。他当时的设想是,既要使孩子们通过自己的劳动获得一定的经济收益而实现生活自给,并学到一定的生产劳动技能,同时又能学习初步的文化知识。他认为这也许是帮助未能进学校接受教育的农村贫民子弟提高劳动能力、学会谋生本领、改善生活状况的最好途径。当然,这样的教育与生产劳动相结合,只是一种单纯的、机械的外部结合,教学与劳动之间并无内在联系。

后来,裴斯泰洛齐在斯坦兹孤儿院继续进行了教育与生产劳动相结合的实验。他让孩子们每天早晨两个小时(6点至8点)、下午四个小时(4点至8点)学习功课,其余时间参加一定的劳动。他说:"我试图使学习与手工劳动相联系,学校与工场相联系,使它们合而为一。"① 他这次的教育与生产劳动相结合实验,虽由于孤儿院存在的时间很短等原因,也未能取得满意的结果,但却具有以下明显的新特点。(1)明确地把学习与手工劳动相联系、学校与工场相联系,作为办斯坦兹孤儿院的实验内容之一,这意味着裴斯泰洛齐是更有意识地将教劳结合视为探讨新教育的一个重要方面。(2)在斯坦兹孤儿院,裴斯泰洛齐显然以安排学习为主,参加手工劳动为辅,但又强调二者的联系与结合。(3)他说:"我更加深信,当我们把学习与工场结合起来,并在真正的心理学的基础上办学的时候,新的一代必然会培养起来。"② 这说明此时的裴斯泰洛齐已深

---

① ② 张焕庭主编:《西方资产阶级教育论著选》,第203、205页。

信教育与生产劳动相结合对培养和谐发展的人具有重大教育意义，并认为这也是基于教育心理学化的教育途径。

裴斯泰洛齐关于初等教育与生产劳动相结合的实践和有关论述，主要反映资本主义工场手工业时代对教育与生产劳动之间的关系的新要求。他在一定程度上看到了教育与生产劳动相结合对人的和谐发展和社会改造的重要意义，但受时代的限制，他并未真正理解和找到教育与生产劳动相结合的内在联系，也不明白真正的教育与生产劳动相结合在当时瑞士的社会条件下还只能是一种理想。但是，裴斯泰洛齐把教育与生产劳动相结合思想首次付诸实践，以及在理论认识上加以发展，无疑在教育发展史上作出了重要贡献。

裴斯泰洛齐毕生奉献于教育革新实验和教育理论探索。他在有选择地汲取前人的有关理论的基础上，形成了他自己的教育思想体系。他的教育思想具有鲜明的民主性和革新性，反映了时代对教育的要求，反映了教育自身的规律。但是，在裴斯泰洛齐教育思想体系中，也存在这样那样的缺陷和不足。当然，这只能从裴斯泰洛齐所处的时代以及他自己的世界观和实践活动的局限性去说明。

裴斯泰洛齐的教育实践和国民教育理论，对欧美各国的教育曾产生很大影响。19世纪初，在欧洲一些国家不仅设立了"裴斯泰洛齐式"的学校，甚至一时形成一种"裴斯泰洛齐运动"。19世纪上半期的许多著名教育家都深受裴斯泰洛齐的影响。到19世纪中期，在美国，学习和推广裴斯泰洛齐的教育理论，一度蔚然成风。

思考题

1. 裴斯泰洛齐教育革新实验的基本指导思想及其意义。
2. "教育心理学化"口号的主要含义及其影响。

3. "要素教育论"是否完全符合初等教育的教学规律？

4. 裴斯泰洛齐关于教育与生产劳动相结合的思想与实践的特点和意义。

5. 为什么19世纪初在欧美会出现"裴斯泰洛齐运动"？

第十二章

赫尔巴特的教育思想

赫尔巴特（Johann Friedrich Herbart，1776—1841），德国哲学家、心理学家、教育家。在长期的教育实践和理论探讨的基础上，赫尔巴特明确提出把教育学建成为一门独立学科的设想，并为此作出了巨大的努力，提出了一个较为完整的教育思想体系。

第一节 赫尔巴特教育思想的形成与理论基础

一、赫尔巴特教育思想的形成与发展

从赫尔巴特在不同时期学术活动重心的变化来看，他的教育思想形成和发展的整个过程，大致经历了以下三个主要阶段。

第十二章 赫尔巴特的教育思想

第一阶段：日内瓦—不来梅时期（1797～1802年）

1797～1799年，赫尔巴特应聘担任瑞士贵族冯·斯泰格尔（von Steiger）的家庭教师，负责教育斯泰格尔的三个孩子（年龄分别为8岁、10岁和14岁）。在两年左右的教育实践中，赫尔巴特获得了大量的教育经验，这成为他日后进行教育理论探索的重要资源。更为重要的是，在此期间，赫尔巴特亲自参观了裴斯泰洛齐在布格多夫的教育实验，直接接受了裴斯泰洛齐教育思想的影响。

1800～1802年，赫尔巴特在不来梅主要从事裴斯泰洛齐教育理论的宣传和研究工作。与此同时，他进一步总结了自己的实践经验，从而逐渐走上了形成自己的理论的道路。

第二阶段：哥廷根时期（1802～1809年）

1802年，赫尔巴特担任哥廷根大学教授。他先后写了《论裴斯泰洛齐的近著〈葛笃德如何教育她的子女〉》《裴斯泰洛齐直观初步》《裴斯泰洛齐教学方法之批评》《世界审美启示》和《普通教育学》等著作，在对裴斯泰洛齐的教育理论进行深入、广泛研究的基础上，开始较为详尽地阐述自己的思想主张，并建立了较为完整的教育理论体系。

在赫尔巴特教育理论的形成过程中，哥廷根时期无疑是最为重要的。正是在这个时期，赫尔巴特提出了其"科学教育学"的基本学说。在《普通教育学》一书中，他全面、系统地阐述了其教育理论：由儿童的管理、教学和道德教育所构成的教育过程，兴趣的多方面性，教学形式阶段，教育性教学原则，由单纯提示的教学、分析教学和综合教学所构成的教学进程，等等。

第三阶段：柯尼斯堡时期（1809～1833年）

1809～1833年，赫尔巴特应聘担任柯尼斯堡大学哲学教授。如果说，在哥廷根时期，赫尔巴特主要侧重于从伦理学角度探讨教育问题，那么，在柯尼斯堡时期，赫尔巴特侧重于从心理学的角度探讨教育问题。他先后写作了《心理学论文集》(1811年)、《心理学教科书》(1814年)、《科学心理学》(1824~1825年)和《关于心理学运用到教育的书信》(1831年)等著作,形成了较为系统的心理学理论体系,并致力于把心理学的成果运用到教育过程中。1810年,他创办了教育研究班(seminary)及其附属实验学校,以便使自己的理论得到具体的运用和验证,同时也得到进一步丰富。在指导实验学校的过程中,赫尔巴特进一步把早期所提出的关于儿童经验在教学中的作用等见解加以实际运用。

通过这个时期的各项工作,赫尔巴特进一步充实了其教育理论体系中较为薄弱的方面,使其理论体系更趋完整。其结果便是《教育学讲授纲要》(1835年)、《普通教育学纲要》(1841年)的问世。

二、赫尔巴特教育思想的理论基础

赫尔巴特教育思想有双重理论基础,即伦理学和心理学,他认为伦理学指明目的,心理学指出途径、手段和障碍。① 在赫尔巴特的教育思想中,伦理学主要起着价值规范的作用,为教育目的和基本方向的确立提供依据,心理学为实现教育目的确定方法、手段。

值得注意的是,在赫尔巴特的理论体系中,心理学与伦理学虽然是两个不同的领域,但它们之间存在着直接的和内在的联系。根据赫尔巴特的观点,认识、情感和意志并不是相互分离的。他认为,观念是人的心理活动的基本要素,观念之间不同方式的结合,分别产生了认识、情感和意志。即意志和情感是源于认知的。

(一) 赫尔巴特伦理学

赫尔巴特的伦理学说直接受康德思想的影响,但他又明确反对康德伦理学中的先验主义和宿命论。他指出,宿命论和先验主义,

---

① 参见赫尔巴特著,李其龙译:《普通教育学·教育学讲授纲要》,人民教育出版社1989年版,第190页(引文据原译文有改动)。

"其本身都是排斥教育学的，因为它们都不可能毫无疑义地接受这种显示由不定型向定型过渡的可塑性的概念。"① 而教育又正是以学生的可塑性为基本前提的。

赫尔巴特伦理学的基本内容之一，是指出了五种道德观念，即内心自由、完善、仁慈、正义和公平。所谓"内心自由"，指的是一个人有了正确的思想或者说对真善美具有明确的认识，就能够自觉地按照道德规范行事，使自己的行为符合理性的原则。根据赫尔巴特的观点，"内心自由是明智和意志两个成分之间的一种关系"，仅仅认识道德的原则是不够的，还必须具有使这种认识转化为实际行为的意志。所谓"完善"，是指人调节自己意志、作出判断的一种尺度。"仁慈"，是指"绝对的善"。它要求人无私地为他人谋福利、与人为善，从而使自己的意志与他人的意志协调一致。"正义"的观念也就是"守法"的观念，它要求避免不同意志之间的冲突，并且按照人们自愿达成的协议（或法律）解决冲突。赫尔巴特指出："正义的观念要求学生放弃争吵。此外，它要求学生对争吵作出反省，这样对正义的尊重才会得到巩固。"② "公平"或"报偿"，是指当人"故意作祟"时予以应有的惩罚，即"善有善报，恶有恶报"。

赫尔巴特伦理学的一个重要特征，是强调知识或认识在德性形成过程中的作用。他指出："巨大的道德力量是获得广阔视野的结果，而且又是完整的不可分割的思想群活动的结果。"③

（二）赫尔巴特心理学

赫尔巴特是西方历史上第一位把心理学作为一门独立学科加以研究、并努力把它建成为一门科学的思想家。他之所以系统研究心理学，除了建立其教育学体系的需要，也是针对当时的教育状况和

---

①②③ 赫尔巴特著：《普通教育学·教育学讲授纲要》，第191、194、141页。

存在的问题的。

赫尔巴特在创建其心理学时，接受了多方面的思想影响。他一方面继承了英国联想主义心理学的基本主张，把意识看做观念之间不同联系的结果，同时又受到莱布尼兹、沃尔夫和康德等人所强调的主体能动性思想的深刻影响，并以此来修正联想主义心理学。此外，他的思想还受到牛顿力学的重要启发。这主要表现在，他强调心理学应当成为一门科学。科学心理学应以经验、形而上学和数学为基础。通过经验，心理学得到它的材料，但心理学的任务不仅仅是收集这些材料，而应使内心成为可以理解的，这就需要用数学公式表示心灵活动的法则。赫尔巴特的目的在于，通过数学的运用，使心理学成为像牛顿力学那样准确、规范的"表象力学"。此外，当时在化学领域所取得的惊人成就，启发赫尔巴特设想一种分析心理学，以发现意识的元素、探究这些元素合成的规律。

赫尔巴特赞同洛克的白板说，认为，"心灵在最绝对的意义上是一块白板，没有任何生活或表象的形式；因此，在其中既不存在原始的观念，也不存在任何形式的观念倾向。一切观念毫无例外地是时间和经验的产物。"但在另一方面，赫尔巴特又认为，由于心灵具有表象力量，同时，"与它（即心灵——引注）本身无关的印象可能影响它，因此，从这种意义上说，它不是白板"①，人借助于表象的力量，主动地与环境发生联系，从而获得观念和知识，使教育和教学成为可能与必要。正因如此，赫尔巴特坚决反对莱布尼兹的"先定和谐"论、康德的先验自由论以及费希特的决定论、卢梭和裴斯泰洛齐的内发论。

在上述这些基本原理的基础上，赫尔巴特系统研究了统觉、兴趣和注意等心理学问题。

"统觉"（apperception）一词最初是由莱布兹提出的。莱布

---

① 赫尔巴特著：《直观初步》（英译本），纽约1914年，第283页。

尼兹认为，统觉是一种自发的活动，它主要依赖于心灵中已有内容的影响。通过统觉，人们理解、记忆和思考相互联合的观念，从而使高级的思维活动得以完成。康德继承并发展了莱布尼兹的统觉理论。康德认为，统觉是理智的活动，统觉的能力不是建立在灵魂已有内容的基础上的，而是由一切产生于外界的经验所赋予的。

赫尔巴特的统觉理论深受莱布尼兹和康德思想的影响。莱布尼兹关于清晰的观念来自微知觉的联合、统觉活动的能动性以及心灵已有内容在统觉中的作用等思想，康德关于统觉与外界经验的依从关系的见解，都被赫尔巴特继承下来。与前人主要是在哲学思辨的领域内，并基本上从认识论的角度研究统觉不同，赫尔巴特虽然有时也用统觉活动表示人类的一般认识活动，但更主要地是把它当作一个心理学范畴，从而使之具体化，而这正是把统觉原理运用到教学过程的关键所在。在另一方面，赫尔巴特又抛弃了莱布尼兹和康德所强调的统觉的自发性和先验性，因为这与他的心灵白板论是相背离的。此外，在莱布尼兹和康德那里，统觉是与自我意识相近的概念，而根据赫尔巴特的见解，统觉则是认识的心理活动过程，特别是教育中认识活动的心理过程。

赫尔巴特的统觉学说还从以洛克为代表的英国联想主义心理学派那里吸取了一些思想。在联想主义者看来，观念由感觉引起，并由于观念间的引力以某种方式产生联合，从而使简单观念成为复杂观念。这种思想经过改造成为赫尔巴特统觉理论的主导观念。

赫尔巴特统觉理论的基本含义是，当新的刺激发生作用时，表象就通过感官的大门进入到意识阈中；如果它具有足够的强度能唤起意识阈下已有的相似观念的活动，并与之联合，那么，由此获得的力量就将驱逐此前在意识中占据统治地位的观念，成为意识的中心，新的感觉表象与已有观念的结合，形成统觉团（即认识活动的结果）；如果与新的表象相似的观念已经在意识阈上，那么，二者的联合就进一步巩固了它的地位。

赫尔巴特指出："统觉或内在感觉，只有在条件允许的时候才会发生。"① 所谓统觉的条件，主要是指兴趣。根据赫尔巴特的观点，兴趣是指观念的积极活动状态，是一种好奇心和智力活动的警觉状态，正因如此，兴趣赋予统觉活动以主动性。他认为，当观念活动对事物的特性产生兴趣这样一种活动时，意识阈上的观念就处于高度活跃状态，因而更易唤起原有的观念，并争取到新的观念。

自笛卡尔以来的西欧近代哲学主要研究认识活动中的主体因素，即人的认识能力、认识过程、认识的界限等，因而在不同程度上都具有心理学倾向。但是，任何一种哲学—心理学要想真正运用到教育和教学领域，或对教育领域发生影响，它本身首先必须具备教育的"性质"。赫尔巴特的心理学正是如此。另一方面，与许多哲学家（心理学家）不同的是，赫尔巴特研究哲学、心理学的动机与目的从一开始就与教育，特别是教学问题直接联系在一起，他的心理学是一种教育化了的心理学。正因如此，赫尔巴特通常被认为是现代教育心理学的创始人。②

在其伦理学和心理学所建构的基础上，赫尔巴特提出了完整的教育理论。他把对儿童教育的整个过程划分为儿童的管理、教学和训育（即道德教育）三个部分，并认为儿童管理的主要任务是身体发展和形成"一种守秩序的精神"，从而为教学和道德教育创造必要的条件，而教学事实上又是为道德教育作准备的。因此，在赫尔巴特教育理论中，道德教育是最为重要的内容。

---

① 引自卡尔·朗格著：《统觉》（英译本），波士顿1917年，第260页。
② H. 费尔金著：《赫尔巴特教育科学与实践引论》，伦敦1921年，第7页。

第二节　赫尔巴特的道德教育理论

赫尔巴特的道德教育理论不仅包括他所说的"训育",而且涉及教育的一些基本问题。

一、教育的目的

赫尔巴特认为,教育所要达到的基本目的可以区分为两种,即所谓"可能的目的"和"必要的目的"。所谓"可能的目的"或"选择的目的"是指与儿童未来所从事的职业有关的目的,也就是"学生将来作为成年人本身所要确立的目的"。他认为,这种目的同样是非常重要的,是教师必须关注的,教师"必须为使孩子顺利达到这些目的而事先使其作好内心的准备"①。这种准备不应是狭隘的,而应当是多方面的。这是因为,虽然人类劳动分工要求每一个人都必须精通他所从事的工作,但是,人类"要做的事越局限,分得越细,那么每个人从其他人方面要接受的东西也就越多"。因此,"这种专一的精通是各人所意向的事情,而多方面的可接受性,只能产生于个人从一开始就作出的多方面的努力之中。"②教育的目的就是要发展这种多方面的兴趣,使人的各种能力得到和谐发展。正因如此,赫尔巴特把兴趣的多方面性称为"教育目的的第一部分"。

所谓"必要的目的",是指教育所要达到的最高和最为基本的目的。赫尔巴特指出:"道德普遍地被认为是人类的最高目的,因此也是教育的最高目的。""教育的唯一工作与全部工作可以总结在这一概念之中——道德。"③ 也就是说,教育的根本目的就是要养成内心自由、完善、仁慈、正义和公平等五种道德观念。

---

① ②　赫尔巴特著:《普通教育学·教育学讲授纲要》,第37、38页。
③　张焕庭主编:《西方资产阶级教育论著选》,第259~260页。

二、教育性教学原则

教育既然是以道德的养成为最高目的，那么通过什么途径可以有效地达到这种目的呢？在这方面，赫尔巴特提出了一个非常重要的原则，即教育性教学原则。

依据其对心理学和伦理学的广泛研究，赫尔巴特认为，知识与道德具有直接的和内在的联系。人只有认识了道德规范，才能产生服从道德规范的意志，从而形成符合道德规范的行为。他明确指出："愚蠢的人是不可能有德行的。"正因如此，"德育应涉及到教养的其他部分……德育问题是不能同整个教育分离开来的，而是同其他教育问题必然地、广泛地联在一起的。"[①] 在此基础上，他明确提出了教育性教学原则，并把它当做教育的基本原则。

赫尔巴特指出："不存在'无教学的教育'这个概念，正如反过来，我不承认有任何'无教育的教学'一样。"[②] 在这里，赫尔巴特说明了这样一个问题，即教育（道德教育）是通过，而且只有通过教学才能真正产生实际作用，教学是道德教育的基本途径。用他的话说就是"通过教学来进行教育。"[③]

那么，如何通过教学进行道德教育呢？赫尔巴特指出，这首先要求教学的目的与整个教育的目的保持一致。正因如此，他认为，教学工作的最高目的在于养成德行。但他又认为，为了实现这个最终目的，教学还必须为自己设立一个近期的、较为直接的目的，这个目的就是"多方面的兴趣"。所谓兴趣，是指智力活动的特性，而"对于教育性教学来说，一切都取决于其所引起的智力活动"[④]。在赫尔巴特看来，多方面的兴趣具有一种道德的力量，"人们首先应通过扩展了的兴趣来改变个性，必须使其接近一般形式，然后才

---

①②③④ 赫尔巴特著：《普通教育学·教育学讲授纲要》，第36、12、13、215~216页。

可以设想个性有对普遍适用的道德规律发生应变的可能。"①

在赫尔巴特以前,教育家们通常是把道德教育和教学分开进行研究的,教育和教学通常被规定了各自不同的任务和目的。在这个问题上,赫尔巴特的突出贡献在于,运用其心理学的研究成果,具体阐明了教育与教学之间存在的内在的本质联系,使道德教育获得了坚实的基础。但在另一方面,他把教学完全从属于教育,把教育和教学完全等同起来,也不能不说具有一种机械论的倾向。

三、道德教育

在赫尔巴特的概念体系中,与道德教育直接有关的主要是"训育"这个概念。但从某种意义上讲,他所谓的"儿童管理"也是一种道德教育。按照赫尔巴特的观点,"儿童管理的目的是多方面的:一方面是为了避免现在和将来对别人与儿童自己造成伤害;一方面是为了避免不调和斗争本身;最后一方面是为了避免社会参与它本身没有充分权力参与却被迫参与的那种冲突。"②简言之,儿童管理的主要目的是为了"造成一种守秩序的精神"③。

儿童管理之不同于训育之处主要在于,管理的任务主要是为随后进行的教学创造必要的条件。但这并不等于说儿童的管理不具有独立的价值。从赫尔巴特关于儿童管理的论述来看,管理的意义主要在于对某些恶行的预防,而训育则是为了美德的形成。

赫尔巴特的训育是指"有目的地进行培养",其目的在于形成"性格的道德力量"。他指出,训育可以分为四个阶段:道德判断、道德热情、道德决定和道德自制。赫尔巴特认为,道德判断是道德的基础,因而必然是道德教育的起点。但仅有道德的判断是不够的,这种判断必须转变为"同勇气与智慧相协调的热情",才能把"道德

---

① ② ③ 赫尔巴特著:《普通教育学·教育学讲授纲要》,第48、24页。

化为性格"。① 道德决定是指用"道德的眼睛"对事物、环境等进行观察和理解,并依此行动。道德自制是指对自我的认识。

在训育的具体实施方面,赫尔巴特提出了六种基本的措施或方法。(1) 维持的训育。它的作用主要在于巩固儿童管理所取得的结果,使儿童懂得行为的界限和对权威的服从。(2) 起决定作用的训育。它的主要作用是"引起学生作出选择":要忍受什么、占有什么、进行什么决定以及对自己行为后果的经验。赫尔巴特强调:"教育者不应替代学生去作选择……关键在于学生应能根据自身的实际经验证实教育者的告诫,从而使他们以后不用等待证实就相信其他各种告诫。"② (3) 调节的训育。它的主要作用是说服学生,使他们回忆以往的经历,预言未来,剖析自己的内心世界,从中找到他的行为同根源的联系。(4) 抑制的训育。它旨在使学生保持情绪的平静和头脑的清晰,以克服狂热的冲动,从而培养审美的判断和道德品质。(5) 道德的训育。它的作用在于以上述四种训育为基础,向学生说明真理,进行真正的道德培养。(6) 提醒的训育。它的作用在于及时提醒学生,并纠正他们的错误。

第三节 赫尔巴特的课程理论

在西欧近代教育史上,课程始终是一个重要课题。夸美纽斯、洛克、卢梭、裴斯泰洛齐等人都曾对课程问题进行了广泛的探讨,积累了大量的思想财富。在前人思想的基础上,以其心理学说为依据,赫尔巴特提出了较为完整的课程理论。

一、经验、兴趣与课程

赫尔巴特课程理论的一个基本主张是:课程内容的选择必须与

---

① ② 赫尔巴特著:《普通教育学·教育学讲授纲要》,第126、283页。

儿童的经验和兴趣相一致。他指出，儿童在日常生活中，通过与自然的接触和与人的交往，获得了经验和同情（这实质上也是一种经验，只是更倾向于伦理和社会方面），这是教学活动赖以进行的基础。另一方面，与卢梭不同的是，赫尔巴特认为，儿童早期的经验并不是完美无缺的，这种经验往往是分散的和杂乱的，因而需要教学加以补充和整理。在此基础上，赫尔巴特指出，课程的内容必须与儿童的日常经验保持密切的联系。而真正符合这种需要的则是直观教材。对直观教材的运用，将使儿童的经验变得更为丰富、真实和确切。因此，应当在课程内容中排除诸如罗马皇帝、天堂的天使这样一些脱离儿童经验的内容。

另一方面，赫尔巴特认为，只有与儿童经验相联系的内容，才能引起儿童的兴趣。这是因为，兴趣本身就存在于经验之中。由于兴趣是一种使思维的对象保留在意识中的内心力量，或者说它是一种激起心理活动的手段，因此，只有能够引起兴趣的教学内容，才能使儿童保持意识的警觉状态，从而更好地接受教材。他明确指出，要掌握知识，并且得到更多的知识，就必须要有兴趣。

那么，如何使课程"具有"兴趣，或者说使课程与兴趣保持密切的相关呢？在这方面，赫尔巴特依据他的兴趣分类理论作了有意义的探讨。在赫尔巴特看来，"兴趣存在于有趣的事物之中"，而事物是多方面的，因而兴趣也是广泛的和多方面的。他把多种多样的兴趣划分为两大类：经验的兴趣和同情的兴趣。其中，经验的兴趣包括经验的、思辨的和审美的三种；同情的兴趣，包括同情的、社会的和宗教的三种。根据兴趣的分类，赫尔巴特对课程内容进行了相应的划分。他主张，根据经验的兴趣，应设置自然、物理、化学和地理等课程；根据思辨的兴趣，应设数学、逻辑和文法等课程；根据审美的兴趣，应设文学、绘画等课程；根据同情的兴趣，应设外国语（古典语言和现代语）、本国语等；根据社会的兴趣，应设历史、政治和法律等；根据宗教的兴趣，应设神学等。

二、统觉与课程

统觉理论是赫尔巴特课程理论的又一重要基础。根据统觉原理，新的观念和知识总是在原有的理智背景中形成的，是以原有观念和知识为基础产生的。这就必然要求课程的安排应当使儿童能够不断地从熟悉的材料逐渐过渡到密切相关但还不熟悉的材料。这是赫尔巴特非常重要的思想。

依据统觉原理，赫尔巴特为课程设计提出了"相关"（correlation）和"集中"（concentration）两项原则，目的是保持课程教学的逻辑结构和知识的系统性。所谓相关，是指学校不同课程的安排应当相互影响、相互联系。所谓集中，是指在学校的所有课程中，选择一门科目作为学习的中心，其他科目都作为学习和理解它的手段。赫尔巴特把历史和数学当做所有学科的中心。

三、儿童发展与课程

把儿童发展与课程问题相联系，是赫尔巴特课程理论的一个重要特征。这主要表现在，他力图以文化纪元理论为基础，探讨课程的选择和设计。

在18、19世纪的西欧学术界，文化纪元理论是一种普遍的"信仰"。在哲学、文学和历史学中，文化纪元理论主要反映了对人类历史和文化发展规律的认识；而在教育领域，它则成为一种儿童发展理论，并直接影响了卢梭、裴斯泰洛齐、福禄培尔等人的教育理论。

赫尔巴特主要是从席勒那里接受了这种心理学理论。他认为，在人类历史早期，感觉在人的认识中起主导地位，以后，想像逐渐发展起来，人类的想像力在诗与神话中得到了完美的体现；最后，当理性发展起来时，人类就进入到成年。不同时代的文化成果集中反映了人类认识的不同发展水平。儿童个性和认识的发展重复了种族发展的过程。因此，儿童在一定发展阶段上最理想的学习内容应当是种族发展在相应阶段上所取得的文化成果。

以此为基础,赫尔巴特深入探讨了儿童的年龄分期,进而提出了课程的程序。他认为,儿童发展经历了四个发展阶段:(1)婴儿期(0～3岁);(2)幼儿期(4～8岁);(3)童年期;(4)青年期。依据这个划分,他认为课程的程序应当是:在婴儿期(相当于人类历史的早期),对身体的养护优先于其他一切,与此同时应大力加强感官训练,发展儿童的感受性;在幼儿期(相当于人类的想像期),教学内容应以《荷马史诗》等为主,以发展儿童的想像力;在童年和青年期,分别教授数学、历史等,以发展其理性。

在欧美近代教育史上,赫尔巴特所提出的课程理论是最为完整和系统的。他继承了前人的合理思想,使之融合到一个有机联系的整体中,并力图赋予它以严格和广泛的心理学基础,从而使课程的设置与编制有了明确的依据,这就避免了课程设置中的盲目性和随意性,克服了课程设计的散乱现象,以保证教学工作的有效进行。客观地说,无论在理论上还是在实践中,赫尔巴特并未真正解决欧美近代学校的课程问题,但他为这个问题的解决进行了有益的探索,并提出了一些卓有见地的主张。

第四节 赫尔巴特的教学理论

在赫尔巴特教育理论体系的各个组成部分中,对后世影响最大的是教学理论。赫尔巴特教学理论所涉及的内容很广泛,但主要的是关于教学方法和教学阶段的理论。

一、"教学进程"理论

从文艺复兴以后,由于许多教育家的大力倡导,直观方法成为近代西欧学校所普遍采用的重要教学方法之一。但是,直观方法本身也存在着很大的局限。倡导直观方法的教育家们通常都以经验主义的认识论为理论基础,强调感性经验的意义,但往往忽略了理性的作用。赫尔巴特继承了前人,特别是裴斯泰洛齐的思想,认为它是一种非常重要的教学方法。但另一方面,他又认为,没有心智的训练,感官将一事无成。为了解决这个矛盾,赫尔巴特力图把哲学领域中的经验主义与理性主义相结合,并在此基础上提出了从感觉经验开始,经过分析和综合,最后达到概念的教学方法进程。

根据赫尔巴特的主张,统觉过程的完成大体上具有三个环节:感官的刺激、新旧观念的分析和联合、统觉团的形成。与此相应,他提出了三种不同的教学方法:单纯提示的教学、分析教学和综合教学。这三种教学方法的联系,就产生了他所谓的"教学进程"。

赫尔巴特所谓的单纯提示的教学方法实际上就是直观教学。在统觉活动的第一个环节,当前刺激所形成的表象要能引起意识中或意识阈下与之相似的观念活动,那么,首先必须有一定的强度和频率,单纯提示教学正起到了这样的作用。赫尔巴特认为,单纯提示的教学是直接建立在学生经验基础之上的,是对经验的模仿和复制,同时又进一步扩大了经验。他指出:"这一阶段的教学可以运用各种图画作为帮助;这些图画越是没有为儿童不假思索地观看过或者作为无意义的娱乐而误用过,对教学越有帮助。"① 单纯提示教学的目的在于,通过感官的运用,得到一些"与儿童已经观察过的事物相类似,并与之有关联"②的感觉表象,从而为观念的联合作准备。但是,由于它所存在的局限性,因而单纯提示的教学只能在一个有限的范围中加以运用。

在统觉过程的第二个环节中,由于要形成观念的复合或融合,因而首先必须对不同的观念和表象进行区分(分析),以便发现观

---

①② 赫尔巴特著:《普通教育学·教育学讲授纲要》,第80页。

念间的相似、相同和不同,这就需要进行分析教学。分析教学是在单纯提示教学的基础上进行的。它的作用在于,对同时出现在感官前的事物、物体加以分析。通过分析,使儿童对当前刺激的反应更为清晰,从而为观念的联合作好准备。分析教学有两个阶段:第一,教师要求学生指出并命名当前出现的事物,然后转向尚未出现的事物;第二,"讲述某一个整体分割成的各主要部分,这些部分的相对位置、它们的联系与变动。"①

分析教学的局限性主要在于,它只接受"事实上呈现的材料",因而并不能获得普遍的知识,它必须向上发展到抽象的领域。

根据赫尔巴特的观点,统觉过程的第三个环节是新旧观念的联合(即统觉团的形成),通过综合教学,由单纯提示所提供的清晰表象和分析教学产生的对表象的区分,就形成了观念的联合,即获得了新的知识和概念。

二、教学形式阶段理论

赫尔巴特所提出的教学形式阶段(die formalen sturen des unterrichts),实际上就是课堂教学的完整过程,是一个包括教学方法、教学形式等在内的规范化的教学程序。

赫尔巴特认为,兴趣活动可以划分为四个阶段。(1)注意。由于心智活动"使一种表象比较突出并对其余表象发挥作用"②,这就使兴趣活动对它产生一种倾向。(2)期待。新引起的表象活动往往并不能立刻出现在意识中,兴趣活动因而转向对它产生期待。(3)要求。从兴趣中产生欲望,它通过向对象提要求显示出来。(4)行动。

赫尔巴特指出,儿童在学习活动中的思维状态主要有两种:专

---

① ② 赫尔巴特著:《普通教育学·教育学讲授纲要》,第251~252、56页。

心与审思。专心是指集中于任何主题或对象而排斥其他的思想活动;审思是指追忆和调和意识内容,即对由专心而得到的知识进行同化作用。他认为,由于专心活动是相互隔绝的,因而需要使专心活动与审思活动不断地相互转化,并使之在审思活动中结合起来。

在此基础上,赫尔巴特提出了教学形式阶段的理论。他指出,任何教学活动都必须是井然有序的,都经历以下四个阶段。

明了(或清晰) 当一个表象由自身的力量突出在感官前,兴趣活动对它产生注意;这时,学生处于静止的专心活动;教师通过运用直观教具和讲解的方法,进行明确的提示,使学生获得清晰的表象,以作好观念联合,即学习新知识的准备。

联合(或联想) 由于新表象的产生并进入意识,激起原有观念的活动,因而产生新旧观念的联合,但又尚未出现最后的结果;这时,兴趣活动处于获得新观念前的期待阶段;教师的主要任务是与学生进行无拘束的谈话,运用分析的教学方法。

系统 新旧观念最初形成的联系并不是十分有序的,因而需要对前一阶段由专心活动得到的结果进行审思;兴趣活动正处于要求阶段;这时,需要采用综合的教学方法,使新旧观念间的联合系统化,从而获得新的概念。

方法 新旧观念间的联合形成后需要进一步巩固和强化,这就要求学生自己进行活动,通过练习巩固新习得的知识。

赫尔巴特教学形式阶段理论的突出贡献,是在严格按照心理过程规律的基础上,对教学过程中的一切因素和活动进行高度抽象,以建立一种明确的和规范化的教学模式。从这个意义上讲,教学形式阶段理论不仅反映了人类对教学过程和教学活动本质认识的发展,而且具有广泛的实践意义。正因如此,教学形式阶段理论对19世纪后期、20世纪前期世界许多国家和地区师范教育的发展,发挥了重要的推动作用。但在另一方面,教学形式阶段理论所固有的机械论倾向,也使它不断受到来自各方面的批评。

第五节　赫尔巴特教育思想的传播

从19世纪60年代开始，由于斯托伊（Stoy,1815—1885）、戚勒尔（Ziller,1817—1883）等人的大力宣传和研究，赫尔巴特教育学说在沉寂了二十多年后在德国得到复兴，并很快传播到德国以外的许多国家和地区。

在德国，1868年在莱比锡成立了科学教育学协会，致力于赫尔巴特教育理论的研究和传播。以后在德国的许多地区都建立了类似的组织，一时间形成了人数众多的赫尔巴特学派。与此同时，大量的研究成果先后问世。据赖因（Rein）在其《教育百科全书》（1895年）中统计，从19世纪60年代以来，在德国和瑞士先后出版了2 234部有关赫尔巴特的著作。在此期间，先后创办了十种刊物，专门进行赫尔巴特学说的传播。法国教育史家康帕亚指出，在19世纪后期，"赫尔巴特主义在德国已成为一种宗教"①。

在美国，赫尔巴特学说同样引起了巨大的反响。由于曾留学德国的德·加谟（Charles De Garmo）、麦克默里兄弟（D. McMurry、F. McMurry）和哈里斯（W. Harris）等人大力宣传，1892年，美国成立了全国赫尔巴特协会，其目的在于促进赫尔巴特思想的传播和它在美国学校的运用。哈里斯在1894～1895年度的《教育委员会报告》中指出："今天，在美国的赫尔巴特教育学的信徒比在德国还要多。"在热心于赫尔巴特学说人士的努力下，赫尔巴特及其德国信徒的大批著作被译成英文，赫尔巴特教育学说成为美国教育界的主导思想。

---

① G. 康帕亚：《赫尔巴特与教育性教学》，英译本，纽约1917年，第116页。

赫尔巴特的教育学说对亚洲的一些国家也产生了重要影响。在中国，最早的、有系统地引进的西方教育学说就是赫尔巴特及其信徒的理论。1901年，"教育世界"出版所开始刊行的教育丛书初集的第一册称赫尔巴特（当时译作海鲁伯尔）为"教育改良家之精华"，说他的"教育之法，依统编定，其全体宏洋肃括，其各部分周匝致密，升教育学于科学之地位，而创立今日之教育学"。初集第四册为"教授学"专集，详细叙述了赫尔巴特及其学派的教学理论，并附有六种学科的"教授案"。教育丛书第三集出了"费尔巴尔图派之教育"专集。20世纪初期，赫尔巴特及其学派教学理论在中国得到了广泛的传播，对当时废科举、兴学堂和发展近代师范教育，起了积极的推动作用。

19世纪末、20世纪初，正当赫尔巴特教育学说广泛传播之际，对它的批评也开始出现，并逐渐形成为一种较为普遍的趋势。在西欧新教育运动和美国进步主义教育运动兴起之后，赫尔巴特教育学被认为是"传统教育"的主要代表。尽管如此，赫尔巴特在欧美乃至世界近代教育的发展中所产生的重要影响是客观存在的。

思考题

1. 赫尔巴特心理学与其教育思想的关系是什么？
2. 赫尔巴特教育性教学原则的主要内容和意义是什么？
3. 赫尔巴特教学形式阶段理论的主要内容和意义是什么？

第十三章

福禄培尔的教育实践与教育思想

福禄培尔（F. W. A. Froebel，1782—1852）是德国著名教育家，幼儿园的创立者，近代学前教育理论的奠基人。他热爱儿童，把毕生心血献给了幼儿教育事业。他创立的幼儿园和他的幼儿教育理论对19世纪后半期乃至20世纪的世界幼儿教育，有着广泛而深刻的影响。他被人们誉为"幼儿教育之父"。

第一节 生平与教育活动

福禄培尔出生于德国中部图林根一个牧师家庭，早年丧母的不幸对于他以后从事幼儿教育工作有一定影响。1799～1801年，他在耶拿大学学习数学和自然哲学，受到德国古典哲学的很大影响。1805年,福禄培尔在一位裴斯泰洛齐信徒的影响下开始从事教育活动。他曾二次到瑞士跟随裴斯泰洛齐学习,致力于儿童教育方法(如游戏)的研究。为了进一步探究人的教育及其发展规律,福禄培尔于1811年和1812年先后入哥廷根大学和柏林大学,学习了语言学、物理学、化学、矿物学以及哲学和人类学等。

1816年,福禄培尔在格利斯海姆创办"德国普通教养院"。1826年,他发表《人的教育》。1834~1835年,福禄培尔在瑞士任布格多夫孤儿院院长,着手研究、创制幼儿教育材料。1837年,福禄培尔完全转向学前教育。他在卡伊尔霍开办了一所教育机构,专门招收3~7岁儿童,并在以往研究成果的基础上,创制出一套称做"恩物"的教学用品。1838年,他发行《星期日报》,撰写论文积极宣传幼儿教育的重要性,介绍他的幼儿教育方法。1840年,他把这所幼儿教育机构命名为"幼儿园"(Kindergarten)。1843年,他又出版《母亲与儿歌》,1849年举办幼儿园教师训练所。1850年,福禄培尔创办《教育周刊》。1851年,由于宗教和政治的原因,普鲁士政府下令禁止设立福禄培尔式的幼儿园,他因此而遭受沉重的打击。他曾打算去美国继续发展幼儿园事业,终因年迈体弱未遂。1852年,他逝世于马林塔尔。1860年,普鲁士政府取消对幼儿园的禁令。1861年,福禄培尔的生前好友将他在1838~1840年的幼儿教育论文编辑出版,名为《幼儿园教育学》。

第二节 论教育的基本原理

影响福禄培尔教育思想形成的因素是多方面的。早年生活中家庭的宗教气氛及其与自然的密切接触,养成其宗教精神及对探索自然发展规律的兴趣。在哲学观方面,主要受德国古典哲学的深刻影响。早期进化思想及自然科学也被福禄培尔用做寻求自然及人的发展规律的依据。此外，他还研究过席勒（F. Schiller）、歌德（J. W. yonGoethe）、威兰德（Wieland）和温克曼（Winckelmann）的浪漫主义文学和美学观点，尤其是席勒的《审美教育书简》对其游戏和作业的思想有深刻影响。从教育思想的渊源来说，裴斯泰洛齐的方法为其基础，尔后运用自己的哲学观点及教育经验加以改进、发展与扩充。

一、统一的原则

在福禄培尔生活的年代，自然科学在欧洲有了很大的发展。新的科学以新的事实证明宇宙是发展的，事物之间是互相联系的。与自然科学向深广方面的发展相联系，人们形成了整体的观念，认识到人类与人周围的世界是统一的，都服从相同的规律。这就使哲学有可能形成统一的与整体的观念，并在世界观与方法论的统一上有了进一步的认识。这种时代的风尚在福禄培尔那里有明显的反映。

福禄培尔在《人的教育》中表述了他对"统一"的基本认识："有一条永恒的法则在一切事物中存在着、作用着、主宰着。""这个统一体就是上帝。""一切事物只有通过上帝的精神在其中发生作用才能存在。在每一事物中发生作用的上帝的精神就是每一事物的本质。"①

福禄培尔试图用"力"来说明"上帝的精神"。在他看来，"力"作为上帝的力量，是一切事物的最终原因，是一切事物的本质。一切事物的命运和使命就在于展现它们的本质，即展现它们的上帝的精神，人亦不例外。不同的是，人是有自觉和自决意识的最高贵的生灵，他能够感受、理解和认识存在于自身的上帝的精神。

---

① 福禄培尔著，孙祖复译：《人的教育》，人民教育出版社1991年版，第1~2页。

但人类对上帝精神的认识不是一蹴而就的。人类首先须认识自然、进而认识人性，最终认识上帝的统一。教育的实质正在于使人能自由和自觉地表现他的本质，即上帝的精神。帮助人类逐步认识自然、人性和上帝的统一，这就是教育的任务。

二、顺应自然的原则

在福禄培尔看来，既然神性是人性的本质或根源，人性肯定是善的。因此，按上帝精神的作用和从人的完美性和本来的健全性来看，教育、教学和训练的最初的基本标志必然是容忍的、顺应的，仅仅是保护性的、防御性的。"一切专断的、指示性的、绝对的和干预性的训练、教育和教学必然地起着毁灭的、阻碍的、破坏的作用。"① 其危害就在于会丧失存在于人身上的上帝的精神（自由与自决），而自由与自决正是全部教育和全部生活的目的与追求。

既然人性本善，又如何解释儿童生活中的不良现象呢？福禄培尔认为其原因有二：人的本质的各个方面的发展被完全忽略；发展过程遭到不良干预。人身上的缺点的一切表现，是由于他的善良的品性和良好的追求遭到压制或扭曲，被误解或往错误方向引导。因此，克服和清除一切缺点、恶习和不良现象的唯一切实可行的方法，在于努力寻求和发现人固有的善良的源泉，即人的本质方面，然后加以培养、保护，确立和正确引导。只有在发现人的原始的健全性确已遭到破坏时，才须采取直接的强制性的教育措施。

三、发展的原则

福禄培尔在教育史上第一次把自然哲学中"进化"的概念完全而充分地运用于人的发展和人的教育。他把人性看成一种不断发展和成长的东西。人的发展过程也和自然界的进化过程一样，经历了

---

① 福禄培尔著，孙祖复译：《人的教育》，第6页。

从不完善到完善、从低级到高级和由简单到复杂的前进序列。每一个先行的发展阶段上的人的充分发展，才能推动和引起每一个后继阶段上的充分和完满的发展。

福禄培尔指出，人的发展的各个阶段之间实际上是没有裂罅的，彼此是相互过渡、不间断地前进的。一个人未必由于到达成年期而成为成年人。只有当他真正符合了他的幼年期、少年期和青年期的要求时，才成为成年人。那种希望儿童可以跳跃少年期和青年期，在各方面表现得像一个成年人的想法，会给后面的教育带来不可克服的困难。

福禄培尔试图从自然发展的规律中寻求人的发展规律。他在研究了矿物结晶发展的规律之后认为，"产生于自然本身的结晶发展的整个自然过程与人的精神和心情的发展，有着十分奇特的一致性。"[①] 他还认为，如同万物生长一样，人的成长也必须服从两条互相补充的原则：对立与调和。对立调和法则是一切运动的原因，亦是人的发展的原因。在教育过程中，基本的对立物是内因与外因，即儿童天性与环境的矛盾。儿童一方面接受外界刺激，了解外界，另一方面又把自己对事物的认识通过活动表现出来。教育总是从内因和外因的矛盾入手，在两者之间发现调和的东西，克服差异，最终使二者达到统一。

四、创造的原则

创造的原则也是与统一的原则相联系的。在福禄培尔看来，上帝是富有创造精神的。上帝创造了人，人也应当像上帝一样进行创造。因此，对于年轻的一代需要及早地给以从事外部工作和生产活动的训练，使其能在行动中和工作中，在形态上和材料上，从外部表现上帝给予他的本质。

---

① 福禄培尔著，孙祖复译：《人的教育》，第117页。

从上述观点出发，福禄培尔批评当时的学校教育脱离生活。他认为，通过生活和从生活中学习，要比任何方式的学习更深入和更容易理解。"劳作浴"不仅能强健身体，还能在极大的程度上加强精神活动诸方面的发展。

第三节 幼儿园教育理论

一、幼儿园工作的意义与任务

受夸美纽斯和裴斯泰洛齐的影响，福禄培尔重视家庭尤其是母亲在早期教育中的作用。在他看来，母亲出于天性，在没有任何指导、未经过任何学习的情况下本能地、自发地教育自己的孩子。然而这样是不够的。早在1829年，福禄培尔就明确表示必须为3～7岁的儿童建立专门的教育机构，协助家庭更好地教育孩子。他把幼儿园教育作为家庭教育的"补充"而非"代替"，强调幼儿园是家庭生活的继续和扩展。两者的一致性，乃是完善教育的首要条件。福禄培尔的幼儿园采取半日制，正是这一思想的体现。

福禄培尔指出，幼儿园工作的任务是通过各种游戏和活动，培养儿童的社会态度和民族美德，使他们认识自然与人类，发展他们的智力与体力以及做事或生产的技能和技巧，尤其是运用知识与实践的能力，从而为下一个阶段的发展作好准备。此外，幼儿园还应担负起训练幼儿园教师、推广幼儿教育经验的任务。

二、幼儿园教育方法

福禄培尔关于幼儿园教育方法的基本原理是自我活动或自动性(self-activity)。他认为，自我活动是一切生命的最基本的特性，也是人类生长的基本法则。通过自我活动，个体自动地向外表现存在于自身的上帝的精神。正是自我活动，帮助个体认识自然，认识人类，最终认识上帝的统一。因此，福禄培尔在继承裴斯泰洛齐的直观性教学原则的同时，又提出自我表现作为补充和发展。他认识到，自我活动能表现出儿童的发展程度，激发他们对新知识的兴趣和注意，鼓励自信与自尊，并引导儿童了解各种知识之间的关系。

依据上述原理，福禄培尔重视儿童的亲身观察。他要求教育工作者有意识地把有关联性的事物呈现在儿童面前，使儿童能容易而正确地知觉这些事物并形成观念。福禄培尔高度评价了游戏的教育价值，把游戏看做儿童内在本质向外的自发表现，是人在这一阶段上最纯洁的精神产物。游戏不等于儿童的外部活动，而更多地是指儿童的心理态度。它是一切善的根源和整个未来生活的胚芽。它给儿童以欢乐、自由和满足，又能培养儿童的意志力和自我牺牲的精神。"游戏是创造性的自我活动和本能的自我教育"①。福禄培尔主张为儿童建立公共游戏场所，以培养儿童的社会的民族的美德。

杜威曾高度评价福禄培尔的游戏思想。他说："游戏是如此出自自然的和不可避免的，以致很少有教育著作家从理论上赋予它在实际中所占的地位，或者试图弄明白，儿童自发的游戏活动能否提出一些可供学校采纳的启示。只有古代的柏拉图和近代的福禄培尔算是两个重大的例外。"②

福禄培尔深切感受到儿童之间社交关系的重要性，认为由自我活动所导致的个性自我实现，必须经由"社会化"的历程才能达到。只有通过与他人的交往，才能认识自己与他人的关系，进而认识人性。在后来的幼儿园教育实践中，他也把"社会参与"作为重要的幼儿园教育方法，要求教育儿童使之充分适应小组生活，并重

---

① 福禄培尔著：《幼儿园教育学》，转引自 J．W．希尔希姆和 G．D．梅里尔合著：《美国教育史的理论与实践》（阅读材料），美国大学出版社 1980 年版，第 66 页。

② 杜威著，赵祥麟等译：《学校与社会·明日之学校》，人民教育出版社 1994 年版，第 277 页。

视家庭和邻里生活之复演。西方教育史学者普遍认为，福禄培尔为儿童个性的发展开辟了新的领域。社会合作、互助和参与，是福禄培尔的重要教育原理和他对教育的不朽贡献。他的有关主张成为后来美国进步主义幼儿园运动的一个重要思想渊源。

三、幼儿园课程

福禄培尔倾其后半生的全部精力于幼儿园课程的发展上。他确信，并非所有的活动和游戏都具有教育上的价值，必须对儿童活动与游戏的内容和材料加以选择和指导。依据感性直观、自我活动与社会参与的思想，福禄培尔建立起一个以活动与游戏为主要特征的幼儿园课程体系，包括游戏与歌谣、恩物游戏、手工作业、运动游戏、自然研究，以及唱歌、表演和讲故事等。

（一）游戏与歌谣

福禄培尔关于游戏与歌谣的思想反映在1843年出版的《母亲与儿歌》中。他认为这本书奠定了他的教育原则的基本思想，诸如母亲和家庭教育的重要意义、自然教育、活动与游戏教育、博爱情感的激发以及自我意识之唤起。他坚持，指导母亲及保姆的方法，应同样用来作为激励和指导幼儿园孩子的手段。因此，这本书后来也是福禄培尔用来训练幼儿园教师的主要教材。

《母亲与儿歌》选了七首"母亲的歌"，反映母亲对孩子的情感。接下来是50首"游戏的歌"，每一首歌由四部分组成：（1）指导母亲的格言；（2）儿歌；（3）与这首儿歌的内容相联系的图画；（4）每首儿歌的下面附有适合儿童身心发展的运动方式的说明。

（二）福禄培尔恩物（Froebel's Gifts）

恩物是福禄培尔创制的一套供儿童使用的教学用品。他认为，恩物的教育价值就在于它是帮助儿童认识自然及其内在规律的重要工具。自然界的万物虽统一于上帝的精神，但在发展中又显出外在的差异性、多样性。恩物作为自然的象征，能帮助儿童由易到难，由简及繁,循序渐进地认识自然。

　　福禄培尔于 1835 年开始研究球戏,次年,创制出 1～5 种恩物。1850 年他在《教育周刊》上正式公布恩物与作业体系时,明确地提到八种恩物,其余只是笼统地叙述,对于恩物的种类与数目并未作出明确的规定,尤其对于恩物与作业两者之间的区别,没有作清楚的解释,因而后来人们根据自己的想像,演绎出各种体系,其实并不一定符合福禄培尔的原意。

　　福禄培尔的第一种恩物是一个盒子里装有六个绒毛做的小球,分为红、黄、蓝、绿、紫和白六种颜色,每个小球上系有两条线。它能帮助儿童辨别颜色;能锻炼肌肉,训练感觉与四肢,培养注意和独立活动;持球和丢球的过程可使孩子获得存在、占有、空间和时间等概念的感性认识;还有助于发展儿童的语言。第二种恩物是硬木制作的三件一套的玩具:球体、立方体和圆柱体(后两个穿孔)。借助第二种恩物使儿童认识物体的各种形状。第三种恩物是一个沿各方向对开一下,可分成八块小立方体的大立方体。通过教师的解释,可唤起儿童对于整体和部分、部分与部分之间关系的注意。儿童也可以把这些立方体想像为"砖块",他们建造的本能被唤起。第四种恩物是一个沿纵向切成许多平板的立方体,它能帮助儿童明了算术的基本道理。掌握加、减、乘、除的基本规则。第五种恩物是一个可分割成 27 个体积相等的小立方体的大立方体。其中三个小立方体再沿对角线二分,另三块则沿对角线四分。利用此种恩物,能进行大量的几何教学。第六种恩物是 27 个砖形木块,其中三个纵向二分,六个横向平分,也可组成一个大立方体。第七种恩物是一个大立方体,可分成 64 个小立方体。第八种恩物是一个大立方体,可分成 64 个小长方体。

　　福禄培尔认为,真正的恩物应满足三个条件。(1) 能使儿童理解周围世界,又能表达他对于这个客观世界的认识。(2) 每种恩物应包含一切前面的恩物,并应预示后继的恩物。(3) 每种恩物本身应表现为完整的有秩序的统一观念——整体由部分组成，部分可形成有秩序的整体。

（三）作业（Occupations）

作业与恩物的关系十分密切，它主要体现福禄培尔关于创造的原则。实际上，作业是要求将恩物的知识运用于实践。作业的材料包括：大小和色彩不同的纸和纸板，可用来剪或折成各种不同的形态；供绘画、雕塑、编织一类工作的材料；沙、黏土和泥土等。做这些工作需要较高的技巧，必须在学会摆弄恩物后才能进行。与恩物中的立体相对应的有泥塑、纸板、折纸及木雕；与恩物中的平面相对应的有折纸、织席、编条、缝纫、穿珠及图画等。

作业与恩物的明显区别在于，其一，从安排的顺序说，恩物在先，作业继后；其二，恩物的作用主要在于接受或吸收，作业则主要在于发表和表现；其三，恩物游戏不改变物体的形态，作业则要改变材料的形态。

（四）运动游戏

福禄培尔认为，幼儿园必须拥有一个供游戏用的宽敞而明亮的大房间，并与一个花园相连。只要天气许可，孩子们可随时转移到花园里去开展运动游戏活动。福禄培尔指出了运动游戏的基本特点是：圆圈游戏、团体游戏和伴以诗歌的游戏。运动游戏的根本原则是"部分—整体"，有助于儿童了解个体与团体的关系。运动游戏建立在儿童摹仿自然界和日常生活中所观察到的各种动作的基础上，如"小河""蜗牛""磨坊"和"旅行"等。

（五）自然研究

受裴斯泰洛齐的影响，福禄培尔幼儿园的课程中设有"自然研究"，如研究自然的旅行、园艺与饲养等活动。他认为自然研究不但可使儿童养成爱护花木禽兽之品性，还有助于满足儿童的好奇心，培养自制力和牺牲精神，促进知识的学习与智力的发展，培养对自然科学研究的兴趣。

四、从幼儿园到学校的过渡

1847年，福禄培尔在给友人的一封信中提及，儿童在离开幼儿园进入普通学校之前，必须有所准备。否则，从幼儿园的直观方法突然转变为学校的抽象方法，会使儿童难以适应，造成对其心灵的损害，同时也使学校对这些新生感到不满和困惑。

在逝世前四周，福禄培尔在一封信中讨论了所谓"中间学校"的问题，认为介于幼儿园和普通学校之间的"中间学校"的任务，是帮助儿童顺利地实现从感觉直观到抽象思维的转折。一方面，它继续采用幼儿园的某些做法，如游戏、唱歌、园艺、饲养和图画等，另一方面在此基础上逐步引导儿童进行抽象思维活动，由具体事物的认识发展到关于事物的一般原则和概念，在最大程度上减少从幼儿园到普通学校之间的非连续性。

第四节 论学校教育

福禄培尔认为学校是为一定的目的和按自觉的内在联系有意识地传授知识的地方。幼儿时期儿童认识的任务是对事物的外部特性的观察，到了少年期，认识的对象由对事物的外部特性的观察转向了对事物内部本质的思考。教学的目的是使学生彻底了解一切事物的统一性。福禄培尔认为心灵、外部世界（首先是自然）以及作为媒介物连结两者的语言，构成了少年期儿童生活的核心。因此，学校相应地必须设置三方面的课程：（1）认识心灵的科目（宗教与宗教教学）；（2）认识外在世界的科目（自然科学与数学）；（3）统一外在世界与内在世界的科目（语言）；除这三大主题之外，福禄培尔还增加了表现人的内心的科目，即艺术。根据上述思想，福禄培尔提出16种教学科目，即宗教教育、体育卫生、自然科学的常识、诗的记诵与歌唱、说话、手工、图画、颜色辨别、游戏、故事和童话以及小说的叙述、散步和短距离的旅行、算术、几何、文法、写字、阅读。

福禄培尔强调学校教育与家庭教育的密切联系。在上述16种科目中,前十种应是那种统一的家庭与学校生活的内容,这些内容都分散在家庭和学校的事务之中。保持两者的一致,将有助于使教育面向实际,富有生气,并有助于建立德意志民族的知识体系。

福禄培尔呼吁重视艺术教育,要求尽早地把唱歌、图画、绘画和雕塑作为正规学校的正式教学对象。艺术教育并非意味着儿童必须专门学艺术并成为艺术家,而是要培养儿童的艺术欣赏能力和艺术修养,使他们达到充分而全面的发展。

福禄培尔在教育史上第一次把手工训练作为学校的正式科目,认为它兼具内容和手段的双重性,从中既能学到各方面的丰富知识,又有助于文化知识的吸收,所以应使其成为知识与文化的基础。虽然他在当时没有条件实施这个主张,但他的有关思想引起了许多教育家的注意。

福禄培尔在幼儿教育领域作出了突出贡献。他首创了"没有书本的学校"——幼儿园,并在长期的幼儿教育实践中摸索、总结出一套教育幼儿的新方法,建立起近代学前教育的理论体系。他在积极宣传公共的学前教育思想、广泛扩展幼儿园以及培训幼教师资方面,也作出了不懈的努力。19世纪后半期乃至20世纪初期,他的幼儿教育方法一直深刻地影响了欧美各国、日本和其他国家的幼儿教育。1851年,幼儿园首先传入英国,1855年传入美国,1876年传入日本,后又于1903年传入中国。福禄培尔因此被誉为"幼儿园之父"。

福禄培尔的影响超出了学前教育范围。他对儿童积极主动活动的重视,对游戏的教育意义的强调,对手工教育的推崇以及对于家庭、社区和儿童集体在儿童教育过程中重要作用的评价,不仅为后来许多教育思想家所肯定和接受，而且逐渐影响到小学乃至中学课程的设置。人们称赞福禄培尔是一位真正的预言家，甚至认为现代教育思想的所有好的倾向，都在福禄培尔的言行中达到了顶点。

在福禄培尔生前，已有人要求他进一步简化幼儿园教育方法，要求从哲学和数学的理论以及象征主义的解释中解脱出来。在他逝世之后，又有人批评他过多地肯定了游戏的意义，而对知识的意义说得太少；批评他过分强调有组织的游戏、内发与外烁的矛盾，忽视对儿童个体的研究，等等。作为一定时代的人，福禄培尔必定受到诸种因素的限制。其一，其世界观的唯心主义倾向，使其教育学说有着浓厚的神秘主义色彩。他把宇宙万物包括人在内说成是上帝精神的象征和揭示。其二，他的教育理论受到当时自然科学，尤其是与儿童发展相关的生理学和心理学的发展水平的限制，使他不得不企图从自然发展的规律（如结晶规律）中，寻求人及其教育发展的规律，并对儿童身心发展的特点以及游戏的价值等，作出牵强附会的，甚至有些矫揉造作的哲理上的解说。其三，他的活动和思想在很大程度上受到当时德国一般政治、社会条件的限制。正如杜威所指出的："福禄培尔的哲学和德国的政治理想之间的鸿沟使德国当局怀疑幼儿园，并毫无疑义地迫使福禄培尔对幼儿园的简单明了的社会意义作复杂难解的机智的阐释。"①

思考题

1. 试析福禄培尔教育哲学思想。
2. 福禄培尔学前教育理论述评。
3. 福禄培尔在教育史上的地位。

---

① 杜威著：《学校与社会·明日之学校》，第89页。

第十四章

19 世纪欧美主要国家和日本的教育

19 世纪，英、法、德、俄、美、日等国的教育制度发生了较大变革，涌现出一大批反映时代要求及总结教育实践状况的教育思想家。

第一节　19 世纪的德国教育

19 世纪的德国，在教育理论与教育实践方面取得了令世界瞩目的成就。这一时期的德国既出现了洪堡、费希特、黑格尔、赫尔巴特、第斯多惠、福禄培尔等著名教育家，又在高等教育、中等教育、初等教育领域实施了一系列改革，所有这些均产生了世界性的影响。

一、教育发展概况

（一）学前和初等教育

德国学前教育发展较早，19世纪40年代以前出现过一大批幼儿教育机构。1840年，福禄培尔将他自己在1837年创立的学前教育机构正式命名为幼儿园，此举标志着世界上第一所幼儿园的诞生。在福禄培尔的倡导下，德国各地纷纷创办幼儿园。幼儿园运动在冯·劳默尔（V. Raumer）任普鲁士文化教育部长期间遭遇障碍，但到了19世纪60、70年代，幼儿园运动又得以复苏和发展。

在初等教育的发展上，裴斯泰洛齐、第斯多惠、福禄培尔的教育思想对教育实践产生了深刻影响。19世纪以前，在普鲁士《普通学校规程》的作用下，德国初等教育获得一定发展。教学内容主要为基本的读、写、算与宗教教育。

19世纪之后，德国初等教育速度加快，具体表现在：一些公国进一步颁布《初等义务教育法》，为初等教育的发展提供了相应的法律保障；适龄儿童入学率提高，1816年，普鲁士适龄儿童入学率为60%，到1846年，适龄儿童入学率达到82%，初等学校数量增加到24 044所，在校生数达到243.4万人。到19世纪60年代，适龄儿童入学率达到95%以上；初等学校的教学内容也得以扩展和丰富。除4R外，另外增加了数学、博物学、自然、几何、地理等学科。初等教育的发展大大提高了德国国民的整体教育素质，国家实力也得以增强。

随着初等教育的发展，师范教育的发展也被提上了议事日程。1808年，洪堡派遣17名教师到裴斯泰洛齐那里进修。1809年柏林师范学校创办。1820年默尔斯师范学校创办。到1831年，普鲁士的每个省都创设了师范学校。这些师范学校大都按照裴斯泰洛齐的精神与方法训练教师，注意采取新的理性主义的教学方法，成为传播资产阶级民主、自由思想的得力机构。具有进步性质的师范学校招致了普鲁士反动势力的镇压与阻挠。19世纪50年代，政府便对师范学校的教学进行控制,规定在师范学校只能讲授读、写、简单算术和宗教,取消教育原理、教学理论、人类学或心理学、德文原著等学科,并对历史、地理、博物学、自然科学、数学的教学也作出了相应的限制。70年代后,此种局面始得以改观。

(二)中等教育

在洪堡新人文主义思想的影响下,19世纪德国中等教育也实施了改革。洪堡任职期间所提出的"柯尼斯堡"计划与"立图尼安学校计划",被其继任者苏佛恩(J. W. Süvern)付诸实践,对这一时期德国中等教育改革产生了重要影响。

发展中等教育的一大举措便是对文科中学进行改革。首先,把以前的文科中学、高级女子中学、学院、拉丁学校、阿卡德米学校等五种古典中学统称为文科中学,并且规定只有文科中学的毕业生方有进入大学学习或充任国家官吏的资格。其次,规定文科中学教师的任职资格。1810年,普鲁士规定教师的考核工作由"教育代表团"承担。考核科目包括语文、科学、历史等所有文科中学所开设的科目。此举意味着未曾接受文科中学教育的牧师便不能进入中学任教。再次,推行新的课程体系。新的文科中学课程体系包括拉丁文、希腊文、德文、数学、历史、地理、绘图、宗教以及其他语言。通过推行新的课程体系,文科中学希望实施一种全面教育。

实科中学的改革与发展也是这一时期中等教育发展的主要内容。早在18世纪,德国已经出现了少量的实科中学。19世纪实科中学得以迅速发展,其主要职责在于传授自然科学和历史科学知识。1832年,普鲁士率先颁布《实科中学毕业考试章程》,标志着实科中学得到政府的认可。1859年,普鲁士颁布《实科中学课程编制》,规定高级实科中学修业年限为九年并修习拉丁文。1870年以前实科中学的毕业生不具备进入大学学习的资格,不过即便在获得升入大学的资格后,实科中学的毕业生也只能进入大学的数学、自然科学和现代语科学习。

（三）高等教育

19世纪，德国高等教育的发展具有世界意义。而这一影响又与1810年洪堡柏林大学的创办紧密相联。在洪堡看来，国家不能使大学仅仅服务于眼前利益，不能把大学仅仅视为高等古典语文学校或古典专科学校。大学的真正使命在于提高学术研究水平，为国家长远的发展开拓更广阔的前景。为实现这一理想，柏林大学着意在以下方面体现自己的特色。首先，柏林大学拥有充分的办学自主权。教师与学生享有研究与学习的自由，即"教学自由"与"学习自由"。其次，聘请一批学术造诣深厚、教学艺术精湛的教授到校任教，切实提高柏林大学的教学质量与学术声望。再次，重视柏林大学的学术研究与培养学生的研究能力。在哲学院、法学院、神学院与医学院等大兴学术研究之风。除创办柏林大学外，19世纪德国高等教育的发展还表现为高等工业学校或其他专业性学院的创立。这类机构为社会发展与经济建设培养了大批专门人才。

二、费希特论国民教育

费希特（Johann Gottlieb Fichte，1762—1814）是19世纪德国著名哲学家和教育家。早年进入耶拿大学与莱比锡大学学习。1794年开始任教于耶拿大学，后因被指责宣传无神论而被解除教职。1807~1808年，在法军占领柏林期间曾向德国国民作了14场著名的"对德意志国民的讲演"，号召通过国民教育振兴德意志民族。这些演讲集中体现了费希特的国民教育观。

（一）论国民教育的作用与目的

在国民教育作用问题上，费希特的认识是清晰的。他说，国民教育的作用在于培养具有民族精神、宗教意识与道德感的合格国民。唯如此，国家才可振兴，民族才能强盛。他认为当时德国战败的根本原因在于国民教育的衰弱，解决的根本途径在于发展国民教育事业。"简而言之，我认为，彻底改革现有教育制度是使德意志民族延续下去的唯一办法。"①

费希特所要培养的合格的国民有其具体的标准。首先，合格国民须是具有良好德行的人，要具有高尚的爱国主义情操和鲜明的民族精神，具有责任感、博爱、同情心、自我牺牲精神与家庭观念等道德观念。在处理国家与个人利益关系上，个人利益要服从于国家整体利益。其次，合格国民还须是个性完善发展的人，具有较强的理性思维能力。再次，合格国民还须是身心协调、平衡发展的人。

（二）国民教育的实施

在国民教育实施问题上，费希特也有其独到的思考。他认为，完整的国民教育应涵盖两方面的内容：全民教育与全面教育。全民教育针对全体国民实施，而非一部分人的特权。全面教育针对个人而言，指个人应该受到道德、智力、身体等全面的教育。全民教育与全面教育并不意味着每个人需要接受完全相同的教育。

在国民教育实施过程中，费希特主张把智育与德育结合起来。在二者关系问题上，他主张智育的真正目的在于通过理智训练发展理性，从而最终促进道德的发展。在教学方法上，费希特反对机械背诵的方法，要求改行一种旨在培养学生兴趣、激发学生智力发展的新方法，以最终实现培养学生独立思考和独立判断能力的目的。

费希特的国民教育观念不仅对当时的教育改革产生了极大的影响，而且对同时代及后来的教育家，如洪堡、第斯多惠、赫尔巴特、福禄培尔等人均产生了积极的影响。

三、第斯多惠论教育

第斯多惠（Friedrich Adolf Wilhelm Diesterweg，1790—1866）为18世纪德国著名的资产阶级民主主义教育家。早年先后在拉丁语学校、赫尔朋大学与杜平根大学接受教育。

---

① 任钟印主编：《世界教育名著通览》，第587页。

1811年，第斯多惠大学毕业后从事教育工作。其间接受了裴斯泰洛齐教育思想及教育精神的熏染。1820年之后，开始从事师范教育工作。先后出任默尔斯师范学校、柏林师范学校校长之职。1835年出版其教育理论代表作《德国教师培养指南》。1850年因其政治主张引起当局不满而被迫退休。第斯多惠自1827年开始创办并主编《莱茵教育》杂志，1851年则开始出版《教育年鉴》。他对德国教育尤其是师范教育的发展产生了世人公认的影响，被人们尊称为"德国师范教育之父"。

（一）论影响人发展的因素

第斯多惠认为，在个人的发展过程中，共有三个因素发挥了影响：天资、教育与自由自主。天资是指个人本身能力和活动可能性的基础，是个人发展的胚胎。个人之间的天资既表现出相同性，也表现出差异性。人的发展取决于天资与激发两个条件。天资在个人发展过程中作用的发挥主要表现为，天资为人的发展提供可能性，激发则使这种可能性变为现实性。除天资之外，教育在个人的发展过程中发挥的作用是非常巨大的。教育是造就公民的必要手段，是促使个人全面与自由发展的必经之路，是促使个人天资得以最大限度开发的最佳工具。天资的发挥与教育的实施均须注重个人自主自由的发挥，为此必须注意个人自主学习的进行。"发展与培养不能给予人或传播给人。谁要享有发展与培养，必须用自己的内部活动和努力来获得。"[1]

（二）论教育目的

第斯多惠对教育目的的认识是与他对人类目的的理解联系在一起的。在他看来，人生的最高目标在于完善教育，发挥人的天资、智力与主动性，认为真、善、美为人类最宝贵的天性，是全人类也

---

[1] 第斯多惠著，袁一安译：《德国教师培养指南》，人民教育出版社1990年版，第78页。

是个人的最崇高最永恒的理想。人类的自我完善包括人的主动性的发挥和为真、善、美服务。人的固有本质在于主动性,一切人性、自由精神和其他特性都应以主动性为基础。从此意义上来说,主动性是教育的主观原理,是个人发展的主观基础。

教育的最高目标或最终目的在于激发学生的主动性,培养独立性,使人达到自我完善。自我完善的首要意义在于强调个人的发展是一种和谐的发展,是一种全面的发展。但是,这种和谐与全面的发展又有其崭新的意义。首先,和谐发展是针对全人类而不是针对个人而言的,也就是说,每一个人的发展和全人类相比都是片面的,只有在全人类的发展中才可能实现一种整体的和谐。其次,和谐发展主要是针对人的身体与精神统一而言的。和谐发展客观上要求身体与精神的协调发展,二者不可割裂开来。

(三)教学论

1. 形式教学与实质教学

对教育史上延续下来的关于形式教学与实质教学的争论,第斯多惠有自己的见解。他认为首要的任务在于不可把两者人为地割裂开来,二者之间有着内在的联系。一方面,学生要掌握知识必须依靠自身学习能力的提高,否则学生便难以真正领会所学习的知识内容。相反,如果学生的学习能力得到了较大的提高,那么他掌握知识与理解知识的能力得以提高的话,学习知识的总量也可以成倍增加。另一方面,学生学习能力以及其他方面智力的发展也不可脱离教材等知识材料,所有的课堂教学都不可脱离教材。从此意义上来说,所有的教学既是形式的,又是实质的。形式教育只有在实质教育中才能形成,实质教育只有在形式教育中才能产生。

2. 教学原则

第斯多惠主张在实际教学工作中须遵循一定的教学原则。

第一,遵循自然原则。也就是说教学必须遵循自然或天性。教师在教学中首先要做的工作在于把握人的一般天性与特殊天性,然后才可能做到因材施教。遵循自然的教学才有可能符合教学规律，才有可能体现儿童天性。因而遵循自然的原则是对教师的基本要求，是一切课堂教学的基本原则，同时也是一切教育教学工作所必须追求的最高理想与境界。

第二，遵循文化原则。第斯多惠认为，现实生活中的个人存在于具体的时间、具体的地点与环境之中，生活在一定的文化氛围之中。因而，"在教育时必须注意人在其中诞生和将来生活所在的地点和时间的条件。总之，应该注意包罗万象的全部现代文化，特别是当地的特有的文化。"[①]

第斯多惠指出，教育者的一项重要任务就在于把遵循自然与遵循文化协调起来。当两者发生冲突时，遵循文化应该让位于遵循自然。遵循文化的教学原则是仅次于遵循自然的教学原则。

第三，连续性与彻底性原则。由于教学是一个连续的过程，中间不应间断，所以在教学中须遵循教学的连续性原则。为此，教师必须有步骤地引导学生进入与其年龄和天性相符的主动性阶段，使学生一直处于连续的发展与学习的过程之中。此外，教学还须遵循彻底性原则，对知识的学习与掌握，务使学生彻底认识事物的本质，而不是浅尝辄止。在教学技巧上，教师应采取有利于学生理解能力训练的教学方式，应尽可能少教，但要把那些最主要和最基本的知识传授给学生。

第四，直观教学原则。人的智力发展以及知识的形成都是从观察与感觉外部世界开始的，因此，教学必须遵循直观性原则，即贯彻从直观到思维、从个别到一般、从具体到抽象的原则。

（四）论教师

第斯多惠对教师的作用有着清醒的认识，提倡在全社会形成尊师重教的风气，并对教师提出一些具体要求。

---

① 第斯多惠著：《德国教师培养指南》，第161页。

第一，自我教育。教师的天职在于促使学生追求真、善、美，这一职责决定了教师时刻要进行自我教育，不断完善与发展自己。教师只有不断地进行自我教育、自我培养、自我完善，才有可能胜任自己的职业。

第二，教师要有崇高的责任感。教师对待自己的教学工作要勤勤恳恳，任劳任怨，要以崇高的责任感与使命感来对待自己的教师工作。

第三，教师要有良好的教育素养和教学技能。教师在教学工作中要不断借鉴吸收先进的教育理论与教学方法，不断提高自己的教学水平。

第斯多惠的教育思想继承吸收了此前人类历史上一切有益的教育理念。苏格拉底的启发式教学、卢梭的自然主义教育思想、赫尔巴特的教育心理学化思想以及福禄培尔的学前与初等教育思想，均对其产生了积极的影响与启示。在此基础上，第斯多惠结合自己的教育实践提出了一系列教育教学原则、方法，并努力把这些理论、原则与方法应用到具体的教育实践中去接受检验、验证，从而得以完善与丰富。他所提出及提倡的一些教学原则与方法既具有鲜明的时代特色，又反映了教育教学的普遍规律，在教育史的演进历程中发挥着持久的影响。

作为一位具有鲜明资产阶级民主主义立场的教育家，第斯多惠依据自己的教育理论与教育实践，极大地推动了资产阶级民主主义和人道主义思想的传播和发展。

作为德国"近代学校"的维护者和近代教育学的代言人，第斯多惠与同时代的其他资产阶级教育思想家一起，与落后的旧式学校与当政者反动的文教政策进行了斗争，极大地推动了德国资产阶级教育的发展。

第二节 19世纪的法国教育

一、教育发展概况

19世纪的法国政局动荡不安,先后经历了法兰西第一帝国、复辟王朝、七月王朝、第二共和国、第二帝国、巴黎公社与第三共和国初期共计七大历史时期。政局的不断变易使得这一时期历史的发展表现出明显的阶段性特征。这些阶段性特征也在教育的发展中表现出来。考察19世纪法国教育发展的全过程也可发现,法国教育在阶段性发展的历史表象之下,隐现出其内在的连续性与规律性。这集中表现在近代法国既确立了中央集权式的教育管理体制,又建立了完整的学制,各级各类教育事业也都获得了较大的发展。

(一) 中央集权式教育管理体制的确立及其演变

法国中央集权式教育管理体制确立于拿破仑执政的法兰西第一帝国时期。为牢固掌握教育管理权,拿破仑授意颁布了《关于创办帝国大学以及这个教育团体全体成员的专门职责的法令》(1806年)及《关于帝国大学条令的政令》(1808年)。其中规定:以帝国大学的名义建立专门负责整个帝国公共教育管理事务的团体;帝国大学总监为最高教育管理长官,具体负责学校的开办、取缔、教职员任免、提升与罢黜等项事宜;帝国大学下设由30人组成的评议会,协助总监管理全国的教育事务;全国共划分为27个大学区,每一个大学区设总长1人,并设由10人组成的学区评议会。

关于学校开办权,法令明确规定:"未经总监批准,不得在大学外设立学校。"[①] 在教师管理上,公立学校教师被视为国家官吏,薪金由国家支付。教师必须忠于皇帝,并致力于法兰西帝国所需人才的培养工作。

---

① 博伊德、金合著:《西方教育史》,1980年英文版,第360页。

拿破仑第一帝国时期确立的以中央集权为鲜明特征的教育管理体制对后来法国国民教育的发展产生了深远的影响。当然，后来法国教育管理体制也随着时间的推移发生了某种变化，但管理体制的基本框架一直保留至今。

　　复辟王朝时期，宗教势力在教育管理中一度甚嚣尘上，但在华特门斯尼尔出任宗教事务与公共教育部部长后得以改观。七月王朝时期，政府接受索邦大学教授库森（Victor Cousin）的建议，颁布了《基佐教育法》，确定地方有权征收特别税作为教育经费；在地方设立小学教育鉴定委员会；国家掌握教师资格的确立权。集权式教育管理体制在第二共和国时期秩序党人法卢（Falloux）出任教育部长后受到了严重挑战。法卢通过《法卢法》把学校的管理权拱手让给教会。《法卢法》规定帝国大学非专业化，终止国家对教育的垄断式管理。这种趋势在第二帝国时期加斯特夫·罗兰德出任宗教事务与公共教育部部长后才得到有效遏制。罗兰德采取了一系列措施加强国家对教育的管理权，逐步削弱教会的权限。有关资料显示，"1860年之后，无一男子宗教团体有权创办学校，获准办学的女子宗教团体也屈指可数。"①

　　巴黎公社时期，以瓦扬（E. M. Vaillant）为首的巴黎公社教育委员会在教育管理领域进行了卓越的探索，在教育世俗化及教育普及化方面取得了显著成就。他们所采取的一些具体措施是促成这一成就出现的有效手段。具体包括：教会与国家分离，取消宗教预算；以强制手段接管天主教会掌管的学校，清除教学内容中宗教性的东西；聘用大批世俗教师；让农民的儿子免费接受与财主儿子同样的教育，实现普及免费义务教育，等等。

　　普法战争结束后，一批共和党人把法军战场上的失利归咎于第二帝国政府未能充分发挥教育在国家安全与防卫中的职能。为此，

---

　　① 穆迪著：《拿破仑以来的法国教育》，1978年英文版，第67页。

新成立的第三共和国十分注重国家对教育的领导与管理工作。共和党人、律师费里（J. C. Ferry）于1879年2月执掌教育部大印后，即通过颁布实施《费里法》，确定国民教育发展的义务、免费与世俗化三原则，着力提高法国国民整体素质。

（二）初等教育

在拿破仑第一帝国时期，初等教育的发展未受到政府足够的重视，另一方面，宗教势力不断渗透，以至于"教会在初等教育阶段的影响逐渐加大"①，最终导致初等教育发展缓慢。复辟王朝时期初等教育获得较好的社会发展机遇。社会经济的发展表现出对初等教育的巨大社会需求，经济学家、早期社会主义者以及工人阶级代表也从不同的角度论述发展初等教育的迫切性，与此同时，科学技术的发展也为大规模地发展初等教育提供了物质条件。在此情势下，政府于1816年颁布法令，要求在每一市镇设一名委员，具体承担指导初等教育的职责；宗教以及各类慈善团体可以向初等学校提供教师。有关资料显示，截止到1830年，基督教学校兄弟会共创办初等学校1 420所，其他13个男修道会创办初等学校281所。

初等教育在七月王朝时期仍保持着较为强劲的发展势头。《基佐教育法》的颁布与实施为初等教育的发展提供了必要的法律保障。该法规定：政府与教会联手发展初等教育；扩大初等学校的办学自主权；在法国每一区内设立初等小学一所，超过六千人的城市则须设立高级小学一所。法令明确规定了初等学校的教育任务：初级小学要向学生传授生活所必需的基本知识，树立法国国民团结统一的精神，实施道德与宗教教育。除实施初级小学的全部教育外，高级小学还需进行职业教育，使学生获得有关工厂和田间活动的实际知识。资料显示，《基佐教育法》对初等教育的发展所产生的积

---

① 米切雷那·范格罕·阿切尔著：《1789～1848：英国和法国的社会冲突及教育变革》，1971年英文版，第125页。

极影响是显著的。初等学校数量不断增加，并在1833年之后保持继续增加的势头，到1847年法国已拥有各类初等学校6.3万所。

第二共和国时期，由于私人及宗教势力参与初等教育的兴办与发展，初等学校数量大增。到1863年底，私立男子初等学校达到3 000所（同期公立男子初等学校的数量为3.5万所），私立女子初等学校则达到14 500所（同期公立女子初等学校的数量为6 500所）。第二帝国时期，在教育部长迪律伊（V. Duruy）的努力下，初等教育经费有所增加，初等学校教育的内容也得以扩充，接受初等教育的人数也有一定程度的增长。

初等教育在巴黎公社时期的发展主要表现为免费、义务初等教育的发展。公社教育委员会庄严宣布每个儿童都享有不可剥夺的受教育权；书籍、地图、纸张等学习用品免费向学生发放，任何教师不得以任何理由向学生收取此类学习用品的费用。

第三共和国初期，初等教育的发展是与共和党人、律师费里的名字联系在一起的。这一时期两次颁布的《费里法》，不但确立了国民教育义务、免费、世俗化三大原则，而且把这些原则的贯彻实施予以具体化：6～13岁为法定义务教育阶段，接受家庭教育的儿童须自第三年起每年到学校接受一次考试检查；对不送儿童入校学习的家长可以罚款；免除公立幼儿园及初等学校的学杂费，免除师范学校的学费、膳食与住宿费用；废除《法卢法》赋予教会监督学校及牧师担任教师的特权，取消公立学校的宗教课，改设道德与公民教育课。应该说，《费里法》的颁布与实施为这一时期初等教育的发展提供了必要的法律保障，指明了进一步努力的方向，它标志着法国初等教育的发展达到了一个新的水平。

（三）中等教育

19世纪初，法国中等教育的发展受到拿破仑第一帝国政府的高度重视，国立中学与市立中学纷纷创办，成为实施中等教育的主要机构。国立中学修业六年，实行寄宿制，学生毕业时获学士学位并有资格出任国家官吏。国立中学的主要学习内容为古代语及现代语、文学及科学知识。市立中学由地方政府创办,主要学习古典语言课程、历史及其他科目的基本原理。国立中学在复辟王朝时期曾被易名为"皇家中学",古典主义色彩渐浓。

由于经费短缺,七月王朝时期中等教育的发展渐缓。自1815年至1848年,学生费用增加,政府与市镇提供的奖学金逐年减少,所有这些严重制约了中等教育的发展。

为驱除教会势力在中等教育领域日益增长的影响,第二帝国首任教育部长佩尔提·福尔图尔(Fortout)与其继任者加斯特夫·罗兰德作出了持续不懈的努力。他们要求在中等教育阶段实施一种现代的实科教育,基督教学校也要进行法语、历史、数学、现代语言、绘画、商业以及农业知识教育,中等学校应该承担起为现代工业发展培养技术人才的职责。

普法战争之后,在教育现代主义的冲击下,共和党人提出改革中学课程,减少古典语言的教学时数,大力加强现代语言、历史、地理和体育的教学。四年制学校在此时改名为"现代中学",主要学习现代语及自然科学知识。在这一时期,女子中等教育也获得相当的发展,国立女子中学与市立女子中学先后设立,主要进行家政、卫生、手工、音乐及图画教育。

(四)高等教育

高等教育在拿破仑第一帝国时期的发展主要表现为一批专科学校、军事学校及巴黎高等师范学校的创办。按照1802年颁布的法律,全法国共设立医学校三所、法学校十所、机械及化工学校两所、史地政经专科学校一所。1808年,政府又颁布法令,要求在每一大学区下设立五所学院——神学院、医学院、法学院、文学院及理学院。

高等教育的发展在复辟王朝时期受到宗教势力的冲击,一部分高等教育机构被停办,文理学院的发展也受到很大影响。到了七月王朝时期，法国高等教育的发展仍没有大的起色。大学固步自封，难以根据社会发展的需要更新教学计划及课程设置。同样的情况也表现在第二共和国与第二帝国时期。为改变这一状况，普法战争之后的共和派政府于 1877 年设立硕士学位奖学金，鼓励有志青年刻苦攻读；增加对高等学校的财政拨款，赋予高等学校接受捐赠的权利；加强高等学校的教学组织与管理工作，进一步提高教学质量。

就整体而言，法国高等教育在 19 世纪发生了很大变化，原来的文科发展成为一个独立的专业，神学的地位大大降低，法科、医科、理科的发展也受到相当的重视。不过，由于受中央集权制教育管理体制的束缚，法国高等学校在适合各地区的发展及适应社会需要方面，始终存在很多有待进一步解决的问题。

二、涂尔干论教育

埃米尔·涂尔干（Emile Durkheim，1858—1917）是近代法国著名的社会学家和教育家，西方教育社会学的奠基者。他的主要教育思想集中展现于《教育社会学》(1922)、《道德教育论》(1925)以及《法国教育学的演变》(1938) 三部著作之中。

（一）论教育功能

在涂尔干看来，"教育是年长的几代人对社会生活方面尚未成熟的几代人所施加的影响。其目的在于，使儿童的身体、智力和道德状况都得到某些激励与发展，以适应整个社会在总体上对儿童的要求，并适应儿童将来所处的特定环境的要求。"① 也就是说，教育的基本任务在于培养个人使其具备作为社会成员与特定群体成员所必须具备的身心状态。在此基础上，涂尔干提出教育具有三大方面的功能：

---

① 张人杰主编：《国外教育社会学基本文选》，华东师范大学出版社 1989 年版，第 9 页。

其一，教育在于使年轻一代实现系统的社会化，即教育在于使每个人实现由"个体我"向"社会我"的转变；

其二，教育在于促使个体的潜能得以显示与发展，并在此基础上培养个体遵守社会秩序、服从政治权威等品质；

其三，教育还可以将个体适应社会生活所必需的各种能力进行代际间的传递。

（二）论道德教育

在道德教育问题上，涂尔干提出非宗教化的观点。这种非宗教化不仅表现在从形式上把宗教教育与道德教育分离，而且更为重要的还在于挑选和整理潜藏在宗教概念中的道德实体与人们世俗生活中经验性的道德实体，"从而建立起具有真情实感的、有充实内容的，但又不借助于任何宗教神秘色彩的道德教育体系。"① 涂尔干把这种新型的道德教育理解为："不是基于宗教默启原则，而是唯一以理性所承认的观念、感情和行为作为基础的教育，一言以蔽之，即唯理教育"。② 在道德教育的具体实施上，涂尔干提出应在小学阶段，集中精力培养儿童具有"社会人"所具备的道德品质，也就是要把社会群体的道德价值内化为个体的道德行为规范。

（三）论教育学与社会学的关系

涂尔干从教育的社会性出发，论述了教育学与社会学的关系。他认为作为一项重要的社会事务，教育受社会各系统的制约，从而决定了教育学对社会学具有明显的依赖性。正因为教育的根本目的在于塑造人使其"社会化"，那么，"只有社会学才能把教育与教育赖以存在并为其实现的社会条件联系起来，从而帮助人们更深刻地

---

① 袁桂林著：《当代西方道德教育理论》，福建教育出版社1995年版，第20页。

② 赵祥麟主编：《外国教育家评传》第2卷，上海教育出版社1992年版，第760页。

理解教育；只有社会学才能在社会共同意识受到干扰和不确定因而不知道教育目的应是什么时，帮助人们重新去认识和发现它。"①

第三节　19世纪的英国教育

一、教育发展概况

19世纪英国处于从自由资本主义向垄断资本主义过渡的时期，人口增长速度加快，资本主义经济获得迅速发展。资本主义制度的弊端也日渐显露，阶级矛盾日益尖锐。所有这些对这一时期英国教育观念与制度的变革均产生了极大的影响。

（一）国家逐步干预教育

至19世纪中期，尽管教会、部分政客、资本家及思想家出于各自利益的考虑反对政府承担管理教育的责任，但随着形势的发展，要求国家管理教育的呼声越来越强烈。国家干预教育，使工人阶级子女接受一定的初等教育符合资产阶级的整体利益，这是导致资产阶级政府参与教育管理的根本原因。广大工人阶级也越来越认识到接受教育的重要性；一些有远见的政治家和思想家主张确保国民接受教育以保证国家的长治久安与繁荣。这些思想成为英国政府此后颁布教育改革方案及设立教育管理机构的认识基础。

1807年，惠特布雷特（S. Whitbriad）提出一项《教区学校议案》，建议政府在每个教区设立由国家管理的学校，但未在上院获得通过。1833年，英国国会决定每年从国库中拨付2万英镑的教育款项，以促进教育的发展。经费管理与分配由"贫民促进会"（The National Society for Promoting the Education of the Poor）和"不列颠及海外学校协会"（The British and Foreign School

---

① 李明德、金锵主编：《教育名著评介（外国卷）》，第370页。

Society)两个教派团体负责。

1839年,英国政府成立枢密院教育委员会,具体负责教育拨款的分配与使用。1856年,该机构改组成教育局,负责管理初等教育,成为英国政府设立的第一个教育管理机构。1899年成立由国会直接领导的国家教育委员会,统一管理初等及中等教育事业的发展。

(二)初等教育的发展

19世纪上半期,英国初等教育主要由宗教团体和慈善机关办理,教育质量低下,学校数量与入学人数均严重不足。发展初等教育的师资也极为欠缺,为此还盛行导生制的教学方法。导生制又称为贝尔—兰开斯特制,由英国传教士贝尔(Dr. Andrew Bell,1753—1832)和兰开斯特(Joseph Lancaster,1778—1838)所创。其基本方法是教师在学生中选择一些年龄较大、学习成绩较好的学生充任导生,教师先对导生进行教学,然后由他们去教其他学生。运用这种方法,可使学生的数额大大增加,因而一度广受欢迎。但因其不可避免地造成教育质量下降,而终被人们所抛弃。

这一时期英国初等教育的发展还深受1833年颁布实施的《工厂法》的影响。该法案规定,9~13岁的童工每天应在工作时间内接受两个小时的义务教育,工厂主雇用的童工必须持有厂医的年龄证明和教师的入学证明,否则要受到惩罚。这一法案在一定程度上改善了工人阶级子女的受教育状况。当然就整体而言,这种改善是有限的。

为适应19世纪下半叶英国工业革命的发展以及英国与其他国家开展经济竞争的需要,1851年宪章运动者代表大会通过一项实施普及义务教育的决议。在此基础上,英国政府在1870年颁布实施了《初等教育法》,明确规定:国家对教育享有补助权与监督权;设立学校委员会管理地方教育;对5~12岁儿童实施强迫的初等教育。《初等教育法》的颁布与实施标志着英国初等国民教育制度正式形成。1870年之后,英国初等教育发展较快,1870年民办学校招生数不足 125 万，到 1900 年双重制初等学校招生数超过 425 万，基本上普及了初等教育。

(三) 中等教育改革

19 世纪英国中等教育基本沿袭 18 世纪的传统，主要依靠两类教育机构开展中等教育。一种是捐办文法学校（endowed grammar school），另一种是公学（public school）。19 世纪初期，英国约有捐办文法学校六百所，学校规模较小，课程内容也较为陈旧，难以适应时代需要。公学源于捐办文法中学，享有较高的地位和社会声誉。至 19 世纪 30 年代，温彻斯特、伊顿、温斯敏斯特、查特豪斯、哈罗、拉格比、什鲁斯伯里、圣保罗和泰勒商会学校已成为英国著名的九大公学。但公学课程内容陈旧、教学方法保守。为了解公学的实际状况，以便采取相应的改进措施，1861～1864 年，克拉雷顿委员会接受国会之托对九大公学进行调查。1864 年该委员会发表了调查报告，就公学存在的弊端提出了改进措施。之后公学发生了一些变化，课程内容有所扩充，管理机构也有所变革。

1864～1868 年，汤顿学校委员会（The Taunton School Inquiry）对英国的九百余所捐办文法学校实施了调查，在 1868 年提交的调查报告中建议设立三类不同类型的中等学校：第一类中学面向贵族与大资产阶级子弟而设，学习经典学科以升入大学；第二类中学专为中产阶级子弟设立，主要学习现代语、数学与自然科学等实用学科，培养一些商业、医学、法律等专门人才；第三类中学专为中下层平民子弟设立，其目的在于培养普通的职业人才。由于当时英国政府关注的是初等教育的普及问题，汤顿学校委员会的建议未被采纳，但对后来英国中等教育的发展产生了较大的影响。

(四) 高等教育的发展

在产业革命的推动下，19 世纪英国高等教育的发展与变革主要表现为新大学运动与大学推广运动上。1828 年，伦敦大学学院的成立标志着新大学运动的开始。该学院不再实施宗教教育，重视自然科学的教育。1829年,国教派成立英王学院,除在宗教教学问题上与伦敦大学学院存在分歧外,英王学院也对实科教育持较为重视的立场。1836年,两院合并成为伦敦大学。在伦敦大学的带动下,19世纪下半叶,英国城市学院纷纷成立,如曼彻斯特学院、南安普顿学院、纽卡斯尔学院、伯明翰学院,等等。城市学院的兴起极大地改变了英国高等教育的传统,科学教育步入大学的讲坛,高等教育从此向中产阶级子弟开放。

大学推广运动最早出现于19世纪40年代,主要指全日制大学以校内或校外讲座的形式将教育推广到非全日制学生。伦敦大学、牛津大学、剑桥大学在大学推广运动中发挥了关键作用。大学推广运动产生了较大的社会影响。1891年,仅英格兰就开出了五百多门课程,参加学习者达六万多人。大学推广运动在加强大学与社会之间的联系,促使社会中下层阶级和女子有更多的接受高等教育机会,推动课程改革和高等教育机构发展等方面发挥了重要作用。

二、斯宾塞论教育

赫伯特·斯宾塞(Herbert Spencer,1820—1903)为19世纪英国著名哲学家、社会学家和教育家,科学教育的倡导者。他的教育思想集中体现在1861年发表的《教育论》中。

(一)论教育目的与课程

斯宾塞主张教育目的在于为完满生活作准备,为实现此目的,教育应从当时古典主义的传统束缚中解放出来,应该切实适应社会生活与生产的需要。他认为,"学校科目中几乎完全忽视的东西,却是同人生事业最有密切关系的。……一些钦定的教育机构一直念念叨叨的却几乎全是一些陈腐的公式。"[①] 针对古典主义者就古典

---

① 胡毅、王承绪译:《斯宾塞教育论著选》,人民教育出版社1997年版,第70~71页。

学科价值所作的辩解，斯宾塞提出最重要的问题并不在于某些知识是否有价值，而在于它的比较价值。比较的尺度在于它们与生活、生产和个人发展的关系。为此，"我们的第一步显然应当是按照重要的程度把人类生活的几种主要活动加以分类。它们可以自然地排列成为：1. 直接有助于自我保全的活动；2. 从获得生活必需品而间接有助于自我保全的活动；3. 目的在抚养和教育子女的活动；4. 与维持正常的社会和政治关系有关的活动；5. 把生活中的闲暇时间用于满足爱好和感情的各种活动。"①

为促使个人有能力从事上述五类活动，斯宾塞提出学校应开设以下五种类型的课程。

第一类是生理学与解剖学。此类知识属于直接保全自己的知识，应该成为合理教育中最为重要的部分。

第二类是逻辑学、数学、力学、化学、天文学、地质学、生物学和社会科学，属于间接保全自己的知识，是文明生活得以维持的基础知识。

第三类是生理学、心理学与教育学。这一部分知识能够保证父母们成功履行自己的责任，进而促使家庭稳定和睦，社会祥和。

第四类是历史。历史知识有利于人们调节自己的行为，成功履行公民的职责。

第五类是文学、艺术等。这类知识能够满足人们闲暇时休息与娱乐的需要。

从斯宾塞所设计的课程结构来看，他主张以科学知识为中心，兼顾个人和社会生活的双重需要，实为教育发展史上的一次大变革。斯宾塞及其他倡导科学教育的思想家们不仅对英国教育冲破古典教育传统的束缚产生了深刻影响，而且这种影响还波及到其他国

---

① 胡毅、王承绪译：《斯宾塞教育论著选》，人民教育出版社1997年版，第59页。

家,极大地推动了科学教育的发展。

(二)教学原则与方法

为保证课程教学获得较好的效果,斯宾塞提出了一些具体的教学原则与方法。

1. 教学应符合儿童心智发展的自然顺序,具体表现为从简单到复杂;从不准确到准确;从具体到抽象。

2. 儿童所受的教育必须在方式和安排上与历史上人类的教育相一致。他认为,儿童倾向于按照人类掌握知识的同一次序获得知识,教育应在小范围内重复人类文化。

3. 教学的每个部分都应该从实验到推理。教学应从纯粹实验入门,应该在积累了充分观察后才开始推理。

4. 引导儿童自己进行探讨和推论。

5. 注重学生的学习兴趣。

6. 重视实物教学。

从对这些具体教学原则的重视我们不难发现,斯宾塞反对传统教育中照本宣科、死记硬背等无视学生身心健康的教学方法,主张重视学生心理规律、兴趣与实验等,表现出鲜明的历史进步性。

三、赫胥黎论教育

托马斯·亨利·赫胥黎(Thomas Henry Huxley,1825—1895)是19世纪英国著名的自然科学家和教育家,近代科学教育的主要倡导者。他的教育思想集中反映在《科学与教育》这一论文集中。

(一)对传统教育的批判

赫胥黎对当时英国教育中存在的弊端有着清楚的认识,他认为"我们的大部分学校和所有大学所提供的教育,仅仅是一种狭窄的、片面的和实质上无教养的教育——在它最糟糕的时候,实在是近于完全没有教育。"① 初等学校所传授的内容是不充分的，儿童在此难以获得有关自己国家的历史或政治体制的知识，难以获得科学知识的教育；中等学校普遍忽视近代历史、地理、语言以及科学教育，中学毕业生难以用条例清楚和符合语法规则的语言表述自己的所思所想；大学仅仅向学生提供古典语言的基础教育，不能向学生提供科学教育，也不能对学生进行科学训练。"希望了解近代英国的科学和文学活动的某个外国人，如果带着这个目的参观我们的一些大学的话，肯定将会白白浪费他的时间和精力。"②

(二) 科学教育与自由教育

赫胥黎从当时工业发展与现实生活的需要出发，阐述了实施科学教育的重大意义。鉴于"我们时代的显著特点是，自然科学知识已经发挥了巨大的作用，而且这种作用会越来越大"③，英国的各类学校必须实施科学教育，以培养有能力利用自然科学的人。

关于科学教育的内容，赫胥黎认为应该首先包括自然科学，因为自然科学教育既能提供具有特殊价值的知识，又能提供科学方法的训练。为实现此目的，他倡议在中小学首先开设地理学、植物学、物理学、化学、人体生理学课程；其次要开设道德理论、政治及社会生活理论基础知识课程；最后还尽可能讲授历史课程，着重讲授英国历史。

对当时教育实践中基于对科学教育的重视而忽视人文学科教育的现象，赫胥黎提出了批评。他说："看到一种为了科学而扼杀或削弱文学与美学的倾向，我感到极大的遗憾。对教育性质所持的如此狭隘的观点，与我所坚持的应当把一种完整的和全面的科学文化引入到一切学校的信念毫无共同之处。"④ 正确的态度是把两者结合起来，因为只有受过两方面的教育才能算是完整的自由教育，受过

①②③④ 赫胥黎著，单中惠等译：《科学与教育》，人民教育出版社1990年版，第76、73、103、85页。

自由教育的人才能从事多方面的职业。与斯宾塞相比，赫胥黎更重视科学与人文学科的平衡。

第四节 19世纪的美国教育

美国经济在19世纪获得了飞速的发展，自1783年到19世纪末的一百二十多年间，美国经济跃居世界经济发展的前列。其间，教育与经济发展相互依赖，相互促进，形成了独具特色的美国教育制度。

一、教育发展概况

（一）教育管理体制的变迁

学区制的兴衰　学区制最早出现于殖民地时期，1789年，马萨诸塞州首先赋予学区以法律地位，拥有学校设置、教师聘任、教材选用、学校管理等权利。此举后被其他州所效仿，到19世纪中期学区制在美国已被普遍采用。

学区制在实施的过程中暴露出不少问题，最突出的问题在于各学区之间因教育经费不足而导致的教育质量低劣，改革学区制逐渐成为一种社会需要。因而，在19世纪中期之后，各州纷纷对学区制实行改革，主要采取两项措施，一是削弱学区的职权，如有的州取消了学区聘任教师的权利；二是合并学区，以利于节省教育经费，提高教育质量。

州教育领导体制的建立　美国教育管理实行地方分权制，该体制是在19世纪逐步建立起来的。依据1791年的宪法修正案第十条之规定："凡是宪法未曾给予联邦而又未曾限制给予各州的权利，都是保留给各州或人民的"，据此，教育被理解为州的职权。

1812年至1821年，纽约州首设教育督察长，成为美国最早在州一级设教育官员的先例。1837年，马萨诸塞州设立州教育委员会，贺拉斯·曼（Horace Mann，1796—1859）任教育委员会的秘书。贺拉斯·曼推行公立教育运动，创立教育税制，兴办公立师范学校，被称为州教育领导体制的开创者。州以下的市、县也设立了教育委员会，负责本市、县的教育管理工作。

至 19 世纪下半期，州教育委员会成为州法定的教育决策和规划机构，负责征收教育税、分配教育经费、确定教师任职资格及课程标准等教育事务。美国州教育领导体制的确立，推动了美国公共教育制度的发展，促使美国公共教育质量得到一定程度的提高。

联邦教育机构 1867 年，美国国会议员加菲尔德（A·Garfield）在国会提议设立了教育署，负责收集各州和各地区教育发展的统计资料，交流全国教育组织、学制和教学方面的情报。此议案获得通过，联邦教育署得以设立，署长由总统任命。1870 年，联邦教育署改称教育局，隶属于联邦内务部，负责调查、统计、传达各州教育情况，分拨教育经费，负责特殊地区的教育事业发展问题。

（二）初等教育的发展

19 世纪初期美国初等教育的发展是缓慢的，教育内容脱离实际，经费投入明显不足，合格师资欠缺，导生制盛行，这种状况与社会政治经济发展的需要存在相当大的距离。为改变这一现状，贺拉斯·曼与巴纳德（Henry Barnard）等人倡导开展了公立教育运动，促进了美国初等教育的发展。这一运动主要表现在三个方面：建立地方税收制度，兴办公立小学，实行强迫入学和免费教育。1859 年，马萨诸塞州已有四千多所公立小学，成为初等教育的主体，各州予以仿效。1825 年，美国政府颁行第一部普及义务教育法，但反响甚微。1852 年，马萨诸塞州第一个颁布强迫义务教育法，规定 8～12 岁适龄儿童每年须入学学习 12 周。此后，纽约等州加以效仿。到 19 世纪末，美国已有三分之二的州颁布了义务教育法。20 世纪初美国各州均通过义务教育法，并将结业年龄延长到 16 岁，且须全年入学学习。1832 年，纽约州首先实施免费教育制度，以促进低收入阶层子弟入学学习。稍后，马萨诸塞等州也相继实施了免费教育制度。

（三）中等教育的发展

19世纪，实施中等教育的主要机构为文实中学与公立中学。当然，一部分拉丁文法中学仍然存在。

富兰克林于1751年在费城首创文实中学，但此类中学一直发展缓慢，到1800年全美仅拥有100所文实中学。进入19世纪后，由于拉丁文法学校教学内容空疏无用，越来越不能适应社会经济发展的需要，文实中学方得以大规模发展起来。1830年，全美经核准设立的文实中学达到950所；1850年达到6 085所，学生达到263 096人。文实中学至此已成为主要的中学类型。

就培养方向上来看，文实中学分为三种类型：第一类文实中学兼有升学与就业两种职能；第二类是具有专科性质的文实中学；第三类是职业性文实中学。三类文实中学表现出一些不同于拉丁文法学校的共同特征：如开设各种适应经济、政治发展需要的学科，采用现代语教学，男女合校，为就业作准备等。文实中学的出现与发展在促进美国中等教育由古典向现代转变，扩大美国中等教育机会以及确保美国中等教育更好地适应社会经济发展需要诸方面发挥了积极作用。

除文实中学外，公立中学也是这一时期美国中等教育发展赖以实施的主要机构。1821年美国第一所公立中学最早出现于波士顿。南北战争后美国社会经济的发展为公立中学的大规模发展提供了社会需要与物质基础，公立中学得以快速发展。1860年，全美共拥有公立中学三百余所，1890年增至2 526所。此时许多文实中学也改办为公立中学。在课程设置上，公立中学能够切合实际需要，重视英语、数学、自然科学与现代语言的教学。公立中学的出现与发展进一步强化了公立教育运动在中等教育领域内的延伸，为更多的人提供了接受中等教育的机会。

（四）高等教育的发展

19世纪，美国高等教育在办学形式、学校类型、课程设置、教育规模等方面均发生了重大变化，表现出一些新的特点。

在办学形式上，以私立为主，公、私并重。19世纪初，马萨诸塞、纽约等州改私立学院为州立大学的努力均告失败。1819年，达特茅斯学院诉讼案（Dartmouth College Case）进一步强调了私立大学的合法性，鼓励了大批私立学院的建立。与此同时，一些州政府也纷纷设立州立大学。如此一来便出现了公、私立大学或学院并行发展的局面。但就数量而言，私立学院仍占绝对多数。据统计，1860年，美国共有高等院校180所，其中州立大学仅66所。而且，经过南北战争之后，幸存下来的州立大学为数不多。

在办学规模上，18世纪与19世纪的美国大学或学院规模都很小。即使到了19世纪末期，在校生数量达到二百五十名以上的高等学校仅有九所。

在学校类型上，新兴农工学院的发展促使美国高等教育更为密切结合社会发展的实际需要。1862年，林肯总统批准了《莫里尔法》。该法规定：联邦政府按各州在国会的议员人数，按照每位议员三万英亩的标准向各州拨赠土地，各州应将赠地收入用于开办或资助农业和机械工艺学院。利用这笔拨赠，大多数州都专门创办了农业或机械工艺学院，有的州则在已有的大学内附设农业或机械工艺学院。农工学院的发展开创了高等教育为工农业生产服务的方向，在一定程度上改变了高等教育发展与社会需要联系不够密切的状况。

研究型大学的创办也使得美国高等学校的类型进一步多样化。19世纪初期，大批美国人赴德留学或考察。这批学者回国后，纷纷按照德国的大学理念创办大学，即赋予大学以科学研究的职能。创办研究型大学便成为他们的首选之举。1876年，霍普金斯大学成立，该大学以学术性研究为主，并在全国首设研究生院。在霍普金斯大学的带领下，哈佛大学、耶鲁大学、哥伦比亚大学也都相继迈出了向研究型大学行列挺进的步伐。

美国高等教育发展在19世纪的又一突出表现是女子进入高等学校学习。19世纪20年代以后，美国出现了一批女子学院。到19世纪末，绝大多数大学向女子敞开了大门。

二、贺拉斯·曼论教育

贺拉斯·曼是19世纪美国著名的教育实践家。早年在布朗大学接受教育。1823年开始从事律师工作，后步入政界，1827~1837年间先后任马萨诸塞州州议会众议员、参议员及议长。1837年出任州教育委员会的秘书。在12年的任期内，贺拉斯·曼全身心致力于公立教育运动的开展，创建了州教育管理体制，极大地推动了马萨诸塞州公立教育运动的开展。在繁忙的教育管理工作之余，贺拉斯·曼还十分注重教育理论的探索，形成自己的教育理论体系。贺拉斯·曼的教育观集中体现在他任职期间每年撰写的12份教育年度报告。1853年贺拉斯·曼出任俄亥俄州安蒂奥克学院院长。1859年病逝。

（一）教育作用与目的

在教育作用问题上，贺拉斯·曼的认识非常明确具体。第一，实施普及教育是共和政府存在的保证。为把来自不同国家、不同文化背景的移民培养成为美利坚合众国的公民必须实施普及教育，将他们置身于公立学校这一大熔炉之中。否则，国家有涣散之虞。第二，教育是维持社会安定的重要工具。教育可以减少罪恶，可以减少社会遭受不良行为的损害。"除了人类所创造的其他一切手段以外，教育是人们的境况的伟大均衡阀——它是社会机器的平衡轮。"[①] 从这个意义上来说，开办一所学校犹如关闭一所监狱。第

---

① 任钟印主编：《世界教育名著通览》，第770页。

三，教育还是人民摆脱贫穷的重要手段。在如何实现让人民摆脱贫穷这一问题上，贺拉斯·曼反对采取激烈的暴力手段实现富者与贫者之间的财产转移，认为教育是消除贫困的最佳手段。"如果能平等地传播教育，财产就会随之滚滚而来，因为，一批有智慧、有实际经验的人竟会永远贫穷，这样的事从来没有过，也决不会发生。"①

教育的目的在于培养社会需要的各类专业工作者。贺拉斯·曼曾把教育比喻为一部庞大的机器，认为"依靠这种机器，可以把人性中的原材料加工成发明家、发现家，加工成熟练的技工和科学种田的农民，加工成学者和法者，加工成慈善机构的创立者以及伦理学和神学理论的崇高阐释者"②。

（二）教育内容

在贺拉斯·曼看来，完整的教育内容应该包括体育、智育、政治教育、道德教育以及宗教教育诸方面。

体育的内容主要是向学生进行人体生理学、健身知识和卫生知识的教育。他说："要彻底传播卫生知识，公立学校是唯一的机构，然而它是合适的机构。愿我们把人体生理学作为一门不可缺少的学科引进公立学校，但愿任何一个不能精通生理学的主要原理并将它们应用于生活中的各种环境的人都不得成为教师……"③

智育的内容主要是语文、生理学、历史、地理及簿记等实用科目。因为这些知识能够保证学生更好地服务于社会，为学生将来生活所必需。政治教育的主要内容是向学生讲授所在州宪法和美国宪法，直至学生能够较好地理解，为将来更好地履行共和国公民职责奠定基础。

为弥补法制教育与政治教育的不足，贺拉斯·曼主张实施道德教育，认为教师应该竭尽全力地教育儿童牢记虔诚、正义、尊重真

---

① ② ③ 任钟印主编：《世界教育名著通览》，第 779、775、777 页。

理、热爱祖国、热爱全人类的观念，并养成仁慈、庄重、勤勉、节俭、节制的美德。只有这样，才能抵制犯罪和不道德行为，才能为人类社会逐步美好奠定坚实的道德基础。"如果社区内全体 4~16 岁的儿童都被置于好学校的感化和提高人品的影响之下，那么，现在正困扰着家庭的平静、玷污着现代文明的那些秘密的恶行和公开的犯罪的罪恶宿主将有 99% 从世界上消灭。"①

在宗教教育方面，贺拉斯·曼一直反对教派控制学校和狭隘的教派教育，但他并不主张从学校中完全排除宗教教育。他认为，马萨诸塞州的学校制度"决不是反宗教的、反基督教的或非基督教的制度，它是一种名副其实地承认宗教义务的制度，这种制度求助于宗教精神……它欢迎《圣经》，从而也欢迎《圣经》真正包含的一切教义"②。

(三) 师范教育

贺拉斯·曼对师范教育极为重视，将之视为提高公立学校教育的重要手段。为此，他倡议创设师范学校来培养教师。在他的宣传和领导下，马萨诸塞州自 1839 年起建立了美国第一批公立师范学校。为保障合格教师的培养，贺拉斯·曼要求在师范学校开设公立学校所开设的全部科目。此外，未来的教师还要学习各科教学法、心理学、哲学、人体生理学、卫生学等科目。

鉴于其在美国公立学校教育实践中所发挥的巨大作用，以及在师范教育、普及教育思想领域所进行的卓有成效的探索，贺拉斯·曼被誉为"美国公立学校之父"。

第五节 19世纪的俄国教育

19世纪初的俄国仍然是一个落后的封建农奴制国家，封建农

---

① ② 任钟印主编：《世界教育名著通览》，第 784、789 页。

奴制越来越成为生产力发展与个人自由的束缚。这种束缚在教育领域则集中表现为严格的教育等级制与落后的教育内容。为改变这种局面，在国内外进步势力的压力下，沙皇政府出于维护自己统治的考虑，分别于19世纪初期和60年代实行了两次教育改革，在某种程度上推动了教育发展。

一、教育发展概况

（一）19世纪初的教育改革

在国内资产阶级民主思想和法国革命的影响下，沙皇亚历山大一世实施了教育改革。先后颁布实施了教育改革条例和方案，主要有1803年的《国民教育暂行条例》，1804年的《大学附属学校章程》，逐步建立和完善了学校体系和管理体制。

《大学附属学校章程》的主要内容是：全国分为六大学区。每一学区设立一所大学，主要目的在于培养国家官吏。大学享有结社、出版、集会、选举校长和教授等自治权，并承担管理本学区各级普通学校的职责。大学之下附设各级普通学校，具体包括堂区学校、县立学校和文科中学。

堂区学校设立于城乡的教堂中，学制一年。主要学习内容包括神学、人与公民的义务、阅读、写作、初级算术、常识。堂区学校的部分毕业生可升入县立学校学习。

县立学校设立于县城或省城，学制两年。学生在此除继续学习堂区学校的课程外，还要学习俄语语法、世界和俄国地理、世界和俄国历史、几何、物理、初级自然、工艺知识、图画。学生毕业后可直接进入文科中学学习。

文科中学设于省城，学制四年。学生在此主要学习拉丁语、德语、法语、地理、历史、统计、初级哲学、初级文艺、数学、物理学、自然史、商业理论、工艺学、图画知识。学生毕业后可升入大学学习。

除此之外,《大学附属学校章程》还规定各级学校免收学费;学校招生不受出身和宗教信仰的限制;教学内容注重自然科学知识教育,这些在一定程度上反映了资产阶级经济发展的需要。当然,应该指出,《大学附属学校章程》的许多带有民主色彩的规定,并未得到彻底实施。

(二) 19 世纪 60 年代的教育改革

继 19 世纪初期的教育改革之后,俄国又先后实施了一系列的教育改革,影响较大的有 1828 年颁布的《大学所属各级学校规程》以及 1835 年的《大学章程》。《大学所属各级学校规程》实施的结果取消了各级学校之间的衔接,要求各级学校分别服务于不同的等级:堂区学校招收最低等级的子弟入学;县立学校招收商人、手工业者等城市平民子弟;文科中学招收贵族和官吏的子弟。由此建立起等级性鲜明的学校体系。与此同时,尼古拉一世政府还加强了对学校师生的监督。按照 1835 年的《大学章程》,大学原享有的自治以及管理各级学校的权利被取消。之后,政府对学校的管制更加严格,如审查教授的上课提纲,禁止准备任教的学生出国。沙皇政府在教育领域所推行的倒退政策激起了进步教育家的强烈反对,赫尔岑、车尔尼雪夫斯基、杜勃罗留波夫等主张教育改革与社会改革结合起来,培养社会新人。皮罗戈夫、托尔斯泰、乌申斯基等人著文批判等级教育制度,提倡教育普及化,要求尊重儿童、采用新的教学方法,极大地推动了教育事业的发展。

在广大社会民众和资产阶级的压力下,19 世纪 60 年代初沙皇亚历山大二世颁布了一系列学制改革的法令,主要有 1860 年颁布的《国民教育部女子学校章程》,1863 年 6 月颁布实施的《俄罗斯帝国大学章程》,1864 年 7 月颁布的《初等国民教育章程》,1864 年 11 月颁布的《文科中学和中学预备学校章程》。

《国民教育部女子学校章程》,在俄国历史上首次规定建立女子学校。女子学校在学制上有三年制与六年制两种形式,提供宗教、道德与知识方面的教育。《俄罗斯帝国大学章程》的实施则在较大程度上恢复了大学的自治权,并规定大学的校长、副校长、系主任和教授均选举产生,且都享有较大的学术自由。《初等国民教育章程》赋予政府、地方自治机关、社会团体、私人开办学校的权利,这些学校招收社会各阶层的儿童,学制三年;实施男女同校教育,接受女子担任教学工作;设立省学校委员会及县学校委员会,对初等学校实施管理;确定初等学校的教学内容为神学、读、写、算;教会学校自成体系,教会人士拥有当然的任教资格。

在中等教育方面,《文科中学和中学预备学校章程》则明确规定:中学分古典文科中学和实科中学两种,学制为七年;古典文科中学的毕业生可进入任何类型的高等学校,实科中学的毕业生则进入高等专科学校学习;鼓励教师采用新型教学方法,反对体罚。

上述各项教育法案的颁布与实施,使各个教育领域均有一定程度的发展,但资产阶级民主主义教育并未取得实质性的发展,60年代后期俄国的教育又出现了较大幅度的倒退。

(三) 19 世纪 70 年代的教育复辟

进入 19 世纪 70 年代之后,沙皇政府采取了一系列反动措施,导致教育发展出现严重倒退。这主要表现在教育的等级性增强以及政府对教育的管制进一步加强等方面。

在教育的等级性方面,1871 年颁布的《中等学校规程》把所有的中学改为古典中学;提高中学学费,平民子弟难以入学就读,学制 8 年;在教学内容上注重古典学科和神学的教育。据统计,在这一时期,中学里有 56% 的学生来自贵族和官僚家庭,农村儿童仅占 5.9%。

政府强化教育控制的目的,主要通过实施 1874 年颁布的《初等国民学校规程》以及 1884 年颁布的《大学规程》中的相关规定而实现的。

《初等国民学校规程》明显加强了政府对国民教育发展的控制。

该规程规定：废除学校委员会选举制度；政府拨款资助教会创办堂区学校；设立教育部所属的初等学校；限制地方自治会参与创办学校、培养师资的活动；增加神学教育内容，压缩知识内容在教学中所占比重。

在高等教育领域，由于《大学规程》的实施，大学的自治权、大学生集会的权利均被取消，政府对大学实施严密的监视。

19世纪俄国教育发展的道路是曲折的，在这一过程中，统治阶级在改革和进步的潮流面前可能采取一些进步的教育改革措施，在一定程度上促进教育事业的发展。但这种改革是有限度的，同时还出现了一系列的反复与倒退。

二、乌申斯基论教育

康斯坦丁·德米特里耶维奇·乌申斯基（1824—1871），19世纪俄罗斯著名教育家。1840年完成中等教育，同年进入莫斯科大学法律系学习，1846年完成学业并获法学硕士学位。1850～1854年任职于内务部宗教事务司。1854年11月至1859年1月在加特钦纳孤儿院出任教职，后为学监，其间开始从事教育理论研究工作，先后在《教育杂志》发表了《论教育书刊的效益》《论公共教育的民族性》《学校的三个要素》等教育论文。1859年出任斯莫尔尼贵族女子学院学监，对该校的教育教学进行了全面的改革，并缔造了俄国女子师范教育。1860年任《教育部杂志》编辑，把该刊物办成一份高质量的教育科学研究期刊，在该刊物上陆续发表了《劳动在心理和教育上的作用》《论俄国教育中的道德成分》《师范学校草案》和《祖国语言》等高水平的教育文章。

1862～1868年，乌申斯基离开俄罗斯，对瑞士、德国、法国、比利时和意大利各国的教育现状进行了全面而深入的考察，并完成了他的最重要的教育理论著作《人是教育的对象》（两卷）的撰写工作。其间还为《人是教育的对象》第三卷搜集了材料。1871年初乌申斯基因病逝世。

(一) 教育的本质与目的

在乌申斯基看来，首先，教育是一门艺术，而不是一门科学。科学的目的在于客观地、比较充分而全面地揭示一个对象或一类对象的某些现象的规律，其研究对象是自然现象、人的生理现象或数的关系与形式。艺术则是指那些力图满足人的高尚道德和精神需要、满足人所独有的构成人的本性所需要的任何实践活动。教育的任务在于研究未来的实践活动，其最终任务在于满足个人和人类的最伟大的需要——满足他们求取人性本身完善的需要。教育的永恒理想在于造就完满的人。从这些意义上来说，教育是一门艺术，一门需要耐心、天赋的才能和本领以及专门知识的艺术。教育所关注的主要问题不应该是学校的教学科目、教学论或体育规则问题，而应该是人的精神和人生问题。

教育还必须具有明确的目的。适当的教育应该有助于发挥人类身体、智力以及道德的力量。因而，教育的目的在于培养全面和谐发展的个人。这种全面和谐发展的个人除了要在身体、智力、道德等方面得到全面发展外，还应该具有劳动的习惯和爱好，把民族的利益与个人利益结合起来的爱国主义情感。"公共教育把意识之光引入民族性格的深处，从而对社会及其语言、文学、法律的发展，——总之，对社会的整个历史产生良好而有力的影响。"① 教育目的的确定必须与社会发展联系起来，"公共教育是社会生活的最重要的过程之一，新的一代代人与正在衰亡的一代代人就是通过公共教育以共同的精神生活紧密地联系在一起。"② 但他同时还明确提出不能对公共教育的作用作不恰当的估计，"公共教育本身不能解决生活中所产生的问题，也不能引导历史向前发展，而只能随着

---

① ② 郑文樾编选，张佩珍等译：《乌申斯基教育文选》，人民教育出版社1991年版，第83页。

历史的发展而发展。不是教育学和教育学家,而是民族本身及其伟大的人物开辟着通向未来的道路;教育只是沿着这条道路前进,并且在与其他社会力量一起行动的同时,帮助每一个个人和新的一代代人也沿着这条道路前进"①。

(二) 教学观

在教学目的上,乌申斯基认为教育史上延续已久的形式教育论与实质教育论者的观点都是片面的。教育目的应该包括知识的传授与能力的培养两个方面。他说:"无论是智力的锻炼也好,是语言的练习也好,都应该在一些实在的和有益的知识上面来练习学生的智力和语言的能力;这些练习的主要目的应该是知识本身的充分的掌握和清楚的表达,同时附带地既练习了智力,又练习了语言能力。"②

在课程设置上,乌申斯基反对古典主义者的观点,主张开设实科课程,如民族语言、历史、地理、数学、自然科学、现代外语等课程。在教学过程中,他提倡教学要适应学生的心理特点,为此他详细地分析了注意、记忆、思维、意志、情感等一系列心理活动,具体论述了它们各自在教学过程中所处的地位、作用以及培养的方法。

在教学中还必须遵循一些必要的教学原则,常用的教学原则有自觉性与积极性原则、直观性原则、连贯性原则、巩固性原则。

(三) 论道德教育

乌申斯基十分重视道德教育的作用,他认为道德教育是培养个人具有爱国主义、人道主义情感,形成追求真理、公正、诚实、谦逊、尊重他人、信仰上帝等道德品格的最佳途径。

爱国主义情感的培养能够将个人身上的最强烈的情感、利益与

---

① 《乌申斯基教育文选》,第86页。
② 张焕庭主编:《西方资产阶级教育论著选》,第482页。

祖国的利益结合起来。为培养个人具有爱国主义情感，必须向其进行祖国语言、文学、祖国历史、地理的教育。在德育方法上，教学方法为基本方法，此外教师还要善于运用说服、强制、表扬、鼓励、警告、惩罚等方法。

追求真理、公正、诚实、谦逊、尊重他人、信仰上帝等道德品格的培养，也要与学生对知识的充分掌握结合起来，要与学生的日常活动结合起来。

另外在其道德教育体系中，乌申斯基还为宗教教育留下了位置。"基督教赋予任何一种教育以生命力并且为它指出了最高目标；因此，基督教对于每一个信奉它的民族的教育事业来说，也应当是一切光明和一切真理的源泉……任何一个民族以及与这一民族齐步前进的任何一种真正的教育，都应随着它而求得发展。"①

（四）论教育学及师范教育

教育学有广义与狭义之分，广义的教育学是指教育学者所必需的或有用的知识的汇集，狭义的教育学是教育活动规则的汇集。教育学的最终目的在于希望从一切方面教育人，所以，教育学的基础便是乌申斯基称为"人类科学"的所有知识。教育学是一门最高级的艺术，只有依据许多广泛而复杂的科学所提供的知识建立起来的广义的教育学，才能为教育实践提供真正的帮助。这类知识包括人体解剖学、生理学、病理学、心理学、逻辑学、语言学、地理学、统计学、政治经济学、宗教史、文明史、哲学史、文学史、艺术史和教育史。他认为所有这些科学都能叙述和比较那些能够揭露教育对象的事实，即人的特性的事实及其相互关系，并把它们加以分类。由于接受教育的对象是人，所以一个教育者在研究狭义的教育学，即掌握教育活动的规则汇编之前必须学习门类众多的"人类科学"。也就是说，如果教育学希望全面地教育人，就必须首先全面

---

① 《乌申斯基教育文选》，第 84 页。

地去了解人。教育艺术是以科学为依据的。作为一种复杂而又广泛的艺术，它依靠许多复杂而又广泛的科学。同样，作为一门艺术，它追求一个要永久实现但却永远也难以充分实现的理想，即完人的理想。也只有在教育者中间推广教育艺术所依据的那些多种多样的人类科学知识的时候，才有可能促进教育艺术的发展与完善。尽管不可能要求一个教育者成为每一个学科领域的专家，但应该要求他对每门科学都不完全陌生，并要求他尽可能多地从多门科学中获得他将要培养的人的本性的全面的知识。知识和思想的片面性已经严重地危害了教育实践：运用生理学、病理学和精神病学的知识来考察教育，难以全面理解人和教育的需要；单纯地应用政治经济学的观点，把人理解为价值的生产者和价值的消费者也不能为教育的实施提供真正而永久的帮助。

在所有堪为教育学的成熟与完善准备基础的各门人类科学中，它们各自所发挥的作用也是不同的，而其中以生理学与心理学为最重要。他坚持认为只有根据儿童身心发展规律并合理开展的教育实践活动，才能最大限度地实现既定的教育目标。

为发展教育学，培养一批教育学者，最好的途径便是创办教育系。教育系的目的在于研究人和人性的一切表现及其在教育艺术上的专门应用。乌申斯基认为，如果在大学里设有医学系甚至财经系，而不设教育系，只能表明人们对身体健康和金钱的关心超过对精神健康的关心，对后代物质财富的关心超出对他们的教育的关心。教育系应该把研究任何人和人性的一切表现及其在教育艺术上的专门应用作为自身的工作职责。

出于对教育事业的关心，乌申斯基还对师范教育表现出充分的关注。在其 1861 年撰写的《师范学堂草案》中，他提出师范学校应设在小市镇或乡村，师范生一律住校。除具备优秀的品质外，师范生还要掌握俄语、文学、数学、地理、历史、自然、医学、农业、教育学、心理学、生物学、分科教学法等专门的学科知识。

乌申斯基以其卓越的理论探索和教育实践活动对19世纪后半期俄国教育的发展产生了积极的影响，并因而被誉为"俄国教育科学的创始人""俄国教师的教师"。

第六节 19世纪的日本教育

一、教育发展概况

18世纪中叶之后，在本国经济发展促进及西方资本主义经济的冲击之下，日本封建制度逐渐衰落，资本主义生产关系的萌芽得到孕育并破土而出。在此背景下，一部分主张学习西方以求自强的资产阶级启蒙思想家掀起了声势浩大的"倒幕运动"，建立起大地主大资产阶级联合执政的明治政府。成立伊始，明治政府即提出"富国强兵""殖产兴业""文明开化"等革新口号，明治政府所实施的这些自上而下的一系列资产阶级性质的改革，史称"明治维新"。这些改革极大地促进了日本近代化的发展，并使得日本教育近代化发展的意义日渐彰显。

（一）教育管理体制的演进

明治维新之前，近代意义上的教育管理体制在日本尚未确立，教育管理权主要掌握在皇室、幕府及各地藩国之中。

明治维新时期，为实现"破从来之陋习""求知识于世界"的改革目标，日本政府加强了对教育事业的领导与管理工作。为此，1871年，明治政府在中央设立文部省，统一管理全国的文化教育事业并监管宗教事务。1872年颁布的《学制令》进一步确立了日本的教育领导体制——中央集权式的大学区制：在文部省之下，全国共划分为八个大学区，各大学区设立大学一所；每个大学区又分为32个中学区，每个中学区设中学一所；每个中学区又各分为210个小学区，每小学区设小学一所。

在教育管理实践中,文部省所颁布的教育法令对全国教育事业发展具有强制的指导与规范作用,在上下级学区之间存在着严格的层层统属关系。

大学区制的教育管理体制曾因日本政府实施1879年颁布的《教育令》而有所削弱,但在1880年修改《教育令》后,重新强调中央政府管理全国教育的权力,大学区制得以恢复,而且这一体制一直延续到第二次世界大战结束。

(二)初等教育的发展

明治维新之前,日本初等教育已有一定程度的发展。镰仓与战国时期的一些寺院、江户时期的寺子屋及乡学向有志于成为僧侣的少年及一般世俗子弟提供初等教育程度的读、写、算之类的知识教育。但此类机构教学设施较为简陋,教学质量也不高。

明治维新时期,日本政府为培养忠顺、爱国、守法的国民,对初等教育极为重视。依据1872年的《学制令》,先前的寺子屋及乡学均被取消,全国共设小学53 760所,规定儿童6岁入学,小学分上下两等,学制各为四年。实践证明这一发展初等教育的设想超出了政府的国力而未能得到较好实现。1886年的《小学令》则表现得更为务实:初等教育年限为8年,分两个阶段实施。前四年为寻常小学阶段,实施义务教育;后四年为高等小学阶段,实施收费制。同时在一些贫困地区设三年制简易小学。在课程设置上,小学一般开设修身、国语、作文、算术、几何、物理初步、化学、史地知识、体操、图画及唱歌等课程。高等小学则在常设科目之外,加设一至两门外国语课程。除注重知识传授之外,日本政府还注重通过多种形式向学生灌输忠孝意识、军国主义思想及神道观念。明治维新之后日本初等教育的发展是快速的,据统计,1873年日本初等义务教育的入学率仅为28%,1891年则猛增至50.3%,1907年则达到97.3%。这一成就的取得自然与日本政府重视通过初等教育提高国民素质,并适时调整初等普及义务教育的发展战略及实施政策密不可分。

(三) 中等教育的发展

明治维新之前，幕府时代设立的藩校及私塾向学生传授一些兰学知识，并讲授数学与外国语，其程度高于寺子屋及乡学，当属中等教育水平。

1872年《学制令》的颁行催生了日本近代中等学校。《学制令》要求设立六年制的中等学校，事实上这一时期出现的中等学校多由藩校与私塾改建而成，学制年限也不统一，发展较为缓慢。为进一步规范中等教育的发展，1886年颁布的《中学校令》规定中学应承担两大任务：开展实业教育及为学生升入高等学校作准备而实施的基础教育；中学分为寻常中学与高等中学两类，前者修业五年，由地方设置及管理，每府县设立一所，属普通教育学校；后者修业两年，每学区设一所，属大学预科性质，直接接受文部大臣的领导。

在课程设置上，寻常中学一般开设修身、国语、数学、物理、化学、矿物、农业知识、第一外国语（英语）、第二外国语（德语或法语）、图画、唱歌及体操等课程。高等中学担负着为学生接受大学教育作准备的重任，因而实施分科教育，常设文、法、理、医、农五科。1894年高等中学易名为高等学校，专业分科教育性质更为显著。

到19世纪末，日本中等教育结构已构筑完成，主要包括中学（寻常中学与高等学校）、中等技术学校与女子中学。

(四) 高等教育

日本近代高等教育的发展始于明治维新时期的教育改革，这一改革既吸取借鉴了欧美发展高等教育的经验，同时又较好地利用了本国已有的教育基础。幕府时期创办的昌平坂学问所、和学讲习所，19世纪上半叶兴办的旨在传授西方自然科学知识和外语知识的开成所、传授荷兰医学知识的医学所、教习西方军事知识的讲武所以及训练海军的军舰操练所,都成为新大学赖以创办的基础。

新大学的创办以1877年东京大学的成立为肇端。东京大学是在原东京开成学校和医学校的基础上兴办的。明治政府对东京大学寄予厚望,在1886年颁布《帝国大学令》,改东京大学为帝国大学,明确其任务为适应国家发展需要,讲授学术及技术理论,研究学术及技术的奥秘,培养大批管理干部及科技人才。在内部组织上,帝国大学由大学院及分科大学组成。大学院侧重于学术和科学研究,分科大学则侧重于专门知识的传授。19世纪末20世纪初,在帝国大学之外,日本政府又成立了京都大学、东北大学、九州大学、北海道大学,同一时期出现的大学还有庆应大学、早稻田大学和明治大学,原帝国大学被称为东京帝国大学。这一批大学为日本工业化的发展培养了大批科技人才和管理人才。

(五)师范教育

明治时期大规模教育改革的推行及学校的兴办,尤其是初等义务教育运动的开展,客观上要求充分发展师范教育以提供必要的师资保障。事实上,明治政府对此非常重视。到1874年已创办了包括东京师范学校在内的七所师范学校。师范教育的规范发展从1886年颁布的《师范学校令》那儿获得了政策支撑。《师范学校令》将师范学校分为寻常与高等两类。寻常师范学校由地方设立,招收小学毕业生,主要为公立小学培养教师和校长;高等师范学校由国家设立,招收寻常师范学校的毕业生,主要为寻常师范学校培养教师和校长。《师范学校令》要求师范学校必须以"培养教员应有的品德和学识",使教员具有"顺良、信爱、威重的气质"为己任。

19世纪日本政府通过颁布实施包括《学制令》在内的一系列教育改革法令,成功实现了对封建教育的改造,使日本教育较为彻底地摆脱了幕府时代封建教育的束缚,日本学制基本定型,各级各类教育事业获得较大程度的发展,为日本完成从一个落后的封建国家向新型的资本主义国家跨越提供了强有力的智力及人才支持。但是,明治维新时期发展起来的日本教育已表现出浓厚的军国主义色彩,而这种军国主义是以日本传统的武士道精神和封建主义的意识形态为基础的。

二、福泽谕吉的教育思想

福泽谕吉(1835—1901),日本明治时代杰出的启蒙教育家、思想家。他十三四岁时进入村塾学习汉学。1854年赴长崎学习兰学。1858年在江户开办兰学学塾。1860年作为遣美使节的随员抵达美国,首次目睹了文明演进的方向。两年之后,他以翻译的身份随遣欧使节团游历法、英、荷、德、俄、葡六国。此次出访使福泽谕吉开始思考如何使日本彻底摆脱封建制度的束缚以进入文明国家行列等重大问题,开始致力于把文明开化、教育救国的思想传播到日本的伟大事业,为达此目的开始了多产的著述活动。1866年8月由他翻译改编而成的《西洋事情》一书出版,日本国民通过此书得以了解西洋社会的概貌。1872年之后,他又相继出版《劝学篇》《文明论概略》等为他带来巨大声望的学术著作。1901年福泽谕吉因脑溢血病复发不治而逝。毕生著述达60种。

(一)教育作用:知识富人,教育立国

福泽谕吉认为,天不生人上之人,也不生人下之人,即众生一律平等。而现实生活中之所以存在贤人与愚人、穷人与富人、贵人与贱人,主要由于有无知识,学与不学造成的。所以,人们生来并无贫富贵贱之分,唯有勤于学问、知识丰富的人才能富贵。这种学问又非一般的空洞学问,而是指能有助于人们出世立身的学问,能达到一定目的的学问,有实际用途的学问。对于国家来说,实施教育及文明开化政策也是国家得以独立富强的前提和保证。为此,福泽谕吉主张大力普及学校教育,以最终实现教育立国的主张。他赞

成用强迫的方法,让全国的适龄儿童一律就学。除实施普及性教育外,福泽谕吉还倡导通过教育培养公民的民族意识和国家观念。他认为,世界上没有哪一个人喜欢苛政而嫌恶仁政,也没有哪一个人不希望本国富强而甘受外国屈辱。重要的是要把这种朴素的意识借助于行之有效的教育手段上升到民族意识和国家观念的高度。从某种意义上说,教育是民族独立国家富强的保证,更是形成民族国家意识并把这种民族国家意识上升到国家观念的重要途径。

(二)智育:修习学问,唯尚实学

学问包括有形学问和无形学问,前者如天文、地理、物理、化学等学问;后者如心理学、神学、理学等学问。这两类学问均能扩大知识见闻的领域,使人辨明事物的情理和懂得做人的本分。但在修习学问时应分清主次,应该主要学习那些能够解决实际问题的学问,而把那些远离实际的学问视为次要。福泽谕吉认为,所谓学问,并不限于能识难字、能读难读的古文、能做诗等不切实际的学问。这些学问虽也有一定的用处,能给人精神安慰,但并不像一些儒学家和国学家所理解的那样。福泽谕吉所崇尚的实际学问包括:介绍日本国内及世界万国风土的地理学,考察天地万物的本质并探究其作用的物理学,详记年代研究古今万国情况的历史学,讨论国家世界生计的经济学,阐述修身交友及处世之道的修身学。学习各门科学时均应实事求是,热烈追求真理,以满足当前的需要。

在研究学问时必须确立远大的志向,切忌舍难就易,浅尝辄止。研究学问的最终目的在于追求独立不羁和自由自主。所谓独立,不仅指家庭的独立,而且还指国家的自由独立。即学者研究学问的最终目的在于与国人共同努力,使国家获得自由独立的地位,而不可满足于一家一民的衣食无忧。更为重要的是,福泽谕吉希望学者们明确自己的职责,致力于改变日本当时聘用外国人做教师、购买外国货物的被动局面。福泽谕吉倡议学者们应身体力行,致力于务农、经商、治学、为官、著述、办报、讲法律、学艺术、创办工业等社会百业之中，依靠个人贡献所长，而决不可袖手旁观。

学者决不可满足于普通的学校教育，其志趣要远大，要力求通晓科学的本质，要有独立不羁的精神。即便单枪匹马，也要有担负国家兴旺重责的气魄。日本学者及一般民众首先要认清只知治人而不知修身的日本国学家与汉学家的空谈本质。其次要倡导人人平等、人人自食其力的新观念。要教导青年不酗酒，而应从事一项职业以自养其身，有益于家庭。首先做一个普通的社会青年，然后再立志做一个有益于国家和社会的合格国民。

在学问主旨问题上，福泽谕吉认为存在着两种学问的主旨。福泽谕吉把人们的脑力劳动与体力劳动分为两大类：第一是指人本身的劳动，第二是指人与人的来往中所发生的行动。以脑力或体力的劳动来解决衣、食、住问题，使自己能过安乐幸福的生活，此即属于个人本身的劳动。在这类劳动中，个人只不过对自然界的物资加以改造使其适于自己使用。人类所需衣、食、住等生活资料，自然界已经提供了99％，所需人力只有一分。因而，人自谋生活绝非难事，而完成此事亦不值得炫耀。一般世人，大多为着生活和家庭而劳力操心，这虽无愧于古人之训，但与整个社会的进步却无太多的补益。在人与人的交往中所发生的活动也需要学问来指导，工业、政治、法律都是为着人类交际而设立的。政府所以制定法律，旨在防止坏人，保护好人，以保证人类的交际得以正常进行；学者所以著书立说，旨在启发后人智慧，以保持人类交际。人类的智慧愈开，则交际愈广；而交际愈广，则人情愈和。当今的日本学者承受了文明的遗产，应志存高远，建功立业。外纳西洋文明，内承先辈遗业，致力于大学问的研究，把天下人心导向高尚领域，为社会的福利、民众的富足而忘我地努力奋斗。

（三）德育：培养国家观念与独立意识

道德"就是内心的准则。也就是指一个人内心真诚、不愧于屋漏的意思"①。这种内心真诚首先体现在个人所拥有的国家观念与天赋民权意识。福泽谕吉认为,明治维新之前,日本人民缺乏正确的国家观念,而在轰轰烈烈的倒幕运动中所表现出来的仅仅是封建性的"愚忠"思想。当务之急是日本国民爱国之心的培养。凡力图伸张本国权力,使国民富裕,提高本国人民的智慧,发扬本国名誉的人均为爱国之民,其心即为爱国之心。为培养公民的爱国之心,必须首先批判神权蒙昧主义,在日本国民中间开展民族意识和国家观念的教育,使每一位日本国民清醒地意识到自己作为一名日本国民所享有的权利,以及相应地所承担的义务。在具体实施中,福泽谕吉反对在西洋文明面前顶礼膜拜、五体投地的奴才式做法。着重强调民族自尊心的培养。主张一切落后的国家和人民在西洋文明面前,无灰心绝望的理由。日本落后是现实的但却不是永久的,全体日本国民不应丧失信心。对于西洋文明(外在文明与内在文明),福泽谕吉主张择其善者而从之,弃其坏者,决不能盲目从事。落后国家在学习吸收外国先进文明时,力戒全盘效法,而应结合本国情况,取舍适宜。

道德教育在个人身上还体现为独立意识的培养。在福泽谕吉看来,独立分有形的与无形的两种:有形的独立是指物质方面的独立,无形的独立是指精神方面的独立。所谓物质方面的独立,是说人们各有财产,不依赖别人而能维持个人和家庭的生活。无形的精神方面的独立则较为复杂,大致上可以分为两类。(1)人的内心摆脱了物质的奴役与束缚,不为外部条件所累。无论做什么事情都不迷失本性。(2)个人凡事有主见,不受他人意见左右。不羡慕他人的物质财富,不模仿他人的生活方式,不让个人与家庭任凭妄念摆布。

---

① 福泽谕吉著,北京编译社译:《文明论概略》,商务印书馆1959年版,第73页。

精神独立还主要表现为思想和行动的一致，理论与实践的一致。所谓理论，就是心有所思，发之于言，笔之于书。因而可以把理论理解为那些与外界事物尚未发生接触的内心观念与主张，理论是自由而不受任何限制的。实践则指心思表现于外，已与外物接触、实施了的行动。因此，实践必受外部环境条件限制，囿于环境制约而不可自由超越。只有理论与实践保持一致，思想与行动保持一致方可有益于世。如果二者失却平衡则会产生弊端。

福泽谕吉十分强调教育在培养公民独立意识上所发挥的巨大影响，认为只有教育才可以培养个人判断事理、处置事情、独立生活的能力。推而广之，只有教育才可消除贵贱、上下之别，才可培养富有学识的国民，才可缔造一个文明、独立、富强的国家。福泽谕吉要求在公民学习实学之后对其实施独立意识培养。在具体培养上采用自由自在、独立不羁的精神来教育学生，在日常生活中营造独立的氛围，使受教育者耳濡目染，呼吸独立的空气，养成独立意识。所反对的是恣情放荡，无所束缚。

（四）体育：造就健康国民

健康的国民必先具有健康的身体，健康的体魄是任何智慧和道德观念培养和形成的基础。

开展体育活动必首先端正体育目标，在福泽谕吉看来，体育锻炼的目标旨在使人健壮无病，精神活泼、愉快，从而能够克服社会上的各种艰难以独立生活。在体育活动的具体开展问题上，福泽谕吉主张只要能体现体育的本意，各国可以根据本国的传统及风俗，灵活选择合适的方法。在日本，适宜的体育活动包括柔道、游泳、打猎、赛马、划船、摔跤、赛跑等。学校作为开展体育活动的主要场所，应注重培养学生具有健康的体魄，应把体育课确定为必修课。

作为新兴资产阶级的代言人，福泽谕吉积极投身于文明开化、思想启蒙活动，并以教育为利器批判封建意识观念，大力发展教育，提高日本国民整体素质。福泽谕吉的教育思想对当时及后来日本教育改革与发展产生了显著的影响。日本政府在不同历史时期颁布实施的教育法令不时闪现出福泽谕吉教育思想的光彩。

纵观19世纪欧美和日本教育的发展历程，我们可以发现一些共同的特征：教育管理权基本实现了由教会向政府的过渡，教育开始集中反映国家政治、经济和社会发展的需要，国民教育制度开始建立，教育实行双轨制，教育心理学化倾向出现，一些教育家开始集中思考教育理论问题，涌现出一大批世界知名的教育家。与此同时，19世纪各国教育的发展又展现出不同的风貌，如教育发展中民族主义与个人主义倾向在不同国家表现的程度有较大的差异等。总之，到19世纪末，欧美和日本各国教育现代化的基础已基本确定，世界教育正在由近代向现代转变。

思考题

1. 比较19世纪欧美和日本教育发展过程中的异同。
2. 19世纪德国面临的主要教育问题有哪些？费希特和第斯多惠是如何论述这些问题的？
3. 论述19世纪法国初等教育发展的历史过程。
4. 以若干国家教育改革为例，分析影响教育发展的因素。
5. 19世纪科学教育思想述评。
6. 试述19世纪美国公立教育运动及其代表人物的有关观点。
7. 简述福泽谕吉的教育思想。

第十五章

马克思和恩格斯的教育思想

马克思(1818—1883)和恩格斯(1820—1895)借助于他们创立的辩证唯物主义和历史唯物主义世界观,基于对人类社会发展规律的综合考察,紧密结合无产阶级革命的实际,科学地论述了一系列重大的教育问题,从而形成了一种创新的、独特的教育观。

第一节 对空想社会主义者教育思想的批判继承

马克思、恩格斯教育思想的产生和形成,既是他们基于对近代科学技术、近代大工业生产以及资本主义制度的发展给社会生活、社会教育和人的发展带来一系列新情况和新问题的思考和研究,也是由于他们高度珍惜他们前人有关教育方面的理论遗产。而对马克思、恩格斯教育思想的形成影响最大的,当是19世纪三大空想社会主义者圣西门、傅立叶和欧文的教育观点。这主要表现在以下几个方面。

一、关于对资本主义社会的教育的批判

三大空想社会主义者在抨击资本主义社会的弊病时,也尖锐地批评了资本主义社会的教育,如违反儿童的本性,方法单一,理论脱离实际,严重压抑儿童的需求和兴趣。他们还谴责当时仍十分盛行的宗教教育。总之,正如欧文所指出的,在资本主义的童工剥削和教育制度下,儿童几乎是从孩提时代起,其天性就"受到了极大的摧残,他们的智力和体力都被束缚和麻痹了,得不到正常和自然的发展,同时周围的一切又使他们的道德品质堕落并危害他人",成为片面发展的人。[①]

马克思、恩格斯认为,三大空想社会主义者对资本主义社会及其教育的批判是有积极意义的。但是,他们也指出,空想社会主义者主要是从人性论出发,错误地认为资本主义制度及其教育中的各种弊端只是由于它不符合人性或者所谓人的理性。

二、关于环境和教育对人的发展的影响

三大空想社会主义者吸收了18世纪唯物主义者有关人的遗传与环境、教育的关系的学说,也对人的发展的先天决定论提出了尖锐的批评。他们强调人的发展的社会制约性,重视教育的作用。例如,欧文明确宣称,对每个人来说,先天素质虽然存在着差异,但总的来说是大致相同的,因此,它不是人的发展的差异性的决定性因素。同时,欧文也反对性格形成的"意志自由论"。他说:"认为

---

① 柯象峰等译:《欧文选集》第1卷,商务印书馆1965年版,第159页。

人在形成自己的信仰、感情和整个性格方面可以随心所欲……这是一种荒谬的观念。"① 他强调指出："无论过去、现在和将来，一个人永远是他出生前后所存在的周围环境的产物。"② 并说："人可以经过教育而养成任何一种情感和习惯，或任何一种性格。"③ 对于欧文的"环境决定论"和"教育万能论"的性格形成学说，马克思、恩格斯既批评其重蹈了旧唯物主义的错误，将人视为完全是环境的消极产物，忽视了人的主观能动性，看不到人在革命实践的过程中改变着客观世界，同时也改变着人自身；但又肯定这一学说之强调人的发展的社会制约性和高度重视教育的作用。

三、关于人的全面发展

三大空想社会主义者在批评资本主义社会制度及其教育造成人的片面发展时，提出了人的全面发展的思想。傅立叶宣称，在他称之为"和谐制度"中，人人都应受到"协作教育"，其目的"在于实现体力和智力的全面发展。"④ 欧文则不仅认为所有的人都有受教育的权利，应让每个人的才能、力量和志趣都得到充分发展，而且认为，"知识的成就要求培养体、智、德全面发展的、有理性的男男女女的时期就要到来。"⑤ 他曾这样描绘：在没有阶级和剥削的社会，"每个人所受的训练和教育将使他们能够用最好的方式尽量发展本人的全部才能和力量；……所有的人都将在体、智、德、行方面受到良好的教育。"⑥ 欧文的这些预示性的描绘，无疑包含着十分可贵的思想成分。

马克思、恩格斯尽管赞赏空想社会主义者关于人的全面发展要

---

①②⑤⑥　《欧文选集》第 2 卷，第 35、84、133、39～40 页。
③　《欧文选集》第 1 卷，第 68 页。
④　赵俊欣等译：《傅立叶选集》第 3 卷，商务印书馆 1959 年版，第 217 页。

求及其实现的预示性描绘,但却扬弃了其中基于人性论的空想。

四、关于教育与生产劳动相结合

教育与生产劳动相结合,是三大空想社会主义者的共同主张。傅立叶认为,在合理的社会里,人人都要参加生产劳动,不过,傅立叶所说的生产劳动主要是手工业生产劳动。而贯穿在欧文教育实践活动中的教育与生产劳动相结合的思想,则是由于他觉察到了大机器生产条件下生产与教育发展的新特点。在欧文看来,教育与生产劳动相结合,不仅可增加社会物质产品的生产,还将促进人们自身的多方面发展。

欧文关于教育与生产劳动相结合的思想和教育实践活动,是试图将科学知识教育与机器生产劳动结合起来,因而超越了他的前辈以及其他空想社会主义者所达到的成就,从而受到马克思、恩格斯的高度评价。但是,马克思、恩格斯也指出,空想社会主义者关于教育与生产劳动相结合的思想,并未能真正揭示教育与生产劳动相结合的客观规律性。

在马克思主义教育理论诞生之前,空想社会主义者特别是欧文的教育思想已包含了马克思主义教育理论的一些因素。因此,尽管他们的教育思想和实践带有空想的性质,但仍受到马克思主义创始人的高度重视,并在创立马克思主义教育理论时批判地吸收了其中积极的和有价值的思想成果。

第二节 论教育与社会的关系

马克思、恩格斯在驳斥资产阶级指责共产党人要"消灭一切教育"时,明确指出:"而你们的教育不也是由社会决定的吗?不也是由你们进行教育时所处的那种社会关系决定的吗?不也是由社会通过学校等等进行的直接的或间接的干涉决定的吗？共产党人并没有发明社会对教育的作用；他们仅仅是要改变这种作用的性质，要使教育摆脱统治阶级的影响。"① 马克思、恩格斯在这里实际上指明了教育与社会的关系以及教育的社会性质。

马克思、恩格斯认为，人类社会存在和发展的基础是社会物质生活资料的生产和再生产。这种生产既为人类自身的生产提供了物质条件，又要求人类自身通过教育得到不断的发展和完善。所以，从根本上说，人的形成和发展，人类教育的发生和演进，教育什么和怎样教育，首先是与人类的生产相联系的。

由于人类的生产活动只有在一定的关系中才能进行，这就使人们在生产过程中结成了一定的生产关系。而"生产关系总合起来就构成为所谓社会关系，构成为所谓社会，并且是构成为一个处于一定历史发展阶段上的社会，具有独特的特征的社会。"② 因此，教育与社会的关系，也就必然表现为教育与一定社会关系的关系。所谓社会或社会关系决定教育，也就是说一定社会的这些关系制约着教育的发展、教育的社会性质，以及教育的社会职能的实现；同时又要求教育为这些关系服务，特别是为维护和发展一定社会的经济、政治服务，发挥教育的社会功能。

既然教育受社会、社会关系所制约，并要求其为社会服务，因而随着社会的发展、社会关系的变化，教育也必然在发展变化，所以教育具有历史性。而在阶级社会里，生产关系或社会关系必然表现为阶级关系，因而反映这种关系的教育又具有鲜明的阶级性。特别是阶级社会的统治阶级，由于它"支配着物质生产资料……同时也支配着精神生产的资料"③，从而可以通过国家政权制定教育方

---

① 《马克思恩格斯选集》第1卷，第290页。
② 《马克思恩格斯全集》第6卷，第487页。
③ 《马克思恩格斯全集》第3卷，人民出版社1960年版，第52页。

针政策，确定教育目的，颁布教育法令，控制教育经费，等等，按照统治阶级的利益原则来建立教育制度，使教育为维护其阶级的政治统治和经济利益服务。所以，马克思、恩格斯认为，阶级社会的社会关系决定教育的社会阶级性质。资本主义教育的实质在于，"对绝大多数人来说是把人训练成机器①"。

马克思、恩格斯虽然强调社会关系的性质决定教育的社会性质，但他们又认为，教育还受多重因素的制约，教育对社会关系具有相对的独立性和继承性。因此他们从未抽象地、一般地否定资本主义社会的教育，而只是强调要改变资本主义教育的阶级性质，使教育摆脱资产阶级的影响。他们也极重视工人阶级在资本主义条件下争取教育权利的斗争，并对工人运动中所开展的独立的教育活动给予高度评价，而且指出，教育对无产阶级的革命斗争和彻底解放具有重要意义。

由于教育与社会关系存在着复杂的关系，所以对于教育改革与社会改革的关系问题，马克思又指出："一方面，为了建立正确的教育制度，需要改变社会条件，另一方面，为了改变社会条件，又需要相应的教育制度；因此我们应该从现实情况出发。"②

第三节 论教育与社会生产

物质生活资料的生产是人类社会存在和发展的基础，教育的发展归根到底要受到社会生产力的制约。不同的生产力发展水平，为教育提供了不同的物质基础，也对教育提出了不同的要求。

当社会生产处于简单再生产的水平时，生产对教育的需求和教

---

① 《马克思恩格斯选集》第1卷，第289页。
② 《马克思恩格斯全集》第16卷，第654页。

育对生产可能发挥的作用都极为有限。因为当时的生产技术主要体现在个别劳动者的直接劳动技艺中,学习生产技艺只需要也只可能在师傅的带领下,在直接的生产劳动过程中进行,正如马克思说的,只要凭经验掌握每一种手艺的秘密,一般不要求通过学校教育来培养合格的劳动者。而随着现代机器大工业的兴起,日益需要具有一定现代文化知识和技术的劳动者,这就促使普及义务教育的提出,并在许多国家推动其逐步实现。而且随着现代工业生产的发展和科学技术在生产中的广泛应用,要求劳动者受教育的程度越来越高,教育在社会生产体系中的地位和作用也越来越重要。

社会生产的发展,不仅促进了教育发展的规模和速度,也这样那样地推动了教育的内容、方法和组织形式的改革。例如,随着大工业和近代科学的发展,不但自然科学和技术科学日益被引进学校课程,并出现了构成现代生产的"一个要素"的各种技术学校。

马克思、恩格斯指出,教育虽是属于"精神生产"的范畴,但它在物质生产过程中具有重要的意义。

第一,教育是劳动力生产和再生产的重要手段。马克思说:"教育会生产劳动能力。"① 这有三方面的含义。(1)教育和训练可以"改变一般的人的本性,使它获得一定劳动部门的技能和技巧,成为发达的和专门的劳动力"②,使劳动力技术化、专门化。(2)教育和训练可以"使劳动能力改变形态"③,把一个从事简单劳动和一般性劳动的劳动力,训练成为可从事复杂劳动和专门性劳动的劳动力,培养为以脑力劳动为特征的劳动力。(3)教育和训练可以使人适应生产技术基础和生产结构的变化的需要,更新职业劳

---

① ③ 《马克思恩格斯全集》第26卷,第1册,人民出版社1972年版,第210、159页。

② 《马克思恩格斯全集》第23卷,第195页。

动的能力,"从一个生产部门转到另一个生产部门。"① 随着现代生产的发展,教育不仅是劳动力再生产的必要条件,而且是提高劳动生产率的最关键的因素。

第二,教育是科学知识转化为现实生产力的重要手段。马克思认为,科学知识只是"知识形态"上的生产力,只有当其"物化"于生产过程中,才能转化为现实的"直接生产力"。科学知识的这种"物化"过程的实现,关键是必须通过教育,培养出能够将科学物化为机器和新工艺等的技术人才与能够制造、操作和运用机器与新工艺的直接劳动者。

第三,学校还是科学知识再生产的重要场所。学校教育不仅把人类长期积累的科学知识进行有效的保存、选择和传递,而且通过高等专业技术教育机构的研究和开发,再生产科学知识。

由于教育能生产人的劳动能力,对促进社会生产的发展具有巨大作用,所以马克思认为,教师的教育劳动是一种"直接把劳动能力本身生产、训练、发展、维持再生产出来的劳动"②,特别是在以科学技术为基础的现代生产中,教师的教育劳动的这种"生产性"特征更为突出。但是,由于教育过程毕竟是培养人的过程,教师的教育劳动并不直接生产物质财富,教师所培养出来的人也并不都加入物质生产过程,所以,又不能把教育劳动的这种"生产性"与直接的物质生产混为一谈。

第四节 论人的本质和个性形成

马克思在《关于费尔巴哈的提纲》中写道:"人的本质不是单

---

① 《马克思恩格斯选集》第1卷,第243页。
② 《马克思恩格斯全集》第26卷,第1册,第164页。

个人所固有的抽象物。在其现实性上，它是一切社会关系的总和。"① 这是对人的本质的科学的概括，也是对历史上先进思想关于人的本质问题的探讨成果的批判总结。

马克思关于人的本质观的特点是，首先，反对把人的本质看成单个人所固有的抽象物，强调在其现实性上考察人、认识人。其次，强调人的社会性。马克思指出，人直接地是自然存在物，而且作为有生命的自然物，它具有作为天赋和才能以及作为欲望存在于人身上的自然力和生命力。然而，人的自然属性是受社会制约的，个人是社会存在物。人们"只有在社会中并通过社会来获得他们自己的发展"②。再次，马克思既肯定人是社会的产物，但又指出，人不是消极的客体，"人的类特性恰恰就是自由的自觉的活动"③，人区别于动物的特点之一就在于人具有实践活动的主观能动性。

基于上述人的本质观，马克思、恩格斯论述了人的个性形成的诸因素及其相互关系。

首先，认为人的遗传素质，作为具有自然力和生命力的存在物，乃是人赖以发展的物质基础和前提，而且还应该承认人的遗传素质存在个别差异，但是，马克思、恩格斯又认为，对人的形成和发展具有决定意义的，是人们所处的社会条件和教育。他们尖锐地批判了当时德国青年黑格尔分子施蒂纳提出的所谓"类决定一切生理素质和精神素质，决定个人的直接存在并在胚胎时期决定分工，它不受个人的控制，也不受个人历史发展阶段的影响"的荒谬观点。④

其次，马克思、恩格斯高度评价了爱尔维修和欧文等人关于

---

① 《马克思恩格斯选集》第 1 卷，第 56 页。
② 《马克思恩格斯全集》第 3 卷，第 235 页。
③ 《马克思恩格斯全集》第 42 卷，第 96 页。
④ 参见《马克思恩格斯全集》第 3 卷，第 498~499 页。

"人是环境与教育的产物"这一观点的积极意义,十分重视社会环境和教育对于人的形成和发展的作用。但是马克思、恩格斯又对爱尔维修和欧文等人的"环境决定论""教育万能论"率先提出了批判。他们指出,爱尔维修和欧文等人的重大错误是夸大了环境和教育对人的作用,把人视为环境和教育的消极产物,并由此认为,改变人必须改变环境,而要改变环境又必须首先改变人,从而陷于环境决定人和人决定环境的循环"怪圈";而要走出这种"怪圈",只得期望有贤明的立法者和教育者的合理教育。这样,就"一定把社会分成两部分,其中一部分凌驾于社会之上"①。

马克思、恩格斯明确地将实践的观点纳入关于人的形成发展理论。他们认为,环境虽然决定人的发展,但环境本身也可以通过革命实践加以改变;教育固然对人的发展有重大作用,但教育本身也受客观规律的制约,教育者本人也受教育,因而教育也要在实践中接受改革。总之,人们是在改造客观环境的实践中,能动地接受环境和教育的影响,从而又改造自己的主观世界,发展自身。

马克思主义创始人强调以实践的观点,将人作为认识活动的主体加入环境与教育的影响过程,这为科学地解决环境和教育在人的发展中的作用,以及教育在社会发展中的作用问题,奠定了科学的理论基础,并使人的形成发展学说取得了重大的突破。

第五节 论人的全面发展

马克思、恩格斯深刻揭示了人的片面发展的社会根源。他们在系统考察了分工的发展与人的发展的关系基础上指出:"就个人自身来考察个人,个人就是受分工支配的,分工使他变成片面的人,

---

① 《马克思恩格斯选集》第1卷,第55页。

使他畸形发展,使他受到限制。"① 他们这里所说的分工,是指人类社会进入物质劳动和精神劳动的最大的一次分工,即城市与乡村分离之后,同私有制以及阶级划分紧密联系的凝固化的分工,通常也称旧式分工。物别是随着资本主义工场手工业生产的发展,劳动分工由社会分工进入生产过程内部分工,遂使工人一生束缚于某种工具和操作上,把工人变成了畸形物,压抑工人多种多样的生产志趣和生产才能,人为地培植工人片面的技巧,使工人成为局部劳动的自动的工具。而资本主义机器大工业则使工人下降为机器的一个活零件,智力劳动进一步同工人相分离,夺去了工人身体和精神上的一切自由活动,造成劳动者的片面发展更加恶化。而且,在资本主义条件下,不仅工人,即使"把这个阶级排除于发展之外的另一个阶级在智力方面也有局限性"②。在这种旧式分工的情况下,人们普遍的片面发展是不可避免的。

然而,马克思在揭示资本主义机器大工业生产将工人的片面发展推向顶点和普遍化的同时,又指出了工人全面发展的客观趋势。由于大工业是建立在现代科学技术基础上的,它有可能不断进行技术革新,从而使工人的职能和劳动过程的社会结合不断随着生产的技术基础的变化而变革,不断把大量的资本和工人从一个生产部门投到另一个生产部门。所以说,"大工业的本性决定了劳动的变换、职能的更动和工人的全面流动性。"这种"大工业的本性"要求"用那种把不同社会职能当作互相交替的活动方式的全面发展的个人,来代替只是承担一种社会局部职能的局部个人",是现代生产的普遍规律。而使各种生产适应于这个规律的正常实现,则成为大工业发展的"生死攸关的问题"。③

马克思还指出,由于科学应用于大工业生产,表明社会生产过

---

① ②《马克思恩格斯全集》第3卷,第514、507页。
③《马克思恩格斯全集》第23卷,第534页。

程不过是为数不多的基本科学原理的应用,从而创立了工艺学这门完全现代的科学。只要通过学习和训练,就有可能使劳动者掌握一些基本生产原理,以适应多种专业的劳动。总之,大工业从科学技术上为打破旧式分工的凝固化、专门化展现了可能性,也为其提供了基础。

但是,马克思、恩格斯又指出,在资本主义形式下的现代大工业生产,却更可怕地产生了新的分工凝固化和专门化。大工业的本性要求人的多方面发展,而资本主义的生产方式却使人更加片面化。这个矛盾是机器大工业的生产力和资本主义生产关系的矛盾的反映,因此,只有根本改变资本主义的生产关系,才能使大工业的本性的客观要求得到"正常实现"。

马克思主义创始人还从共产主义社会的人的彻底解放展示人的全面发展。在他们看来,人的全面发展,既是意味着劳动者智力和体力两方面,以及智力的各方面和体力的各方面都得到发展,达到体力劳动和脑力劳动相结合,这是人的全面发展的基础。但从更深层次看,它也是指一个人在志趣、道德、个性等方面的发展,即作为一个真正"完整的""全面性"的人的发展,而且是每个社会成员得到自由的、充分的发展。马克思、恩格斯曾强调指出,只有自由、充分的发展,才有全面发展;只有每个人的自由、充分的发展,才有一切人的自由、充分的发展。[①]

人的全面发展及其实现不能凭靠良好的愿望,只能依据现实的社会条件。按马克思的话说:"个人的全面性不是想像的或设想的全面性,而是他的现实关系和观念关系的全面性。"[②] 所以,根本变革资本主义生产方式,废除生产资料的私有制,消灭阶级划分,全面占有生产力,是实现人的全面发展的前提条件。同时,还必须

---

① 参见《马克思恩格斯选集》第1卷,第293~294页。
② 《马克思恩格斯全集》第46卷(下),人民出版社1980年版,第36页。

高度发展社会生产力,"才能为一个更高级的、以每个人的全面而自由的发展为基本原则的社会形式创造现实基础。"① 当然,还必须向全体社会成员施以普遍的全面教育,包括智育、综合技术教育、体育和德育,以及实行教育与真正自由的生产劳动相结合。实现每个人的全面发展,是一个历史发展过程。社会全体成员的全面发展,只有到共产主义社会才能最终实现。

第六节 论教育与生产劳动相结合

马克思、恩格斯既批判地继承了历史上的教育与劳动相结合的思想,又把教育与生产劳动相结合的理论建立在科学的论证上。

马克思指出,随着资本主义经济的发展,机器大工业的兴起,促进了科学在生产中的应用和生产的社会化,但也使物质生产过程中的体力劳动和脑力劳动进一步分离。同时,机器的使用,也广泛地把妇女和儿童吸引到生产中来,并使儿童的身心过早地受到摧残。针对这些情况,马克思肯定每个人都应当学会劳动,而且认为现代工业吸引儿童和少年参加社会生产事业,是进步的、健康的和合乎规律的。但在资本主义条件下,必须争取通过立法限制童工和少年工的劳动时间,严格禁止迫使他们在有损健康的生产劳动部门劳动,并规定将教育与生产劳动结合起来。

然而,马克思、恩格斯的重要贡献,还在于他们科学地论述了现代生产和现代教育的内在联系。他们指出,首先,由于大工业的本性需要尽可能多方面发展的工人,于是,客观上先是要求将生产劳动与教育结合起来,使工人尽可能受到适应劳动职能变更的教育;然后,是要求将教育与生产劳动相结合,以培养能多方面发展

---

① 《马克思恩格斯全集》第 23 卷,第 649 页。

第十五章 马克思和恩格斯的教育思想

的劳动者。其次，由于机器大工业生产是建立在现代科学技术基础上的，这就为揭示现代生产过程的"秘密"，并通过科学这一"中介"，将教育与生产劳动有机地相结合提供了基础。再次，综合技术教育，这一"使儿童和少年了解生产各个过程的基本原理，同时使他们获得运用各种生产的最简单的工具的技能"的现代教育内容，也为教育与生产劳动相结合提供了重要的"纽带"。① 在马克思、恩格斯看来，教育与生产劳动相结合，是现代生产、现代科学与现代教育密切联系的反映和要求。

关于教育与生产劳动相结合的重大意义，马克思在《资本论》中指出："它不仅是提高社会生产的一种方法，而且是造就全面发展的人的唯一方法。"② 而在《哥达纲领批判》中，马克思又说，在合理的条件下，"生产劳动和智育的早期结合是改造现代社会的最强有力的手段之一。"③

教育与生产劳动相结合尽管是现代社会发展的客观要求，但在资本主义制度下，这种"结合"不能不受到资本主义基本经济规律的制约。这不仅表现在其"结合"的目的上，也反映在其"结合"的程度、范围等方面。因此，马克思主义创始人认为，只有彻底变革旧的生产方式，在合理的社会制度下，随着社会生产力的高度发展，将对逐步实现普遍生产劳动和普遍教育相结合，提出越来越高的要求，同时也从劳动制度和教育制度上为其实现提供日益完善的条件，从而使教育与生产劳动相结合的重大意义和作用得到充分的实现。

马克思、恩格斯教育思想的最大特点，是不以"抽象的人"而以现实的人，不从一般的社会而从一定历史条件下的社会去考察人的教育，从而对教育领域中的许多问题作出了科学的论述。

---

① 《马克思恩格斯全集》第16卷，第218页。
② 《马克思恩格斯全集》第23卷，第530页。
③ 《马克思恩格斯选集》第3卷，第318页。

马克思、恩格斯批判地继承了历史上有价值的教育思想遗产，特别是对 19 世纪的空想社会主义教育思想进行了科学的改造和变革。他们以无产阶级和全体劳动人民的根本利益为着眼点，同工人运动中的各种"左"、右倾机会主义教育思想进行了斗争。他们从教育同社会生产和社会关系的关系的考察中，揭示了教育的本质及其职能；从实践的观点阐明了遗传因素、环境、教育和革命实践对人的发展以及教育对社会发展的作用；从现代生产、现代科学与现代教育的内在联系以及人类社会未来发展的分析中，论证了人的全面发展以及教育与生产劳动相结合的必然性和必要性。马克思、恩格斯的教育学说，为揭示现代教育的基本特征，为建立社会主义教育体系，提供了科学的、基本的理论基础。

思考题

1. 怎样理解社会关系决定教育的社会性质。
2. 马克思从哪些方面说明教育对社会生产的重要意义？
3. 为什么说马克思、恩格斯关于人的个性形成学说是对"环境决定论"和"教育万能论"的突破？
4. 马克思恩格斯怎样揭示现代生产、现代科学和现代教育的内在联系？
5. 需要有哪些条件，才能真正逐步实现全体社会成员的全面发展？

# 第三编

现代教育史

第十六章

19 世纪末至 20 世纪前期欧美教育思潮和教育实验

19 世纪末和 20 世纪初,在欧美一些国家开始出现各种新的教育思潮,并逐步汇集成一场范围广泛的教育革新运动,对现代欧美教育产生了深远的影响。这种情况的出现有着复杂的历史背景,总的说来是当时欧美国家经济、政治以及科学文化等方面发展和变化的一个综合反映。它首先是欧美社会改革运动的重要组成部分。19 世纪末欧美国家工业和经济迅速发展,新的科学技术广泛使用,促使整个社会生活发生重大变化。人们以乐观主义态度寄希望于教育,试图通过教育的改进来解决各种社会矛盾,实现社会重建。其次,随着初等义务教育的普及,人们日益关注教育质量的提高,为此而重视研究儿童的特性。实验科学尤其是实验心理学的诞生和发展,为教育革新提供了科学依据和方法论的基础。人们热心地开展各种教育研究与实验，力图建立"科学的教育学"。卢梭及其追随者们的教育主张成为教育革新运动的主要思想渊源。他们抨击旧教育的不切实际，主张一种与社会生活与儿童生活紧密联系的新教育。这些都成为教育改革家们的重要思想养料。

19世纪末和20世纪前期欧美教育思潮和教育实验所包括的内容十分广泛：有欧洲的"新教育"思潮和美国的"进步主义教育"运动。实验教育学、凯兴斯泰纳的公民教育和劳作学校的理论，蒙台梭利的教育方法也属于新教育的范畴。也有人把上述各种教育思潮统称为"进步运动"。

第一节 新 教 育

"新教育运动"（new educational movement）亦称"新学校运动"，是指19世纪末20世纪初在欧洲兴起的教育改革运动，初期以建立不同于传统学校的新学校作为新教育的"实验室"为其特征。第一次世界大战以后，在教育实践不断推广的基础上，新教育理论进一步发展。第二次世界大战以后，新教育运动逐步走向衰落。

新教育开始于19世纪80年代末的英国，以后扩展到欧洲其他国家如德国、法国、瑞士、比利时、荷兰和奥地利等国。初期的代表人物有英国教育家雷迪、德国教育家利茨和法国教育家德莫林等人。进入20世纪，新教育的著名代表人物有爱伦·凯、德可乐利、蒙台梭利、罗素、怀特海和沛西·能等人。

一、新教育的由来及发展

1889年，英国教育家雷迪（C. Reddie, 1858－1932）在英格

兰的德比郡创办阿博茨霍尔姆（Abbotsholme）乡村寄宿学校，标志着新教育运动的开端。这所学校被视为欧洲"新学校"的典范。雷迪重视英国公学在文明重建中的巨大潜在力量，但认为现行的公学不能适应科学时代的要求，于是决定建立一所新型公学，以11～18岁男孩为对象。这所学校的课程包括体力和手工活动、艺术和想像力的课程、文学和智力课程以及社会教育和宗教、道德教育。学校作息时间分成三个部分：上午主要学习功课，下午从事体育锻炼和户外实践，晚上则是娱乐和艺术活动。

德国的利茨（H. Lietz，1868－1919）在参观了雷迪的学校之后，于1898年在德国哈尔茨山区的伊尔森堡创办了德国第一所乡村教育之家，招收12～16岁的学生。在利茨的影响下，德国先后出现了许多以他的学校为模式的新学校，形成"乡村之家运动"。利茨作为这个运动的奠基人而享有盛誉。

1899年，法国的社会学家和教育家德莫林（E. Demolins，1852－1907）创办了法国的第一所新学校——罗歇斯学校。该校重视"小家庭"式的师生之间的亲密关系；在开设各种正规课程的同时，还从事体力劳动和小组游戏，尤其重视体育运动，因此这所学校又有"运动学校"之称。

上述先驱性的乡村寄宿学校存在着明显的局限性：费用昂贵，主要以具有激进思想的上层社会和高收入阶层的少数学龄儿童为对象，因而规模一般很小，并且独立于国家教育制度之外。但是，它们确实成功地引起世人对新教育的关注和对传统教育的反思，并由于建立起各国新学校之间的紧密联系而使新教育赢得了国际声誉，为国际交流开辟了道路。

1899年，德莫林的追随者、瑞士教育家费利耶尔（A. Ferriere）在日内瓦建立"国际新学校局"，作为欧洲各国新学校的联络中心。1921年，在费利耶尔的发起下，在法国加来成立"新教育联谊会"（New Education Fellowship，简称NEF），并出版杂志《新时期的教育》(Education for the New Era),每个订阅杂志的人即为会员。1922年,新教育联谊会仿效美国进步教育协会的做法也提出了"七项原则",强调活动以及儿童个人自由而完善的发展。整个20年代,新教育联谊会推行儿童中心的教育目标。1929年经济大萧条以后,意大利法西斯和德国纳粹逐渐猖獗,加上苏维埃俄国的影响,世界局势动荡不安。在这种情况下,新教育联谊会修改了自己的目标。1932年的法国尼斯会议强调要关心"我们时代的复杂性",使教育为社会变革服务,新教育联谊会在整个欧洲、亚洲和非洲的一些国家以及英语世界的大部分地区建立了分会。1942年,新教育联谊会通过《儿童宪章》,强调教育机会均等,以符合世界性普及教育的要求。1966年,新教育联谊会改名为"世界教育联谊会"(World Education Fellowship,简称WEF),标志着新教育运动作为一场运动的终结。

二、爱伦·凯

爱伦·凯(Ellen Key,1849~1926)是瑞典作家、妇女运动活动家和教育家。她的著作《儿童的世纪》(1900)被视为新教育的经典作品。

爱伦·凯呼吁保护母亲和儿童。她提出,为提高后代的素质,首先应保障作为未来母亲的妇女的权益,包括择偶权和选举权等。同时,妇女作为母亲应担负起抚养和教育儿女的责任,并为此而提高自我发展的能力。爱伦·凯重视家庭教育,认为家庭中和谐诚挚的气氛、父母高尚的情操及其以身作则,对儿童是最好的教育。

作为新教育的倡导者,爱伦·凯尖锐地批判家庭和学校教育中对儿童的摧残,主张依据卢梭的自然教育原则改革旧教育,以造就身心健全、自由独立和富于创造精神的新人。为此,她竭力倡导自由教育,主张建立以儿童为中心的理想学校。在这种学校里,教师不是严格的管制者和教训者,而是儿童的伴侣。他们热心地研究儿童,在教育中充分考虑儿童的年龄特征和个性差异;废除班级制度、教科书、考试及体罚制度;代之以宽松自由的环境,使儿童在独立自主的活动中获得经验,发展自我。

爱伦·凯在《儿童的世纪》中预言"20世纪将成为儿童的世纪",强调教育者应了解儿童,保护儿童纯朴天真的个性。这一思想在世纪之交产生很大影响。这本书被译成多种文字出版,在推动20世纪欧美的教育改革中发挥了重要作用。

三、德可乐利

德可乐利(O. Decroly,1871~1932)是比利时教育家、心理学家和医生,新教育的代表人物。主要著作有《论个性心理学与实验心理学》(1908)、《语言的发展》(1930)和《新教学法》等。德可乐利受卢梭教育思想和自然科学(尤其是生物学)以及格式塔心理学和机能主义心理学的影响,重视儿童的本能与兴趣,将它们视为教育的基础。同时,他也重视环境的作用,强调两者的融合,认为儿童的认知具有整体化的特点。德可乐利批评当时的学校教育学术性过强,所教科目各不相关,违背儿童的认识特点,不能很好适应儿童的年龄、能力和兴趣;儿童被动吸收得太多,主动表达得太少。他主张学校应循着两条路线进行改革:加强教育与生活的联系;为儿童的发展提供适宜的有刺激的环境。其基本设想是将班级分解为能力小组,施行主动的、个别化的、适合儿童需要和兴趣的学校课程。他的教学计划在教育史上以"德可乐利教学法"著称。

在教育环境的安排方面,德可乐利认为应为学生智力的、体力的、社会的和审美的生活服务,他把学校设在一个便于儿童和自然接触、便于充分自由地活动的环境之中。那里风景秀丽、场所开阔,到处有美丽的花草和可爱的动物。

德可乐利的课程论思想以"兴趣中心"为其主要特征。与杜威相似,他将兴趣视为儿童成长方向的指示器。在他看来,儿童的生命冲动在由他们的基本需要所唤起的兴趣中表现得最为明显。因此，教育家应该利用这种冲动，以儿童的需要为中心来进行教育。与人的四种原始的需要相联系，有四种主要的兴趣中心：食物、躲避自然灾害、防御敌人以及劳动和相互依赖。根据这种观点，他打破传统的分科体系，把课程分为关于个人的知识和关于环境的知识两大类，以个人生活中的需要为中心，再与属于环境的知识如家庭、学校、社会、动物、植物、矿物、天时和气象等联系起来，组成教学单元，逐年学习。

教学方法也根据单元学习分为三段：观察、联想和表达。观察练习即收集并理解第一手资料。联想即对已充分理解的第一手资料进行综合、分类和比较，并为概括打好基础。表达的目的在于帮助巩固前两个阶段所习得的东西，并帮助扩大学生的兴趣范围。

德可乐利虽然改变了旧的教学方法，但仍保持读、写、算的教学及传统小学的大部分教材。在保证教学质量的同时，还增加了许多有用的知识与技能，并激发了学生对学习和生活的极大热情。此外，他的方法同样适用于富裕阶层和普通学生。由于上述种种优越性，他的实验得到政府的重视，被引入国立学校，并对西方教育产生深远的影响。

四、罗素

罗素（B. A. W. Russell，1872—1970）是英国哲学家、数学家、逻辑学家和教育家。1927~1934年，与妻子朵拉开办皮肯希尔（Becon hill）学校，其办学思想受到麦克米伦姐妹和蒙台梭利的影响。学校招收2~10岁的儿童，并按不同年龄分组进行教育，强调"自由教育""爱的教育"和更多地发展个人主义。主要教育著作有《教育与美好生活》(1926，又译《教育论》）和《教育与社会秩序》。

第一次世界大战期间，罗素开始注意教育问题。他认为，战争

第十六章 19世纪末至20世纪前期欧美教育思潮和教育实验

的起因是工业化国家的公立学校培养了人们的盲目的错误信仰,于是产生了战争冲动,故主张改革教育以阻止或消灭战争。后来又进一步认为教育上的罪恶是工业文明导致的其他罪恶的直接后果。只有改变经济制度,才能从根本上医治这种罪恶。

罗素认为,现代教育有四大发展趋势。首先是教育制度民主化。罗素提出教育机会均等的理想。他说:"我们所应追求的未来的教育制度乃是一种能使每个儿童都获得最优机会的制度。理想的教育制度必定是民主的,虽然这种制度不会很快实现。"① 其次是教育内容实用化。罗素主张把数学和自然科学摆在重要位置,认为它们不仅具有极大的实用价值,也具有极大的内在价值。再次是教育方法自由化。罗素高度赞扬推崇自由原理的蒙台梭利教学法。他指出,旧的观念视儿童为撒旦的爪牙,以为除非采用恐吓和强迫的方式,否则儿童绝不可能情愿学习。但蒙台梭利方法的发明,说明强迫的方法完全是由于缺少教学艺术。他甚至认为蒙台梭利方法适合于各个阶段的教育。最后一个趋势是给幼儿期以更多的注意。罗素认为这种趋势的出现与精神分析学家的深刻影响有关。精神分析学家在从事精神分析或治疗时,往往要追溯到孩提时代,并强调幼儿期在人格、品性发展中的重要性。罗素关于现代教育趋势的思想是在大半个世纪以前提出的,但其正确性基本上为历史发展进程所证实。

罗素明确提出了个人本位的教育目的。他反对现代世界列强把国家的强大作为教育的最高目的,把学生当做实现其目的的工具。他主张教育的目的是培养四种理想的品性:活力、勇气、敏感和理智。他坚信:"一个由因教育而拥有高度活力、勇气、敏感和智慧的男女所组成的社会,将与过去存在的一切社会截然不同。……教育是打开新世界的钥匙。"②

---

① ② 罗素著,靳建国译:《教育论》,东方出版社1990年版,第4、43～44页。

罗素研究了 6 岁前儿童的品性教育问题，认为在儿童出生后，成人的首要事情是树立正确的儿童观，尊重儿童的人格，及早开始培养其良好的习惯。他把通过良好的习惯产生成绩视为现代道德教育的秘诀；主张培养儿童诚实的品性，认为这对一个伟人来说，比财富和荣誉更为重要。谈到品性教育的方法时，罗素承认夸奖和责备对于幼儿的教育来说是需要的，但在具体运用时须谨慎从事。他反对向幼儿讲空洞的道德原则，认为道德教育应具体和直接，起于自然形成的情境。

罗素的教育思想以其民主与科学的精神为基本特征，充满了怀疑精神与向旧观念挑战的勇气。作为新教育的代表人物之一，他的主张与当时的儿童中心主义思潮吻合，带有模糊的乌托邦色彩。

新教育思潮促使人们对西方教育传统进行全面反思，推动了人们对教育现象的重新认识。新教育家们创办的一系列新学校为现代教育的改革提供了新的模式。在新教育运动中形成的思想和开展的实践，对 20 世纪欧美国家的教育发展产生了广泛而深刻的影响，构成 20 世纪西方教育发展的重要起点。另一方面也应看到，新教育家们思想的重点在儿童个人的发展，所注重的主要是精英教育而非大众教育，并且始终未能解决好教育过程的一些基本矛盾，如儿童主动性与教师工作的矛盾、活动与系统知识的矛盾、自由和纪律的矛盾以及发展个性与社会合作的矛盾等。

第二节　进步教育

"进步教育"（progressive education）是指产生于 19 世纪末并持续到 20 世纪 50 年代的美国的一种教育革新思潮，亦称"进步主义教育运动"。其性质虽然与欧洲新教育思潮相似，但由于产生于不同的地域，其发生的背景及发展的过程存在诸多差异。

第十六章　19世纪末至20世纪前期欧美教育思潮和教育实验

进步教育是作为进步主义运动的一部分发端的。进步主义运动是19世纪末在美国兴起的广泛的社会改良运动，旨在反对工业社会的政治经济弊病。进步主义者们力求同时改革教育和社会事务。他们揭露了公立学校中存在的各种严重问题，试图通过改革使学校教育适应美国社会的新的需要。

进步教育理论源自卢梭、裴斯泰洛齐和福禄培尔等人的教育思想，并深受现代科学尤其是生物科学和进化论的影响。以后，杜威的教育理论对进步教育运动产生了很大的影响。

进步教育理论的"实验室"主要是美国的公立学校。相对欧洲的"新学校"来说，进步学校更关心普通民众的教育，更强调教育与生活的联系，更重视从做中学，更注意学校的民主化问题。

一、进步教育运动始末

美国进步教育运动的发展大致经历了四个阶段：兴起（19世纪末至1918年）、成型（1918～1929年）、转折（1929～1943年）和衰落（1944～1957年）。

19世纪末，帕克（P. W. Parker，1837—1902）先后在马萨诸塞州昆西市和芝加哥库克师范学校进行教育革新实验，创造了"昆西教学法"，被杜威称做"进步教育之父"。赖斯（J. Rice）在揭露美国学校教育的弊端，引起人们关心教育的变革方面作出了贡献。1896年，杜威创办芝加哥实验学校。在他的影响下，许多进步教育实验以各种形式展开。早期的进步教育家们都关心通过学校改变社会，但由于受到不同的教育理论的影响，他们的方法不尽相同。其中一些人如"有机教育学校"的创办者约翰逊和"道尔顿计划"的创立者帕克赫斯特等人，受到卢梭和蒙台梭利的影响，强调个性发展，重视儿童的兴趣和能力。另一些人如"葛雷计划"的创立人沃特等则受到杜威的影响，试图把学习和劳动、抽象的和实用的以及个性的和社会的等因素结合起来。

1919年，安那波利斯海军学院的一位教师科布（S. Cobb）发起建立进步教育发展协会。该协会后来改称美国进步教育协会（American Progressive Education Association，简称 PEA）。1920年，协会提出了改进初等教育的七点目标，实为进步教育的七项原则或纲领。1924年，协会创办《进步教育》杂志，向读者介绍欧洲的教育革新和美国的进步教育实验。在这个时期，进步教育运动本身日益专业化。哥伦比亚大学师范学院成为美国进步教育运动的中心。1905年，杜威来到该校。那里聚集了许多著名学者，有历史学家孟禄（P. Monroe）、心理学家桑代克、社会学家拉格（H. Rugg）和课程理论家克伯屈。到20年代末，进步教育协会几乎成为哥伦比亚大学师范学院的代言人。杜威担任协会的名誉主席，协会的秘书处也移到该院。由于运动的这种专业化倾向，失去了公众的理解和支持。与此同时，进步教育运动内部出现分化。以拉格为代表强调"儿童中心"的教育；以康茨（G. Counts）为代表主张"社会中心"的教育。

1929年的大萧条严重影响了美国进步教育运动的发展。一方面它使进步教育运动发生转向。此前强调儿童中心和个人的自由发展，此后则更加意识到学校的社会职能。此外，从30年代初期开始，进步教育运动的重心逐步从初等教育转向中等教育。这种转变集中反映在"八年研究"（亦称"30校实验"，1933～1940年）上。另一方面，大萧条加剧了进步教育运动内部的分裂，"改造主义"正是这种分化的产物。进步教育还受到新保守主义教育思潮的攻击。1944年，美国的进步教育运动进入其衰落阶段。这一年，美国进步教育协会更名为"美国教育联谊会"，成为欧洲新教育联谊会的一个分会，尽管在1953年恢复了原来的名称，但已没有实际意义。1955年，协会解散。1957年，《进步教育》杂志停办，标志着美国教育史上一个时代的结束。

进步主义教育运动衰落的原因是多方面的。首先，进步教育运动不能与美国社会的不断变化始终保持同步。该运动存在期间，美国社会发展迅速，变化剧烈，对美国教育不断提出新的要求。美国在完成了工业化和城市化以后，基本实现了现代化，社会结构亦更为复杂，不同集团的利益日趋多元化，使进步教育家们无所适从。尤其是战后冷战局面的出现、与朝鲜的战争以及美国国内麦卡锡主义的盛行，这种社会状况使进步主义教育运动失去了赖以生存的客观基础。1957年苏联人造卫星的上天使进步主义教育遭到更为广泛、激烈的批评。其次，进步教育理论和实践本身存在许多矛盾和局限，例如，过分强调儿童个人的自由，忽视社会和文化对个人发展的决定作用；过分否定学校工作的一些基本规律，导致教学质量的下降。此外，进步教育运动在指导思想和理论基础的多元化与运动的相对统一性之间，以及教育理论和教育实践之间也存在矛盾，导致了运动内部的分裂。进步主义者所建议的做法在时间和能力上，对教师提出了过高的要求。最后，改造主义和各种保守主义的抨击，在很大程度上击中了进步教育的要害，加速了其衰落的进程。

长期以来，人们对进步教育思想以及进步教育运动的看法褒贬不一，对进步主义教育思潮对美国学校教育的影响的估计也存在很大分歧。但是，进步教育无疑在西方教育史尤其是美国现代教育史上构成了重要的一章。进步教育在反对落后的传统教育方面发挥了积极作用，学校带来了许多方面的变革。"进步教育"作为一个运动已划上了句号，但作为一种思想，它仍然与当今美国教育中的许多问题联系在一起。

二、几种重要的教育制度和教育方法

（一）帕克的昆西教学法（Quincy plan）

帕克是美国进步教育运动的先驱者，1875～1880年任马萨诸塞州昆西市教育局长，领导和主持了昆西学校实验。主要教育著作是《关于教育学的谈话》（1894）。

帕克的教育革新措施以"昆西教学法"或"昆西制度"著称。其主要特征是：(1)强调儿童应处于学校教育的中心；(2)重视学校的社会功能；(3)主张学校课程应尽可能与实践活动相联系；(4)强调培养儿童自我探索和创造的精神。在19世纪90年代，帕克向杜威传播新教育思想。帕克去世后，他的弟子库克（P. J. Cooke）将他的思想与杜威的思想融为一体并付诸实践，从而进一步发展了"昆西教学法"。

（二）约翰逊的有机教育学校（Organic school）

约翰逊（Marietta Johnson, 1864—1938）是美国教育家，进步教育协会的创始人之一。1907年，她在亚拉巴马州的费尔霍普创办了费尔霍普学校（Fairhope School），该校以"有机教育学校"而闻名。约翰逊称她的教育方法是"有机的"，因为它们遵循学生的自然生长。学校的目的在于为儿童提供每个发展阶段所必需的作业和活动。因此，她主张以一般的发展而不是以获得知识的分量来作为教育的目标。她根据学生的年龄来分组，称作"生活班"（life class），而不叫年级。

约翰逊的有机教育学校的整个课程计划以活动为主。她设计出以下活动代替一般课程：体育活动、自然研究、音乐、手工、野外地理、讲故事、感觉教育、数的基本概念、戏剧表演、体育比赛以及画地图和地形等。她还重视社会意识的培养，认为发展合适的社会关系应是学校最重要的任务之一。应培养学生无私、坦率、合作等品质，以及提出建设性建议的能力。

（三）沃特的葛雷制（Gary system, Gary plan）

沃特（William Albert Wirt, 1874—1938）是美国教育家，葛雷制的创始人。1907年，他被印第安纳州葛雷市教育委员会聘为公立学校的督学，推行一种以"葛雷制"著称的教学制度，亦称"双校制""二部制"（two platoon plan）或"分团学制"。

沃特以杜威的基本思想如"教育即生活""学校即社会"和

"做中学"为依据,以具有社会性质的作业为学校的课程。他把学校分成四个部分:体育运动场、教室、工厂和商店、礼堂。课程也分成四个方面:学术工作,科学、工艺和家政,团体活动以及体育和游戏。沃特把葛雷学校称做"工读游戏学校"。

葛雷学校以其独特的教学制度而闻名。为了减少学校经费开支,充分利用现有的设施以提高办学效率,沃特在教学中采用二重编法,即将全校学生一分为二,一部分在教室上课,另一部分则在体育场、图书馆、工厂、商店以及其他场所活动,上下午对调,解决了葛雷地区学校少、供不应求的矛盾。相对当时一般公立学校组织中的惊人的浪费来说,沃特的措施是有积极意义的。

沃特的葛雷制曾被认为是美国进步教育思想的最卓越的例子。它的课程设置能保持儿童的天然兴趣和热情。它的管理方式经济而有较高的效率。到1929年,美国已有41个州的两百多座城市的很多学校采用这一制度,成为进步学校流行最广的一种形式。

(四)帕克赫斯特的道尔顿制(Dalton plan)

帕克赫斯特(Helen Parkhurst,1887—1973)是美国教育家,道尔顿制的创始人。1920年,她应邀去马萨诸塞州道尔顿市的道尔顿中学实施一项名为"道尔顿实验室计划"教育革新计划。一般简称"道尔顿制"或"道尔顿计划"。

道尔顿制是一种个别教学制度。帕克赫斯特批评班级授课制使学生处于被动地位,学生的个别差异得不到应有的照顾。她提出以下主张。(1)在学校里废除课堂教学,废除课程表和年级制,代之以"公约"或合同式的学习。(2)将各教室改为各科作业室或实验室,按学科的性质陈列参考用书和实验仪器,供学生使用。各作业室配有该科教师一人,负责指导学生。(3)用"表格法"来了解学生的学习进度,既可增强学生学习的动力,也可使学生管理简单化。

20世纪20年代,道尔顿制在许多国家如英国、苏联流行一时，产生过较大影响。帕克赫斯特还亲自于1924年和1925年分别到日本和中国介绍其方法。道尔顿制存在的主要问题是过于强调个体差别，对教师要求过高，以及在实施时易导致放任自流；并且，将教室完全改为实验室也不太实际。

（五）华虚朋的文纳特卡计划（Winnetka plan）

华虚朋（C. W. Washburne，1889—1968）是美国教育家，帕克的学生。在1919～1945年任伊利诺伊州文纳特卡教育官员期间，从事以"文纳特卡计划"著称的教育实验。

华虚朋的教育实验的具体做法是将课程分为两个部分：共同知识或技能（包括读、写、算等工具性学科）和创造性的、社会性的作业（如木工、金工、织布、绘画、雕刻等）。前者主要按学科进行，并以学生自学为主，教师适当进行个别辅导。学习按计划进行，平时有进度记录，最后以考试来检验学习结果。后者则以小组为单位展开活动或施教，不考试。

文纳特卡计划在三四十年代的美国得到迅速而广泛的传播，对世界不少国家的教育也产生了重要影响。但有人指责它影响学科的深入学习，并且实施起来也很困难。50年代起逐渐衰落。

（六）克伯屈的设计教学法（Project method）

克伯屈（W. H. Kilpatrick，1871—1965）是美国教育家，杜威教育哲学的诠释者。他的主要兴趣是研究学习理论，1918年，因发表《设计教学法》一文而在国内外赢得很大声誉，被称为"设计教学法之父"。

克伯屈阐述了进步教育的学习理论。他认为，有机体是通过行动来学习的，学习的结果是获得一种新的行为方式，强调在学习过程中人与其环境的相互作用。

在克伯屈之前，人们就已开始使用"设计"一词，并将设计的方法运用于教育。克伯屈系统地归纳和阐述了设计教学法，并被认为是此种教学法的代表人物。他强调有目的的活动是设计教学法的核心，儿童自动的、自发的有目的学习是设计教学法的本质。他将"设计教学法"定义为在社会环境中进行有目的的活动，重视教学活动的社会的和道德的因素。

克伯屈主张放弃固定的课程体制，取消分科教学，取消现有的教科书，把学生有目的的活动作为所设计的学习单元。根据不同的目的，他将设计教学法分成四种类型：生产者设计、消费者设计、问题设计、练习设计，以生产者设计为重点，它最能体现教育的社会化。同时，这四种设计的分类并不是固定的。一个具体的学习单元经常可以包含两个或两个以上的设计。根据杜威的"思维五步法"，克伯屈提出了设计教学法的四个步骤：决定目的、制定计划、实施计划和评判结果，以学生为主，由他们自己找材料，自己研究。

设计教学法在美国得到迅速传播。到 20 世纪 30 年代，对英语国家的学校产生广泛的影响。它不仅在西欧和苏联被采用，对中国、印度和埃及等国的教育也有较大影响。设计教学法充分发挥了儿童的主动性和积极性，使儿童成为学习的主人；力求使教学符合儿童的心理发展规律，以提高学习效率；注重培养儿童的合作精神，加强了教学与儿童实际生活的联系。但设计教学法的四个步骤是针对生产者设计而言的，克伯屈本人也承认没有为学习知识的设计教学确定明确的步骤。由于强调根据儿童的经验组织教学，设计教学法实施的结果，必然导致系统知识学习的削弱。

第三节　实验教育学

实验教育学（experimental pedagogy）是 19 世纪末 20 世纪初产生于德国，随后在欧美一些国家发展的以教育实验为标志的教育思想流派。它的主要代表人物有德国的梅伊曼和拉伊、法国的比纳、美国的霍尔和桑代克。

实验教育学是作为传统教育的对立物而出现的，试图解决旧教育的弊端。它的产生和形成受到实验心理学、实验生理学和其他自然科学的影响。其基本特征是：重视研究儿童发展与教育的关系，批判旧教育注重逻辑推理和抽象思辨的方法，重视实验，并强调从实验的结果中寻找教育的途径和方法。他们通过测量和统计等方法进行研究，努力将教育学建立在自然科学的基础上。

实验教育学为新教育提供了重要的理论依据，促进了教育理论的科学化，使教育学从哲学的桎梏中解放出来，并给实际教育工作者以有益的启迪，对当时和后世的教育都产生深远的影响。它与20世纪初出现的儿童研究运动和学校调查运动相关联，成为教育科学的开端。其存在的主要问题是片面强调儿童的生物性，因而过分考虑教育的自然科学化，忽视了社会性因素；并且把实验方法推崇到极端，视之为教育研究的唯一方法，忽视了社会科学与自然科学之间的差异，以致简单地照搬自然科学的方法。

一、德国的实验教育学

（一）梅伊曼

梅伊曼（Ernst Meumann，1862—1915）是德国教育学家和心理学家，实验教育学的创始人之一。1901年，他首次提出"实验教育学"的名称，并论述了实验教育这一新领域的研究内容和目的。1905年，与拉伊共同创办《实验教育学》杂志。主要著作是《实验教育学讲义》（1908）。

梅伊曼的教育思想的要点如下。首先，他批评了传统教育学体系的弊端，认为它所提出的规章和准则或是思辨的产物，或是直观思维的结果，都缺乏以科学实验方法所作的严密论证。他主张通过科学实验的验证来发现和陈述事实，反对任何思辨，否认实验教育学应包括教育学的整个领域。其次，他论述了实验教育学的研究范围，主要关注与智力发展相关的问题，尤其是心理疲劳和记忆问题。最后,他主张实验教育学的研究人员应主要是训练有素的实验心理学家,研究的主要场所是心理实验室,不赞成课堂教学实验法。

在教育史上,梅伊曼首次系统地论述了实验教育学的性质、方法、研究范围和任务。他看到了教育学的实践性,指出了以思辨和逻辑推理方式研究教育的局限性,要求把教育学建立在科学实验的基础上,对于传统教育的改革起了很大的促进作用。但是他反对建立教育学的完整体系,并把实验研究方法强调到极端。

(二) 拉伊

拉伊 (Wilhelm August Lay,1862—1926) 是德国教育家,实验教育学的创始人之一。他与梅伊曼有许多共识,都认为用思辨方法建立起来的旧教育学缺乏科学性,与实际产生严重脱节,不能很好地解决教育实践中的问题;都强调实验教育学是以实验方法为基础的新的独立科学;都认为实验教育学必须借助于相关科学。

但在一些重要问题上拉伊与梅伊曼存在意见分歧。拉伊批评了梅伊曼把实验教育学与"系统教育学"对立起来的做法,认为教育科学应包括相互联系的三大领域:教育史、辅助科学和实验研究;指出教育实验中假定的成立、事实的发现和系统的建立,受到自然科学和文化研究的重要影响。其次,拉伊强调"表现"(即行动)在教育过程中的价值,他的实验教育学因此也被称为"行动教育学"。拉伊始终强调实验与教育实际的密切联系,这导致了他与梅伊曼的不同。拉伊主张将教育实验与心理实验区分开来,并在正常的学校环境(教室)中进行;重视学校、教师在教育实验研究中的作用和意义,主张教师参与心理学家、医生和人类学家的共同研究。

二、霍尔、桑代克

(一) 霍尔

霍尔 (G. S. Hall,1844—1924) 是美国儿童心理学的创始人,美国教育心理学的开拓者。他对儿童心理和教育问题所进行的广泛调查，激发了社会对儿童研究的热情，形成儿童研究运动。他则被誉为"儿童研究之父"。其教育代表作是《青年期的心理与教育》(1904)。

霍尔曾被说成是"心理学的达尔文"。他把生物学上的进化论和复演思想扩展到心理学上，提出进化不仅表现在肌体上，也表现在心理上，个体心理发展是种族进化历史复演的理论。霍尔认为，儿童期反映人类的远古时代，少年期是中世纪的复演，青年期是比较新近的祖先的特性的反映，并指出教育必须遵循复演的顺序，适应儿童在不同阶段的不同需要，允许儿童在发展过程中依次出现的各种活动本能充分展现出来。根据复演说，霍尔提出自己的教育主张。他重视肌肉运动。在他看来，肌肉是意志、品性，甚至思想的器官，肌肉的发达最能促进脑髓的发展。因此，他反对把儿童关在屋内静坐或死读书，主张遵循个体发展的特点，对儿童进行自然教育。对于儿童多少带有一些野蛮性的本能，应在一定范围内让其自由表现，设法给予满足。使儿童在自然环境中狩猎、争斗和嬉戏，使其通过本能的发泄达到"净化"。

霍尔的复演说作为一种儿童发展理论，现在已基本上被理论界否定。其主要错误是将个体发展史完全等同于种族发展史，从而引向生物决定论。但霍尔由复演说中发展而来的教育主张却为业已到来的欧美教育革新运动提供了理论依据。他的理论重新强调了夸美纽斯提出的适合儿童学习年龄阶段的主张，支持了卢梭教育顺应自然的观点。他是美国第一个试图把发展心理学运用到教育方面的人。

霍尔在儿童研究中广泛使用他从德国学来的问卷法。其具体方法包括：(1) 直接让被试回答问卷；(2) 通过教师和父母收集资料。在他的影响下，1890～1915年，问卷法在儿童研究中盛行一时。

(二) 桑代克

桑代克（Edward LeeThorndike，1874—1949）是美国心理学家和教育家。他早年在詹姆士指导下从事动物学习的研究，后来将动物研究技术应用于儿童，并把大部分时间花在人类学习、教育及心理测验诸领域。

"联结"是桑代克教育心理学的核心概念。根据对动物的实验，桑代克认为动物的学习就是刺激和反应之间形成的联结，并把这种看法照搬到人类的学习，并使教育心理学成为一门独立的学科。

学习心理学是桑代克教育心理学最重要的部分。他把学习过程看做形成后天习得的联结的过程，并提出了他的尝试错误的学习理论和学习的三个定律。他总结了对猫进行的实验，总结出三个学习定律：准备律、效果律和练习律。后来桑代克在研究了人类的学习以后，对上述学习规律进行了修改和补充。

桑代克重视对行为的研究，摆脱了心理学只研究意识的束缚，对行为主义心理学产生了重要影响。但他夸大了遗传的作用，忽视人的认知的因素，发展了一种客观的和机械的学习理论，抹杀了人类学习的本质特点。

三、智力测验

智力测验作为儿童研究运动的表现形式之一，产生于20世纪初的法国，二三十年代盛行于美国，以后在意大利、德国、英国乃至日本和中国等国得到迅速传播和发展，并流行至今。

(一) 比纳的智力测验

比纳（Alfred Binet，1857—1911）是法国心理学家、智力测验方法的首创者。他批评传统教育不注意儿童的个性差异，要求把新教育建立在个性心理学的基础上。他广泛研究人的各种差异，尤其关心人的思维方式的差异，从不同角度区分出三组思维类型：(1) 分析逻辑的思维方式和直觉灵感的思维方式；(2) 客观的思维方式和主观的思维方式;(3)实际的思维方式和思辨的思维方式。

比纳编制智力量表是当时法国实施义务教育的需要。1904年,法国政府要求动用各种方法来鉴别低能儿童,以便为他们开设特殊学校或特别班,避免他们的不断留级带来的麻烦。根据政府要求,比纳和西蒙编制了智力测验表。其基本指导思想如下。(1)人具有一般的智力,智力是一种综合,由四种功能即思维定向、意义理解、发现和判断组成。其中判断最为重要,是智力的基本功能。(2)正常人的智力是随年龄的增长而相应提高的。因此,1905年的《比纳—西蒙智力测验量表》是根据测验项目难度的递增来排列的。通过对被试者从易到难的各项测验的测定,就可以测定他们的思维判断是否敏捷。这份量表以3~13岁的儿童为对象。

1905年的这份量表问世后受到普遍好评,但也暴露出一些局限,主要是不能明确简便地从年龄角度来说明被试的智力超前或落后的程度。为此,1908年,比纳和西蒙发表第二份量表,按年龄分组来进行测试,并引入"智龄"这个智力测验的重要术语,增加了测试题的数量。这份量表因此又被称为"年龄量表",它能迅速判断一个人智力落后或超前的程度。1911年,比纳在去世前和西蒙一起对量表又作过一次修改,使其更规范化,成为比较科学、系统的儿童智力发展的测验工具。比纳和西蒙制定的量表被迅速译成多种文字在世界上流行。

(二)智力测验的发展

1916年,美国斯坦福大学教授特曼(Terman)制定了适合于3~18岁儿童与青少年的《斯坦福—比纳量表》。它以比纳和西蒙的量表为蓝本,把它延长到成人水平,在测试上有较高的信度和效度,并采用"智商"(Intelligence Quotient)来衡量儿童智力发展水平。其公式是:智商(IQ)=智龄(M·A)/实龄(C·A)×100。智商为90~110者为正常智力,高于110为优秀智力,低于90为弱智。

美国教育心理学家桑代克在智力测验的基础上，提出测定儿童学业成绩的公式：成绩商数（A·Q）＝学习成绩年龄（A·A）/智龄（M·A）×100。按照此公式，判断儿童的学业成绩的优劣不能只看各科分数，还要看是否达到智力与学习能力的一般标准。

对于比纳创造的智力测验在国际心理学界褒贬不一。但由于尚未找到比智力测验更有效的衡量手段，智力测验仍广泛流行。

第四节　凯兴斯泰纳的"公民教育"与"劳作学校"理论

凯兴斯泰纳（G. Kerschensteiner，1854—1932）是德国教育家，19世纪后期开始在欧美流行的劳作教育思潮的主要代表人物和推动者。他的教育改革和教育理论对德国乃至世界许多国家的教育产生了重要影响。

一、生平与教育活动

1895～1919年，凯兴斯泰纳任慕尼黑市教育局长，任职期间，对该市的国民学校和补习学校进行改革，同时从事教育理论研究，通过著述和讲演的方式广泛宣传自己的教育观点；退休后，任慕尼黑大学名誉教授，主讲教育原理和学校组织等课程。生前他曾多次出国讲学和考察欧美各国的教育。凯兴斯泰纳的主要教育著作有：《德国青年的公民教育》（1901）、《公民教育要义》（1910）、《劳作学校要义》（1911）、《性格与性格教育》（1912）、《陶冶过程的基本原理》（1917）和《教育原理》（1926）。

二、公民教育理论

关于国家职能的思想是凯兴斯泰纳公民教育理论的政治基础。

他的政治理想是要建立一个"文化法治的国家"。为实现这个理想，国家承担双重任务：维护国家内在与外在的安全及其公民的身心健康；向伦理化社会发展，逐步实现人道国家的理想。凯兴斯泰纳关注当时国家间的对峙关系，把"自我保存"看做国家的重要职能，把"自我完善"看做自我保存职能的重要内容。在他看来，仅仅维持平衡是不够的，还必须使国家日趋完善。只有当国家能够不断发展时，自我保存的概念才有实际意义。凯兴斯泰纳关于国家职能思想的阶级实质是：他所说的人道主义国家在当时只能是资产阶级的人道主义国家；他所谓维护国家内在与外在的安全，其实质是对内维护资产阶级的利益和统治，对外维护军国主义德国的利益。

　　国家怎样才能实现其自我保存和增进福利的职能呢？凯兴斯泰纳的答案是：通过给予每个人以最广泛的教育，使他们大体上懂得国家的职能，并有能力也乐意尽最大努力担负起他们在国家组织中的职责。他指出，教育有用的国家公民是国家公立学校的目的，也是一切教育的目的。公民教育的中心内容是通过个人的完善来实现为国家服务的目的。在他看来，所谓"有用的国家公民"应具备三项品质：其一，具有关于国家的任务的知识；其二，具有为国家服务的能力；其三，还要具有热爱祖国、愿意效力于国家的品质。在论述公民教育的目标时，凯兴斯泰纳也提及"世界的好公民"的概念，认为教育出了国家的好公民，也就是在教育世界的好公民。因为社会团体越大，不同利益的差异越大，就越有必要在培养国家观念的同时培养人类的观念。但是他又认为，在目前国家之间为生存展开斗争的情况下，要求国家为人类的利益而漠视自己的安全，并要求它干预一切非正义的现象，未免为时过早，缺乏现实性。因此，他所说的好公民只能是"国家的好公民"。

　　关于公民教育的对象，凯兴斯泰纳的思想前后有些变化。在1901年的《德国青年的公民教育》中，他明确地说："公民教育的对象是制造业中 14~20 岁的人口。"① 但在该书的第四版序言中他作了修正,强调"所有阶级都需要这样一种(公民)教育——不仅是劳动群众,而且也包括我们称之为富有的和有教养的阶级"②。

三、劳作学校理论

在凯兴斯泰纳的教育理论体系中,劳作学校理论既是公民教育理论的有机组成部分,又是一个相对独立的部分。早在 1901 年出版的《德国青年的公民教育》中,他把职业工作视为"公民训练的一种极好方式",认为人的品格不是通过读书或倾听说教形成的,而是在连续不断和扎实的实际工作中形成的。1905 年,凯兴斯泰纳在汉堡所作的《小学校的改造》的讲演中,首次使用"劳作学校"这一名称,主张为实现公民教育的目的,必须将德国的国民学校由"书本学校"改造成"劳作学校",并强调公民教育、职业教育和劳作学校的关系是目的、手段和机构的关系,它们是"三位一体"的。

凯兴斯泰纳认为,劳作学校是一种最理想的学校组织形式,是为国家培养有用公民的重要教育机构。凯兴斯泰纳从公民教育的目标出发,赋予劳作教育以新的意义和内容。因此,他的劳作教育理论被称做"国家主义的劳作教育"论或"公民教育的劳作学校"论。他强调的是要造就对国家、社会有用的人,而不仅仅是注重个人的发展。与当时一般的新教育和进步教育者相比,凯兴斯泰纳更为重视的是教育的社会功效。

凯兴斯泰纳阐明了"劳作"在教育学上的定义。第一,"劳作"不只是体力上的,而且是一种身心并用的活动。第二,"劳作"与游戏、运动与活动不同。"劳作"既有客观目的,又须经受艰辛,

---

① 任钟印主编:《世界教育名著通览》,第 1048 页。
② 参见赵祥麟主编:《外国教育家评传》,第 2 卷,第 628 页。

所以富有教育意义。第三,"劳作"应能唤起个人客观兴趣,使学生有内心要求,照自己的计划想方设法去完成,并检验自己的劳动成果。

凯兴斯泰纳确定了劳作学校的三项任务。一是要帮助学生将来能在国家的组织团体中,担任一种工作或一种职务,即"职业陶冶的预备"。二是"职业陶冶的伦理化",要求把所任的职务看做郑重的公事,不只是专为个人去做,而是要把个人的工作与社会的进步联系在一起,把职业陶冶与性格陶冶结合起来。三是"团体的伦理化"。要求在学生个人伦理化的基础上,把学生组成工作团体,培养其互助互爱、团结工作的精神。为保证这些任务的完成,还必须具体研究劳作学校的方法,包括教学的内容和方法,以及教育与教学的管理。其基本精神是:让学生在自动的创造性的劳动活动中得到性格的陶冶。凯兴斯泰纳从性格陶冶的角度阐述了活动教学的意义。他认为,作为未来公民所应具备的性格特点如意志力、判断力、精细性和自奋性,只能通过热情而持久的活动才能发展。但现在一般学校的被动性与死板性,不仅不能培养这些性格,甚至使性格发展误入歧途,成为伦理化的阻碍。那些大堆的死知识,远不如精神的发展、伦理的适应力和工作的本领要紧。

凯兴斯泰纳要求围绕性格陶冶这个中心从三个方面开展训育和教学。(1)必须把"劳作教学"列为独立科目,并聘请专门的技术教员。(2)改革传统科目的教学。必须竭力摒除旧式的知识灌输。在讲清学科的基本概念的基础上,着重培养和训练学生逻辑思考的本领。(3)要发展学生的公民和社会技能,对于各种学科的组织,都必须以团体工作为基本原则,发展利他主义,努力把学生的注意力引向社会的利益。

凯兴斯泰纳的公民教育理论是当时德国的"国家主义教育"政策的产物,是为德国资产阶级统治服务的。他生活在一个紧张的民族主义的时代,国家之间的敌意对教育产生了两方面的影响:增强

第十六章 19世纪末至20世纪前期欧美教育思潮和教育实验

了培养爱国主义的趋势;导致对社会改善和增进国家效力的关注,从而产生了改进国家教育结构的迫切感。凯兴斯泰纳的教育主张正是19世纪末在欧美各国出现的民族主义教育趋势的反映,为当时德国资产阶级统治集团的对内统治和对外扩张侵略提供了精神武器。但另一方面我们也应看到,为实现国家主义教育政策,凯兴斯泰纳将新的教育方法引进公立学校体系。他改革了国民学校的教育和工人的进修教育,努力培养学生的合作精神和创造性的劳动能力;"他看到了日益增长的技术革命和与之俱来的知识爆炸,从而促进了科学技术训练的事业和才智的专门化,以适应上述的发展。"①

作为劳作教育思潮的主要代表,凯兴斯泰纳的教育理论不仅在德国,而且对世界许多国家的学校教育产生了较大影响。在凯兴斯泰纳的影响下,欧洲许多国家如瑞士、英国、法国和俄国也采取"劳作学校"的做法。他的《劳作学校要义》被译成多种文字在世界上广为流传。1935年该书被译成中文出版。

如上所述,19世纪末至20世纪前期欧美新教育思潮的代表人物在继承西方教育传统中某些思想要素的同时,批判了这种传统中不适应现代社会要求的内容,根据现代生物学、心理学等学科的最新研究成果,提出了一系列新的教育主张,并努力把这些见解付诸教育实践。上述各种教育思潮之间存在着相互影响和相互促进的关系。其共同特点是:重视儿童自身在教育过程中的主体地位,认为儿童先天具有善性和自我发展的能力,因而不再把儿童视为强制行为的对象;重视儿童研究和教育调查,并运用定性研究和定量研究结合、思辨与经验结合,以及比较和测量等新方法,力图使教育研究科学化;重视儿童的创造性活动、社会合作活动和劳动在儿童身

---

① W.F.康纳尔著:《二十世纪世界教育史》,第247页。

心发展中的作用。这些思想在很大程度上构成了西方现代教育理论的最初形态,并对20世纪欧美国家的教育发展产生广泛而深刻的影响。

这一时期的欧美教育思潮存在一些片面性、局限性或不成熟性,留下了许多尚未解决的矛盾,如在儿童研究中,有着严重的生物化倾向;极端的个人主义性质,过高地估计了儿童自由、个性和创造性的意义;片面强调实用、适应,只顾眼前利益而忽视长远利益,忽视基本知识的传授和一般智力的发展,降低了教育质量,因而引起了传统派思想的回潮。

思考题

1. 试论19世纪末至20世纪前期欧美教育思潮产生和发展的历史背景、共同特征及其意义。
2. 应如何分析和评价凯兴斯泰纳的公民教育与劳作学校理论?
3. 试比较德可乐利教学法、葛雷制、道尔顿制、文纳特卡制和设计教学法的异同。
4. 实验教育学产生的历史条件、主要成就与局限。

第十七章

蒙台梭利的教育实践与教育思想

蒙台梭利是20世纪杰出的幼儿教育家，也是西方教育史上与福禄培尔齐名的两大幼儿教育家之一。她以自己辛勤的劳动与不懈的努力，推动了新教育运动及儿童教育的发展，并为"儿童的世纪"涂上了浓墨重彩的一笔。

第一节 生平与教育活动

蒙台梭利（Maria Montessori，1870—1952）出生在意大利安科那省一个天主教徒的家庭。她从小就乐于助人，具有坚强的个性。中学毕业后，她因违背传统习俗及父母之命，选择学医，遭到家庭反对，并断绝了经济资助，但她不为所动，靠奖学金与兼任家庭教师完成了学业，于1896年成为意大利历史上的第一位女医学博士。

毕业后不久,蒙台梭利被罗马大学聘任为该校附属精神病诊所的助理医生,主要治疗对象是低能儿童。因工作需要,促使她深入研究低能儿童教育的先驱,法国心理学家伊塔(Jean Itard,1774—1858)和塞贡(Edouard Seguin,1812—1880)的著作。结合自己的医疗实践经验,她开始形成这样的信念:"儿童智力缺陷主要是教育问题,而不是医学问题。"①

1898年在意大利都灵召开了一次关于教育学的讨论会。会上,蒙台梭利扼要阐述了她对低能儿童教育的看法,声称:"低能儿童并非社会之外的人类,他们即使无法得到比正常儿童更多的教育,也应和正常儿童所得的教育一样多。"② 此主张引起了与会者的强烈反响。教育部长不久任命她为国立特殊儿童学校的校长。任职期间,蒙台梭利以极大的热情投身于低能儿童的教育工作。后来她说:在特殊儿童学校工作而得到的实践经验等于"使我得到了第一个真正的教育学的学位"③。

辛勤的劳动与探索换来了丰硕的成果。蒙台梭利成功地使许多被人认为难以有所作为的低能儿童有了长足进步,他们通过国家考试进入了一般学校学习。但蒙台梭利并未陶醉于自己所取得的成就。此时她开始考虑,假如缺陷儿童经过合适的教育可以达到正常儿童的水平,为什么正常儿童不能达到更高的水平?1901年,蒙台梭利决心投身于正常儿童教育这个广阔的领域,为更多的儿童造福。她选定自己的研究方向主要在幼儿教育,并着重研究3~6岁儿童的教育问题。这时,尽管她已有了坚实的自然科学知识和丰富的教育实践经验,但仍感理论修养不够,于是又重回罗马大学进修

---

① ③ 蒙台梭利著:《蒙台梭利方法》,1964年纽约英文版,第31~32、32页。

② E. M. 斯坦丁著:《蒙台梭利的生平与工作》,1962年纽约英文版,第29页。

了哲学、教育学、实验心理学和人类学等课程。

1907年,蒙台梭利在罗马贫民区开办了一所招收3～6岁贫民儿童的幼儿学校,并命名为"儿童之家"(Casa dai Bambini)。在那里,她将最初用于低能儿童的教育方法经过适当修改,运用于正常儿童,也取得了极大的成功,并引起了社会的广泛关注。在师友们的鼓励与催促下,蒙台梭利于1909年写了《适用于"儿童之家"的幼儿教育的科学方法》一书。她在书中总结了自己的实践经验,全面阐述了自己的教育观点和方法。此书出版后不久就传遍四方,被译成二十多种文字(其中英译本改名为《蒙台梭利方法》)。慕名前来参观儿童之家的国内外各方人士络绎不绝。为了满足各国的需要,1919年后,蒙台梭利在不少国家开设了每期半年、招收各国学员的国际训练课程班,亲自传播她的教育方法,受训人数有时多达四五千人。学员回国后,大力宣传蒙台梭利的方法,由此形成的蒙台梭利运动在世界范围内进一步扩大。

蒙台梭利于1912年和1915年两次访问美国,备受各界热烈欢迎。1913年美国蒙台梭利教育协会宣布成立。以蒙台梭利的名字命名,或采用蒙台梭利方法的学校一度达二百多所。杜威与其女儿在1915年合著的《明日之学校》一书中专辟一章,介绍了蒙台梭利的方法。但是由于种种原因,美国的蒙台梭利热潮于1916年后很快就衰退了。蒙台梭利学说在欧洲一些国家则仍保持影响。1929年在荷兰成立了一个宣传蒙台梭利思想的国际组织"国际蒙台梭利协会"。30年代后期,墨索里尼上台后,宣传个性自由、反对暴力干涉的蒙台梭利学说被禁止传播,她的肖像、著作在德国与奥地利等国亦被纳粹党徒当众焚毁。第二次世界大战后,蒙台梭利虽已达耄耋之年,仍不辞辛劳,到各国巡回演讲,指导教育工作,呼吁通过教育改造世界,促进世界和平,最后客逝于荷兰。

除《蒙台梭利方法》外,蒙台梭利的主要著作有:《教育人类学》(1908)、《蒙台梭利手册》(1914)、《高级蒙台梭利方法》

(1912)、《童年的秘密》(1933)、《新世界的教育》(1946)、《儿童的发现》(1948)等。

第二节 论幼儿的发展

一、儿童心理发展与遗传、环境的关系

蒙台梭利受卢梭、法国哲学家伯格森(Henri Bergson,1859—1941)及英国心理学家麦独孤(William McDougall,1871—1933)等人的影响,提出儿童不仅具有肌体,还具有一种内在的生命力。儿童的生命力"是一种难以捉摸的东西",正像一个"生殖细胞"一样,确定着个体发展的准则。她说,儿童的"生长,是由于内在的生命潜力的发展,使生命力显现出来,儿童的生命就是根据遗传确定的生物学的规律发展起来的"①。针对时弊,蒙台梭利指出,人们面临的一个重要问题,就是"他们没有意识到生命有自己的发展规律,儿童具有一个积极的精神生命",因而"有意无意地压制"儿童,在教育上采取一系列错误措施。由于大力推崇内发论,她在谈到环境的作用时声称:"环境无疑在生命的现象中是第二位的因素,它能改变,包括助长和抑制,但它从来不能创造。"但这只是一个方面。另一方面,长期的教育经验又使她坚信,环境对人的智力、心理的发展是举足轻重的,绝不可忽视。因此,有时又说:"把头等重要性归因于环境问题,这形成了我们教育方法的特点。……以至这成了我们整个体系的中心。"②

蒙台梭利认为,儿童的内在潜能是在环境的刺激、帮助下发展起来的,是个体与环境之间相互作用的结果。她指出,旧的教育只包括教师和儿童两个因素,不重视环境。新的教育应当包括教师、环境和儿童三个因素,三者之间彼此都应发生作用。对于幼儿来

---

① ② 蒙台梭利著:《蒙台梭利方法》,第106、80页。

说,这个环境必须是"有准备的环境"。这是因为现代人们的生活环境极其复杂,许多地方对幼儿并不适宜。一个孩子出生后要适应这样的世界,取得经验,就需要成人的帮助。为此,必须在儿童和成人的世界之间建立一座"桥梁"。"有准备的环境"就是这样一座桥梁,其作用是使成人的世界适合儿童的发展。

根据"儿童之家"的实践经验,蒙台梭利对"有准备的环境"提出了以下标准和要求:(1)必须是有规律、有秩序的生活环境;(2)能提供美观、实用、对幼儿有吸引力的生活设备和用具;(3)能丰富儿童的生活印象;(4)能为幼儿提供感官训练的教材或教具,促进儿童智力的发展;(5)可让儿童独立地活动,自然地表现,意识到自己的力量;(6)能引导儿童形成一定的行为规范。

二、儿童心理发展的具体特点

蒙台梭利认为,儿童的心理发展有四个存在着内在联系的显著特点。

第一,具有独特的心理胚胎期。蒙台梭利认为,虽然人和动物都是在适宜的环境中自然生长和发展的,但人不能像动物那样一生下来就充分表现出自己的本能并做到动作协调;人的本能是在生活中逐渐显现出来的,是通过自己和环境交往的经验建立起来的"内部组织结构"。她认为人类有两个"胚胎"期:一个是在母体内生长发育的过程,可称之为"生理的胚胎期";另一个则是人类特有的"心理的(或称精神的)胚胎期",具体表现在从出生到3岁的婴幼儿阶段。她认为这个时期是儿童心理的形成时期。儿童心理的发展经历着和生理胚胎期发展同样的路线,开始几乎是一无所有,受到一种内在生命力及创造能力的驱使而发展,经过吸取外界刺激和印象,积累材料,形成许多感受点和心理所需要的器官,然后才产生心理活动。

第二,心理具有吸收力。蒙台梭利主张儿童的成长受内部潜能的驱使，因而反对外铄论；但又说这并不意味着儿童的发展能在脱离外界环境的情况下自动地实现。她认为婴幼儿具有一种下意识的、不自觉的感觉能力与特殊的鉴别力，简称"吸收心理"（absorbent mind），即能通过与周围环境的密切接触和情感的联系，获得各种印象和文化，"利用他周围的一切塑造了自己"[①]，从而形成心理、个性和一定的行为模式。蒙台梭利认为幼儿这种自然吸取和创造性的功能是成人所没有的，儿童在幼年期所获取的一切将保持下去，甚至影响一生。

第三，发展具有敏感期。蒙台梭利受荷兰生物学家德弗里（Hugo Devries，1848—1935）的影响指出，生物界存在一个事实，即各类生物对于特殊的环境刺激都有一定的敏感期，这种敏感期与生长现象密切相关并与一定的生长阶段相适应。儿童心理的发展与这一生物现象类似，也有各种敏感期，在发展过程中也经过不同的阶段，每个阶段都有某种心理的倾向性和可能性显示出来，过了特定的时期，其敏感性则会消失。

环境对于敏感期有无作用呢？蒙台梭利认为，敏感期是在一定的外界环境中出现的，环境提供了心理发展的必要条件。当环境与儿童的内部需要协调一致时，一切都会顺乎自然地实现。如果缺乏适宜的环境，儿童就将失去并永远失去这个自然取胜的机会。正因为敏感期是有时间性的，会转移的，所以成人必须善于识别，并努力创造条件予以最大限度地利用。

第四，发展具有阶段性。与敏感期理论紧密联系，蒙台梭利认为儿童发展是有阶段性的，在发展中的每个阶段，儿童均有其特定的身心特点，而前一阶段的发展又为下一阶段奠定基础。她将儿童心理的发展分为0～6岁、6～12岁、12～18岁三个阶段，并逐一详细分析了每一阶段的特点。

---

① 蒙台梭利著：《有吸收力的心理》，1967年英文版，第166～167页。

综上所述，蒙台梭利的儿童观的要点是：重视早期教育；认为儿童心理的发展具有节律性、阶段性、规律性；强调生命力的冲动是儿童心理发展的原动力，同时又强调儿童心理的正常发展必须依靠环境和教育的及时、合理的安排。可以说，蒙台梭利在以遗传（天性）为中心的前提下，把遗传与环境、教育这些影响儿童发展的因素统一起来了。

第三节　论自由、纪律与工作

根据蒙台梭利的儿童发展学说，儿童的生命潜力是通过自发的冲动表现出来的。这种冲动的外在表现就是儿童的自由活动。蒙台梭利猛烈抨击了传统教育压抑儿童自发冲动的做法，声称"在这样的学校里，儿童像被钉子固定的蝴蝶标本，每个人被束缚在一个地方——课桌椅上"①。她对于传统教育用惩罚或奖励来威逼（或诱逼）儿童服从外加的、强迫的纪律这一做法也进行了批评，认为即使采用奖励这种似乎与惩罚不同的刺激，也"只能产生非自然的或强加的力量"②。

蒙台梭利认为，教育有两方面的目的：一是生物的目的，即帮助个人的自然发展；另一个是社会的目的，即使个人能适应并利用环境。而"教育的基本任务"是使二者结合，"使每个儿童的潜能在一个有准备的环境中都能得到自我发展的自由"。③

蒙台梭利提出，真正的科学的教育学的基本原则是给学生以自由，即允许儿童按其本性个别地、自发地表现。对儿童的自由活动采取何种态度，是区分教育优劣的分水岭。她还指出，如果说新的科学的教育学是起于对个体的研究，则此研究必须专心于对自由儿

---

① ② 蒙台梭利著：《蒙台梭利方法》，第14页。
③ 转引自R.C. 俄勒姆：《今日蒙台梭利》，第117页。

童的观察；并认为，如果要以最简略的言语来概括她的方法，即：它是建立于"有准备的环境中的自由"的教学法。

为了有利于儿童的自由活动，蒙台梭利在"儿童之家"按照前述所谓有准备的环境，精心布置了一个给儿童以充分自由、便利的活动场所。在这种环境中，打破了成人强加给儿童的观念：动就是坏，不动就是好。蒙台梭利认为，允许儿童自由活动，这是实施新教育的第一步。在自由活动中，儿童体验到自己的力量，这正是激励他们发展的最大动力。

那么，在"儿童之家"里要不要纪律？如果要纪律，自由和纪律是什么关系？二者能否协调？通过什么来协调？在有关问题上，蒙台梭利提出了一些独特而耐人寻味的思想。

在要不要纪律的问题上，蒙台梭利肯定地回答："儿童之家"是要纪律的，而且在"儿童之家"里，儿童也是守纪律的。但是这种纪律是怎样形成的呢？她指出："纪律不可能通过命令、说教或任何一般的维持秩序的手段而获得。"① 一切想直接达到纪律的目的都是不能实现的，真正的纪律对于儿童来说必须是主动的，只能建立在自由活动的基础上。此外，蒙台梭利所谓纪律赖以建立的自由活动不是指的随心所欲的胡动蛮干或胡思乱想，而是指的一种手脑结合、身心协调的作业。在蒙台梭利的词汇中，通常把这种活动或作业称做"工作"（work）。

蒙台梭利认为，工作是人类的本能与人性的特征。她声称在"儿童之家"发现了一件令人惊讶的事实，即儿童竟然"喜欢工作甚于游戏"。儿童喜欢操作教具，并从中得到满足与乐趣，毫无厌恶与疲倦的表情。她说：儿童的"工作欲"正象征着一种"生命的本能"，在顺利的环境下，工作这种本能会自然地从内在冲动中流

---

① 蒙台梭利著：《儿童的发现》，第304页。

露出来。① 她认为，儿童的工作与成人的工作性质并不相同。儿童的工作有以下特征：(1) 遵循自然法则，服从内在的引导本能；(2) 无外在目标，以"建构为人"或称自我实现，自我完美为内在目标；(3) 是一种创造性、活动性与建构性的工作；(4) 须独立完成，无人可替代或帮助完成；(5) 以环境为媒介来改进自己，形成自己与塑造自己的人格；(6) 依自己的方式、速率进行，为自己的内在需求而重复。②

蒙台梭利认为，幼儿期的各种感觉练习及日常生活技能的练习等自发的活动，都是工作。工作可起中介作用，将传统教育中根本对立的两个概念——"自由"与"纪律"有机地联系与统一起来。换言之，工作可促进非压迫、非强制的纪律的形成。

蒙台梭利还具体分析了工作之所以能促使纪律形成的原因。其一，从生理的角度讲，工作有助于儿童肌肉的协调和控制，从而具有正确支配自己行动的能力。其二，从心理的角度讲，工作有助于培养意志力，这是儿童服从纪律的先决条件。其三，工作有助于培养独立性，即能自我支配，依靠自己的器官满足自己的欲望和要求。她认为，如果使儿童沉浸于工作，使他们学会"依靠自己"，从工作中获得乐趣，满足自己的欲望，这样，人人专注于自己的工作，"儿童之间没有妒忌，没有争吵"，良好的纪律就体现出来了。蒙台梭利还认为，只要儿童自发地工作，在工作中就会学会尊重他人的工作权利及懂得"善"和"良好的规范"。

上述通过工作这样一种在相当程度上是身心结合的自由活动去建立（或形成）良好纪律的思想，是蒙台梭利在自由与纪律问题上

---

① 参见蒙台梭利著：《童年的秘密》，1966年英文版，第186~188页。
② 参阅许惠欣：《蒙台梭利与幼儿教育》，台湾人光出版社1980年版，第106页。

的基本与独特的观点。这一主张的实质即"纪律必然通过自由而来"①。她认为通过"工作",即使放手给儿童以自由行动的权力,他们也不会有越轨行为。这一主张在她的幼儿教育实践中取得了一定的成功。

澳大利亚教育家康内尔认为:"自由、工作和秩序(liberty,work,and order)是蒙台梭利为儿童营造的建筑物的三根主要支柱。"② 总的来说,蒙台梭利通过工作而统一起来的从自由经作业而到秩序的纪律教育思想是富有创见的。但蒙台梭利完全排斥说理在幼儿教育中的作用,不免和卢梭一样陷入了片面性。

第四节 幼儿教育的内容

一、感官教育

重视幼儿的感官(或称感觉)训练和智力的培养,这是儿童之家的重要特色,也是蒙台梭利方法的一大特点。蒙台梭利重视感官教育主要是基于以下原因。(1) 幼儿正处在各种感觉的敏感期,为了不失时机,使感官得到最充分的发展。(2) 感官是心灵的门户,感官对智力发展具有头等重要性。蒙台梭利认为,儿童在入"儿童之家"以前,已在无指导的情况下吸收和积累了大量杂乱的印象,而正确的智力活动是建立在清晰的概念之上的,故整理印象应是"智力发展的第一步",这也需要通过感官教育才能办到。(3) 与蒙台梭利早期从事特殊教育时所形成的一个基本信念,即"智力低下与其说是医疗问题,不如说是教育问题"有关。她认为通过感官教育,可以对某些因感官存在缺陷而影响心智发展的儿童进行及时补

---

① 蒙台梭利著:《蒙台梭利方法》,第86页。
② W. F. 康内尔著:《20世纪世界教育史》,第138页。

第十七章 蒙台梭利的教育实践与教育思想

救。只要这些感官缺陷在敏感期之前被发现,就有可能通过感官教育得到较大的改善。

基于上述认识,蒙台梭利极为重视感官教育。她的感官教育主要包括视觉、听觉、嗅觉、味觉及触觉的训练,其中以触觉练习为主。她说:"幼儿常以触觉代替视觉或听觉",即常以触觉来认识周围事物,故她尤为重视触觉。这一主张和卢梭相似。

在"儿童之家"里,蒙台梭利针对人的各种感官,专门设计了各种有独创性的教具。这些感官教具大致具有以下重要特点及使用要领。

第一,教具根据其用途分为不同的种类。每一类教具基本上都由若干部件组成。所有部件除了某一维度(如大小、重量、频率高低等)有量的差异外,其余的性质相同。例如,训练感知重量的教具,所有的部件均同质、同形,只是每个部件之间存在量的差异,以便使儿童通过操作这套教具,训练对重量感觉的敏锐性。

第二,每种教具各训练一种特殊的感觉。蒙台梭利要求在训练时,应尽可能排除其他感官的干扰,以便使所要训练的感官得到的印象尽可能纯正、清晰。例如,为了训练触觉,要求儿童将眼睛蒙上,或者在暗室中操作触觉教具,以便排除视觉的干扰。

第三,教具能控制儿童犯使用不当的错误。即使儿童在操作过程中能根据教具的"暗示"进行"自我教育",一旦使用不当,就要推倒重来,直到正确为止。①

---

① 例如,蒙台梭利设计了一套训练视觉感知能力的教具:在一块木板上有十个直径大小不等的圆孔,每个圆孔相对于一个能和它紧密配合的圆柱体。每两个相邻的圆孔直径只差一毫米。要求儿童能正确地把混放在一起的十个圆柱体放进相应的圆孔中。儿童操作时,如果欲将一个圆柱体塞入直径小于它的孔,则不可能放进;如果放进比它大的孔,最后则至少有一个圆柱体放不进剩余的孔中。儿童这时要探究其中的原因并重新操作。蒙台梭利认为,正是在儿童独立操作教具及自行矫正错误,并可能有多次反复的过程中,提高了他们在观察基础上的分析和推理能力。

"自我教育"是体现蒙台梭利方法的一个十分重要的原则。她一再强调:"人之所以成人,不是因为教师的教,而是因为他自己的做。"①

在实施感官教育时,蒙台梭利还强调应遵守循序渐进的原则。因为感官教育主要针对儿童的敏感期而拟定,而敏感期的出现是服从个体发展节律的,故应根据这种发展节律设计并循序渐进地进行感官教育。在感官训练上可采用分解的办法,把复杂的整体分解为简易的几部分进行练习。蒙台梭利认为感官教育的循序渐进还具有实践意义,即可以使感官教育同读、写、算的教学联系起来。她说:"一旦感官教学走上正路,并唤起兴趣,我们就可开始真正的教学。"②

二、读、写、算的练习

在是否让幼儿学习读、写、算的问题上,一般的心理学家认为,幼儿期的主要任务是获得生活经验,及通过活动、游戏等形式去发展各种能力,不应过早学习文化知识。与此相反,蒙台梭利认为,3~6岁的儿童已具备学习文化知识的能力,这种能力是与具有吸收力的儿童心理特点一致的;教育者应当利用这种能力,为儿童准备适当的教材、教具,并提供正确的学习途径。

在"儿童之家"里,蒙台梭利打破常规,将写字的练习先于阅读的练习。她认为文字的书写关键在于握笔,即肌肉的控制能力,因此,主要通过触觉的训练就能循序渐进地过渡到书写练习。蒙台梭利识字法的渐进程序大致如下。

第一阶段,练习执笔、用笔的机械动作,训练儿童的肌肉机制

---

① 蒙台梭利著:《蒙台梭利方法》,第172页。
② 克拉玛著:《蒙台梭利传》,1976年英文版,第76页。转引自赵祥麟主编:《外国现代教育史》,华东师大出版社1987年版,第139页。

和握笔能力。

第二阶段，掌握字母的形体。通过视、触、听觉相结合的练习，掌握字母形体。

第三阶段，练习组词。由于意大利文的拼写和发音十分接近，因此这一点对儿童并不困难。蒙台梭利受德弗里"突变理论"的影响，认为儿童由于通过多次的触摸等活动，知道了字母的形状，很快就能"爆发"出写字的欲望和能力。这时他们会连续地写，到处去写（包括路上、门上、墙上乃至面包上）。蒙台梭利认为儿童的这种举动不是为了执行任务，而是服从内部的冲动。在"儿童之家"中，据说4岁的儿童毫不费劲地就学会了写字，这在当时曾被视为奇迹。

掌握了文字书写的技能之后，儿童再转入阅读学习。阅读教学及算术教学也都遵循由简单到复杂的程序，有时可采用生活中的实例，但主要的途径仍然是各种感官教具。

蒙台梭利经过实验，证明所有儿童都具有学习读、写、算的能力，并认为遗憾的是，人们并未认识到6岁前的幼儿已进入学习的敏感期，并否认他们有学习读、写、算的可能，这就严重影响了儿童的发展。

蒙台梭利的上述思想为儿童的早期文化教育提供了理论和范例，富于启迪和借鉴的意义。但也有人指责她的有关主张的缺点是：其一，强调的是词汇的学习，而忽略了句子结构的学习；其二，她的语言学习"爆发式"的顿悟说观点，忽略了儿童之间及儿童与成人之间语言交流的作用。

三、实际生活练习

蒙台梭利的感觉训练、读、写、算的练习，属于蒙氏教育体系中"发展的练习"。另一类练习则为实际生活训练，又称为"肌肉教育"或"动作教育"，主要包括以下几项。

第一项，日常生活技能的练习。蒙台梭利认为，通过日常生活技能的练习，可培养儿童自我料理的能力，从而有助于儿童独立性的形成；而"除非独立，没有一个人能有自由"①。此外，她还认为这种练习是一种要求神经系统与肌肉高度协调的综合性运动，对儿童的发展不无裨益。在"儿童之家"里，蒙台梭利设计了不少诸如练习走路、正确地呼吸、说话乃至开抽屉、开门锁、系鞋带、看书等练习和专门的教具。她要求儿童在练习时掌握要领，力求将动作完成得准确、迅速。为此还可将较复杂的动作（如穿衣）进行合理分解，指导儿童有分有合地进行练习。她要求儿童进行的每一种动作，不仅要达到动作的目的，还要注意达到目的的方式。

第二项，园艺活动。蒙台梭利接受了卢梭的影响，主张儿童应多到大自然中从事自由活动。她认为儿童从事在自然环境中进行的园艺活动有很多益处。（1）可使儿童脱离人为生活的束缚。（2）符合儿童的兴趣，有益于儿童的健康。（3）能练习动作的协调。（4）可发展儿童的智力。主要表现为可训练儿童的感觉、观察力，识别事物的异同；激发他们探求事物发展内部原因的求知欲。（5）可以发展预见性。她认为幼儿所想的只是眼前的事物，而不考虑未来；但当他们通过园艺活动，知道动物须喂养，植物应浇水，否则就会饿死或枯萎时，他们就将过去与未来联系起来了。蒙台梭利认为这种情况并非成人提出要求的结果，而是自动发生的，也属于一种自动的教育。

第三项，手工作业。蒙台梭利的手工作业主要是指绘画和泥工。她主张儿童在学习写字前要学习绘画，以此作为基础，故她将绘画称为写字的"间接法"。具体做法是：首先准备各种立体的图形作为教具，让儿童用手触摸图形的轮廓，再将形体放在纸上，要儿童将轮廓勾画出来，最后用色笔涂满所绘轮廓。至于泥工，即要

---

① 蒙台梭利著：《蒙台梭利方法》，第95页。

儿童将泥土塑成各种器具或动物。蒙台梭利认为,泥工既可练习手的动作,也为儿童提供了自我表现的途径。

第四项,体操。蒙台梭利认为3~6岁的幼儿正处于锻炼肌肉的重要时期。为帮助儿童的肌体得到正常发展,应为他们设计各种体操练习。她认为此时最主要的体操练习应是走步。走步首先要学习保持身体平衡,为此她根据儿童的生理特点设计了一种"走线"(包括直线、椭圆形线与8字形线)的平衡练习。此外还设计了其他的一些特殊器械和设备,帮助儿童进行一些基本的动作练习。

第五项,节奏动作。这种练习的目的是促进儿童动作的协调,发展节奏感。练习的第一步是要儿童伴着音乐走路、跑步和跳跃。第二步是使儿童按乐调做出不同的节奏动作。最后发展到由儿童自由表演各种优雅的动作。开始练习时儿童只是乱跑乱跳,经过多次练习后逐渐具有了节奏感,并可随着各种音乐翩翩起舞。

上述蒙氏教学法中不乏匠心独具之处。总的说来,她要求手脑结合、身心和谐的幼儿活动的指导思想是可贵的;但与此同时,她也提出过一些招致争议乃至批评的意见,主要表现在她把现实的活动同想像的活动对立起来。蒙台梭利反对儿童游戏,特别是批评福禄培尔鼓励儿童想像的游戏,认为儿童只有从事真实的活动(如自我服务和家务劳动),才能产生活动的目的性、责任感和其他社会性的品质。她也不赞成给儿童准备漂亮的玩具,认为与其给儿童假的玩具娃娃,不如让他们接触真正的伙伴,从事真正的交往。蒙台梭利把她的教具统统称作教材,不叫玩具。

蒙台梭利的幼教理论问世后,曾受到狂热的欢迎,亦遭遇尖刻的批评。美国著名进步主义教育家克伯屈在1914年出版的《蒙台梭利体系考察》一书中提出,受惠于塞贡的蒙台梭利学说的内容"主要是属于19世纪的中期,是落后现代教育理论发展约五十年的学说"。她批评蒙氏感官训练落伍,是建立在陈旧的官能心理学基础之上的。其次批评蒙氏理论缺乏社会性训练，与社会生活脱节。由于克伯屈及其他人对蒙氏体系的责难、批评，导致美国的蒙台梭利热在1916年后迅速降温。但20世纪50年代末叶后，人们开始重新评价蒙氏的思想，她的重视早期教育的思想，对于儿童智力及心理发展的观点，有关敏感期及儿童心理发展的阶段理论，乃至感官训练思想，又重新引起人们的兴趣并获得肯定的评价。人们称她为"儿童世纪的代表""在幼儿教育上，是自福禄培尔以来影响最大的一个人"①"是20世纪赢得欧洲和世界承认的最伟大的、科学的和进步的教育家之一"。② 目前欧美有两个蒙台梭利国际组织在继续推进她开创的事业。

思考题

1. 蒙台梭利的儿童发展观与教育思想的主要特点是什么？体现出新教育的哪些重要特色？
2. 你怎样评价蒙台梭利关于自由、纪律与工作的观点？
3. 蒙台梭利在世界幼儿教育史上的地位。

---

① W. F. 康内尔著：《20世纪世界教育史》，第138页。
② J. 鲍文著：《西方教育史》第3卷，1981年纽约英文版，第394页。

第十八章

杜威的教育思想

杜威（John Dewey，1859—1952）是20世纪人类历史上少数几个最有影响的教育家之一。他立足于现代社会讨论教育问题，积极吸收人类文化的多方面成果，建立起一座宏伟的教育理论大厦，为后人留下了一份丰富的教育思想遗产。

第一节 时代与生平

一、生平

杜威于1859年生于美国佛蒙特州的一个小镇，其父是个零售商。在杜威学术思想活动的早期，教育并不是他关注的焦点，他感兴趣的是哲学、心理学和伦理学。1875～1879年在佛蒙特州立大学学习期间他就对哲学产生了浓厚的兴趣。大学毕业后杜威先后到一所中学和一所乡村中学任教,依然钟情于哲学。1882年,杜威进入霍普金斯大学学习研究生课程,1884年杜威以论文《康德心理学》获博士学位。

毕业后杜威应密歇根大学之聘教授哲学,除1888~1889年去明尼苏达大学短期工作外,他在密歇根大学一直任教至1894年。这一时期,他的哲学思想开始成熟起来。杜威在这一时期开始对教育问题产生兴趣,1885年发表了第一篇教育论文,从一开始,杜威就不是孤立地研究教育问题,而是试图将教育、心理和哲学思想综合起来进行研究。

1894年,杜威应聘到芝加哥大学任哲学、心理学和教育学系主任,讲授哲学、伦理学、心理学、教育学等课程,更加注重从多学科的角度研究教育问题,这种研究方式贯穿杜威一生。1896年杜威创办"芝加哥大学实验学校",对教育问题进行实验研究,这对杜威教育理论的形成影响甚大。1904年,杜威因在实验学校的管理问题上与芝加哥大学存在分歧,遂离开芝加哥大学赴哥伦比亚大学任哲学教授,直至1930年退休。退休后,杜威仍笔耕不辍。1952年杜威于纽约逝世,享年94岁。

二、杜威的研究特点

杜威研究教育问题有一个明显的特点,那就是起点高。杜威的哲学理论的形成早于其教育理论的形成。在《我的教育信条》(1897)发表以前,杜威已发表了大量的哲学论文、多种心理学和伦理学的著述。深厚的理论素养、多方面的学术兴趣和造诣使杜威对教育问题的研究有一个很高的学术起点,使杜威的教育理论自形成时起就具有相当的深度和广度。

杜威研究教育还有一个显著的特点,那就是对社会问题的关切。这种关切终其一生。杜威的教育理论形成于19世纪90年代,而这一时期正是美国社会变革的历史分水岭。

三、杜威所处的时代

19世纪末,美国完成了近代工业化,从一个发展中国家一跃而成为世界第一经济大国。工业化的完成,引起了社会结构的重大调整和社会面貌的深刻变化,带来了物质财富的巨大增长,但工业化也带来了一系列经济、政治、文化等社会问题。漫无节制的经济自由竞争导致经济危机频频出现,工人大量失业,经济生活一片混乱。由于人们热衷于追逐财富,大众政治意识淡漠,政府工作人员素质低下,少数大资本家恣意操纵政治,强奸民意,政治腐败。贫富分化加剧,劳资对立尖锐,工人处境十分悲惨,罢工频频发生。拜金主义和极端个人主义盛行一时,工业化时期美国的英雄人物是那些发迹了的工业巨头,这些发迹者不仅倚富傲贫,而且蔑视人类精神文化,认为物质财富高于精神文化。上述种种问题总结起来不外两个方面:一是个人与社会的矛盾发展到极点,尤其是少数大资本家与广大工人的冲突发展到极点,达到了不控制个人行为就无法维系社会整体的地步;二是精神文化没有与物质财富同步前进,物质财富的增长反而带来了精神文化的衰落,未能成为改善社会整体的有力杠杆,经济发展与社会进步严重脱节。归根到底是一个问题:资本主义创造了物质和技术的进步,却使社会精神文化的发展相对滞后,导致了社会生活的失调,物质力量不仅没能为社会服务,反倒成为社会进步的异化物。

美国的进步主义社会改革运动(1900~1917)就是为解决这些社会问题而兴起的,其目的是在资本主义取得巨大物质进步的基础上,推动社会的全面改善,创造与物质繁荣相应的精神文化条件,重建遭到工业文明摧毁和破坏的社会价值体系,从而推动整个社会的协调发展。进步主义运动的实质是一场文化重建运动,它触动了美国社会制度的弊端,提出了不少美国社会必须正视的问题。但这些问题却不是一次改革运动所能彻底解决的,事实上,它们一直伴随着美国社会的发展。美国史学家康马杰指出:"19世纪90年代的大问题在半个世纪之后仍然是人们普遍关注的问题……90 年代开始形成的种种理论，20 世纪 50 年代后仍在探索和应用。……虽然经历了两次世界大战，物质生产大大增长，技术有了惊人的进步，科学发生了革命性的变化，但 1890 年之后的 60 年毫无疑义乃是一个统一体。"①

杜威的教育理论产生于 19 世纪 90 年代，杜威于 1952 年去世，可以说上面提到的社会问题是杜威所一直面对的，是他一直所关注的，也是他所一直力求解决的。

杜威一生勤奋笔耕，成就多多。出版的教育著作达三十余部，教育论文约一百八十篇，其主要教育著作有《我的教育信条》（1897）、《教育与社会》（1899）、《儿童与课程》（1902）、《教育中的道德原理》（1909）、《我们怎样思维》（1910）、《明日之学校》（1915）、《民主主义与教育》（1916）、《经验与教育》（1938）、《今日之教育》（1940，教育论文集）、《人的问题》（1946，论文集）等。其中《民主主义与教育》最集中、最系统地表述了杜威的教育理论。

第二节 什么是教育

什么是教育？这是任何一位教育思想家首先必须回答的问题。杜威的回答是：教育即生活；教育即生长；教育即经验的持续不断的改造。这三个命题标示出杜威的教育观不同于以往教育家的教育学说，是一种崭新的教育观。

一、教育即生活

杜威认为教育是生活的过程，学校是社会生活的一种形式，即

---

① S. H. 康马杰著，南木等译：《美国精神》，光明日报出版社 1998 年版，第 81 页。

学校生活也是生活的一种形式。怎样的学校生活才算是理想的呢？杜威认为，首先，学校生活应与儿童自己的生活相契合，满足儿童的需要和兴趣，使校园成为儿童的乐园而不是囚笼和监牢，使儿童在现实的学校生活中得到乐趣；其次，学校生活应与学校以外的社会生活相契合，适应现代社会变化的趋势并成为推动社会发展的重要力量，校园不应是世外桃源而应积极参与社会生活。19世纪末20世纪初，美国正处于激烈变革的时代，而当时美国的学校教育却因袭过去，既脱离儿童生活，使儿童在学校颇受压抑，又脱离社会生活，跟不上社会变革的节拍。杜威所要做的就是要使学校生活成为儿童生活和社会生活的契合点，从而使教育既合乎儿童需要亦合乎社会需要，实质上是要改造不合时宜的学校教育和学校生活，使之更富活力，更有乐趣，更具实效，更有益于儿童发展和社会改造。

教育不能脱离社会变革而我行我素，杜威因之进一步提出"学校即社会"的命题。此命题并未将学校与社会相混同，杜威也看到了社会生活中诸因素的错综复杂、良莠并存，杜威"学校即社会"意在使学校生活成为一种经过选择的、净化的、理想的社会生活，使学校成为一个合乎儿童发展的雏形的社会。而要将此落于实处，就必须改革学校课程。杜威认为"学校课程的内容应当注意到从社会生活的最初无意识的统一体中逐渐分化出来""学校科目相互联系的真正中心不是科学，不是文学，不是历史，不是地理，而是儿童本身的社会活动"，应使"代表社会活动的类型和基本形态"的活动如烹调、缝纫、手工等科目在课程中占有重要地位。[1] 可见，"学校即社会"是对"教育即生活"这一命题的进一步引申，代表社会生活的活动性课程的引入是使学校与社会生活相联系的基本保证。从"教育即生活"到"学校即社会"再到课程的变革（"从做

---

[1] 杜威著：《学校与社会·明日之学校》，人民教育出版社1994年版，第9～10页。

中学")是层层递进的。

这些活动性的科目在杜威看来不仅有益于加强学校与社会的联系，而且还能满足儿童的本能与兴趣，使得儿童在活动中、在学习中、在学校生活中就能得到满足和乐趣，学习不再是苦差，而是乐事。这些科目一肩二任，使社会与个人皆能兼顾。

加强教育与社会的联系、满足儿童的需要，并非杜威提出"教育即生活"的终极原因。杜威坚信教育是社会进步及社会改革的基本方法，认为社会的改造要依靠教育的改造，教育改造之所以必要，是因为要给社会生活的变革以充分的和明显的影响。杜威的希冀是通过教育改造社会生活，使之更完善、更美好。

二、教育即生长

"教育即生长"命题亦是针对教育时弊而提出的，杜威认为当时的教育无视儿童天性，消极地对待儿童，不考虑儿童的需要和兴趣，以外在的动机强迫儿童记诵文字符号，以成人的标准去要求儿童，让现时的儿童为遥不可测的未来作准备，全然不顾儿童自身的感受和期待。"教育即生长"则要求摒除压抑、阻碍儿童自由发展之物，使一切教育和教学适合儿童的心理发展水平和兴趣、需要的要求。然而这种尊重绝非放任自流，任由儿童率性发展。杜威所理解的生长是机体与外部环境、内在条件与外部条件交互作用的结果，是一个持续不断的社会化的过程。尤其是，杜威要求尊重儿童但不同意放纵之，这是杜威与进步主义教育实践的一个重要区别，杜威拒不承认自己为"进步教育之父"也表现出了这种区别。

"教育即生长"所体现出的儿童发展观也是杜威民主理想的反映。尊重儿童身心发展特点是使儿童获得充分生长和发展的重要条件，而儿童的充分生长和发展亦有助于社会目的的达成，然而杜威并不仅仅把儿童个体的充分生长视为达到社会目的的一个手段和工具,他认为儿童充分生长本身便是民主主义的要求,便含有丰富的价值意义。杜威有一段名言:"政府、实业、艺术、宗教和一切社会制度都有一个意义,一个目的。那个目的就是解放和发展个人的能力(不问其种族、性别、阶级或经济状况如何)。这和说它们的价值的检验标准就是它们教育各个人使他的可能性充分发展的程度,是完全一致的。民主主义有许多意义,但是,如果它有一个道德的意义,那么这个意义在于决意做到:一切政治制度和工业安排的最高的检验标准,应该是它们对社会每个成员的全面发展所作出的贡献。"① 由此可见,社会是为了一切人的发展而存在的。从历史发展来看,由神权到人权,再由男权而女权而童权是逐步推进的,杜威则要求民主的光辉泽及在学校中求学的儿童,照耀到每一张稚嫩的脸上。给儿童提供一个利于生长的环境,让其充分、自由生长,是杜威一生不懈追求的教育梦。

三、教育即经验的改造

"经验"是西方哲学史中的一个重要概念,杜威理论中"经验"的意义与前人有异,杜威对其作了若干改造。首先,克服了经验与理性的对立。在西方哲学发展史上,理性是凌驾于经验之上的,经验作为一个与理性相对立的概念而受到轻视,经验意味着混乱、庞杂、孤立、无定,而理性则高高在上。杜威对经验与理性的看法皆异于过去。在杜威那儿,经验不再是通过感官被动获得的一些散乱的感觉印象,而是机体与环境相互作用的过程,机体不仅受环境的塑造,同时也对环境加以若干改变,经验在它自身里面含有结合组织的原理,而勿须一个外在的所谓理性来提供这种原理。在杜威看来,理性不再是一个抽象的体系,而是一种智慧,一种"实验的智

---

① 杜威著,许崇清译:《哲学的改造》,商务印书馆1989年版,第100页;并参见《杜威教育论著选》第250页的译文。

慧"，一种使经验（或做、行为等）更富成效的智慧，它不是独断的，亦不是恒久不变的，"它们只是假定，是要施诸实际，以验其对指导我们目前的经验是成是败而可以随时加以修正、补充或撤销。"① 理性不是凌驾于经验之上，而是寓于经验之中，并在经验中不断修正，经验的过程就是一个实验的过程、运用智慧的过程、理性的过程。

其次，拓宽了经验的外延，经验不再被视为感觉作用和感性认识，而是一种行为、行动，它当然含有知的因素，但在此之外，喜怒哀乐、酸甜苦辣等因素也是经验的构成部分。经验不再仅仅是与认识有关的事情，认识的、情感的、意志的等理性、非理性的因素皆涵盖在内。这样，学生从经验中学、从做中学（learning by doing）就不仅仅是学知识，经验成为儿童各方面发展和生长的载体，在经验过程中，儿童不仅获得知识，而且形成能力、养成品德。"教育即经验的改造"中的经验也就不只是知识的积累，而是构成人的身心的各种因素的全面改造、全面发展、全面生长。"教育即经验的改造"绝非一个主智主义的命题。

再次，强调经验过程中人的主动性。感觉主义经验论把经验看做一个被动的认识过程，洛克的"白板说"是其典型例证。杜威认为经验的过程是一个主动的过程，不单是有机体受着环境塑造，还存在着有机体对环境的主动的改造。杜威认为经验有一个重要的原则，即交互作用（interaction）原则，交互作用就是指机体与环境的相互作用，这个原则赋予经验的客观条件和内部条件这两种因素以同样的权利，它要求在教育过程中尊重儿童的身心发展条件和水平，顾及儿童兴趣，提高儿童参与教育过程的积极性和主动性。而这一点，正是传统教育所欠缺的，"传统教育的问题，不在于它着重控制经验的外部客观条件，而在于对也能决定会有什么样的经验

---

① 参见杜威著：《哲学的改造》，1920年英文版，第51～52页。

的内在因素太少注意。这就从一个方面违背了交互作用的原则"。杜威还认为,经验过程中外在条件的提供非常重要,他认为传统教育的主要问题,不在于没有提供经验的客观条件,而在于提供的这种客观条件(抽象的教材、死板的教学等)"没有考虑到产生经验的另一个因素,即受教育者的能力和要求",杜威要求改善外部条件,以使产生的经验更具教育价值,"教材和教法的任务在于使特定的个人在特定的时间产生出有教育价值的经验。"[1]

"教育即生活""教育即生长""教育即经验的改造"这三个命题的涵义在本质上是相同的,生活的过程、生长的过程、经验(改造)的过程是一个过程。这三个命题是杜威教育理论的总纲领。

第三节 教育的目的

一、生长作为教育的目的

杜威反对外在的、固定的、终极的教育目的,他认为外在的教育目的不能顾及儿童的兴趣和需要;固定的目的呆板僵化,不具灵活性,不能适应变化了的具体情况;终极的目的是一种理论上的虚构,因为世界是变动不居的。杜威所希求的是过程内的目的,这个目的就是"生长"。

杜威认为在非民主的社会里,教育目的是外在于并强加于教育过程的,饱含权威与专制色彩。而在民主社会里,教育目的应内在于教育的过程之中,杜威主张以生长为教育的目的,其主要意图在于反对外在因素对儿童发展的压制,在于要求教育尊重儿童愿望和要求,使儿童从教育本身中、从生长过程中得到乐趣。

---

[1] 杜威著:《经验与教育》,麦克米伦公司1950年英文版,第45页。

二、杜威的教育目的

生长并不是信马由缰、漫无目的的，杜威从不讳言教育与生长的社会性目的。强调过程内的目的不等于否定社会性的目的，因为社会性的要求与儿童的需要并不总是相对抗的。杜威的社会理想是民主主义，杜威要求教育为社会进步服务，为民主制度的完善服务。杜威认为教育是社会进步及社会改革的基本方法，学校是社会进步和改革的最基本和最有效的工具，若无教育，民主主义便不能维持下去，更谈不到发展。教育是民主的工具，教育是为了民主的，同时，教育也应是民主的，杜威的"教育即生长"本身体现了民主主义这一社会原则对教育的要求。

杜威理论中的理想的人不是抽象的，而是有具体的素质要求的，杜威强调这样几个方面的素质。第一，具有良好的公民素质，具有民主理想和参与民主政治生活的能力。杜威认为只有培养了这些方面的素质才能够避免美国民主政治的滥用和失败。第二，掌握科学思维的方法，具有解决实际问题的能力，能适应变化迅速的现代社会。第三，具有良好的道德品质，有合作意识，能处理好个人与社会的关系，有服务社会的精神。第四，具有一定的职业素养，能通过从事某种职业发展个人才能并为社会尽力。美国的工业化对劳动力素质提出了新的要求，教育要适应这种变化就必须加强职业教育。杜威积极支持职业教育，认为职业训练是教育上的革新，是教育适应正在形成中的新社会生活的需要的一种努力。杜威反对狭隘的职业训练，要求将职业训练与文化修养有机结合起来，使从业者乐业并了解所从事职业的社会意义。杜威认为，在民主社会，劳动受人尊重，劳心、劳力的划分与对立不应出现在现代民主社会。上述几个方面的素质鲜明地体现了美国社会民主化、工业化对教育的客观要求，反映了杜威力图通过教育改革社会的一贯精神。

第四节 课程与教材

一、对传统课程的批判

杜威对间接经验、系统知识并无恶意，然而对于传统教育的课程和教材却无好感。杜威认为传统教育的课程是由前人所积累起来的系统的间接经验构成的，是一种符号和文字构成的系统，是由成人编就的。它们代表成年人的种种标准，不适合儿童的现有能力，超出了儿童已有的经验范围，是他们力不能及的东西。而且这些课程只能投合人性的理智方面，投合我们研究、积累知识和掌握学术的愿望，而不是投合我们的制造、做、创造、生产的冲动和倾向。结果在教育上造成不良后果，代表知识的言词对儿童而言成为纯粹感觉刺激，没有什么意义，学校的教材和学生的需要和目的脱离，仅仅变成供人记忆、在需要时背出来的东西。教育因之成为机械和强制的，儿童读书是迫不得已而为之，并无乐趣，这使得那些即使用最逻辑的形式整理好的最科学的教材也失去了其应有的价值。

杜威认为，儿童的生活和经验具有"统一性和完整性"，儿童到学校读书，多种多样的分门别类的学科便割裂和肢解了他的世界，使儿童对世界的认识失去应有的全面性而流于片面。这也是旧课程和教材的弊端之一。旧课程和教材另一个重要弊端就是社会精神匮乏。杜威要求教材不能只从本身出发，而应与社会生活相联系。

二、从做中学

什么形式的课程才能克服旧式课程之弊呢？以其经验论为基础，杜威要求从做中学、从经验中学，要求以活动性、经验性的主动作业来取代传统书本式教材的统治地位。这种活动性、经验性课程的范围很广，包括园艺、烹饪、缝纫、印刷、纺织、油漆、绘画、唱歌、演剧、讲故事、阅读、书写等形式。在杜威看来，这些活动既能满足儿童的心理需要，又能满足社会性的需要，还能使儿童对事物的认识具有统一性和完整性。

杜威并不把个人直接经验与人类间接经验对立起来，他认为系统知识是一种处于疑难的情境时可以依靠的已知的、确定的、现成的、有把握的材料。它是心灵从疑难通往发现的一座桥梁。它具有一个理智的经纪人的作用。它把人类以往经验的最后成果压缩精简，记录成可用的形式，作为提高新经验的意义的工具。杜威也看到了个人直接经验的局限性，他说："直接观察自然比较生动活泼，但是也有局限性。无论如何，一个人应能利用别人的经验，以弥补个人直接经验的狭隘性，这是教育的一个必要组成部分。"又讲："个人直接经验的范围是非常有限的。如果没有代表不在目前的、遥远的媒介物的介入，我们的经验几乎将停留在野蛮人的经验水平上。……所以我们依靠文字，藉以获得有效的有代表性的经验或间接经验。"① 可见，杜威并不反对间接经验本身，他反对的是传统教育中那种不顾儿童接受能力的直接灌输、生吞活剥式的获取间接经验的方式。问题的关键在于怎样使儿童最终获取较系统的知识而同时又能在学习过程中顾及儿童的心理水平。

杜威主张以"教材心理化"来解决此问题，这就需要把各门学科的教材或知识各部分恢复到原来的经验，恢复到它所被抽象出来的原来的经验。这种心理化就是把间接经验转化为直接经验，即直接经验化。教材心理化的任务由教师来完成，将系统的教材转化为学生直接经验还不够，这仅是第一步，"下一步是将已经经验到的那些东西累进地发展为更充实、更丰富也是更有组织的形式，即逐

---

① 杜威著：《民主主义与教育》，人民教育出版社1990年版，第167、246页。

渐地接近于提供给有技能的、成熟的人的那种教材形式。"① 这个过程实际上就是杜威从20世纪20年代末起一直反复强调的经验的组织原则。杜威一向反对将成人和专家编就的以完整的逻辑体系为表现形式的教材作为教育的起点，认为必须以儿童个人的直接经验为起点，并强调对直接经验加以组织、抽象和概括，不然，经验将支离破碎，以致混乱不堪。但如何将学生的直接经验"组织"成为系统的知识，是一个难题，杜威对此毫不避讳，1936年杜威在《芝加哥实验的理论》中指出："关于'教材'，迫切的问题是要在儿童当前的直接经验中寻找一些东西，它们是在以后的年代里发展成为比较详尽、专门而有组织的知识的根基。要解决这个问题是非常困难的，我们并没有解决好；这个问题到现在还没有解决，而且永远不可能彻底解决。但是，无论如何，我们曾试图研究这个问题以及这个问题所带来的各种困难。"② 这段话可以说是杜威对其芝加哥经验及其课程和教材理论的关键性评价。

三、课程论的不足之处

虽然从理论上看，杜威提出的以经验为基础的课程似乎是无懈可击的，但若从实践的角度去考虑，则会发现有不少疑点。③

其一，杜威的课程论有一个基本假设，即：教材心理化等同于教材直接经验化，好像只要将系统知识化作直接经验，就是儿童的心理所能承受的和理解的。事实却是，儿童对他本人所直接经验的东西有很多是不能理解的，要理解这些东西反而需要系统知识的介入，需要先前形成的经验（并不仅仅是直接经验）的参与。杜威意

---

① 杜威著：《经验与教育》，第87页。
② 杜威著：《芝加哥实验的理论》，见《杜威教育论著选》，第323页。
③ 参见褚宏启著：《杜威教育思想引论》，湖南教育出版社1998年版，第209～211页。

在通过直接经验去理解系统知识,但却在一定程度上忽视了理解直接经验需要一定的系统知识为条件。

其二,并非所有的系统知识都可还原为直接经验。系统知识的存在形式是逻辑的,其根本特点是具有很强的概括力和包容性,有些系统知识所反映的内容根本不可能还原为儿童个人的直接经验,有些虽然能还原,但在数量和程度上也是很有限的。

其三,组织原则的贯彻存在困难。怎样将学生的个人直接经验"组织"成较为系统的知识,是一个非常难解决的问题,首先,学生的个人直接经验是非常有限的,这就使"组织"立在一个不甚宽厚的基础上;其次,将个人直接经验组织成较为系统的知识是要花费相当长的时间的,但学校教育的时限却是短暂的;复次,杜威过高地估计了儿童本人的组织知识的能力和教师指导的能力。以经验来组织教材和以系统知识联系生活经验,二者极为不同,对此杜威并无深刻的洞察。学校教育应取后者而非前者,若取前者必将作茧自缚。

杜威对传统课程与教材的批判入木三分,对其弊病的诊断是准确而深刻的,然而他开的药方却不能治愈此"弊病",这不免令人生憾。

第五节 思维与教学方法

一、反省思维与教学方法的改变

杜威对以教师、教科书、教室为中心的传统教学方法颇不以为然。他所要做的变革就是变教师讲、学生听的教学方式为师生共同活动、共同经验的教学方式,书本降到次要的位置,活动和经验是主要的,教学活动也不再限于教室这一狭隘的空间之内。杜威所推崇的教学方法是一种"从做中学"的方法,具体讲,是一种在经验的情境中思维的方法。

杜威所力倡的思维是反省思维（reflective thinking），意指对某个经验情境中的问题进行反复的、严肃的、持续不断的思考，其功能在于求得一个新情境，把困难解决、疑虑排除、问题解答。因此，思维或反省思维的方法是一种解决经验中存在的问题的方法，一种使人明智地经验与行动的方法。他将思维的五步法直接运用到教学方法上，认为："教学法的要素和思维的要素是相同的。这些要素是：第一，学生要有一个真实的经验的情境——要有一个对活动本身感到兴趣的连续的活动；第二，在这个情境内部产生一个真实的问题，作为思维的刺激物；第三，他要占有知识资料，从事必要的观察，对付这个问题；第四，他必须负责有条不紊地展开他所想出的解决问题的方法；第五，他要有机会和需要通过应用检验他的观念，使这个观念意义明确，并且让他自己发现它们是否有效"①。这五个阶段的顺序不是固定的，在实际思维过程中，并不是按一定的次序一个接一个地出现，有时两个阶段可以合二为一，有时"谋求结论的重担也可能主要地放在单一的阶段上……在这里，不可能建立一些固定的规则。怎样处理，完全凭靠个人的理智的机巧和敏感性"②。杜威作这种强调，意在使教学方法具有灵活性，使之不至于像赫尔巴特教学法那样成为呆板机械的程式。

思维起于不确定的、有问题的情境，培养思维能力首先要提供合适的情境，杜威认为经验、活动性的课程恰恰能提供这种情境的条件，儿童在这种情境中能产生自己的问题。经验性的课程与思维、探究的方法是密切相联的。

杜威所谈的思维方法是一种综合性的方法，涉及到观察、分

---

① 杜威著：《民主主义与教育》，第174页。
② 杜威著，姜文闵译：《我们怎样思维·经验与教育》，人民教育出版社1991年版，第95页。

析、综合、想像、抽象、概括等多种能力的运用，与我们一般所理解的纯粹思维的方法不尽相同。同时，这种思维方法还涉及间接经验的运用、假设的提出、假设的检验等方面，因此这种方法的运用过程更像是一种科学"实验"。杜威在很多地方明确地讲"经验即实验"，他的经验主义也被称为"实验主义"，他的思维方法也被称为科学思维的方法、科学探究的方法。

将思维方法用于教育的目的绝不止于积聚知识，杜威的期望与抱负要大得多。杜威欲用思维方法培养人的智慧，他讲："知识与智慧的区别，是多年来存在的老问题，然而还需要不断地重新提出来。知识仅仅是已经获得并储存起来的学问；而智慧则是运用学问去指导改善生活的各种能力。"① 智慧即明智地行为、行动的能力，解决实际问题的能力。传统教育以知识为目的并以知识扼杀智慧，杜威则以智慧为目的并以知识增进智慧。积聚知识与培养智慧孰轻孰重？在此问题上杜威的教育观与主智主义的传统教育理论有本质区别。

二、思维方法的社会价值

杜威还视科学思维的方法为革除社会弊端、实现社会理想的最重要手段。这是杜威倡导此方法的最根本原因。思维的方法实际上是一种理智地、求实地、乐观地、积极地行动和行为的方式。它不囿于习俗的樊篱，也不屈从于外在的权威，它直面现实中存在的困难和问题，积极谋求问题的解决。它使人更能控制驾驭自己和周围的环境，而不为外部谬见和主观偏失所左右。它体现的是一种强烈的求实精神，一种诚恳的科学态度。个人有此精神和态度，就不会世故保守，而会勇于开拓和创新，意味着有一个积极的人生态度、一个成功的人生历程。整个社会有此精神和态度，则社会就不会停

---

① 杜威著：《我们怎样思维·经验与教育》，第53页。

滞不前，社会问题就会逐步减少，社会就变得更加完善而美好。

杜威还将科学思维的方法与民主主义联系起来，认为科学思维的方法反对因循守旧，反对任何外部的权威，强调创造和验证，与民主主义是相通的。若人们掌握了这种方法，布乎四体，形乎动静，那么真正的民主主义就到来了。杜威要求不要把民主仅仅看成是一种政治形式，而应把它看做一种渗透一切的生活方式，而教育恰是使人掌握这种方法的最重要手段，正是在此意义上，杜威宣告，"科学、教育和民主的目标合而为一"①。

我国台湾学者陈峰津言："杜威思想之中心为'科学方法'(the scientific method)。"② 胡克认为，杜威特别强调科学的方法即智慧的方法，"这表现了'智慧'的作用是杜威伦理哲学和教育哲学中的唯一的绝对价值。"③ 从我们上面的论述看，这些评价不是没有根据的。

三、教学方法论的不足

对于杜威的教学方法论也有几个问题值得讨论。④

其一，知识的地位问题。杜威也强调知识的重要性，但将知识的获得、发展从属于智慧的培养，从属于探究的过程。杜威认为智慧重于知识，但我们认为，智力发展或者说智慧地解决问题是需要系统知识为基础的，没有知识为素材、原料，思维和智慧只能是空谈。曹孚的评论一针见血："要批评杜威的这种理论，我们找不出比孔子的话更好的话来：学而不思则罔，思而不学则殆！用杜威主

---

① 杜威著：《民主信仰与教育》，见《杜威教育论著选》，第404页。
② 陈峰津著：《杜威教育思想之研究》，台湾商务印书馆1977年版，第22页。
③ 胡克著：《杜威中期著作》第9卷导言，见《杜威中期著作》第9卷，1980年英文版。
④ 参见褚宏启著：《杜威教育思想引论》，第231～234页。

义做教学方法论指导原则的学校，教出来的学生，一定犯着'思而不学'的毛病。"①

其二，问题存在的普遍性问题。杜威将思维过程、经验改造过程、知识获得过程皆与解决问题联系，似乎问题无处不在，实际上有那么多的问题吗？谢弗勒（Israel Scheffler）对杜威的"问题"提出质问：是否所有的问题都有答案？是否所有的答案都有价值？是否所有的问题都是真的？将教育局限于"问题的解决"是否低估了教育的价值？谢弗勒认为，教育不仅应促进学生的思维能力（improve thinking），更应拓宽学生的视野（create wider perception），不应将教育的任务只限制在问题的解决上。② 我们认为，问题的情境不论经过多么精心的设计，情境中的"问题"对广大无边的知识的包容度、涵盖力都是很有限度的，将知识的获得，将儿童的充分全面的生长只寄托于、只依赖于"解决问题"的过程，是远远不够的。

第六节 道 德 教 育

一、个人与社会

杜威认为道德教育的主要任务是协调个人与社会的关系。杜威既反对个人至上论，亦反对社会至上论，认为二者皆具片面性。杜威关于个人与社会关系的看法并不只是一种理论探讨，而是有着强烈的现实针对性的。这主要体现在他对旧个人主义和新个人主义的看法上。

---

① 《曹孚教育论稿》，华东师范大学出版社1989年版，第54页。
② 谢弗勒著：《教育自由与杜威哲学》，见《杜威论教育》，1966年英文版，第108~109页。

同进步主义改革运动一致,杜威也反对旧个人主义,力倡新个人主义。旧个人主义又称"倔强的个人主义"(rugged individualism),也译作"僵硬的个人主义"。杜威曾指出,这种个人主义重视"个人的倔强性、独立性、独创性和毅力"①,反对政府对个人自由的控制。这种个人主义在美国边疆开拓时代对美国的发展所起的历史作用是不可忽视的。但19世纪末,随着免费土地的告罄和西部开拓的终结,随着工业化和都市化的推进,随着社会生活和社会结构的日益复杂,这种与大自然作斗争中显示神威的旧个人主义亟待变革。但道德价值观念的转变滞后于经济发展,旧个人主义遂流于自由放任主义,成为后者的代名词,旧个人主义从人与自然的搏击中转入到人与人之间的无情竞争中,在经济和政治生活中则走向无政府主义,使社会控制失衡,社会矛盾加剧。少数在经济竞争中成功的人凌驾于大多数人之上,少数人的个人自由侵害了大多数人的个人自由。大萧条后杜威对旧个人主义所造成的社会危害深有感触,他认为旧个人主义是与旧自由主义相伴而行的,二者所珍视的是商业中投机者的自由,维护的是少数大资本家的利益。少数人之所以反对政府干预经济,是因为政府控制会使少数大资本家的利益分流于普通大众,使他们的利益受到损害。少数人以捍卫自由为幌子反对政府对经济的干预,实质上维护的是少数人的自由,损害的却是大多数人的自由。杜威要求以新个人主义取代旧个人主义,杜威并未细致地描述这种新个人主义的具体内容,但从其著述中尤其是《旧个人主义与新个人主义》中可以看到杜威强调以下几个方面。(1)新个人主义强调人与人之间的合作而不是无情的竞争,美国学者芬尼克斯(Philip H. Phenix)指出:"杜威正确地将旧个人主义与新个人主义加以区别,旧个人主义是自由放任的、倔强的个

---

① 杜威著:《自由主义的未来》,载《学校与社会》杂志,1935年1月19日。

人主义，而新个人主义则是具有社会责任心的个人主义。"① （2）新个人主义重视理智的作用。1922年杜威在《平庸与个性》中就论及个人主义中的理智问题，杜威认为在一般的用法上，个人主义是最具模棱两可性的词，因此应对之加以具体分析。杜威指出，一方面，在经济与法律中存在着过分的个人主义（这实际上是指放任的自由经济政策和与之相关的法律条规），另一方面，在理智生活（intellectual life）中却缺乏真正的个人主义，没有创造性，没有生机和活力，前者有害于社会，后者亦有害于社会。杜威呼吁一种新个性（个人主义）的出现，这种新个性意味着一种解放，不是外在的，而是内在的、建设性的。

总之，旧个人主义是极端个人的，新个人主义是重社会的；旧个人主义是物欲的，新个人主义则是理性的，新个人主义取代旧个人主义即是以一种社会的伦理的力量去驾御物质的力量。落实到教育上，就是要求为新的时代培养一种新的个人，这种个人并不为追逐个人私利而不顾公益，也并不头脑僵化、固守陈规而对变动不居的社会熟视无睹，抑或手足无措。这种新个人主义并不否定旧个人主义中的那些积极因素如创造性、独立性等，而是在对其优点积极吸收的基础上，结合新的社会情势对旧个人主义的扬弃。

二、道德教育的途径和方法

杜威认为，教育的道德性和教育的社会性是相通的，道德教育应在社会性的情境中进行而不能只停留于口头说教，"威胁着学校工作的巨大危险，是缺乏养成渗透一切的社会精神的条件，这是有效的道德训练的大敌。"② 杜威要求学校生活、教材、教法皆应渗

---

① 芬尼克斯著：《杜威对二元论的抨击》，见《杜威论教育》，1916年英文版，第46页。

② 杜威著：《民主主义与教育》，第376页。

透社会精神，视学校生活、教材、教法为"学校道德之三位一体"（moral trinity of the school），这三者都是道德教育的重要途径。

杜威将道德教育的原理分为社会方面和心理方面。道德教育应有社会性的情境、社会性的内容（如同新个人主义和良好的公民素质所揭示的）和社会性的目的，这属于社会方面；心理方面是指道德教育若要取得成效，就必须建立在学生本能冲动和道德认识、道德情感的基础上。若漠视这些心理条件，道德行为可能会变成机械的模仿或外在的服从。对于社会的道德要求，应顾及学生的心理能力，应使学生知之，好之，乐之。也就是说，社会方面的道德教育原理是关于道德教育的"目的和内容"方面，心理方面的道德教育原理则是关于道德教育的"方法和精神"方面，前者决定应当做"什么"（what），后者决定应当"如何"（how）做。

杜威是世界教育思想史上的巨人，其教育理论不仅系统全面，论证精微，而且洋溢着清新的现代气息，的确大大超出其前人。杜威教育观的基本要求是实现教育的内在价值与工具价值的结合，使教育过程本身是有乐趣的，有益于儿童个人的；又是富有实效的，有利于国计民生的。这种教育观的直接的根本的目的是通过活动性、经验性的课程和教学方法使学生掌握科学思维的方法，使学生富有智慧，这个目的高于其他目标（知识、技能）。这种教育观体现了现实主义与理想主义的结合，它源于现实又高于现实，希望通过教育这种手段使不完美的现实走向完美的理想之境。这种教育观的历史地位在于它在立足于新现实、新理论的基础上，宣告了教育理论旧时代的终结和新时代的开始。

杜威的教育理论对20世纪的东西方社会都具有深远的影响，他去过日本、中国、土耳其、墨西哥和苏联访问，他的不少教育著作被译成多种文字广为流传，杜威教育思想的影响是世界性的。

杜威对教育抱有过高的期望，企图通过教育、通过改变每个人的心智来达到变革社会的目的。他讲:"促使世界目前正在经历的巨大而复杂的变化的真正动力,是科学方法以及由此而产生的技术的发展,而不是阶级斗争,这种阶级斗争的精神和方法是反科学的。如果我们掌握了体现智慧所产生的动力,我们就能知道在什么地方找到指导今后变革的方法。"① 他认为智慧的方法较暴力的方法是一个更佳的选择,可见杜威教育理论的改良主义性质是十分鲜明的。

杜威的教育理论着意要解决三个重要问题:(1)教育与社会的脱离;(2)教育与儿童的脱离;(3)理论与实践的脱离。他提出的各种理论、各种设想从某种程度上可以说都是为了克服这三种根本弊端。这三个问题不仅杜威的时代存在,而且现在乃至将来依然会存在,这三种脱离可以说一直困扰、困惑着每个时代的教育决策者、教育实践者和教育研究者。也许杜威提供的解决这些问题的方案并不切实,但他提出的这些问题以及他提出的解决这些问题的思路直到今天依然是有启发意义的。

思考题

1. 评述杜威教育本质论的内容与现实意义。
2. 如何评价杜威的课程理论?
3. 评述杜威关于教学方法的理论。
4. 比较分析赫尔巴特和杜威的教育理论。

---

① 杜威著:《自由主义与社会行动》,见《杜威教育论著选》第305页。

第十九章

20 世纪前期英、法、德、美和日本教育的发展

19世纪后期,西欧、北美和日本的教育迅速发展,取得了许多成果,如国民初等教育开始成为正规教育的重要组成部分,并得到比较快的发展;与工业发展相适应,职业技术教育的地位也受到各国的重视;欧美各国教会控制教育的局面已经改变,国家开始承担起发展与管理国民教育的责任。但是这些国家的教育也面临着许多亟待解决问题,如一些国家的教育制度中存在着典型的双轨制,国民的初等教育与中等教育互不衔接;中等教育还存在严重的古典主义倾向,与工商业发展急需新型人才的要求不相适应;在一些国家,学校制度和教育体制的管理还存在相对分散、比较混乱的状况。因此,在19世纪末至20世纪前期,改变双轨制、加强中等教育与初等教育的联系，改革中等教育的组织、结构和职能成为各国教育改革的主要任务。同时，职业教育和高等教育也成为这一时期教育改革的重要内容。这一时期，一些新的因素的出现影响了20世纪前期教育的进程。从教育的外部来看，工业革命在一些国家的完成，使得最低水平的初等教育已经不能满足社会的需求；生产部门对科学技术的需求，不仅要求改变初等教育的课程，也对中等教育的目标、结构和课程提出了新的要求。同时，以进化论为代表的生物学思想和方法论的产生，也影响了教育，使得许多国家学校教育采取多轨制、多种课程、教育分流的政策，重视对优秀人才的选拔和培养。另外，1914年爆发的长达四年的第一次世界大战、世界上第一个社会主义国家苏联的诞生、20年代后期世界性经济危机的出现等，都影响了各国教育的进程。从教育内部来看，19世纪末20世纪初兴起的欧美教育革新运动、实用主义教育思潮等，也对这一时期教育的发展起到了很大的推动作用。

总之，在这一时期，随着政治和经济的发展，各国教育的改革和发展突出了民主主义和民族主义的价值取向。初等教育进一步普及，中等教育的范围不断扩大，职业教育和高等教育发展也进入了一个新的阶段。当然，这一时期在一些国家如德国和日本的教育也出现了极端民族主义的倾向。

第一节　英国教育的发展

英国是西欧最早进行资产阶级革命和第一次工业革命的国家，其经济的发展也促进了教育的发展。19世纪后期到20世纪初期，英国多次制定教育法令和提出教育改革报告，加快了教育发展的步伐。但是由于英国在教育上一贯采取放任的自由主义政策，并把教育发展的重点放在统治阶级人才的培养上，因而，这一时期，英国教育在向现代化迈进的过程中，又形成了自己的特点。

一、教育行政管理体制的变化

19世纪末，英国还没有建立起对教育进行有效管理的体制。1899年，英国通过了一个教育法，成立了教育委员会，以取代原来的教育署、科学与艺术和慈善委员会。教育委员会的主要职责是管理和检查初等、中等和职业教育，分配教育补助金。这一中央一级教育管理机构的成立，为英国初等和中等教育制度统一管理奠定了基础。

1902年，为了公平分配教育补助金和加强对地方教育的管理，英国通过了《巴尔福教育法》（Balfour Act），法令的主要内容如下。(1) 设立地方教育当局，以取代原来的地方教育委员会。其主要职责是，保证初等教育的发展，享有设立公立中等学校的权力，并为中等学校和师范学校提供资金。(2) 地方教育当局有权对私立学校和教会学校提供资助和控制。《巴尔福教育法》是英国进入20世纪后所制定的第一部重要的教育法。它促成了英国中央教育委员会和地方教育当局的结合，形成了以地方教育当局为主的英国教育行政体制。该法第一次把初等教育和中等教育放在一起论述，并把中等教育纳入地方管理，提供了建立国家公共教育的基础。

这一时期，英国还对国家和地方教育管理机构的关系、职能等问题进行了研究，并先后通过了《1918年教育法》和《1944年教育法》，形成了教育行政体制上的中央和地方共同管理教育的特点。

二、公共教育制度的发展与完善

（一）普及初等义务教育

自《1870年初等教育法》颁布以后，英国的初等教育得到了比较快的发展，但也存在初等教育与中等教育不相衔接、初等教育还没有免费等问题。1918年，英国国会通过了教育大臣费舍提出的关于初等教育的法案，也称《费舍教育法》(The Fisher Act)。该法作了如下主要规定。(1) 加强地方当局发展教育的权力和国家教育委员会制约地方当局的权限。地方当局应负责本地区教育的发展和全面组织本地区的教育，但须向中央教育委员会提交相关方案。(2) 地方当局为2～5岁的儿童开设幼儿学校；规定5～14岁为义务教育阶段，小学一律实行免费。(3) 地方教育当局应建立和维持继续教育学校，并向进入这种学校的年轻人（14～16岁）免费提供一定的学习课程和教育训练。年轻人应在继续教育学校中接受320学时的学习。①

《费舍教育法》在英国历史上，首次明确宣布教育立法的实施"要考虑到建立面向全体有能力受益的人的全国公共教育制度"②。在建立完整的国家教育制度方面迈进了一步。该法还调整了中央和地方教育当局的关系，但它并没有解决初等教育和中等教育的衔接问题。

（二）中等教育的变化

《巴尔福教育法》颁布以后，英国的中等教育得到了一定的发展。据统计，到1912年，接受补助的中等学校由1902年前的272所增加到一千多所。但英国中等学校的发展并没有解决英国教育的双轨制问题。1907年，执政的英国自由党提出了"免费学额制"计划，规定由政府拨款的中等学校应当把25%的免费入学名额，提供给根据成绩测验结果选出的儿童。但到1920年，通过免费进入中等学校的约30%的儿童中只有6%来自公立初等学校。英国中

---

① 瞿葆奎主编，金含芬选编：《教育学文集·英国教育改革》，人民教育出版社1993年版，第19页。

② 《费舍教育法》第39章。转引自康内尔著，张法琨等译：《20世纪世界教育史》，人民教育出版社1990年版，第377页。

第十九章 20世纪前期英、法、德、美和日本教育的发展

等教育和初等教育之间的联系并不多。

第一次世界大战以后,随着英国经济的发展,国民就业机会相对扩大,处于下层社会的英国民众强烈要求中等教育向大众开放;这时,英国政府也认识到中等教育关系到国家的利益,不应只是一种独立的形式,必须使初等教育和中等教育联系起来。为了顺应社会对中等教育的要求,1924年,英国工党提出了"人人有权受中等教育"的口号。工党的教育发言人托尼(R. H. Tawney)明确指出,要改变为90%的儿童提供初等教育和为少数人提供中等教育的状况,必须建立一个包括16岁以前儿童和少年统一发展过程的两个阶段的教育,以新的普通中等教育来推动社会的发展。① 在关于中等教育问题的讨论中,当时出现了三种影响比较大的意见:一是坚持双轨制,继续维持初等教育和中等教育的分离;二是主张选拔制,即通过考试从初等学校中选择最合适的儿童进入中学;三是主张单轨制,即使所有的初等学校毕业的儿童都能够进入中学。然而,受英国教育传统和观念的影响,英国初等教育和中等教育之间的联系只能采取一种折中的办法——选拔制。这一时期《哈多报告书》的形成就是这种思想的产物。

1924年,工党政府任命了以哈多爵士(Sir W. H. Hadow)为主席的调查委员会,负责研究英国的全日制小学后教育。该委员会在1926~1933年间提出了三份关于青少年教育的报告,一般称为《哈多报告》。其中影响最大的是1926年的报告。报告的主要内容如下。

(1)小学教育应当重新称为初等教育。儿童在11岁以前所受到的教育称为初等教育。其中5~8岁入幼儿学校;8~11岁入初级小学。

(2)儿童在11岁以后所受到的各种形式的教育均称为中等教

---

① 瞿葆奎主编:《教育学文集·英国教育改革》,第24页。

育。中等教育阶段设立四种类型的学校：以学术性课程为主的文法学校、具有实科性质的选择性现代中学、相当于职业中学的非选择性现代中学、略高于初等教育水平的公立小学高级班或高级小学。

(3) 为了使每个儿童进入最合适的学校，应当在 11 岁时进行选择性考试。同时规定，义务教育的最高年龄为 15 岁。

《哈多报告》强调，教育应当是一个连续的过程，可以分为前后两个阶段，即小学阶段和中学阶段。在这一过程中，11 岁是一个关键时期。儿童完成初等教育，通过 11 岁考试，分别进入不同类型的中学，以适应儿童不同能力和需要，同时减少中小学教育的阶级分野。《哈多报告》第一次从国家的角度阐明了中等教育应当面向全体儿童的思想，并从儿童发展的角度，明确提出了初等教育后教育分流的主张，以满足不同阶层人们的需要。但报告把中等教育分为两种轨道，即传统的文法学校和各种形式的现代中学，这又反映了英国教育传统的影响。

为了适应经济发展对技术人才的广泛需求，1938 年，英国政府又提出了以改革中等教育为中心的《斯宾斯报告》（Spens Report）。这是以斯宾斯为首的教育调查委员会提出的关于文法学校和技术中学的报告。《斯宾斯报告》坚持了哈多教育改革的方向，并根据英国初级技术学校增加的现实，进而把《哈多报告》中的双轨的教育方案扩展为三轨，即文法中学、现代中学和技术中学，使得技术中学成为中等教育的重要组成部分。同时，《斯宾斯报告》还提出了在同一所中学设立兼有文法、现代和技术学科的多科性中学（multilateral school）的设想。以后，英国又提出了一些重要的教育改革报告，其中主要有 1943 年的论证不同儿童进入不同学校的《诺伍德报告》等。

到第二次世界大战之前，英国基本上形成了文法中学、现代中学和技术中学三种类型的学校。"人人受中等教育"的观念已经为公众所接受。但是英国的教育仍然存在许多问题。1944 年，英国

第十九章 20世纪前期英、法、德、美和日本教育的发展

政府通过了以巴特勒（R. A. Butler）为主席的教育委员会提出的教育改革方案，即《1944年教育法》，又称《巴特勒法》。该法的基本内容如下。

（1）加强国家对教育的控制和领导。它废除了1899年设立的只具有督导责任的教育委员会，设立教育部，统一领导全国的教育。同时，设立中央教育咨询委员会，负责向教育部长提供咨询和建议。

（2）加强地方行政管理权限，设立由初等教育、中等教育和继续教育组成的公共教育系统。地方当局负责为本地区提供初等、中等和继续教育。其中，初等教育分幼儿园、幼儿学校和初等学校。小学毕业后根据11岁考试结果，按成绩、能力和性向进入文法中学、技术中学和现代中学。初等学校和中等学校实行董事会制。

（3）实施5～15岁的义务教育。父母有保证子女接受义务教育和保证在册生正常上学的职责。地方教育当局应向义务教育超龄者提供全日制教育和业余教育。①

法案还提出了宗教教育、师范教育和高等教育改革等要求。《1944年教育法》是英国现代教育发展中极其重要的一部法律。它结束了二战前英国教育制度发展不平衡的状况，形成了初等教育、中等教育和继续教育相互衔接的国民教育制度，对以后英国教育的发展产生了重要的影响。

至此，英国教育从20世纪初到二战期间，形成了中央和地方教育行政相结合，以地方为主的教育管理体制，也建立了初等、中等和继续教育相互衔接的学校制度，促进了英国现代教育的进一步发展。

---

① 参见瞿葆奎主编：《教育学文集·英国教育改革》，第142～227页。

第二节 法国教育的发展

19世纪60年代,法国基本上完成了工业革命,成为继英国之后又一欧洲强国。在教育上,法国于19世纪初期确立了中央集权的教育管理体制,加强了国家对教育的控制。但其教育仍在很大的程度上受教会和传统势力的影响。第一次世界大战以后,为适应社会变革和教育现代化和民主化的需求,法国开始了对教育的改革,形成具有自己特色的教育。

一、进一步加强国家对教育的控制

20世纪初,法国在教育管理上仍然实施拿破仑时期的大学区制度。与19世纪不同的是,大学区已由29个减少到17个。中央教育管理体制也发生了变化,法国设立了公共教学部,负责法国全国的教育,包括学制、课程设置、考试和教师任免,以及每周、每日教学活动的安排等。

在这一时期,法国主要是通过实施免费教育、义务教育和教育的世俗化来加强国家对教育的控制。在19世纪后期,法国就提出了国民教育义务、免费和世俗化的原则。20世纪以后,这一趋势更为明显。1919年,法国规定职业教育免收学费;1928年以后,法国又逐步实现了中等教育的免收学费;1936年,法国义务教育的年限延长到14岁。这一时期,法国还加强了教育世俗化的步伐,其主要表现是逐步解除教会对教育的控制,如1902年解散了五十多个教会组织,关闭了三千多所教会学校。1905年,法国还通过了教会与国家分离的法律,禁止教会在法国境内实施各种教育。

二、统一学校运动与学制改革

19世纪末,法国的教育体制是典型的双轨制,其中为劳动人民子女设立的初等教育和为资产阶级子女设置的中等教育互不衔接。这成为20世纪前期法国教育改革的重点。

第一次世界大战以后，法国的双轨制教育作为一种不平等的形式，受到人们的抨击。1919年，法国掀起了"统一学校运动"。在运动中，"新大学同志会"发挥了重要作用。他们批评法国社会"人一出生就分为两个阶级，通过不同的教育而永远固定之"。他们主张新的教育应当是"统一的教育"。① 他们认为统一的教育应当使初等教育和中等教育相互衔接，高等教育向一切中学毕业生开放。很快，以新大学同志会的活动为契机，法国形成了统一学校运动，对法国教育的发展产生了重要的影响。当时，在初等学校和中等学校的衔接问题上，主要有三派意见，一派主张扩大初等教育；一派主张维护中等教育的传统；还有一派则强调在中等教育阶段划分出一种中间学校。关于统一学校的争论，推动了法国的教育改革，使法国的传统教育发生了变化。

1923年，法国政府决定在初等教育阶段实施统一的学校制度。1925年以后，法国初步实现了小学阶段的统一学校。1930年，法国的国立中学和市立中学实行免费。1933年，法国政府决定在中学设立统一入学考试制度，使学生享有入学机会的平等。1937年，法国教育部长让·泽（Jean Zay）提出了在中学的初级阶段实行统一学校制度的方案。其主要内容有：（1）把中学的初级阶段改为独立的公立学校，与初等统一学校衔接，实现初级中等教育的统一；（2）为通过考试、持有"初等教育证书"、升入中学第一阶段的学生设立"方向指导班"（11～12岁），以指导和培养学生的兴趣和能力；（3）依学生的能力和表现在第二年实行分流，分别进入古典中学、现代中学和技术中学。改革所

---

① 瞿葆奎主编，张人杰选编：《教育学文集·法国教育改革》，人民教育出版社1994年版，第11页。

提出的三类中学和"方向指导班"等思想,得到了许多教育家和心理学家的肯定。1937年,法国教育部正式发布命令,设置"方向指导班"作为学制改革的开始。① 但不久爆发了第二次世界大战,这一改革被迫中止。

"统一学校运动"所引发的对法国学制的改革,有力地冲击了法国的双轨制教育,扩大了劳动人民子女接受中等教育的比例。据统计,1936年,法国入学的中学生中,父亲职业为工人、农民的只占总人数的5%,到1943年,这一比例上升为23%。总之,法国这一时期出现的"统一学校运动",极大地推动了法国教育民主化的进程,它所提出的一些建议为其二战后的教育改革所采纳。

三、中学课程的改革

19世纪末,法国的中学形成了古典课程和现代课程并行,以古典课程为主的课程体系,由于许多学生没有学过古典课程,使这些学生处于不利地位。

1902年,法国教育部门提出了中等教育课程的改革方案。新方案的主要内容是,中学课程的前四年有两种选择,一种是古典课程,其中拉丁语为必修课程,希腊语为选修课。一种是现代课程。这类课程不设古典语言课程,而着重法语和自然科学。在后三年的教学中,学生可以从以下四类专业课程中任选一类:拉丁语、希腊语,拉丁语和现代语言,拉丁语和自然科学,自然科学和现代语言。最后一年,这四类专业课程的学生都集中学习哲学或数学,为取得大学入学考试文凭作准备。② 这次改革强调古典学科和现代学

---

① 瞿葆奎主编:《教育学文集·法国教育改革》,第46~48页。
② 滕大春主编,吴式颖副主编:《外国近代教育史》,人民教育出版社1989年版,第445页。

科的价值和相互补充，确立了法国中等教育课程改革的新的模式。

1923年，雷昂·贝哈赫（Leon Berard）出任法国教育部长以后，又使得古典学科占据了中等教育的主导地位。贝哈赫认为，古典课程与现代课程并列的做法是一个"有背于真正文化意识的错误"。中等教育应当以拉丁语和希腊语教育作为法国文化教育的核心。① 在他的思想影响下，法国中学各年级的课程发生了较大的变化。其中，古典语言课程的学习时间占了三分之一，法语和现代语的学习时间占了三分之一，而自然科学课程的课时只有5％。这次改革加重了古典主义的色彩。

四、职业技术教育的发展

这一时期，法国的职业技术教育也得到了一定的发展。1919年，法国阿登省议员阿斯蒂埃（P. Astier）提出的职业技术教育方案被议会通过。方案的主要内容如下。（1）由国家代替个人来承担职业教育的任务。规定在中央由教育部设置主管职业技术教育的部门，各省设立专门的机构负责管理职业技术教育工作。（2）规定全国每一市镇设立一所职业学校，经费由国家和雇主各负担一半。私立职业技术学校如果想得到国家的承认和补助金，必须接受教育部的有关规定。（3）规定18岁以下的青年有接受免费职业教育的义务。雇主必须保证他们每周有四小时的工作时间接受职业技术教育。（4）职业技术教育的内容包括三个部分，即补充初等教育的普通教育、作为职业基础的各门学科、获得劳动技能的劳动学习。②

---

① 滕大春主编：《外国教育通史》第5卷，山东教育出版社1992年版，第221页。

② 吴式颖主编：《外国现代教育史》，人民教育出版社1997年版，第127～128页。

《阿斯蒂埃法》的颁布，使法国职业技术教育成为一种国家管理的事业。该法在历史上有法国"技术教育宪章"之称。

总之，20世纪前期，法国各级各类教育的改革推动了初等教育、中等教育和职业教育的发展，为二战后法国教育的进一步发展和改革提供了重要的基础。

第三节 德国教育的发展

19世纪末，德国加快了经济发展的步伐，"为国家服务"的民族主义精神，成为德国教育改革的基本指导思想。一战以后，德国开始改革学校教育制度，德国社会和教育中长期存在的军国主义和极端民族主义逐步演变为法西斯专制主义。在纳粹统治时期，德国教育成为法西斯专制统治的重要工具。

一、德意志帝国与魏玛共和时期的教育

（一）德意志帝国时期的教育

德国自1871年统一以后至二战期间，其教育史可以分为三个时期：德意志帝国时期（1870～1918）、魏玛共和时期（1919～1933）和纳粹统治时期（1933～1945）。

在德意志帝国时期，德国教育就已经形成了典型的三轨制，并在这种制度下产生了三种学校，即国民学校、中间学校和文科中学。其中文科中学在德国教育中占有重要地位。德国这一时期的教育与欧洲其他国家一样，具有明显的等级性和阶级性。

19世纪末，受新人文主义的影响，德国开始了对中等教育的改革，其主要特点一是减少文科中学古典语言的分量，并在其他中学中增加自然科学和现代语言的课程；二是出现了两类学术性中学，即实科中学和文实中学。

进入 20 世纪，德国加快了教育改革的步伐。1901 年，德国召开教育工作者大会并进行教育改革，宣布文科中学、实科中学和文实中学的地位相等，都可以为大学多数科系培养学生。改革对现行各中学的课程进行了调整，但仍重视文科中学及其课程的地位。

(二) 魏玛共和时期的教育

1. 魏玛共和时期教育发展的指导思想

1919 年，德国废除了君主政体，建立了魏玛共和国并通过了《魏玛宪法》。宪法规定了德国教育发展的指导思想，明确教育权归各州所有，国家负责对各类教育进行监督。在普通教育上，宪法反映了战后德国民主化的要求，主张废除具有等级性的双轨制，建立统一的公立学校系统。宪法第 146 条规定，"公立学校事业为有机组成的整体，在所有儿童共同的基础学校之上设立中间学校和高级学校。"[①] 该条文还指出，儿童进入何种学校取决于儿童本人的素质和倾向，而不是儿童父母的经济和社会地位或宗教信仰。对于学习有困难的学生，国家应提供经费予以帮助。宪法还对私立学校的发展、宗教教育的地位等作了规定。为了贯彻《魏玛宪法》的精神，1920 年初，德国决定设立对所有儿童进行国民教育的国民学校，并在此基础上设立了中间学校和高级中学。

1920 年 6 月，德国召开了全国教育会议，共有七百多名教育工作者和教育家参加。会上，德国内务部部长科赫（Koch）所作的开幕词，为德国这一时期教育的发展奠定了基础。科赫强调，德国教育改革的基本任务主要有：培养民族思想，增强民族的自尊心；培养集体精神，加强集体的力量；增强劳动观念；培养学生容忍的精神，等等。科赫的报告反映了德国一战后民族主义思潮的高

---

① 瞿葆奎主编，李其龙等选编：《教育学文集·联邦德国教育改革》，人民教育出版社 1991 年版，第 26 页。

涨。为落实这一任务,科赫强调要建立和扩充统一学校,保证德国教育事业的统一性;改革学校教育,使与学校关系密切的团体和教育工作者更多地参与学校的管理。这次大会还讨论了学校系统组织、师资培训和教学方法等问题,推动了这一时期德国教育的改革,对以后德国教育的发展产生了重要的影响。

2. 魏玛共和时期各级教育的改革和发展

至20世纪30年代初,德国教育在以下几方面发生了重要变化。

在初等教育方面,德国在全国实施了建立四年制统一初等学校制度,废除了帝国时期的双轨学制。为进一步提高国民的素质创造了条件。同时德国还实施了八年义务教育后的教育,为那些完成义务教育的人提供补习学校,使其接受职业继续教育。

在中等教育方面,主要有两个方面的变化。一是取消了中学预备学校阶段,使中学开始建立在统一的基础学校之上。二是在原来中间学校、文科中学以及文实中学和实科中学的基础上,新增加了两种学校,即德意志学校和上层建筑学校。其中,德意志学校也与基础学校相互衔接,课程以"德意志文化"和"德意志学科"为主。上层建筑学校与国民学校七年级相互衔接。学习期限为三年,主要招收超过中学入学年龄、已经读高等国民学校三年级的优秀学生,使其能通过中学考试升入大学。这一时期德国的教育改革使得儿童在初等学校毕业以后,可以有多种中学就读,反映了德国教育改革的多样性,但是德意志中学及相关课程的出现,也加强了德国民族主义情绪和教育改革上德意志化的倾向。

在青少年福利方面,德国于1923年制定了《青少年福利法》,规定政府应为儿童的身体、道德和职业能力的发展,为管理需要照顾的儿童、保护儿童免受剥削、保护母子的健康而提供一定的教育设施。该法律颁布以后,德国各州也相继制定了相应的法律。

在教师培养方面,德国提出了彻底改革小学教师培训的方案。

20年代以前,德国的小学教师主要由中等师范学校培养,从1924年起,德国规定小学教师须由属于高等教育的师范学院来培养,学习期限为四年。德国小学师资培养模式的变化大大地提高了德国小学教师的质量。

在这一时期,德国青年运动的形成和发展,也对德国社会教育和思想教育产生了重要的影响。德国的青年运动产生于19世纪后期。运动初期,比较注重青年人自身自由的生活方式。第一次世界大战以后,开始注重集体性和纪律性,强调团体的合作,关心德国的社会问题。到20年代中期,这一团体的活动常常带有军事性和政治性。并逐步分化为左翼和右翼。到20年代后期,右翼势力加强,更倾向于军国主义,演变为后来纳粹德国时期的青年组织。

这一时期,德国的高等教育也有一定的发展。其主要特征是继续坚持大学自治、教学与科研相结合的原则。同时又提出要面向大众的要求,加强民众高等学校的建设,促进高等教育的发展。

总之,这一时期,德国国民教育体系已经初步建立,初等教育与中等教育有了一定程度的衔接,一些新型的高等学校出现,这些都为德国教育的进一步发展奠定了基础。但是这一时期德国在发展的指导思想上也出现了强调民族主义和国家主义的倾向,为以后纳粹时期德国教育演变为法西斯统治的工具提供了条件。

二、纳粹德国时期的教育

(一) 纳粹政府的教育方针

1933年,希特勒领导的纳粹党掌握了德国政权,并在德国全面实行法西斯专政。从此,德国社会和教育被纳入到法西斯化的轨道,成为纳粹实施法西斯专政的工具。

为了用纳粹思想影响和教育年轻一代,在1933~1934年期间,希特勒多次发表讲话,讨论青年教育问题,确立了纳粹德国的教育方针。希特勒狂妄地叫嚣,德国需要的是"残暴的、专横的、无畏的和冷酷无情的一代青年。青年必须具备这一品质。他们必须忍受痛苦。他们身上不应该有软弱和柔情"①。他甚至主张,德国的教育学应该是严酷的教育学。这样的教育学不应当有智育,而应当使青年具有强健的体魄,学会克制和服从。德国纳粹党的教育家克里克也大肆鼓吹国家主义和民族主义教育思想。他认为教育的最重要的目标是建立和巩固民族共同体感。因而,知识的教育并非首要考虑,体格和品格比它更重要。健康、优美、血缘纯正的体魄是首要问题。教育要培养献身民族利益的精神、对权威的绝对服从和自我牺牲的意愿。

为了配合纳粹的统治,加强国家对教育的控制,1934年,纳粹德国设立了国家科学、教育和国民教育部,纳粹党教师卢斯特任教育部长。国民教育部的主要职责是制定教育计划、教育大纲,选定学校的的课程和教科书等,加强对整个教育和教学工作的控制。1937~1938年,纳粹德国的国民教育部根据希特勒的培养学生民族信念的思想,对初等教育和中等教育分别作出规定。强调小学的任务是把德国的少年儿童培养成民族大家庭的一员,具有为"元首"和民族奋勇献身精神的人,而不仅仅传授对个人有用的知识;中学则要有助于"国家社会主义者"的培养,使学生具有面向未来的志向。可见,这一时期教育要培养德意志精神,教育要为法西斯主义服务,成为这一时期德国教育发展的总的趋势。

(二)学校教育的全面倒退

在纳粹政府统治时期,德国的各级学校教育出现了全面倒退的趋势。

在初等教育方面,1937年和1940年,纳粹政府先后发表了关于小学教育及课程改革的文件。认为,国家应当设立统一的八年制国

---

① 瞿葆奎主编:《教育学文集·联邦德国教育改革》,第213页。

民学校,分前后各四年的两个阶段,以培养共同的民族意识。这一阶段的教育内容除了基本的课程外,特别强调地理环境教育、体育和德语教育。地理环境教育主要是让学生了解德国的现实情况,从而为进一步认识德国的文化和历史打下基础。体育主要是进行健康、体力、军事准备和种族意识四个方面的教育。德语教育主要是服务于德国政治和民族的目的,注重与德国的日常生活的联系。

在中等教育方面,1937年和1938年,纳粹德国先后颁发了关于压缩中学学习年限和提供统一中学课程的法令。1938年以后,德国中学的学习年限由九年缩短为八年,学校类型也由五种减少为三种。统一的课程除了一般的基础课程外,主要增加了有关德国教育方面的内容。如有德语、德国历史等,其中德国历史最受重视。历史教学的主要目的是向学生灌输民族沙文主义。同时,在其他科目的教学中,德国人也十分重视德意志思想的渗透。如一本生物教科书写道:"记住,你是一个德意志人,你们具有的一切,并非源于你自己的努力,而是来源于德意志民族"。[①] 以后,随着形势的变化,纳粹政府更加强调德意志中学和德意志学科的重要。当时,德意志中学成为德国中学的主要类型,它不仅开设德意志语文、德意志历史和德意志地理,甚至还开设了德意志物理、德意志化学和德意志数学等课程,以此来强化学生的民族沙文主义思想。

这一时期德国的大学也处于压缩和政治化的时期。大学的入学人数大大削减。据统计,1933~1939年,德国大学生人数由12万多人减少到5万多人。同时,德国大学也受到纳粹党的控制。要求学校主要招收为纳粹德国服务的学生。德国大学的课程比较重视体育、种族学、法律学、政治学、历史、哲学和经济学等。其中体育课还设立了"军事奖学金"。

总之,在20世纪前期,德国教育发生了重大转折,出现了教

---

① 参见滕大春主编:《外国教育通史》第5卷,第409页。

育民族主义和政治化的倾向。德国的教育被逐步纳入法西斯教育的轨道，成为法西斯专政的工具。二战以后，清算法西斯主义教育成为联邦德国教育面临的重要任务。

第四节　美国教育的发展

19世纪下半叶，美国资本主义经济得到迅速发展，由一个农业国家变为发达的工业国家。到20世纪初期，美国的工业总产值已经跃居世界首位。这一时期，美国教育也得到比较快的发展，创立了具有自己特色的地方教育管理制度和公立学校制度。第一次世界大战以后，美国进步主义教育理论成为其教育发展的主要指导思想。美国各级各类教育经过改革，形成了实用化、多元化和注重个人需要发展的特点。

一、中等教育的改革和发展

19世纪后期，美国的初等教育得到了比较快的发展，到20世纪初期，美国基本上完成了初等义务教育的普及任务。这一时期，中等教育的问题引起人们的重视。中等教育的改革成为美国学校教育发展的主要任务。

（一）美国全国教育协会的报告与中学课程的变革

19世纪末，美国中等教育改革关注的问题比较多，主要有中学的课程问题；中学与小学以及中学与大学的衔接问题。

1891年，美国教育协会任命了一个"十人委员会"，研究中学的课程问题和中学与大学的衔接问题。1893年，"十人委员会"提出了一份关于中学课程计划的报告。报告的主要内容有：(1)中学课程中的一切科目应当以同等的分量教给全部学生，而不应有个别差异或只考虑学生将来可能的目标；(2)应当精学少数几门学科，而不是肤浅地学习许多学科,并且使学习的课程相互联系起来;(3)中学课程可以按照学生使用的语言分为四组,即古典学科组、拉丁语和自然科学组、现代语言组以及英语组。这份报告实际上反映了欧洲古典教育对美国中等教育的影响。但也有不同于欧洲中等教育的特点,即不以不同类型的学校作为划分学生的依据。当然,这一时期,美国中等教育还只是为少数儿童服务的机构。该报告明确指出,中学的职能只是使一小部分儿童为谋生作准备;这些儿童的父母有条件为他们的孩子提供各种费用。可见,这一时期美国的中等教育还不是对所有的儿童实行普及的教育。

1895年,美国全国教育协会任命了一个"十三人委员会",研究学院的入学条件问题。1899年,该委员会提出了一份报告,建议设立与六年制小学相互衔接的六年制中学;允许学生选修各类学科。以学生取得的中学学科总学分作为学院的入学条件。这些建议确立了美国中学实行学分制和选修课制的基础。19世纪末,美国中等教育通过多方面的改革,形成了不同于欧洲教育的特色,对美国社会和教育的发展产生了重要的影响。

(二)《中等教育的基本原则》与中学职能的变革

进入20世纪以后,随着美国社会和教育改革的进行,美国中学中原有的强调选择性和突出智力的教育模式,开始受到来自社会各个方面的批评。人们指责中学只注重为学生升学作准备的职能,从而很难适应美国社会的快速发展对有一定文化知识和熟练技能的劳动力的需求,于是,要求改组中等教育的呼声日益高涨。

1913年,美国教育协会成立了"中等教育改组委员会",重新研究中等教育的职能和目的问题,以提高中等教育的社会效益。该委员会于1918年提出了《中等教育的基本原则》的报告,指出美国教育的指导原则应当是民主的原则,应当使每一个成员通过为他人和为社会服务的活动来发展他的个性。中等教育主要目标可以概括为:(1)健康;(2)掌握基本的方法;(3)高尚的家庭成员;

(4)职业；(5)公民资格；(6)适宜地使用闲暇；(7)道德品格。① 为了实施这一目标，报告建议改革学制，使第一个六年致力于初等教育，以满足6~12岁学生的需要；第二个六年致力于中等教育，以满足12~18岁学生的需要。中等教育由初级和高级两个阶段组成，每阶段三年。中学初级阶段的任务主要是帮助学生认识自己的能力倾向，让学生对将来从事的工作作出一定的选择。中学高级阶段的任务主要是帮助学生对所选定的领域进行训练。报告还指出，中等教育应当在组织统一、包容所有课程的综合中学进行。《中等教育的基本原则》在美国教育史上是一份很有影响的报告。它不仅肯定了六三三学制和综合中学的地位，而且提出了中学是面向所有学生并为社会服务的机构的思想。这一时期，美国中学的改革对美国教育乃至其他国家的教育，都产生了重要的影响。

20世纪30年代，是美国中等教育迅速发展和变化的时期。在这一时期，美国中学学生的入学人数大增，特别是受进步主义教育思想的影响，许多教育工作者对学校的组织、课程和教学方法进行了广泛的实验，对美国教育的发展产生了重要影响。这一时期，受资本主义世界经济危机的打击，迫使对美国的教育特别是中等教育进行改革。1938年，美国全国教育协会所属的教育政策委员会，提出了新的条件下中等教育的目标，主要是：(1)自我实现；(2)人际关系；(3)经济效能；(4)公民责任。这四个目标继承了20年代美国教育的七大原则的精神，但是更加强调中等教育在培养美国公民责任和发展经济效率方面的作用。

进入40年代以后，美国中等教育在强调培养学生的公民责任感的同时，又把对学生进行一定的职业教育训练放在重要位置上。1944年，美国教育政策委员会发表《为所有美国青年的教育》，对

---

① 瞿葆奎主编，马骥雄选编：《教育学文集·美国教育改革》，人民教育出版社1990年版，第26页。

美国青年提出了10条要求。其中把职业教育放在首位，同时要求青年具有强壮的体格和保持身体健康；要理解民主社会中公民的权利和责任；要理解家庭的重要性以及有助于个人和社会成功的家庭生活的条件；要有能力利用闲暇时间，并参与对个人和社会有意义的生活和工作；要发展思考力并能清晰地表达自己的思想，等等。从上面这些思想可以看出，20年代美国中等教育发展的重点主要是谋求个人与社会的共同发展，使学生成为对社会有用的成员。

（三）"八年研究"计划的实施

20年代，美国的进步主义教育广泛地影响了小学和初中。从30年代起，进步主义教育也开始关注高中的发展及其存在的问题。高中是中等教育的重要组成部分，它直接关系到学生的升学和就业问题，如何处理这一矛盾，特别是其中大学入学考试要求的限制问题，一直是困扰美国高中发展的重要因素。

1930年，美国进步教育协会成立了"大学与中学关系委员会"，试图通过加强中学与大学的合作关系来解决高中长期存在的问题。委员会主席是俄亥俄州大学教授艾肯（W. M. Aiken）。委员会制定了一项为期八年（1933～1941）的大规模的高中教育改革实验研究计划，即"八年研究"计划。参加实验研究的是从美国全国推荐的200所中学选出的30所中学，故实验也称"三十校实验"。同时，委员会又与全美300所学院签订了一个协议，规定参加实验的学院对实验的中学不进行入学考试，参加实验的中学有自行决定学科开设和学习分量的权利。这一实验具有以下特点。(1)参与实验学校的面比较广，有一定的代表性。如其中有公立学校，也有私立学校；学校规模也有大有小。(2)实验研究以进步主义教育思想为指导，一些没有进步主义教育倾向的学校，也很少倾向于传统教育的做法。(3)实验学校有极大的自主性。每一所学校都可以根据自己的情况制定符合自己需要的教育计划。

"八年研究"主要涉及以下四个方面的问题。(1) 关于教育目的。过去高中的教学主要是为适应学院的要求所左右,学校和学生把升大学作为教育的根本目标。通过实验,人们认识到,高中除了升学以外,还有其他目的。学校教育的目的主要是实现个人的发展并有效地协调个人与社会的关系。(2) 关于教育管理。教育管理一直是学校发展的重要问题。研究中,许多学校都采用了不同的方式来安排课程和方法,但最有效的方式是全体教师共同参与对教学大纲的再评价和再计划。(3) 关于课程、方法的选择和安排。各学校在对待传统课程的做法上都有不同的特点。有的形式上保留,内容上有改动;有的在形式上进行灵活的处理。有的倾向于一种新的广设课程的方法,其中影响较大的是核心课程的思想。核心课程也称综合课程,它是把一些相关的学科进行合并,组合成新的学科的一种设计。例如,英语和社会学科合并,数学与普通学科合并,等等。但在实践中,许多学校更加重视从青少年个人成长和社会问题出发,根据生活的单元来安排课程。(4) 关于评估工作。过去的考试,都是为传统的教学和教材的需要而设计的。而新的实验设计了许多对教育过程和目标的测验,如评定学生对信息的解释能力,或处理社会问题的能力,还有对升大学的学生能力的评定,等等。当时形成的关于评定学生能力标准的内容包括,知识能力、文化发展、实际判断、生活哲学、品格训练、情感和谐、社会适应、对社会的敏感性和身体健康等。

1936～1941年,"八年研究"委员会对1 475名进入学院的学生从八个方面进行了比较研究,得出的结论是:30所中学的毕业生从整体上看比对照组(没有参加实验的学生)的学习要稍胜一筹。改革力度大的中学效果更明显。艾肯就"八年研究"所作的报告最后建议,如果学院想招收学业优秀、兴趣多样、思维敏捷、讲求实际,又能与别人友好相处的学生,就应当鼓励中学继续摆脱传统课程模式的约束。① 美国的"八年研究"通过对高中教育和高等教育关系的研究实验，揭示了高中教育发展中的许多问题，为美国教育改革向纵深发展提供了有益的思路。

二、初级学院运动

19世纪末至20世纪初兴起的初级学院运动，是这一时期美国高等教育发展中的一次具有重要意义的革新运动。它所创立的一种新的教育形式，有力地促进了美国高等教育的普及和发展。

19世纪后期，随着美国中等教育的发展，中学生毕业的压力加大。也由于美国四年制大学年限长、费用高，不利于吸收更多的高中毕业生。于是，人们开始从高等教育的教育目标和高等教育自身结构方面提出改革的设想。

1892年，芝加哥大学校长哈珀（W. R. Harper）率先提出把大学的四个学年分为两个阶段的设想。第一阶段的两年为"初级学院"，第二阶段的两年为"高级学院"；同时也把大学的课程分为两部分，使前一阶段的课程类似于中等教育，后一阶段的课程类似于专业教育或研究生教育。同一年，加利福尼亚大学也对学校的体制进行了改革，建立了"初级证书"制度。这种制度设想把大学的四年分为各为两年的两个阶段。规定学生在读完第一阶段并取得"初级证书"后，才能继续下一阶段的学习。

"初级学院"思想对美国教育的发展产生了重要影响。主要表现如下。(1) 在一些州建立了新的"初级学院"。如1901年，伊利诺伊州在乔利埃特建立了第一所公立的"初级学院"。以后在加利福尼亚、密歇根、明尼苏达和艾奥瓦等州，"初级学院"都得到了比较快的发展。(2) 在"初级学院"运动中，一些四年制大学改为两年制的"初级学院"。据统计，1924～1926年期间，美国20世纪初期的203所四年制学院，已有28所改为两年制的"初级学

---

① 瞿葆奎主编：《教育学文集·美国教育改革》，第58～60页。

院"。(3) 在"初级学院"发展过程中,一些原来属于中等教育范畴的中学、师范学校和一些职业技术学校,或增加中学后课程(大学 1~2 年级),或改为初级学院。1920 年,为了协调初级学院的发展,美国联邦教育总署召开了全美第一次初级学院会议,成立了"美国初级学院协会"。二战以后,随着美国教育的发展更倾向于面向地方经济发展的需要,公立初级学院一般改称为社区学院。

美国的初级学院是一种从中等教育向高等教育过渡的教育。其主要特点是:(1) 招收高中毕业生,传授比高中稍广一些的普通教育和职业教育方面的知识;(2) 初级学院由地方社区以及私人团体和教会开办,不收费或收费较低;(3) 学生就近入学,可以走读,无年龄限制,也无入学考试;(4) 初级学院课程设置多样,办学形式灵活,学生毕业后可以直接就业,也可以转入四年制大学的三年级继续学习。当然,初级学院也有自身的问题,如学业标准不如四年制大学或学院那样严格;学生缺少离家生活的成长经验等。

美国初级学院运动的产生和发展是高等教育适应美国社会政治、经济和文化发展的产物。初级学院成为美国高等教育体系中的一个重要层次。二战以后,美国初级学院发展速度加快。

三、职业技术教育的发展

美国教育的发展是随着美国经济的发展而发展的。早在 19 世纪,美国就发展了高等工业教育。如 1824 年,创立了伦塞勒综合技术学院,1865 年建立了麻省理工学院。1862 年,《莫雷尔法》的颁布,更促进了美国农业和工程职业技术教育的发展。传统的以学徒制培养学生的职业训练方法,逐步由正规的或业余的职业技术学校的培训取代。20 世纪以后,随着美国经济发展的加速,职业技术教育更受到重视。

1906 年,美国成立了"全国职业教育促进会",其成员包括职业教育家、企业主、劳工领袖和农场主的代表。麻省理工学院院长普里切特（H. S. Pritchete）担任主席。该组织的主要工作是推动制定一部能对全国职业教育提供财政补助的法律，在一些国会议员的帮助下为国会草拟了职业教育法案。此后，美国的职业教育得到一定的发展。到1910年，美国有一半以上的州开展了某种类型的职业教育。在一些州出现了职业中学、农业中学以及职业训练学校。然而，到1914年，在美国从事农业和工业的人员中，只有不到1%的人受过较好的职业教育。

为了提高工人的技术和更好地推动职业技术教育的发展，1914年，美国国会任命了一个专门研究补助职业教育问题的"职业教育国家补助委员会"。议员史密斯（H. Smith）任主席，其成员主要有休斯（D. M. Hughes）等人。委员会不久提出了报告，要求联邦政府向州拨发职业教育补助经费。同年，该委员会还向国会提交了一个职业教育议案，但被搁置。1917年，美国国会通过了由史密斯和休斯联合提出的议案，史称《史密斯—休斯法案》（Smith—Hughes Act）。法案的主要内容如下。（1）由联邦政府拨款补助各州大力发展大学程度以下的职业教育，开办提供农业、工业、商业和家政等教育的职业学校。（2）联邦政府应与州合作，提供工业、农业、商业和家政等方面科目的师资培训，同时对职业教育师资训练机构提供资助。（3）在公立学校中设立职业科，设置选修的职业课程，把传统的专为升学服务的中学改为兼具升学和就业职能的综合中学。同年6月，美国成立了联邦职业教育委员会。随后，美国各州也相继成立了职业教育委员会，形成了由中央到地方的全国性的职业教育系统，有力地推动了美国职业教育的发展。

《史密斯—休斯法案》的颁布，对美国普通教育和职业教育的发展产生了重要影响。它使得普通教育开始由单一的升学目标，转向升学和就业的双重目标，加强了普通教育与社会的联系。同时，它也为美国职业教育的发展提供了有利的条件。随着法案的实施，美国各级政府对职业教育的投资力度不断加大。据统计,1917～1918年,美国联邦政府对职业教育提供的补助为170万美元;1921～1922年为420万美元;1925～1926年为720万美元;1932～1933年为980万美元。

总之,20世纪前期是美国教育进行许多方面改革和实验的时期。美国的教育改革结合美国社会发展实际,大胆创新,不断探索,使得美国教育在初等、中等、职业和高等教育等方面都得到了迅速的发展。同时,美国在这一时期所积累的教训也为二战以后美国教育的改革提供了有利的经验。

第五节 日本教育的发展

日本是亚洲一个具有悠久历史和文化传统的国家,也是亚洲第一个走上资本主义道路的国家。明治维新以后,日本实行了新的政治、经济、文化和教育发展战略,使其教育的发展与国家各方面的发展紧密结合起来。第一次世界大战以后,日本成为军事封建主义的国家,具有强烈的侵略性。与此相适应,日本的教育也逐步演变为军国主义的、法西斯主义的教育,成为强化法西斯军国主义统治、毒化日本青少年的反动工具。这一时期,日本教育随着日本社会的发展分为大正时期(1912～1926)和昭和前期(1926～1945)的教育,并分别形成了不同的特点。

一、20世纪初期至20年代末的教育改革与发展

19世纪末,日本社会各方面在发展的同时也受到了来自西方的各种文化的影响。为了寻找一条继承日本传统文化、抵御西方文化影响的途径,1890年,日本制定了由天皇颁布的《教育敕语》。其主要内容是重申忠孝为日本国体之精华,日本教育之渊源。要求

日本国民"孝父母、友兄弟、夫妇相和，朋友相信，恭俭持己，博爱及众，进德修业，以启智能，成就德器。进而广公益，开世务，常重国家、遵国法，一旦有缓急，则应义勇奉公，以辅佐天壤无穷之皇运"①。《教育敕语》的出现，表明日本教育开始把儒家伦理道德规范与日本民族意识的培养结合起来，反映了日本政府统一思想和教育的要求。从此，日本各级教育的发展转向以强调民族主义和加强国家对教育控制的轨道。

（一）初等教育的改革和发展

20世纪初期，日本加强了对初等教育的控制。1907年日本颁布了《再改正小学校令》。该法规定，废除全部私立小学，一律改为公立小学。新的小学修业年限延长为六年，属于义务教育阶段。从此，日本确立了六年义务教育体制。在改革初等教育的过程中，日本也加强了对初等教育课程的改革。1890年，日本初等小学开设了修身、阅读、作文、算术、体操等课程。高等小学增加了日本地理、日本历史、世界地理、理科、图画和唱歌等课程。1900年，日本又将阅读、作文和书法合并为日本语一门课程。1919年，日本在初等小学中增设了理科课程，增加了地理和日本历史课程的学时。1926年，日本又在高等小学中加强了实科教育的地位，将图画、手工、实业、珠算定为必修课。日本小学学制和课程的改革促进日本初等教育的发展，到20年代初期，日本已经完成了普及六年制义务教育的任务。

（二）中等教育的改革和发展

日本的中等教育在这一时期也处于一个整顿和发展的阶段。其重点是大力发展高中，加强中等教育和初等教育的衔接。同时也重视女子中等教育、中等师范和中等职业教育的发展。

---

① 瞿葆奎主编，钟启泉选编：《教育学文集·日本教育改革》，人民教育出版社1991年版，第32页。

1918年12月，日本颁布了经过修订的《高级中学令》，强调高中应以完成高等普通教育为目的，加强和实施国民道德教育。同时要求多种途径发展高中，高中除国立外，还允许私立或地方设立；高中的学习年限可以有三年制，也可以有七年制，七年制的高中又分寻常部四年，高等部三年，两个阶段相互衔接。高等部实行文理分科教育。

1919年2月，日本公布了《修订中学校令》，主要内容有：重新编制学科课程，重视物理和化学教学的实验和实习；加强中学和小学的联系，取消中学入学年龄为12岁以上的规定，学习优秀者可以跳级；设立初中预科，年限为两年。

这一时期，日本也对女子中等教育进行一定的改革。受传统文化的影响，日本女子教育的重点是家政、装饰艺术（花卉陈设以及宴会安排等）和有关抚育子女的知识教育。1920年7月，日本颁布了修订后的《高等女子学校令》和《高等女子学校令施行规则》，强调改善和加强女子教育，将高等女子学校的修业年限由原来的四年延长为五年。女子有与男子一样升入高一级学校的权利。

日本的中等师范教育一般开设两年的课程，主要向学生灌输效忠天皇和献身国家的思想。师范学校学生的费用通常由政府支付，学生毕业以后要为国家服务一定的年限。

中等职业技术教育在这一时期也有一定的发展。1920年，日本颁布了《修订实业学校令》，以后又对各种实业学校的规程作了修改。该法废除了过去各种职业技术学校按甲乙分类的做法，强调职业教育应当与初等教育衔接并加强与社会的联系。同时，允许职业学校的毕业生具有与中学相同的升入大学的权利。这一时期，日本还加强了对业余职业教育的管理，促进了职业补习学校的发展。如，1915年日本的业余补习学校只有8 908所，到1925年，业余补习学校已经有15 361所。

（三）高等教育的改革和发展

为了适应日本社会对培养高级人才的需要，日本政府于1918年颁布了《大学令》。主要内容有，大学教育的目的是通过传授国家所需要的思想和知识，培养高水平的人才；除国立大学外，允许设立私立大学和地方公立大学；大学可以由几个学部组成，如法学、医学、文学、理学、农学、工学、经济学和商学等。也可以设立单科大学，修业年限为3～4年；大学的招生对象主要是预科或高级中学高等部的毕业生，经过考核以后方可以录取。《大学令》颁布以后，一些大学采用学部制建立了规模较大的综合性大学，如东京帝国大学、京都帝国大学、东北帝国大学、九州大学和北海道大学等。还有一些大学建成了单科大学，如东京商科大学、新潟医科大学等。另外，日本的一些私立大学也得到了发展，如早稻田大学、庆应义塾大学、明治大学、日本大学等。据统计，到1929年，日本的大学增加到46所。在大学发展的同时，日本的高等专科学校也得到一定的发展，培养了大批实用的技术人员。

总之，这一时期，日本各级各类教育都进行了内部的调整和改革，形成了相对完整的学校教育体系，为日本教育的进一步发展提供了重要的条件。

二、军国主义教育体制的形成和发展

1926年，日本裕仁天皇即位后，更加重视道德教育和民族主义精神的教育，大肆鼓吹军国主义和对外扩张的思想。从此，日本开始由20年代初期的民族沙文主义转向军国主义，并逐步完成了侵略战争的准备。日本的教育为适应这一体制的变化，也开始军国主义化、法西斯化，成为服务于日本战争机器的工具。

（一）对日本师生民主进步运动的控制和镇压

20年代中后期，随着日本社会、经济的发展，日本的各级各类教育都进行了一定的调整和改革，学校教育发生了很大的变化。这一时期，随着日本经济对外的扩展，欧美的自由主义和民主主义思想开始影响日本，日本出现了具有自由化和民主化倾向的思想运动。但在20年代后期，在世界和日本经济危机的冲击下，日本军国主义法西斯势力加强，对外加紧进行军事扩张，对内加强对人民思想的控制。这些都对日本教育产生了严重的影响。

1930年，日本文部省成立了一个学生管理局，其主要任务是负责调查和控制学生的思想情况，目的是清除自由化思想，缩小自由化教师和学生的影响。1931年，日本成立了由文部大臣为首的"学生思想问题调查委员会"，加强了对学生思想的控制。为了加强对教师的控制，1934年，日本文部省召开了"全国小学教师精神动员大会"，强调把培养日本精神的教育放在学校工作的首位。同年5月，文部省又建立了思想局，并建立了警察对教师的监督制度。1937年，文部省又设立了教学局，加强对学校教学工作的控制，强调学校教学的一切环节应当体现大日本帝国的团体观念和军国主义思想。①

(二) 军国主义思想的传播

20世纪30年代以后，为了配合军事扩张的需要，日本加强了其学校的军国主义教育。

1935年，日本成立了一个教育改革委员会。其主要任务是为文部大臣提供如何培养"日本精神"的意识和方法的咨询，加强学校的军国主义教育。1937年，新的教育委员会印制了《日本民族实体的基本原则》一书，成为这一时期日本推行军国主义教育的重要工具。该书的主要目的是证明日本民族和帝国与天皇的同一本源及其绝对的优越性。该书指出，日本国民与日本天皇是同出于一个神圣渊源。教育的目的不是培养个人和实现自我，而是在民族实体的基础上，实现保卫和维护天皇权威的使命。在中小学里以道德伦理教科书的形式来贯彻这一原则。应当进行关于个人与社会，忠、

---

① 参见吴式颖主编：《外国现代教育史》，第306～307页。

孝,关于民族共同体和命运等观念的教育。1941年,日本文部省继《基本原则》之后,又发表了题为《臣民之道》的小册子。强调日本臣民的主要职责是追随天皇,为天皇效力。这本小册子连同1890年日本颁布的《教育敕语》和1937年的《基本原则》,一起构成了战前日本军国主义教育的三个重要文件,对日本学校教育的发展产生了重要的影响。据统计,由于30年代日本军国主义的宣传和影响,1941年,在日本中小学课程中,有近40%的内容与日本军国主义的教育有关。

(三) 军事训练学校化和社会化

随着日本军国主义教育的不断升级,军事训练也开始学校化和社会化。从1925年起,日本规定,在全国中等以上的学校普遍开设军事训练课程,学生必须按步兵操典进行训练。同时,许多日本军人被派到学校去主持学生的军事训练课程,并以军方代表的身份强制学校按照军队生活的形式限制师生的思想和行动。1937年以后,日本更将学校变成了军营。

在加强对学校进行控制的同时,日本也对社会青年加强了军事教育和训练。1926年,日本成立了青年训练所,对社会青年进行军事训练。当时的《青年训练所令》规定,凡年满16～20岁的社会青年必须接受军事训练,他们入伍后可缩短在军队服役的年限。对青年的训练统一由日本军部负责。学习的科目主要有武器的使用、阵地勤务、旗语、距离测量、地形识别等,尤其重视"武士道"精神的培养。1935年以后,日本又将"青年训练所"改为"青年训练学校"并实行义务制,使其成为日本军国主义教育的重要工具。

三、战时各级教育的改革和变化

从20世纪40年代开始,日本为了适应战争的需要,开始对各级教育进行改革,更强化了军国主义教育的实施。

在初等教育方面，1941年，日本颁布了《国民学校令》，将过去的小学改为国民学校。规定国民学校的教育目的是以皇国之道为准则，给国民以基础训练。学校设有六年制的初等科和两年制的高等科，实施八年的义务教育。学校课程除了一般的科目之外，更加重视对学生进行军国主义和法西斯主义的教育。

在中等教育方面，1943年4月，日本实行中等教育综合制度，将中学、高等女子学校和实业学校统称为中等学校。中等学校的主要目的是学习"皇国之道"，培养中坚有为的国民。中等学校的课程主要有国民、数理、体育、艺术、实业、外语等。这一时期，除了中等学校外，日本还建立了具有社会补习性质的教育机构，如实业补习学校和青年训练学校等。

在师范教育方面，1943年，日本修改了《师范学校令》，要求师范学校必须彻底灌输军国主义思想，绝对信奉天皇，信奉军国主义政策，为日本帝国培养合格的国民。这次改革将日本师范学校的新生入学水平提高到初中毕业程度，学制三年。

日本的高等教育在这一时期也进行了改革。1940年9月，日本政府采纳了日本教育审议会对大学提出的20项改革建议。大学改革的重点是把军国主义国家意识的灌输和宣传作为学校各项工作的基础。强调大学应当承担起培养军国主义分子的任务，以保证日本军国主义统治的延续。这一时期，日本增设了大学，同时在大学课程中加强了工科方面的专业以及军事工业方面的科目，以适应这一时期日本军国主义扩张的需要。1940年，日本颁布了《关于专科学校的纲要》，规定专科学校的地位高于中等教育，是贯彻日本军国主义思想和学习专门技术知识的机构。由于日本军事工业的发展，使得其专科学校得到比较快的发展。

尽管这一时期日本对各级教育提出了一些改革措施，但由于战争的进行，实际上并没有得到真正的实行。1945年5月，日本又发布了《战时教育令》，宣布国民教育进入紧急状态，学校一律停办，日本教育陷入瘫痪状态。直到日本军国主义政府宣布投降以后，日本教育才得以复苏和重建。

20世纪前期的教育，在现代教育发展中占有十分重要的地位。这一时期，西欧各国与美国开展了教育革新运动，进行了大量的教育实验，实现了教育观念的变革，各级教育得到进一步的完善和发展。在20世纪30年代以后，由于德国、日本民族沙文主义的恶性膨胀，导致了法西斯主义政权的建立，也使其教育成为进行侵略扩张的工具。英国、法国、德国、美国和日本五国教育发展的实践表明：在现代社会，教育已经成为社会发展的重要的组成部分。社会的任何重大变化都会对教育的发展产生重要影响。同时，教育的改革和发展又会对社会的发展产生重要作用。现代教育已经成为国家现代化的重要手段。认真总结这一时期各国教育发展的经验，对于认识战后各国教育的改革与发展是非常必要的。

思考题

1. 20世纪前期，欧美各国和日本教育主要解决的基本问题是什么？哪些因素影响了各国教育改革的进程？
2. 20世纪前期，现代教育发展的两大趋势是什么？在不同的国家是如何体现的？试予以分析。
3. 美国在中等教育改革中，研究和探讨了哪些问题？有何历史和现实意义？
4. 英、法两国在教育改革中各颁布了哪些教育法规和报告？主要解决什么问题？
5. 德、日两国教育改革中都出现了极端的民族主义倾向，最后又都导致了法西斯专制主义教育，二者各自的特点是什么？应当吸取什么教训？

第二十章

第二次世界大战前的苏联教育

1917年10月,俄国人民在列宁的领导下推翻了资产阶级临时政府,结束了地主资产阶级在俄国的统治,建立了世界上第一个无产阶级专政的社会主义国家,为彻底改造俄国教育与建立新的社会主义教育体制创造了条件。

苏联共产党和政府非常重视年轻一代的教育工作。从十月革命胜利的最初时期起,便采取坚决措施,大力开展改革旧教育、创建社会主义新教育制度的伟大事业。

迄至第二次世界大战前,苏联教育的改革和发展大致可以分为建国初期的教育改革、20年代的学制调整与教学改革试验和30年代教育的调整、巩固与发展等几个阶段。

第一节 建国初期的教育改革
（1917～1920）

十月革命胜利后的最初几年，由于国内战争和外国的武装干涉，俄国人民在政治上、经济上面临重重困难。为了使教育适应新的政治经济发展的要求，苏维埃政府采取了一系列果断措施，对旧教育进行根本性的改革，并试图建立新的无产阶级教育体制。

一、改革教育管理体制

十月革命前，俄国的学校是地主资产阶级统治的工具，具有鲜明的等级性、阶级性和宗教性。国民教育管理体制分散、混乱，所有这一切与社会主义制度是格格不入的。因此，十月革命后，从地主、资产阶级手中夺回教育的领导权，彻底改革教育的管理体制，就成了苏维埃政府的首要任务。

1917年10月26日，根据苏维埃第二次代表大会通过的《关于成立工农政府》的法令，建立了以卢那察尔斯基（А. В. Луначарский，1875—1933）为首的教育人民委员部。紧接着又按照苏俄中央执行委员会的指令，成立了国家教育委员会，作为全俄教育的领导机构，负责研究和制定国民教育建设的原则。11月11日，卢那察尔斯基根据俄共（布）中央和苏维埃政府的指示，发表了《教育人民委员关于国民教育的宣言》，向全国人民阐明了教育工作的总方针和基本原则。

11月21日，人民委员会通过了《教育人民委员部关于教育和教养事业从宗教部门移交给人民委员部管理的决定》的法令，将原隶属于教会的所有学校，如堂区学校、教会中学、教会师范学校、神学校和神学院等一律转交教育人民委员部管辖，并把它们改组为普通学校，从而剥夺了教会对学校的领导权。不久又颁布了由列宁签署的《关于信仰自由、教会和宗教团体的法令》，明令教会同国家分离，学校同教会分离，禁止在一切普通学校讲授宗教教义和举行宗教仪式，清除教会对学校的影响。

从1918年1月起，苏维埃俄国开始废除旧的国民教育管理体制，撤消学区制，撤消学堂管理处和观察处等机构。同年6月，人民委员会又批准《关于把各部门的教学和教育机关移交给教育人民委员部管理的法令》，决定将原先各部门所属的一切大、中、小学校和专业教育学校及其所有的房屋、财产和设备等，一律转交教育人民委员部管理。与此同时，人民委员会还通过了《俄罗斯苏维埃联邦社会主义共和国国民教育事业组织条例》，决定共和国国民教育总的领导由国家教育委员会承担，各地方由省、县、乡的工农兵代表苏维埃执行委员会所属的国民教育局负责。这样便彻底克服了革命前学校管理方面的分散和混乱现象，保证了学校领导的统一性，使"改革学校工作所必需的教育科学研究任务和对整个国民教育体制实行社会主义改造的工作都集中在一个中心"①，从而比较迅速地、成功地拟订出建立新的社会主义教育体制的总的原则。

此外，为了在社会生活方面彻底消灭封建性，保证各民族、各阶层人民子女都有受教育的权利，还公布了一系列的法令，如实行男女合校的决定、关于取消分数的决定以及《俄罗斯各民族人民的权利宣言》，宣布俄罗斯各民族一律平等，各民族有用本民族语言进行教学和培养自己的民族教师、干部等权利。在高等教育方面，根据列宁关于苏俄高等学校招生问题的指示精神，取消了入学考试，无条件地招收无产阶级和贫困农民出身的人，并普遍地发给他们助学金。同时，为了保证工农群众顺利进入高等学校学习，还先

---

① O. H. 克拉克泽金著：《苏联教育史纲要》，1972年俄文版，第52～53页。

后在莫斯科、列宁格勒等城市的高等学校开设了工人系。

二、建立统一劳动学校制度

国家教育委员会成立后即着手研究国民教育建设的原则和制定学校改革方案。1918年夏，莫斯科的教育人民委员部率先提出了一个建立新型学校的方案（莫斯科方案），稍后，彼得格勒的教育人民委员部也提出了一个方案（彼得格勒方案）。两个方案在学校性质、教学制度、假期制度和劳动在学校中的地位等原则性问题上有很大区别，因而在教育人民委员部和广大教师中间展开了热烈的讨论。最后于1918年10月，经全俄教育工作者第一次代表大会讨论通过，正式公布了《统一劳动学校规程》和《统一劳动学校基本原则》（又称《统一劳动学校宣言》）。

《统一劳动学校规程》取消一切必要的、合理的教学制度，取消教学计划，完全废除考试和家庭作业，不正确地解释教师的作用，过高地估计了劳动在学校中的地位，宣称"生产劳动应当成为学校生活的基础"等。但它毕竟是苏联教育史上第一个重要的立法，在世界教育史上第一次贯彻了非宗教的、真正民主的和社会主义的教育原则；尖锐地批判了旧学校的形式主义、脱离实际的倾向，要求把教育与生产劳动紧密地结合起来；强调全面发展儿童个性，充分发挥儿童学习的主动性和创造性，等等。《统一劳动学校宣言》是对《统一劳动学校规程》条文的具体说明，它对新学校原则的阐述是比较全面和辩证的。

根据《统一劳动学校规程》的规定，凡属教育人民委员部管辖的俄罗斯苏维埃社会主义共和国的一切学校（除高等学校外），一律命名为"统一劳动学校"。所谓"统一"是指所有的学校（从幼儿园到大学）是一个不间断的阶梯，所有儿童都应进同一类型的学校，全都有权沿着这个阶梯升入高一级学校学习；所谓"劳动"是针对旧的"读书学校"而言，强调"新学校应当是劳动的"，并且把劳动列入学校课程，使学生通过劳动能"积极地、灵活地、创造性地去认识世界"。①

统一劳动学校分为两个阶段：第一级学校招收 8～13 岁的儿童，学习期限 5 年；第二级学校招收 13～17 岁的少年和青年，学习期限 4 年。两级学校均是免费的，并且是相互衔接的，这显然是试图实现党纲规定的普及义务教育目标，但这在当时的条件下是无法完全实现的。同时，由于在实际贯彻上述学制过程中，往往把"统一"混同于"划一"，并且用劳动生产代替教学过程，结果使统一劳动学校制度同经济和文化发展的矛盾日益突出，因此，从 1919 年开始便不得不建立各种过渡性质的学校来补充。

三、改进学校的教育、教学工作

早在《统一劳动学校规程》公布之前，普通学校的教学、教育工作便开始改革。在一些有先进教师的学校里，废除了宗教教学和宗教仪式，力图根据科学原理来阐明自然界和社会生活中的各种现象，揭穿教会的欺骗行为；同时大大扩充数学、物理、化学等自然科学的教学内容，并尽可能把它们同实际生活联系起来；在社会科学方面，取消了古代语文，增加了政治经济学、革命运动史和社会主义等方面的知识。此外，还非常重视劳动教育，经常组织学生参加各种工农业劳动和自我服务性劳动，其中对自我服务性劳动尤为重视。

在教学组织形式方面，上课仍然是最流行的形式，但在具体运用上与革命前大不相同。特别是在《统一劳动学校规程》公布以后，非常强调"个性化的教学"，要求"教师要分析每一个学生的爱好和性格特点，并尽可能使学校教给学生和要求学生做到的一切都充分适应学生个人需要"，②力图把班级集体工作和学生小组或个

---

① ② 《卢那察尔斯基论国民教育》，1958 年俄文版，第 525、530～531 页。

人工作结合起来。

至于教学方法，除了继续采用教师讲解、谈话等方式以外，还广泛地运用图表演示、实验室作业和参观旅行。要求教师运用各种方法激发儿童的求知欲望，并为儿童集体和个人的思想与活动提供材料，鼓励学生从事他们感兴趣的活动，例如，个人研究、课外阅读、写作、学术报告、制作模型、采集标本等。要求有关的图书馆、实验室、陈列室在一定时间向学生开放。

在教育工作方面，特别重视集体主义和爱国主义教育。为了协助学校领导和教师开展共产主义教育，1918年建立了共产主义青年团。1920年，列宁在第三次共青团代表大会上作了《关于青年团的任务》的重要报告，深刻而全面地阐述了青年一代的共产主义教育问题。他强调说："应该使培养、教育和训练现代青年的全部事业，成为培养青年的共产主义道德的事业。"[1] 从此以后，共青团组织在学校教育工作中的地位和作用日益加强。

然而，这一时期学校教育教学工作的发展极不平衡，有些学校特别是农村学校，在教学内容和教学方法上还是老一套。产生这些问题的主要原因，除了战时经济困难，缺乏必要的物质基础和有经验的教师外，更重要的是缺乏必要的教学大纲和教学计划。1918年底，教育人民委员部学校改革司曾拟订过一份有关教学大纲和教学方法资料（即《学校教养工作资料》）并发至各地，1920年教育人民委员部又公布了一个"百科全书式"的教学计划，但它们都是建议性质的。

四、团结、教育和改造教师

早在1905年，列宁在《致喀普里党校学员们》的信中就指出："在任何学校里，最重要的是课程的思想政治方向。这个方向由什

---

[1] 《列宁论教育》，人民教育出版社1990年版，第247页。

么来决定呢？完全而且只能由教学人员来决定……任何'监督'、任何'领导'、任何'教学大纲'、'章程'等等，这一切对教学人员来说都是空谈。"① 因此，十月革命胜利后，苏维埃政府在国民教育方面一个最紧迫而又最困难的任务，便是团结、教育和改造旧教师，建立一支新的无产阶级的教师队伍。

当时，为资产阶级派别所控制的全俄教师联合会在莫斯科和彼得格勒等城市曾组织罢教，反对和抵制教育改革。为了对抗反动的全俄教师联合会，1917年12月，一些先进的教师根据列宁的指示精神，在彼得格勒成立了国际主义教师联合会，并于翌年6月召开了第一次国际主义教师代表大会。列宁亲自出席了会议并发表了重要演说，他要求教师摆脱资产阶级的束缚，与一切战斗着的劳动群众打成一片，不要把自己限制在狭隘的教学活动的圈子里。一个月后，又举行了第一次全俄教师代表大会。在大会的决议中号召教师脱离反人民的全俄教师联合会，参加到国际主义教师联合会方面来。1918年12月，人民委员会下令解散"全俄教师联合会"。

为了使广大教师从资本主义制度的支柱转变为社会主义制度的支柱，苏维埃政府在全国范围内普遍地召开了各种代表大会，举办讲习班和政治学习小组等，组织教师学习和参加各种现实的政治斗争与生产实践活动，不断提高教师的政治觉悟和教育工作水平。

在教育和改造原有教师的同时，还大力发展师范教育，培养新的教师。第八次党代表大会通过的党纲强调指出："不用共产主义意识形态培养新的教育工作者，就不能完成党纲规定的远大的政治任务。"1920年，列宁在全俄省、县国民教育厅政治教育委员工作会议上的讲话又进一步指出："现在我们要培养出一支新的教育大军，它应该同党和党的思想保持紧密联系，贯彻党的精神，它应该

---

① 《马克思恩格斯列宁论教育》，人民教育出版社1993年版，第162页。

把工人群众团结在自己的周围，以共产主义精神教育他们，使他们关心共产党员所做的事情。"①

根据党和列宁指示的精神，苏维埃政府在极其困难的条件下，大力开办或改组了各种类型的师范学校，为各级学校培养师资。到1920年，仅在俄罗斯联邦就有57所高等师范学校，在校大学生一万余人，还有154所培养第一级学校师资的三年制师资训练班和90所一年制师资讲习班，共计有2.4万名学生。②

第二节 20年代的学制调整和教学改革试验（1921～1930）

1920年底，年轻的苏维埃国家经过三年的艰苦斗争，击退了帝国主义的武装干涉，粉碎了国内的反革命叛乱，开始转入和平建设时期。以列宁为首的俄共（布）中央及时作出了将工作重心转移到经济与文化建设的决定。在列宁提出的新经济政策的指引下，苏联的国民经济得到迅速恢复和发展，但总的说来仍然是一个落后的农业国。1925年12月，斯大林在第十四次党代表大会的政治报告中指出，在党的面前摆着的一个十分迫切的问题，就是必须把俄国变为经济上不依赖于资本主义国家的工业国。为此，大会通过了社会主义工业化的方针，并着手进行有计划的经济建设。

一、学校制度的调整

要迅速恢复和发展国民经济，使苏联由落后的农业国变为先进的工业国，需要大量的各种技术人才和管理干部。事实说明，原先

---

① 《列宁选集》第4卷，人民出版社1995年版，第305页。
② 参见 H. A. 康斯坦丁诺夫等著：《教育史》，1982年俄文版，第339页。

确定的九年制统一劳动学校学习年限长,学生在校时得不到任何专业方面的训练,难以适应当时的需要。1920年底,俄共(布)召开了有关国民教育问题的第一次会议。会议从当时的实际情况出发,通过了学制改革的决议,把七年制学校作为普通学校的主要类型,允许在七年制学校的基础上设立修业年限3~4年的中等技术学校和职业学校。

众所周知,列宁和克鲁普斯卡雅(Н. К. Крупска,1869—1939)一贯坚持普通教育、综合技术教育和职业教育相结合的观点。克鲁普斯卡雅认为,如果能在普通教育和综合技术教育的基础上进行职业教育,不但能使学生迅速而熟练地掌握某种职业技能,而且还能使他们获得适应现代化生产特点的能力。列宁在《中央委员会给教育人民委员部党员工作人员的指示》和《论教育人民委员部的工作》等文件中,虽然同意把第二级学校的高年级改组为职业技术学校,但同时又强调指出:"党仍然无条件坚持俄共党纲确定的有关综合技术教育的要求……认为把接受普通教育和综合技术教育的年龄标准从17岁降低到15岁,不过是暂时的实际需要,是因为协约国强加给我们的战争造成了国家的贫困和破产"……"妄图用空泛议论对这种降低学龄的做法加以'论证',这是非常荒谬的。"①

根据第一次党的国民教育会议的决定和列宁指示的精神,俄罗斯联邦教育人民委员部通过了《改组第二级学校的条例》,决定从1921~1922学年开始,逐步把第二级学校改组为中等技术学校。但是,由于缺乏必要的设备和专业教师,改组工作未能普遍推行,俄罗斯联邦仍然保留第二级学校。于是,原先的统一劳动学校制度便发生了某些变化,形成了以下学制:四年制小学,招收8~12岁的学生;七年制学校(四三分段),招收8~15岁的学生;九年制

---

① 《列宁论教育》,第280、283页。

学校（四三二分段），招收 8~17 岁的学生；中等技术学校（三或四年）。此外，为了适应恢复和发展国民经济的需要，还先后创办了一些新型学校，如工厂艺徒学校（1921）、农村青年学校(1923~1924)、七年制工厂学校（1925），等等。

调整后的新学制的优点是灵活多样，能够在比较短的时间里为国家培养各行各业的干部和技术人员，满足日益发展的经济建设的需要；但也出现了普通学校和高等学校以及高等学校与职业技术学校之间在年龄和培养水平上不协调的现象，破坏了统一学校的原则。因此，第一次有关国民教育的党的会议后，有关国民教育制度问题的争论仍未停止，争论的热点始终是第二级学校发展的道路问题。

二、综合教学大纲的试行及其经验教训

随着学校制度的调整和整个教育事业的发展，必然要求改革旧的教学内容和教学方法。1921~1925 年间国家学术委员会的科学教育组编制并正式公布了《国家学术委员会教学大纲》（通称综合教学大纲或单元教学大纲）。这个大纲不同于以往的各种大纲，它完全取消学科界限，将指定要学生学习的全部知识，按自然、劳动和社会三方面的综合形式来编排，而以劳动为中心。例如，第一级学校的教材即按自然、劳动和社会三栏垂直排列，教材的范围根据年级的递升而逐渐扩大，好像同心圆一样：一年级研究儿童在家庭和学校的生活问题；二年级研究一村一乡的生活问题，然后研究省和国家的生活问题，等等。此外还按季节、节日或地区分为若干单元，如"我们的家乡""五一国际劳动节""伟大的十月社会主义革命"等。每年在小学所有各个年级，按照这些单元，分别用或长或短的时间进行教学。

在实施综合教学大纲的同时，相应地改变了教学方法。开始采用所谓劳动的教学法，即在自然环境中，在劳动和其他活动中进行教学。一些教育学者还主张废除教科书，甚至提出"打倒教科书"

的口号。广泛推行"工作手册""活页课本"和"杂志课本",等等。在教学的组织形式方面,主张取消班级授课制而代之以分组实验室制(即道尔顿制)和设计教学等。

国家学术委员会当时编制综合教学大纲的出发点,是试图通过单元教学的形式,把学校的教学工作同现实生活紧密地联系起来,彻底克服旧学校教学与生活完全脱离的缺点,并加强各门学科之间的联系,培养儿童自己掌握知识的能力和自觉的劳动态度,激发儿童对改造周围生活的兴趣,充分发挥他们学习的主动性和创造性。但是,综合教学大纲实际上破坏了各门学科之间的内在逻辑,曲解了教学活动与现实生活之间的联系,因而削弱了学校中系统的基础理论知识学习和基本的读、写、算能力的训练。

综合教学大纲虽未普遍推行,但对苏联学校的教学工作却产生过深远的影响。整个20年代,苏联的教学计划和教学大纲虽几经修改,但综合教学大纲编制的原则基本上没有改变,因而使苏联的教学工作走了一段很长的弯路。

三、加强劳动教育和综合技术教育

由于统一劳动学校制度的实施,特别是由于列宁和克鲁普斯卡雅的积极提倡,这一时期苏联学校中的劳动教育和综合技术教育大大地加强了。

早在十月革命前列宁就强调指出,劳动是人类普遍和全面发展的条件,要求把教育和生产劳动结合起来,他说:"没有年轻一代的教育和生产劳动的结合,未来社会的理想是不能想象的:无论是脱离生产劳动的教学和教育,或是没有同时进行教学和教育的生产劳动,都不能达到现代技术水平和科学知识现状所要求的高度。"[①]十月革命以后,尤其是在进入国民经济恢复和发展时期,列宁更把

---

① 《列宁论教育》,第26页。

劳动教育和综合技术教育作为一个迫切的现实任务提了出来,并且在一系列的文章和报告中论述了劳动教育和综合技术教育的具体内容和实施步骤。

克鲁普斯卡雅也是劳动教育的积极的拥护者。她用马克思主义观点,深入研究了生产劳动同智力发展相结合观点的产生和发展的历史过程,证明"读书学校"转为"劳动学校"乃是历史发展的必然趋势。她坚决主张在无产阶级夺取政权后,必须使新生一代无一例外地受到劳动教育,强调儿童只有从小习惯劳动生活,学会尊重劳动和劳动人民,掌握既能从事体力劳动又能从事脑力劳动的本领,才能成为社会的有益的成员。

克鲁普斯卡雅还非常重视综合技术教育。她把综合技术教育理解为"一个完整的体系",而不是"一门独立的学科",它的基础是在各种技术形式中,根据技术的发展及其全部中介来研究技术。因此,她认为在实施综合技术教育的学校里,应该使学生"理解整个生产部门……把生产劳动与学习结合起来,把具体的生产劳动与综合技术劳动结合起来"。①

在克鲁普斯卡雅教育思想的影响下,1923年国家学术委员会的教学大纲规定,劳动是学校生活的组成部分,研究人类的劳动活动乃是整个教学大纲的基础和核心。一级学校的宗旨是授予儿童从事劳动活动和文化生活最必需的技巧和知识,并使他们对周围环境产生兴趣。二级学校第一圆周阶段的教学目的,就是训练学生的认识能力和熟练技巧,使他们能妥善地安排自己的生活和劳动,自觉地对待各种自然现象和社会现象。② 在具体实施劳动教育的过程

---

① 《克鲁普斯卡雅教育文选》下卷,人民教育出版社1959年版,第504页。

② 参见《克鲁普斯卡雅教育文选》上卷,人民教育出版社1987年版,第280～281页。

中，应根据儿童的年龄特点而有所不同：在第一级统一劳动学校里，学生主要是通过各种劳动掌握科学基础知识，养成使用各种简单工具和从事劳动活动的习惯，了解拖拉机、汽车和电动机，学会一些专门性劳动，如细木工、钳工以及菜园、果园劳动，饲养家禽家畜，等等；从第二级统一劳动学校开始，则把重心转向技术，进行综合技术教育，使学生除了通过劳动获得知识以外，还要组织他们参加各类工厂的大规模的社会生产，使他们了解生产本身，了解生产的组织、它的主要过程和主要材料，等等。

为了便于进行劳动教育和综合技术教育，学校普遍建立了各种小型工场或车间（如细木工、钳工、锻工等）和学校生产博物馆；同时，还经常组织学生到附近的生产部门如电站、拖拉机站和国营农场参观。农村学校的学生则主要从事农业劳动，搞示范田、示范养蜂场等，宣传和推广农业技术知识、新式农具和化学肥料，帮助当地农民提高农业生产水平。

这一时期，由于广泛开展了劳动教育和综合技术教育，学校与实际生活有了更紧密的联系。但在具体实施方面也存在一些严重的缺点和错误，"力图使学习最近的生产部门和本地区的生产成为各门学科的中心，从而导致教学过程和各门学科内容的破坏，使学校的综合技术教育脱离了科学基础知识的学习"[①]，而且往往流于形式主义。

1929年，全俄中央第十四次代表大会责成教育人民委员部采取各种措施，保证在学校中切实实施劳动和综合技术教育。1930年8月，又在莫斯科召开了第一次全俄综合技术教育代表大会，动员社会各界协助学校实现综合技术教育任务。

---

① H. A. 康斯坦丁诺夫等著：《教育史》，1982年俄文版，第355页。

四、高等教育的改革

随着国民经济的恢复和发展,培养无产阶级专家队伍便成了一个迫切的问题。因此,从 20 年代末开始,联共(布)中央便把培养大批"红色专家"作为"全党的最重要的任务",并接连通过了几个有关改进培养新专家工作的决议,着手改革和发展高等教育。

(一)改进招生制度,逐步恢复新生入学考试

建国初期,苏维埃政府取消高等学校新生入学考试,实行由党组织、工会和经济组织联合推荐的办法招生,这在当时的情况下无疑是必要的,它有利于工农子弟进入大学学习,从而改变高等学校学生的阶级结构。但是这种办法越到后来问题越多:许多学校未能严格执行这个制度,选派来的学生真正符合条件的很少,多数学生不能胜任大学的学习任务。因此,从 1926 年开始便在部分高校恢复入学考试制度。

(二)改革高等学校的管理体制

为了更有计划、更有目的和更迅速地培养新专家,联共(布)中央决定把原先由教育人民委员部统一领导的部分高等学校和中等技术学校分别划归苏联最高国民经济委员会和有关的部领导,使教育人民委员部、最高国民经济委员会和交通人民委员部这三个机构共同分担培养新的技术人才的工作。联共(布)中央认为,这有利于加强对干部培养工作的领导,有助于使教学工作接近生产,积累适应工农业需要的技术教育方面的经验,协调各部门办学的力量,从而更迅速、更有效地培养新专家。

(三)加强教学与生产的联系

为了使培养专家的制度和工农业有效地结合起来,适应工农业生产发展的要求和速度,1925 年 1 月,联共(布)中央专门作出了《关于当前高等学校在确定同生产部门联系工作中的任务的决定》。该《决定》指出,高等学校的整个教学结构和全部生活,应尽可能密切地同实践结合起来,应当把大学生的生产实习作为教学

计划的一个组成部分。1928年，联共（布）中央在《关于改进培养新专家的工作的决议》中，重申加强高等技术学校的教学工作与生产联系的必要性，并提出了具体的改进措施：规定有关高等技术学校（或系、科）组织生产实习的期限不少于10个月；经济管理机关的科研所和实验室要为高等技术学校的教学工作提供方便，而后者则要承担经济管理机关的一些技术研究的课题；在全力加强劳动教育的同时，进一步提高学生的学术理论水平和知识修养，注意保持劳动教育和理论教学的适当比例；广泛地吸收大学生参加校外的、尽可能相同专业的生产会议，等等。

经过多方面的努力，这一时期苏联在培养新专家工作方面取得了不少成绩，在培养专家的数量和质量上都有了提高，确立了党对高等学校的领导，改变了大学生的社会成分，加强了教育与生产、理论与实际的联系，等等。但也存在一些问题，例如，培养新专家的速度慢于农业发展的速度，教学工作不够完善，忽视系统的理论知识的学习，缺乏新的合理的教学计划和教学大纲，等等。

第三节 30年代教育的调整、巩固和发展（1931~1941）

从1929年开始，苏联的社会主义建设进入了一个新的发展时期。建立了强大的工业，实现了农业全盘集体化，基本上完成了生产资料所有制的社会主义改造，先后提前或超额完成了第一个和第二个五年计划。1934年，联共（布）第十七次党代表大会总结了社会主义建设的经验，肯定了党的路线的正确性。

但是，苏联工业发展的水平仍落后于资本主义国家。为了争取在短时期内赶上和超过发达的资本主义国家，就必须在新的现代技术基础上改造国民经济所有各个部门，培养大批的熟练工人和各行各业的专家，否则，社会主义工业化就只不过是一句空话。

社会主义革命和建设的新形势，向国民教育提出了越来越高的要求。按照布勃诺夫（当时的教育人民委员）的意见，"这些要求涉及到群众的文化设施，（普及教育、扫除文盲、学校教育事业，等等），涉及到培养熟练劳动力（工厂艺徒学校、简易职业学校），也涉及到工程技术人员的训练。"① 然而，由于长期以来受种种错误思想的干扰，苏联当时中学毕业生量少质差，高等教育也存在某些问题，与高速度发展的经济建设很不协调。于是，从1931年开始，掀起了一场新的大规模的教育改革浪潮。

一、联共（布）中央关于教育改革的重要决定

联共（布）中央和苏联政府于1931年8月25日颁布了一项有关教育改革的决定，即《关于小学和中学的决定》，这个决定可以说是30年代苏联改革和发展国民教育的纲领性文件。《决定》首先对建国以来的教育工作进行了全面总结：一方面肯定前一个时期无产阶级国家"已在扩大学校网点和改造学校方面取得了巨大的成就"；另一方面又指出，"苏维埃学校还远远不符合社会主义建设阶段向其提出的重大要求，学校的教学没有提供足够的普通教育知识，并对学校的一项重要任务——培养充分掌握科学基础知识……而且完全符合中等技术学校和高等学校要求的人——它完成得不能令人满意。"②

《决定》从当时的实际情况出发，对学校的基本任务，教学方法、干部、中小学的物质基础以及学校管理等方面提出了明确的要求和具体的改进措施。建议各加盟共和国教育人民委员部，立刻组

---

① A.C.布勃诺夫：《论国民教育》，1959年俄文版，第73～74页。
② 瞿葆奎主编、杜殿坤等选编：《教育学文集·苏联教育改革》上册，人民教育出版社1993年版，第241～242页。

织对教学大纲进行马克思主义的科学研究工作,保证在教学大纲中有范围明确的各种系统知识;要求在学校中采取有助于培养主动的、积极的社会主义建设参加者的各种新的教学方法,坚决反对轻率鲁莽的教学法上的空洞计划;反对大规模地传播没有预先在实践中检验过的方法;要求学生的一切社会生产劳动必须服从于学校的教育和教学目的;强调在苏维埃学校中必须坚持共产主义教育,反对向儿童灌输反无产阶级的思想意识;要求各加盟共和国的教育人民委员部必须保证实现学校管理方面的"一长负责制"。

《关于小学和中学的决定》对克服苏联普通学校中存在的缺点,进一步改进学校的教育、教学工作,提高教学质量,使之更加适合于社会主义建设的需要具有极其重要的意义,因而被认为是"党的最重要的决定","它使全党的注意力转向了学校问题"。① 但在实际执行这一决定的过程中,却过分强调对学生的知识教育,结果导致学校工作走上了另一极端,即忽视学生的劳动教育。

为了进一步贯彻执行《决定》,苏联政府还陆续发布了一系列其他有关教育问题的决定,例如,《关于中小学教学大纲和教学制度的决定》(1932年)、《关于中小学教科书的决定》(1933年)、《关于苏联中小学结构的决定》(1934年)以及《关于教育人民委员部系统中的儿童学曲解的决定》(1936年),等等。在这些决定中,对修订教学计划和教学大纲、编写教科书和改革学校制度等方面提出具体的改进措施和要求,对提高教师地位、改善教师工作与生活条件以及师资培养工作也很重视,因而对改进普通学校的教育工作、提高教学质量起了积极的作用。但由于其根本的指导思想只在于使中小学为高一级学校培养合格的新生,也具有很大的片面性。此外,在这些决定中对20年代开展的教学改革试验也缺乏实

---

① 《克鲁普斯卡雅教育文选》下卷,人民教育出版社1988年版,第273页。

事求是的分析和科学的总结,对苏联30～40年代教育理论与实践的发展也产生了一些不良的影响,例如,在1936年关于儿童学的决议中不加分析地全盘否定儿童学,没有强调对儿童身心发展进行必要的科学研究,结果导致了"教育学中无儿童"的现象。

二、改革学校制度,延长学习年限

社会主义建设事业的发展和科学技术的进步,迫切需要提高普通学校的教育质量,但现行的九年制学校制度即使在学生负担过重的情况下,也不能适应高等学校的要求。因此,20年代末,俄罗斯联邦人民委员会就提出要把普通学校的学习期限延长为10年,以保证中学毕业生在普通教育方面达到应有的水平。1932年8月,联共(布)中央在《关于中小学教学大纲和教学制度的决定》中正式予以肯定,并决定从1932～1933学年起,把七年制的综合技术教育学校改为十年制学校,同时"建议苏联人民委员会应在一个月内批准下学年对七年制学校增设八年级的具体计划和数额,作为建立十年制学校的第一个步骤"①。

为了保证普通学校有明确的组织结构和制度,联共(布)中央在《关于苏联中小学结构的决定》中规定,全苏联的普通教育学校的类型为:小学、不完全中学和中学。《决定》还特别规定"不完全中学毕业生有权优先进入中等技术学校,中学毕业生有权优先进入高等学校"②,以保证培养具有中高等业务水平的各种专门人才。

这样,从1934年起在苏联便形成了下列学制。

小学:4年,招收7～11岁的儿童;

不完全中学:7年,招收7～14岁的儿童、少年;

完全中学:10年,招收7～17岁的少年、青年;

---

① ② 瞿葆奎主编:《教育学文集·苏联教育改革》上册,第258～259、265页。

技工、铁路学校：2～3 年，工厂学校和工厂艺徒学校：6～12个月；

中等专业学校：技术学校、医科学校、师范、音乐、戏剧学校，4 年。

高等学校：4～6 年（综合大学 4 年，专门学院 4～6 年）。

这是苏联建国以来新确定的第二个完整的学制。它在苏联实行了很长时间，直到 1958 年，才进行了较大的改革。

三、实施普及义务教育，提高全民文化水平

早在 1919 年联共（布）中央第八次代表大会通过的党纲中就明确规定"对未满 16 岁的男女儿童一律实行免费的、义务的普通教育和综合技术教育"。① 此后苏联政府又多次通过关于实施普及义务教育的决定，但是由于种种原因这个任务一直未能完成。

从 30 年代开始，随着国民经济的根本好转，工人、农民的物质水平和文化要求的不断提高，实施普及义务教育不仅非常必要，而且具备了一切有利条件。为此，联共（布）中央和苏联人民委员会于 1930 年接连通过两项关于普及义务教育的决定，要求"自 1930～1931 年起，对 8～10 岁儿童实施普及初等义务教育，在 1931～1932 年度接着对 11 岁儿童实施初等义务教育……在工业城市、工厂区和工人居住区从 1930～1931 年度开始实行七年制的普及义务教育。"②《决定》还规定，送儿童入学受义务教育是家长及其代理人的义务，他们如果不履行这项义务，应该受到法律制裁。

为了保证普及义务教育的实施，苏联政府采取了各种坚决措施，如增加预算拨款和吸收社会团体资金；对经济困难的工人和贫苦农民子女给予必要的物质补助；广泛吸收各种经济组织、工会、

---

① 《列宁论教育》，第 184 页。
② 瞿葆奎主编：《教育学文集·苏联教育改革》上册，第 233～234 页。

共青团和其他社会团体积极参加义务教育工作。此外，还在各地区设立普及义务教育促进委员会以加强对这一工作的领导。

由于政府的关怀和全民的共同努力，到1934年苏联便基本上完成了小学（四年）的普及义务教育工作，在工业城市、工厂区和工人居住地区完成了七年制的普及义务教育。普通学校的学生数已由1929～1930学年度的1 350万人，增加到2 350万人。在非俄罗斯民族地区，实施普及义务教育工作进展得尤为迅速，人民群众的文化水平大大提高了。因此，1934年1月，联共（布）第十七次代表大会又进一步提出，在第二个五年计划期间不仅要消灭苏联居民中的文盲和半文盲，实施普及初等义务教育，而且要在全国首先实施普及七年制综合技术义务教育。

但是，由于俄罗斯联邦教育人民委员部及其地方机关对学校工作领导不力，省（边区）执行委员会和自治共和国人民委员会对普及义务教育问题缺乏应有的重视，实施普及义务教育的计划未能全部完成。因此，1939年俄罗斯联邦人民委员会又作出了《关于俄罗斯联邦各学校普及义务教育状况的决定》，责成各边区（省）和各自治共和国采取一切切实可行的措施，保证实现普及教育，同时颁布一项关于接受普及教育的行政命令，加强对学校和教师工作的监督和帮助。

总的说来，这一时期苏联在实施普及义务教育工作方面进展很顺利，成绩很显著，不仅在全国范围内普及了初等义务教育，而且在很大程度上普及了七年义务教育。

四、改进普通学校的教学工作，提高教学质量

联共（布）中央在《关于小学和中学的决定》中强调指出，提高教学质量，使学生牢固地掌握科学基本知识、为高等学校培养合格的新生，乃是普通学校的根本任务。为了完成这一任务，联共（布）中央除了要求各级行政部门切实改进对学校教学方法的领导，

改善中小学校的物质基础以外,还提出了一系列具体的改革措施。(1) 修订教学计划和教学大纲,废除单元教学大纲。要求新的教学大纲必须保证学生"能真正巩固而有系统地获得各门学科的基本知识、技能和技巧";各种教学大纲教材的范围和性质要完全适合儿童的年龄特征,同时要加强各门学科之间的相互配合,注意吸收社会主义建设的新题材;要加强外语教学,保证每一个毕业生懂得一种外语;要重新编制劳动课的教学大纲,保证教学与生产劳动能真正结合。(2) 采用长期稳定的教科书,停止发行"工作手册"和"活页课本",规定各种教科书必须由教育人民委员部审查、批准。(3) 恢复班级授课制度,取消"分组实验室制",强调教师在教学中的领导作用,要求教师必须按照严格规定的日课表,系统地和连贯地讲述他所教的学科,运用各种方法指导学生阅读课本和参考书以及从事各种独立活动,系统地培养学生独立工作习惯和能力。为了检查教学的实际情况,不断改进教学工作,从1933年起,还逐步恢复考试考查制度,要求教师在教学过程中注意研究每个学生,并于每一学年结束时,评定学生的学习成绩,等等。(4) 整顿学校纪律,改进思想教育工作,坚持共产主义教育。要求各级党组织加强对学校的领导,并在其直接监督下布置各中小学、师范院校中社会政治科目的教学;要求发挥学校共青团和少先队组织的作用;要求学生认真地、自觉地遵守纪律,有礼貌地对待教师和长辈,养成各种文明行为和习惯。此外,为了使学生熟悉苏维埃国家制度的基本组织,成为社会主义的自觉的和积极的建设者,从1937~1938学年起将苏联宪法作为一门独立的学科在中学七年级讲授。

五、发展师范教育,提高教师素质

随着学校数的增加和对教学质量要求的提高,发展师范教育,培养大批训练有素的教师,显得尤为重要。1930年7月,联共(布)在《关于普及初等义务教育的决定》中,要求"迅速扩大师范学院、中等师范学校、专门的师资训练班和其他办法培养教师的网点和名额"①。1932年，又进一步要求教育人民委员部设法在最短期内办好师范教育、教师的函授和短期学习，尽快提高教师的思想觉悟、普通教育程度和教育技巧，切实改善教师的生活状况和工作条件。

由于政府的重视，苏联的师范教育发展很快，到30年代末已形成了一个完整的体系：师范学校，学习期限3年，负责培养中学5～7年级的教师；师范学院，学习期限4年，负责培养中学8～10年级和师范学校的教师。所有上述各种师范院校都设有日校、夜校和函授部。师范院校数量有很大的增长，教师的思想觉悟和业务水平也有了很大的提高。

在提高教师素质方面，除了大力发展师范教育以外，还采取了一系列行之有效的措施。(1) 规定凡是没有受过七年制中等教育、中等师范教育和高等教育的中小学教师，无一例外地要在不迟于1938～1939年度获得相应的教育。(2) 授予教师个人称号，规定对在中等师范学校（或同等学校）毕业并适宜于做教师工作的人授予小学教师的称号；对在师范学院或大学毕业而适宜于做教师的人授予中学教师的称号；对在中小学校担任教学、教育工作成绩特别优秀者，授予功勋教师的称号。强调只有获得相当的教师个人称号的人员才有权在中小学担任教学工作。(3) 实行严格的任免中小学教师和校长的制度，绝对禁止无故调动教师。这些措施对于稳定教师队伍，保证教师质量，激励教师上进，起了积极的作用。

六、继续改革和调整高等教育

1932年9月，联共（布）中央执行委员会通过了《关于高等学校和中等技术学校教学大纲和教学制度的决定》。该《决定》一

---

① 瞿葆奎主编：《教育学文集·苏联教育改革》上册，第235页。

方面肯定了前一时期高等教育取得的成绩,另一方面也指出了存在的问题,其中最主要的是片面重视学校网和学生数的增长,忽视了教学的知识质量以及专业过于分散,结果使高等学校毕业生只达到技术员的水平,与日益发展的国民经济的要求很不适应。联共(布)中央认为,"当前大规模培养专家干部的任务,是要巩固已经取得的成就,进一步为提高高等学校、高等技术学校和中等技术学校的理论教育水平而斗争,进一步尽力巩固学校同生产的联系,提高教学质量,有效地鼓励每一个学生发挥学习的主动性和坚毅性。"① 以后又陆续通过了《关于培养科学研究人员和教育科学工作人员的决定》《关于高等学校的工作和对高等学校的领导的决定》等。

根据上述决定的精神,苏联政府从30年代开始对高等教育进行了大规模的调整和改革。

(一)调整专业设置和学校网

对原有的高等学校和专业设置进行必要的、适当的调整,裁并一些规模小、条件差的学校和专业,建立一些新的、高度专业化的高等学校,竭力避免不必要的平行和重复现象。

(二)改革招生制度

1932年9月,联共(布)中央执行委员会正式规定,凡报考高等学校的考生,不论其是否毕业于某种类型的中等学校,均需进行数学、化学、物理、语文、社会学的考试,取消对考生的个人出身及其家长的权利的有关限制,为考生提供根据本人志愿和才能选择专业的广泛可能性。同时改变各高等学校自行规定招生时间的做法,规定所有高等学校统一的招生时间。

(三)改进教学工作,加强专业课程的教学

联共(布)中央执行委员会在《关于高等学校和中等技术学校

---

① 《苏联教育法令汇编》(1917～1973),1974年俄文版,第421页。

教学大纲和教学制度的决定》中指出，高等学校的教学大纲的主要缺点是：与毕业生从事的主要专业不相适应；知识范围与分配给某些学科的教学时间不相适应；在教学计划中分配给一般理论、一般技术和专业学科的课时不足。为此，联共（布）中央要求在1933年1月以前修订教学计划和教学大纲，保证高等学校和高等技术学校用于一般学科（数学、物理、化学、生物等）、一般技术和专业学科的非生产实践的教学时间不少于80%～85%；要使教学大纲完全适应专业的要求，并突出决定大学生充当未来专家的主要学科；要保证专业学科的教学大纲有较大的灵活性，以便教师有可能以科学技术的最新成就补充教学内容。在教学方法方面，要求保证大学生个人的独立作业，同时提高教师的作用，使教师能对教学组织和每个大学生的个别工作负责；要求停止采用"分组实验室制"，强调教授和副教授的系统讲授、实验室作业、生产实习和学生的独立作业是高等学校教学的主要形式。

（四）加强学校管理

规定各人民委员会和各主管部门的领导要对各自系统的高等学校的工作，承担完全的个人责任。在高等学校内部严格实行一长制。教学人员由校长根据教研室领导人的推荐来任命和调动，严格按照教师的实际业务水平授予职称（助教、副教授、教授），教师的工资也要按照职称和课业的性质不同而有所区别。要坚决同懒散、不守纪律等现象作斗争。

30年代是苏联教育发展的重要阶段。这期间，苏联人民通过对普通教育和高等教育方面的一系列改革与调整，基本上克服了前一时期教育工作的重大缺点，提高了学校教育、教学工作质量，培养了一大批专门人才，为苏联卫国战争的胜利和科学技术的进步奠定了良好的基础。但是，由于思想认识上的片面性，在改革中也产生了某些问题，如教学大纲的内容越来越庞杂，使学生负担过重；过分强调课堂内系统科学知识的传授和为高等学校培养合格的新生，忽视了学生的思想教育和劳动教育，因而导致学生对毕业后参加生产劳动缺乏思想准备和实际训练。

从1917年十月革命胜利至1941年卫国战争爆发，苏联作为世界上第一个社会主义国家在进行社会主义革命和经济建设的同时，在教育方面也进行了不懈的努力。经过最初几年对旧教育的根本改造、20年代对新教育的探索和30年代对教育的全面调整，终于建立了自己独特的、民主的学校制度，形成了一套完整的教育科学理论体系，培养了一大批有社会主义觉悟的、有文化的劳动者和各行各业的专家，为社会主义教育事业的发展提供了许多成功的经验和失败的教训。

思考题

1. 略述建国初期（1917～1920）教育改革的意义。
2. 试评述20年代（1920～1930）苏联普通教育改革的经验教训。
3. 试评述第二次世界大战前苏联教育改革与发展的成就及其影响。

第二十一章
马卡连柯的教育实践与教育思想

安东·谢妙诺维奇·马卡连柯（Антон Семенович Макаренко，1888－1939）是苏联早期著名的教育理论家和实践家。他在教育实践和教育理论方面的卓越成就，不仅促进了苏联教育事业的发展，而且对世界各国的教育也产生了深远的影响。

第一节 生平和教育活动

马卡连柯出生于乌克兰别洛波里市一个铁路工人的家庭。1905年在波尔塔瓦省克列缅丘格市立初等学校附设一年制师资训练班毕业后，被任命为铁路学校教师。

1914年，马卡连柯在经过了几年的教育实践并取得了一定的经验后，进了波尔塔瓦师范专科学校学习。1917年十月革命前夕，他以优异的成绩毕业后，担任克留科夫高等小学校长。

十月革命胜利后，马卡连柯以极大的热忱投入了社会主义教育事业，开始探讨新的教育方法。1920年秋，他接受波尔塔瓦省国民教育厅的委托，负责组织和领导少年违法者工学团（不久改名为高尔基工学团）。这是一项异常复杂而又极其艰难的工作。马卡连柯决定从组织学员劳动着手，一边劳动，一边学习。他坚决反对当时在苏联流行的各种错误教育思想，大胆揭露和抵制教育领导部门某些领导者的官僚主义作风，坚持以马克思列宁主义教育理论为指导，勇敢地探索各种新的教育理论和教育方法。经过几年的努力，终于把高尔基工学团建设成为一个模范的教育机构，使几百个经历过严重摧残和屈辱生活的人，改造成为"真正的苏维埃人"。

1928年，马卡连柯转任捷尔仁斯基公社（为纪念捷尔仁斯基专门为流浪儿童建立的教育机构）的领导。在这里，他继续运用和发展高尔基工学团的经验，并取得了很大的成绩，使公社很快就成为遐迩闻名的教育机关。1933年，高尔基在给马卡连柯的信中热情地写道："您那有伟大意义的和十分成功的教育试验具有世界意义。"①

1935年，马卡连柯担任乌克兰社会主义共和国内务人民委员部劳动公社管理局副局长。不久，他便完全脱离教育实践工作第一线，在莫斯科专门从事文学创作活动，系统地总结和宣传自己的教育经验。他的主要著作有：《教育诗篇》（1925～1935）、《塔上旗》（1936～1938）和《父母必读》（1937）等。

1939年4月1日，马卡连柯在由近郊返回莫斯科的火车上，因心脏病突发而不幸逝世。

---

① 《马卡连柯全集》第7卷，人民教育出版社1958年版，第173页。

第二节 教育理论的方法论基础和思想基础

一、辩证唯物主义教育观

马卡连柯在从事教育理论研究和实践活动的过程中,非常注意以马克思主义的辩证唯物论为指导,坚持用发展和变化的观点来研究各种教育现象,反对孤立地、教条主义地看待教育问题。在他看来,教育学乃是"最辩证、最灵活的一门科学,也是最复杂、最多样化的一门科学"①。

按照马卡连柯的意见,作为教育对象的儿童正在成长着,处在进入社会和个人发展的新阶段,因此,任何一种方法体系,都不应当是死的和凝固不变的,而应当永远变化着、发展着,同时应当受到和它一起运用的其他一切方法的约束,如果"脱离开整个的体系,脱离开整个的综合影响来单独分析的话,那就既不能认为它是好的,也不能认为它是坏的"②。任何一种教育方法,甚至通常认为最好的方法也不能说是绝对有益的、永远有效的、最好的方法,在某些情况下,它可能是最坏的方法。反之亦然。一切要看环境、时间、个人和集体的特点,要看执行者的才能和修养,要看近期内要达到的目的,要看全部的情势而定。

从上述基本观点出发,马卡连柯认为,苏维埃的教育方法只有通过完整的综合经验的归纳、比较,才能提供选择和决定的根据,而不能根据任何一般原理来作演绎推理,也不能从邻近的科学,如心理学和生物学的命题中引申出来。任何企图用形式逻辑的三段论方法、从某一种科学理论中引出某种教育方法,都是不可能的,在政治上甚至是有害的,这些科学只能作为检查实际成就时起监督作

---

① ② 吴式颖等编:《马卡连柯教育文集》下卷,人民教育出版社1985年版,第15、14页。

用的原理,只应当起辅助作用。必须指出,马卡连柯之所以这样说,并不是要否定心理学和生物学理论对教育工作的巨大意义,而是鉴于在当时情况下心理学和生物学还不够成熟,正在不断发展;同时也是为了反对儿童学者的错误倾向。他写道:"也许在今后十年,这两门科学能够提出关于人们的个人行为的准确原则,到那时候,我们就可以更多地依靠这样的科学了。"①

二、革命的乐观主义和社会主义人道主义

马卡连柯教育体系的另一个特点,就是他的革命乐观主义和社会主义人道主义。他充分肯定人的价值,善于在每个人身上看到人的适合于最好的命运和最好的社会制度的优美品质和精神力量。由此,马卡连柯在自己的教育工作中确立了一条基本原则,这就是:对人的高度尊重与严格要求相结合。他在《我的教育经验中的若干结论》中写道:"我的基本原则……永远是尽量多地要求一个人,同时也要尽可能多地尊重他。"②

所谓尊重,就是尊重儿童的人格,相信儿童的力量,善于发现他们的优点和缺点,并以深厚的感情来对待和教育他们。他反对从遗传和不变的环境决定论出发,把儿童分成"智力落后的""难教育的"和"违法的"。他坚定地认为,绝对没有任何天生的犯过失的人和天生的不良性格,"有的只是那些和我一样充分享有幸福生活权利的人,有的只是那些和我一样有才干、有能力生活和工作、有能力成为幸福的和有能力成为创造者的人。"③违法者和流浪儿童是痛苦和不幸的生活造成的,只要采用正确的、合理的教育方法,完全可以把他们教育、改造成为有益于社会的人。

---

① 《马卡连柯教育文集》下卷,第12页。
②③ 吴式颖等编:《马卡连柯教育文集》上卷,人民教育出版社1985年版,第103~104、180页。

但是，在尊重个人的同时必须对他提出严格的要求，没有要求就不可能有教育。他写道："如果对个人没有要求，那么无论建立集体，无论建立集体纪律，都是不可能的事情。"因此，他主张对个人"提出一贯的、坚定的、明确的、不予修正和毫不放松的那种要求。"① 坚决反对像资产阶级自由教育论者那样，把儿童当作古董花瓶里的一束美丽的鲜花。

马卡连柯关于尊重与要求相结合的教育原则，充分体现了他的革命乐观主义和社会主义人道主义精神，充满了对教育力量的信心和对教育事业的高度责任感，具有重要的现实意义。实践证明，作为一个教师，必须尊重与热爱学生，这是搞好教育工作的前提，但同时必须对他们提出严格的要求，不能放任自流和溺爱护短，这样，才能激发学生奋发向上，收到良好的教育效果。

第三节 论教育的目的

马卡连柯非常重视教育的目的问题。在他看来，教育过程的目的乃是教育工作的主要基础和教育事业成功的首要条件。他在《普通学校的苏维埃教育问题》中写道："教育学，特别是教育理论，首先是在实践上适应一定目的的科学。"② 因此，他要求教师的任何活动都不要离开既定的教育目的，要有力求实现目的的决心和毅力。他说："如果我们不向自己提出一定的政治目的，那我们简直就不能去教育人，也就没有权利进行教育工作。"③

马卡连柯认为学校的任务是要为社会培养高质量的人才，人才的培养计划要"根据社会定货来制定"。所以，苏维埃学校教育的目的只能"从我们社会的需要、从苏维埃人民的意向、从我们革命

---

① ② ③ 《马卡连柯教育文集》下卷，第48、11页。

的目的和任务以及我们的斗争的目的和任务里产生的"①，而不能从心理学和生物学中引申出来。"企图用简短的公式把教育目的表示出来，这只是说明与任何的实践、任何的事业完全脱节"②，在我们的实际生活和实际工作中是毫无用处的。

马卡连柯认为，教育的目的就像住宅建筑中设计得很好的、便于实现和看得出的图样一般，具体形象，一目了然。同时，由于社会的要求是随着政治经济的发展而不断变化的，因此，教育的目的也不应该是绝对的和永恒不变的；随着整个社会生活的变化和改善，对于下一代的具体要求也应该有所不同。

马卡连柯从当时苏联社会主义建设的实际情况出发，主张教育的目的应该是把青年一代培养成为真正有教养的苏维埃人、劳动者，一个有用的、有技术的、有学识的、有政治修养和高尚道德的身心健全的公民，他能够自觉地、有毅力地并且有成效地参加社会主义建设，捍卫无产阶级革命事业。但他同时又告诫教师在培养新人时应当高度谨慎，要注意防止两种危险的倾向。一种是抹煞个性特点，把所有的人都看成是一样的，"硬套进一个标准的模型里，培养一系列同类型的人。"③他指出："忽视人的多样性和硬把教育的任何问题放进对所有的人都适用的一句话里面，那会是不可思议的粗枝大叶。"④另一种是消极地跟着每个人跑，毫无希望地企图用单独对付每一个人的方法来对付千千万万的学生。他认为，"只有创造一种方法，它既是总的和统一的方法，又是使每一个单独的个人能发挥自己特点、能保持自己个性的方法，这样的组织任务才无愧于我们的时代，无愧于我们的革命。"⑤

---

① 《马卡连柯教育文集》下卷，第 11～12 页。
②③④⑤ 《马卡连柯教育文集》上卷，第 5、78、6、79 页。

第四节 论集体主义教育

一、论集体主义教育的意义和集体的概念

集体主义教育是苏联教育的基本特征之一，也是马卡连柯教育思想的核心。马卡连柯在自己的教育实践中，一直把主要精力放在集体主义教育问题上。

马卡连柯的集体主义教育理论是根据苏维埃社会的特点提出来的。按照他的意见，社会主义社会不同于资本主义社会。资本主义社会是建立在个人主义基础之上，而社会主义社会则是建立在生产资料公有制的基础上，按照集体原则组织起来的。在社会主义社会里，每一个人都不能离开集体而单独存在，同时每一个人的创造性和力量也只有在集体中才能得到充分发挥。因此，苏维埃教育的任务只能是培养集体主义者，而要培养集体主义者就必须在集体中通过集体并为了集体来进行教育。他反复强调，个人对个人的影响是一种狭隘的、有限的因素，只有通过统一的和有影响的集体，才能在儿童意识中唤起强大的舆论力量，形成调节和约束学生行为的因素，充分发挥他们的聪明才智，逐步形成集体主义者的思想、信念和行为习惯。

何谓集体？马卡连柯认为，集体不是一群人的偶然集合，而是"以社会主义社会的结合原则为基础的人与人互相接触的总体。"[①]集体应具有以下性质：第一，集体是人们在共同目的和共同劳动中的联合组织；第二，集体是苏维埃社会的一部分，同一切其他集体联系着；第三，集体是社会的有机体，拥有管理机构和协调机构；第四，集体应坚持全世界劳动人民统一的原则性立场，应接受共产党的领导。

[①]《马卡连柯教育文集》上卷，第15页。

马卡连柯认为，作为社会主义教育的第一个目的的学校集体，则不仅是青年们的集合，而且是"具有苏维埃国家里任何其他集体的一切特点、权利和义务的社会主义社会的细胞"①。它首先应当成为教育工作的对象，在集体中组织全部教育过程，通过经常的、系统的教育工作，把学生培养成为不单是具有这种或那种特点的人，而且是集体的成员，真正的集体主义者。

二、平行教育影响

在培养学生集体方面，马卡连柯最初曾试图从传统的个别教育方法着手，但后来他发现，如果在教师的观念里只充斥着一个个孤立的个人印象，而没有集体的关系，不以集体的尺度来接近个人，那就无法应付。于是他改变主张，坚定地认为：正确教育的方式应该尽量设法不与个别人发生关系，而只与集体发生关系，使每个学生都不得不参加共同的活动。他把这种教育形式称为"平行教育影响"。他写道："什么是平行教育影响呢？我们只和分队发生关系，我们和个人不发生关系，这就是正式的说法。"② 实际上，马卡连柯的"平行教育影响"正是教育和影响个人的一种形式，只不过它是以集体为教育对象，是通过集体来教育个人。在这里，教育者对集体和集体中每一个成员的教育影响是同时的、平行的。在"给个人一种影响的时候，这影响必定同时应当是给集体的一种影响。相反地，每当我们涉及集体的时候，同时也应当成为对于组成集体的每一个人的教育。"③ 马卡连柯的这一教育原则，改变了传统的单一的教育方式，充分发挥了学生集体的教育作用，正像马卡连柯所指出的那样："个人在这里是在一种新的教育立场上出现的，他不

---

① 《马卡连柯教育文集》上卷，第16页。
② 《马卡连柯教育文集》下卷，第70页。
③ 《马卡连柯教育文集》上卷，第79页。

是教育影响的对象,而是教育影响的代表者,即是主体。"①

三、前景教育

马卡连柯认为,正常的、健康的集体必须不断地向前发展,一旦停滞不前,集体就没有了生命力,这是集体运动的规律。根据这个规律他又提出了"前景教育"原则,要求教师在教育过程中经常给学生指出美好的前景,即给学生提出一个或好几个需要经过一定努力才能完成的新任务,"建立新的前途,运用已有的前途,逐渐代之以更有价值的前途,"②吸引学生集体和集体中的每一成员,为完成新的任务,实现新的前景,由近及远、由易到难地开展活动,由简单的原始满足发展到最高的责任感,从而使整个集体朝气蓬勃,永葆青春。按照他的意见,"人的生活的真正刺激是对明天的欢乐。……培养人,就是培养他对前途的希望。"③因此,他认为,"在教育技术中,这种明天的欢乐就是最重要的工作对象之一。"④很多儿童教育机关之所以失败,就是由于它们的前途观念薄弱和不明确。

四、作风和传统

马卡连柯认为,培养优良的作风和传统,对于美化集体和巩固集体具有非常重要的意义。他说:"只有具有共同的作风、并且这种作风是以经常的集体活动和集体内容为基础的,才能有外表上的有礼貌的形式。"才能"美化集体。"⑤又说任何东西都不能像传统那样巩固集体。"一所学校如果没有传统,当然就不会是好学校。"没有优良的传统,"要有正确合理的苏维埃教育是不可能的。"⑥因此,培养集体的优良作风和传统,既是苏维埃教育的主要任务,又

---

① ② ③ ④ 吴式颖等编:《马卡连柯教育文集》上卷,第32、313页。
⑤ ⑥ 《马卡连柯教育文集》下卷,第122、23页。

是进行集体主义教育的重要方法。

马卡连柯认为,在集体主义教育中具有决定性意义的是教师集体。任何一个坚强的学生集体都是在教师的正确指导和耐心教育下逐渐形成起来的,而不是自发形成的。"凡是教师没有结合成一个集体的地方……那里就不会有任何的教育过程。"① 同时,教师个人的能力和才华,也只有在集体中才能充分发挥出来。

但是,马卡连柯在强调教师集体作用的同时,任何时候也没有忽视教师个人的作用,相反,他对教师的作用估价很高,并且对教师提出许多严格的要求。他认为一个优秀的教师首先应该有明确的政治目标,要具有实际的知识、能力和高度的责任感,要掌握熟练的教育技巧。

第五节 论纪律教育

在马卡连柯的教育思想体系中,纪律教育是与集体主义教育紧密地联系在一起的。在他看来,纪律是达到集体目的的最好方式,它可以使集体更完善、更迅速地达到自己的目的;纪律也是良好的教育集体的外部表现形式。"集体中的一切,归总起来,都摆脱不了纪律的形式。"② 此外,纪律还是每一个人充分发展的保障,它"可以使每一个性、每一个人达到更有保障、更加自由的境地"③。因此,马卡连柯在集中精力对学生进行集体主义教育的同时,特别重视对学生的纪律教育。

马卡连柯认为,社会主义社会的纪律与旧社会的纪律有着根本

---

① 《马卡连柯教育文集》下卷,第25、80页。
② 《马卡连柯教育文集》上卷,第143、142页。
③ 《马卡连柯教育文集》下卷,第36、33、47页。

的区别。社会主义社会的纪律是自觉的，而不是强制性的。所谓自觉纪律，按照马卡连柯的意见，就是一个人能够愉快地去做自己所不喜欢的事情，是当着别人的面或是单独一个人的时候，都是一样地细致，一样地认真负责。

基于对纪律的上述看法，马卡连柯反复强调，在社会主义社会里，纪律首先应当是教育的结果，然后才能成为一种手段；如果把纪律仅仅看成是手段或方法，那它便会立刻变成可诅咒的东西。他说："纪律是教育作用的全部总和的产物，这里既包括教养的过程，也包括政治教育的过程；既包括性格形成的过程……也包括体育和身体发育等等过程。"①

马卡连柯认为，要培养学生的自觉纪律，首先必须使学生充分认识什么是纪律，为什么需要纪律。为此，他建议学校开设道德理论课，采取各种有说服力的方式和有计划地向学生讲授各种道德理论。但他又指出，"这样的行为理论，应当伴随着纪律，应当和纪律平行，而不是纪律的基础。"②纪律的基础是不需要理论的一种要求，没有要求就不可能建立集体的纪律。但是，"建立在机械标准、教条和命令基础之上的纪律，又往往会造成对一个首长盲目服从、机械地唯命是从的那种倾向。"③他认为，正确的方法，应该是使纪律的这种自觉性和正确的纪律形式结合起来，以获得纪律上的和谐。由此可见，马卡连柯在纪律教育方面是坚持理论联系实际、强制性与自觉性相结合的，即主张在强制性（要求）的基础上，提高学生对纪律的认识，进而达到完全的自觉行动。

马卡连柯认为，在学校的纪律教育中必须适当地使用奖励和惩罚。适当的奖励可以调动学生的积极性，使他们相信自身的力量和价值，激励学生努力向上；合理的惩罚则有助于培养学生坚强的性格，增强学生的责任感以及抵制和战胜引诱的能力，促进儿童的一

---

① ② ③ 《马卡连柯教育文集》下卷，第36、33、47页。

般发展和政治发展。

马卡连柯强调指出，在培养纪律方面，最重要的是教育者自己和集体对纪律的态度。如果教育者自己不能以身作则，就不可能养成任何遵守纪律的风气。因此，为了建立严格的纪律，他要求教师必须具有极大的创造性，需要有崇高的精神和人格。

第六节 论劳动教育

马卡连柯非常重视年轻一代的劳动教育。他说："一般地说，我不仅是劳动教育的拥护者，而且是生产教育的拥护者。"①"我们的国家是劳动者的国家，我们的宪法里明白规定：'不劳动者不得食'"。因此，在社会主义社会，"劳动也应当是最根本的因素之一"，②"正确的苏维教育如果是不劳动的教育，那是不能想象的。"③

按照马卡连柯的意见，劳动教育就是人的劳动品质的教育，也是公民将来生活水平及其幸福的教育。其目的是要发展儿童的体力、智力和培养他们从事生产劳动的技能技巧；尤其重要的是要使学生在道德上和精神上得到良好的发展。他写道：在现代化工厂生产的条件下，"人越来越成了庞大的、有组织的机械力量的支配者，现在向人要求的越来越不是体力而是智力了：管理能力、注意力、核算、发明才能、机警和灵巧等。"④

马卡连柯认为，并不是任何劳动都能教育人，只有那些按照教育原则组织的、作为教育过程总的体系的一部分的劳动才有教育意义。他指出，那种认为"没有生产、没有集体劳动，而只有个人的

---

① 《马卡连柯教育文集》上卷，第231页。
② ③ ④ 《马卡连柯教育文集》下卷，第180、179、183页。

努力，就是只有仿佛想进行劳动教育的劳动过程"①，就能达到教育的目的，是错误的。所以，马卡连柯在高尔基工学团时期，便从当时的实际情况出发，主要安排学员从事各种农副业劳动；在捷尔仁斯基公社时期，则主要组织学员从事工业劳动，最初是木工，后来发展为制造电钻和高级照相机等。马卡连柯不赞成学员从事消耗体力的单一的劳动，主张安排比较复杂的劳动任务。在他看来，劳动任务越复杂，越具有独立性，教育意义就越大。在各种劳动中，他认为最理想的是组织学员参加现代化的大工业生产。这种生产有很复杂的生产过程，能广泛地满足儿童的各种兴趣爱好，充分发挥他们的聪明才智，使他们掌握高度熟练的生产技术，并且还能培养多方面的性格特点和管理能力。

马卡连柯主张把劳动和思想政治教育结合起来，要求在让儿童从事体力劳动的同时对他们进行思想政治教育，注意培养他们对待劳动的态度以及对劳动者的尊敬和对寄生者的憎恨等思想感情，培养自觉的劳动纪律和爱护公共财产等劳动品质。他说："在任何情况下，劳动如果没有与其并行的知识教育——没有与其并行的政治的和社会的教育，就不会带来教育的好处，就会成为不起作用的一种过程……"②就不会收到良好的教育效果。

与当时苏联教育界流行的看法不同，马卡连柯认为，生产劳动与学校教学之间不需要任何的一致性，不能机械地结合。他说："在关于学校与生产的关系以及生产与学校的关系问题上，我是一贯反对两者之间互相配合的……我认为学校和生产不仅不需要互相配合，而且不配合还要更有益些。"③因此，在他主持的教育机构中，除了每一班添加两小时制图课以外，在知识、学习和教学方面，都有自己的规程、要求和目的，和生产没有任何关系。在他看来，教学和劳动是否结合，结合得好或坏，主要表现在培养什么样

---

① ② ③ 《马卡连柯教育文集》下卷，第94、13、109页。

的人方面,而不是表现在组织形式上。学校里培养出来的人具有"中等教育和七级铣工的技术,这就是最好的结合,不需要对这种结合再添加任何东西。"① 由此可见,马卡连柯并不是一般地反对学校教学与生产劳动相结合,"只是讥笑那种人为的联系,实际上他非常懂得,近代的生产劳动不能不与理论知识和思想政治教育结合起来。"②

第七节 论家庭教育

马卡连柯在捷尔仁斯基公社工作的最后几年,对家庭教育进行了集中的、深入的研究。他断言,儿童的早期家庭教育对儿童的成长影响极大。儿童将来成为怎样的人,主要取决于5岁以前的教育,"如果在5岁以前没有按照需要的那样去进行教育,那么,以后就得去进行再教育。"③ 而且家庭教育的好坏,不仅关系到儿童的未来,还关系到社会和国家的未来。因此,马卡连柯一再提醒家长重视对子女的教育,要把教育子女看做生活中最重要的一个方面,忽视或放弃对子女的教育乃是对社会、对国家不负责任的表现。

马卡连柯认为,家庭教育的基本条件是要建立一个"完整和团结一致"的家庭集体。如果家庭结构不完整,不健全,生活不和谐,就很难进行真正的教育工作。所谓不健全的家庭,一是父母不和甚至离异;二是"独生子女"。前者会使儿童形成孤独、乖僻、

---

① 《马卡连柯教育文集》下卷,第110页。
② 凯洛夫著:《教育科学发展的前景和教育科学院跟师范学院教育学教育组的协作》,载《苏联教育资料汇编》第9辑,人民教育出版社1964年版,第67页。
③ 《马卡连柯教育文集》下卷,第218页。

冷漠的性格和被遗弃感；后者会使儿童失去兄弟姐妹互助、互爱、共同生活的能力，父母也把自己的全部感情和精力集中在独生子女身上，结果使儿童成为"家庭的中心，利己主义者，变成家庭里的真正的暴君"①。

应该承认，马卡连柯指出的上述家庭教育的不利因素是客观存在的，但他断言独生子女很难教育好，则是没有根据的。实际上，只要采用正确的教育方法，独生子女同样可以教育好。

马卡连柯认为，在家庭教育的方式方法上要注意掌握尺度和分寸，要遵循"中庸之道"，这是家庭教育的重要原则之一。他要求父母在对待子女的态度上，既要亲近他们，又要与他们保持一定的距离；要热爱子女，但爱也要有分寸，过分的爱是有害的，正像过多地服用药物或其他食物一样会伤害儿童。

马卡连柯特别重视父母自身的行为在家庭教育中的作用，认为父母对自己的要求，父母对自己家庭的尊重，他们的一举一动、一言一行，都会给儿童产生深刻的影响，甚至当父母"不在家的时候，都在教育孩子"。因此，家长在开始教育自己的子女以前，首先应当特别检点自身的行为。如果父母自己不是一个好公民，品行不端，那就不可能建立自己的威信，因而也就无法进行家庭教育。

此外，马卡连柯还认为，在正确指导之下，吸引儿童参与家庭经济管理并从事一些力所能及的劳动，组织各种游戏活动，是家庭教育的重要方法。

马卡连柯的教育理论是在马克思列宁主义思想指导下，全面总结苏联社会主义教育实践和自己的教育实践的基础上，逐渐形成和发展起来的，因而具有极其重要的理论意义和现实意义。

马卡连柯是以教育革新家著称的。他长期坚持在教育工作岗位

---

① 《马卡连柯教育文集》下卷，第218、132页。

上，忘我工作了16年。他深入地研究了苏联早期的各种教育理论和实践问题，提出了许多具有独创性的见解。他关于教育目的的论述，实际上反映了对人的全面发展的要求；他的社会主义人道主义教育的基本原则、劳动教育思想，特别是集体主义教育的理论和方法，反映了教育的客观规律，因而不仅适用于少年违法者和流浪儿童的教育，而且具有普遍的意义。这正是他的教育理论对苏联普通学校的工作和教育科学的发展产生了极大影响的原因所在。

马卡连柯的教育思想对世界各国也产生了一定的影响。他的教育著作被译成了多种文字在许多国家广泛流传。我国在20世纪50年代就已将《马卡连柯全集》翻译出版。

当然，马卡连柯的教育思想也是一定历史条件和他个人教育实践经验的产物。因此，历史地和实事求是地对待马卡连柯的教育经验和他的教育理论遗产是十分必要的。

思考题

1. 试评述马卡连柯的教育观和教育目的论。
2. 简述马卡连柯对集体主义教育理论所作的贡献。
3. 试评述马卡连柯的劳动教育观点。

第二十二章

第二次世界大战后美、英、法、德、日本、苏联和俄罗斯的教育改革

第二次世界大战的结束,不仅仅表明世界开始进入相对和平的历史时期,而且表明各主要发达国家在经济、军事、科技等领域新一轮竞争的开始。为在竞争中取得优势,欧美几个发达国家及亚洲的日本及时开始了战后的教育改革。

第一节 美国的教育改革

1944年,美国国会通过了《退役军人重新适应法》。1954年,美国联邦最高法院否决了1896年开始在美国学校实施的黑人学生和

白人学生"分离但平等"的原则,宣布任何学校不得搞种族隔离。这两项措施对美国战后初期教育发展产生了积极影响。然而,战后美国教育改革是从 50 年代末颁布《国防教育法》开始的。

一、《国防教育法》和 60 年代的教育改革

(一)《国防教育法》

50 年代以后,美国社会各界对美国教育问题的批评越来越多,批评的焦点是美国教育质量差,在国际各项评估中美国学生的成绩都不高,与其世界超级大国的地位形成了强烈的反差。当 1957 年苏联卫星上天后,美国朝野极为震惊,改革教育的呼声更加高涨。

1958 年 9 月 2 日,美国总统亲自批准颁布了《国防教育法》。该法共 10 章,主要内容如下。

第一,加强普通学校的自然科学、数学和现代外语(即"新三艺")的教学。为提高这些学科的教学水平,要求大力更新教学内容,设置实验室、视听设备、计算机等现代教学手段,提高师资的质量。

第二,加强职业技术教育。要求各地区设立职业技术教育领导机构,有计划地开展职业技术训练。

第三,强调"天才教育"。鼓励有才能的学生完成中等教育,攻读考入高等教育机构所必需的课程并升入该类机构,以便培养拔尖人才。

第四,增拨大量教育经费。该法规定,从 1959 年到 1962 年,由联邦政府拨款八亿多美元作为对各级学校的财政援助。①

1964 年,国会通过《国防教育法修正案》,决定将《国防教育法》有效期延长到 1968 年,范围也有些扩大。1982 年,美国国会讨论并补充了《国防教育法》,目的是应付来自日本、联邦德国等

---

① 参见滕大春主编:《外国教育通史》第 6 卷,第 89~90 页。

在科技、贸易以及苏联在空间技术、战略武器等方面的"新挑战"。

《国防教育法》是作为改革美国教育、加快人才培养的紧急措施推出的，法律冠以"国防"二字足以说明美国当局对这次改革的重视程度。它的颁布有利于美国教育的发展，有利于教育质量的提高，有利于科技人才的培养。

（二）60 年代的教育改革

60 年代，美国的教育改革主要在三个方面进行：一是中小学的课程改革；二是继续解决教育机会不平等问题；三是发展高等教育，提高高等教育质量。

继 1958 年《国防教育法》之后，美国立即开始关注并探讨中小学教育改革问题。1959 年 9 月，美国科学院邀请 35 位科学家、教育家、心理学家会商中小学课程改革问题。这次会议为 60 年代美国中小学课程改革指出了方向。会后，关键的工作是编制教材。以科学家为主体，也邀请了一些教师参加编写工作。但是新教材编出后在试用过程中暴露出一些问题，例如，教材有知识深度，但只有少数教师经过训练才能使用，所以没有达到预期效果。

1965 年，美国国会通过了《中小学教育法》。它肯定了自 50 年代末开始的教育改革，重申了黑人和白人学生合校教育的政策，制定了对处境不利儿童的教育措施。

《中小学教育法》指出，小学目标是加强普通文化科学知识的教育，为将来接受专业教育打好基础；中学目标是使学生学习各种科学知识技能，扩大知识范围，同时学会钻研科学的方法，为高等学校输送合格生源作准备。

《中小学教育法》要求政府拨巨款奖励推动黑人和白人学生合校的工作，这在一定程度上改变了黑人教育的面貌，也促进了整个中小学教育的发展。

1966 年和 1967 年，美国分别颁布《中小学教育法》的修正案。1970 年又颁布了《中小学教育辅助计划》，使《中小学教育法》在实施过程中不断充实和完善。

60年代美国的高等教育在联邦政府《高等教育设施法》(1963)、《高等教育法》(1965)和《高等教育法修正案》(1968)等法案的指导下有了长足发展。这些法律的精神实质与1958年的《国防教育法》如出一辙，强调大力培养科技人才，促进科技进步，增加对高等院校拨款，更新高校的教学和科研设施，提高学生的贷款和奖学金数额，改革课程和教学，提高教学质量。因此，到1970年，美国大学生数量比1960年增加1.37倍，每万人中大学生有427人。

在高等教育改革中，美国的高等教育结构发生了重大变化。以本科教育为高等教育主体的格局开始发生动摇，二年制社区学院发展较快。据统计，在1960年美国有社区学院509所，学生近40万人，到1970年增加至1 000所，学生近200万人，占整个高等教育在校学生人数的25%。

二、70~80年代初期的教育改革

（一）70年代的教育改革

经过二战后二十多年的发展，美国教育从数量上统计已跃居世界的领先地位。但是，在70年代美国教育又暴露出一些新的弊端，例如，中小学生缺乏社会适应能力，普通教育缺乏基础训练等。针对存在的问题，70年代美国教育改革出现两个新的概念，即生计教育（career education）和返回基础（back to basics）。

"生计教育"是美国教育总署署长马兰（S. P. Marland）于1971年开始倡导的一种教育。他提出，生计教育的实质是以职业教育和劳动教育为核心的适应瞬息万变的社会的教育。面对美国社会正在出现的新的变化，要求人们一生学会许多新的知识和技能，以适应在社会上生存的需要。

生计教育出现后，1974年美国国会通过了《生计教育法》。许

多州也相继颁布了法令，采取实际步骤推行生计教育。中小学是生计教育重点实施阶段，分为三个阶段。1～6年级是使学生了解和选择职业阶段，将社会上两万多种不同的职业归并为15个职业群，供学生了解和选择。7～10年级为探索和学习阶段，学生对所感兴趣的职业进行钻研和学习。11～12年级是职业决定阶段，学生详细了解某种职业知识与技能，为将来从事某职业作准备。

"返回基础"是于1976年开始，在美国基础教育委员会倡导和推动下进行的，是70年代后期美国教育改革的主流。

返回基础主要是针对中小学校出现的基础知识教学和基本技能训练薄弱而言的。这项改革要求在小学阶段加强阅读、写作和算术教学。在中学阶段把精力集中于教授英语、自然科学、数学和历史等科目上。教师要起主导作用，不让学生有任何自主的活动。经过考试证明学生确已掌握所要求的基本技能和知识后，学生方可升级或毕业。取消选修课，增加必修课。取消一切点缀性课程，如泥塑、编织、做布娃娃等。①

为了配合返回基础运动，有些州开始重视师资质量的提高问题。1978年前后，佛罗里达州、佐治亚州、纽约州、俄克拉何马州和威斯康星州等陆续出台了教师证书考试制度。有的州还要求刚参加工作的教师参加国家的教师考试。②

返回基础运动实质上是美国的一种恢复传统教育的思潮，它强调严格管理，提高教育质量。但是这一运动在80年代以后又渐渐地消沉下去了。

（二）80年代初期的教育改革

80年代初期，美国的中小学校还出现了消费教育、环境教育、

---

① 参见《外国教育通史》第6卷，第106～107页。
② 参见约翰·普莱姆著：《美国教育史》第5卷，纽约麦克米兰出版公司1991年版，第218页。

多元文化和多种族教育、反毒品教育、性教育和心理健康教育等一些新的教育改革动向，并反映到中小学校课程领域。

80年代以后，除了上述一些新的教育课程外，美国传统的课程科目也发生了一些更新。例如，数学课程已允许英制和公制计量单位的换算；计算器已成为学生的学习用具之一；电子计算机在全国学校中迅速普及；计算机语言和计算机技术已成了所有年级数学与科学课程的组成部分等。①

但是，在持续不断的教育改革进程中，教育质量问题始终是改革的难点。1983年，美国中小学教育质量调查委员会提出了一份标题为《国家在危急中：教育改革势在必行》的报告。联邦教育部将此报告批转下发各州，要求各州按报告的精神进行教育改革。

《国家在危急中：教育改革势在必行》报告，对美国教育提出了以下几点改革建议。

第一，加强中学五门"新基础课"的教育。中学必须开设数学、英语、自然科学、社会科学、计算机课程。这些课程构成了现代课程的核心。

第二，提高教育标准和要求。小学、中学、学院和大学都要对学生的学业成绩和行为表现采取更严格的和可测量的标准。

第三，改进师资的培养。提高师资就业前应达到的教育专业训练标准，使他们既有从教的倾向，又具备从教的能力；同时，提高他们的社会地位和物质待遇。

第四，联邦政府、州和地方的官员以及学校校长和学监，都必须发挥领导作用，负责领导教育改革的实施。各级政府、学生学长以及全体公民都要为实现教育改革的目标提供必要的财政资助。

这个报告成了美国80年代中期开始的教育改革的纲领性文件，其中心是提高教育质量，产生了积极的效果。

---

① 约翰·普莱姆著：《美国教育史》第5卷，第222～223页。

三、面向 21 世纪的教育改革纲领

（一）《普及科学——美国 2061 计划》

1985 年，美国促进科学协会聘请全国知名专家学者和教育工作者数百名，组成全美科学技术教育理事会及五个学科专家小组，分专题总结了美国 80 年代以来教育改革的经验教训，研讨了战后科学、数学和技术领域发生的深刻变化和未来发展趋势，制定了 80 年代后期至 21 世纪初期美国基础教育改革的基本计划，以及实现这一计划的具体步骤等。

经过一段时间共同努力，他们完成了一份总报告和五个专题报告。总报告取名《普及科学——美国 2061 计划》是因为，1985 年该计划开始制定时哈雷彗星接近地球，而能看到 2061 年哈雷彗星再次接近地球的人们，正是 1985 年刚刚开始学习生涯的孩子。

《普及科学——美国 2061 计划》总报告指出，美国青少年科学技术知识贫乏，在国际竞赛中长期处于劣势，教育改革应该以学科课程改革为重点，培养学生具有宽厚的基础知识和综合思维的能力，能够适应信息社会生活的需要。

其他五个专题报告的题目是：《生物科学和保健科学》《数学》《自然科学、信息科学和工程学》《社会科学和行为科学》《技术》。这五个专题报告均以综合的观点阐述某学科与其他学科之间的联系，特别强调了科学发展的最新成就和应用价值。

80 年代后期，布什总统推行了新的教育政策。其内容主要包括：提高学术水平，奖励学生努力学习，鼓励教师和教育行政领导热心教育工作；兴办新型的"磁性学校"（magnet school），像磁石吸铁一样，把学生吸引到这类学校来就学，从而敦促现有的学校体系改革或更新；关注困难儿童教育；与家庭配合搞好道德教育和价值观教育；加强职业教育；提高高等学校科研水平，扩大学生入学机会，增加为学生提供的贷款数量，等等。这些教育改革举措在 80 年代末陆续出台。

(二)《美国 2000 年教育战略》

进入 90 年代以后，美国的教育改革开始以世纪之交为契机，为 21 世纪美国在世界上保持领先地位而改革教育。1991 年 4 月 18 日，美国总统布什签发了由教育部长亚历山大起草的《美国 2000 年教育战略》。这是美国教育走向未来的纲领性文件。文件指出了 2000 年全美六大教育目标：①

(1) 所有的美国儿童入学时乐意学习。

(2) 中学毕业率将至少提高到 90%。

(3) 美国的每所学校要保证所有的儿童具有应付挑战的能力，并会合理用脑，使他们为做有责任感的公民、进一步学习、在现代经济中谋取有创建性的职业作好准备。

(4) 美国学生在自然科学和数学方面的成绩要在世界上名列前茅。

(5) 每个成年美国人将能读书识字，并将掌握在全球经济中进行竞争的本领。

(6) 每所美国学校将没有毒品和暴力，并提供一个秩序井然的有益于学习的环境。

《美国 2000 年教育战略》还详细分析了美国教育存在的问题，以及应采取相应的策略与措施。可以说，这个文件是美国政府在新世纪到来之际在教育上采取的重要改革步骤。

第二节 英国的教育改革

英国是老牌的资本主义国家，第二次世界大战的创伤使其综合

---

① 参见国家教育发展研究中心编：《发达国家教育改革的动向和趋势》第 4 集，人民教育出版社 1992 年版，第 546 页。

国力明显下降。早在战前和战争进行过程中,英国一些有识之士就呼吁,要为将来英国恢复昔日在世界的霸主地位而改革教育。英国在1944年进行了重要的教育改革之后,又在60年代、70年代和80年代相继进行了一系列改革。

一、《1944年教育法》的实施

在第二次世界大战接近尾声时,英国当局及其各政治党派的头面人物不断提出了教育改革的设想,并在1944年8月通过了《1944年教育法》(即《巴特勒教育法》)。

从《1944年教育法》的内容可以看出,英国的这次教育改革,一方面加强了国家对教育的控制,另一方面在一定程度上完善了地方教育管理体制,从而确立和完善了中央与地方在教育行政管理体制上相互合作的"伙伴关系"。该教育法提出了向所有学生提供免费享受中等教育的原则,使中等教育成为连接初等教育和继续教育或高等教育的中间环节,基本形成了现代英国国民教育制度。由于义务教育延伸到中等教育,提供更多合格的毕业生,推动了继续教育和高等教育的发展,也促进了师范教育的发展。该法还改进了中央和地方的教育财政体制,促进了公共教育经费的增长。

《1944年教育法》颁布实施后,从50年代开始到60年代初期,英国教育事业有了长足发展,普及10年义务教育的目标基本实现。

二、60年代和70年代的教育改革

60年代和70年代,英国的教育改革重点在中等教育方面。伴随着各党派之间对中等教育机构类型的激烈争论,各类中学均有一定发展。高等教育和师范教育这时期的改革也迈出了较大步伐。

(一)中等教育的改革

根据英国《1944年教育法》规定,战后英国主要的中等教育机构类型由文法学校、技术中学和现代中学三种形式构成。各种中

学之间的质量、教学设备差别较大,而且各种中学都有自己特定的招生标准。这样就反映了教育的不平等性,引起了社会上广泛的争论。保守党和工党在保留还是合并三类中等教育机构的问题上各执一端。工党主张设立综合中学取代三类中学并存的状况,以体现教育机会均等;保守党则反对或阻挠设立综合中学。工党和保守党在60年代和70年代轮流执政,所以建立综合中学的进程也时快时慢。1965年工党执政期间,决定在保留文法中学和公学的前提下把其余中学全部改造成综合中学。教育大臣克罗斯兰(A. Crosland)还发表了通告,提出了综合中学的六种组建形式,供各地选择执行。但是,1970年保守党又执政,废止了工党的教育政策,而工党1974年重新上台又否定了保守党的决定,继续推行综合中学政策。进入80年代以后虽然保守党保持了连续执政,但是未能根本推翻综合中学制度,只是延缓了综合中学发展的进程。

(二)高等教育的改革

在高等教育改革方面,较有影响的改革方案是1963年的《罗宾斯报告》。该文件探讨了英国高等教育如何为社会服务这一重大问题。报告建议应为所有在能力和成绩方面合格的、并愿意接受高等教育的人提供高等教育课程。这个建议被称为"罗宾斯原则",成为60年代高等教育大发展的政策依据。据统计,1958～1968年,英国全日制大学生人数增长了110%,总人数达到205 195名。一些大学还在专业结构、课程设置和科学研究等方面进行了新的改革尝试,抛弃了传统大学长期以来一直实行的狭窄专业占主导地位的办学方针,强调高等教育要适应现代科学技术进步和社会生产发展对人才的新要求。

60年代末期,英国创办了"开放大学",这在英国教育史上具有划时代意义。开放大学于1969年6月1日获得皇家特许状,1971年1月正式开学。它主要以成年人为教育对象,以现代化的教学手段和灵活的教学方式进行教学,为英国高等教育的发展注入了活力，也被许多国家所仿效。

（三）师范教育的改革

在师范教育改革方面，1972年2月发表的《詹姆斯报告》是较有影响的文件。

《詹姆斯报告》提出了一个全新的教师职前教育和在职培训计划，即著名的"师资培训三段法"，把师资培训分成由个人高等教育、职前教育专业训练和在职进修三个阶段构成的统一体。报告引起了政府的重视，其中一部分建议被采纳。70年代英国的师范教育体系在以下两个方面出现了显著的变化。第一，1975年撤销了"地区师资培训组织"（ATO），使师范院校成为"公共"部分高等教育机构。这标志着英国师范教育管理模式的改变，既提高了师范教育的地位，又增强了政府对师范教育的宏观调控。第二，师范教育由定向与非定向相结合的体制转变为非定向体制。经过几年的调整，非定向型的师范教育体系得到确立。到80年代初期，英国基本上已不存在独立的培养师资的专门机构，师范教育已作为一个专业合并于大学教育院系、多科技术学院和高等教育学院之中。

三、80年代以来的教育改革

进入80年代以后，英国的教育改革更加频繁，几乎每年都有官方制定的改革文件出台。同时，各种社会团体也不断提出改革报告，敦促政府采纳并实施有关改革措施。

这一时期英国的教育改革仍把高等教育的改革作为重点，同时还对整个教育体制提出了全面的改革设想。

（一）《雷弗休姆报告》

1981～1983年，在雷弗休姆基金会资助下，英国高等教育研究会连续发表了十多份对高等教育的调查报告。这些报告被称为《雷弗休姆报告》。报告的主要内容涉及到扩大高等院校的入学途径，加快培养各种专门人才，以适应英国振兴经济的需要；调整高等教育课程内容和结构,以适应知识综合化和职业多变化的需要;加强和改进高等教育管理,特别是要加强高校内部专业化的管理,提高教学和科研水平,以承担更多的社会和经济课题;开辟更多的奖学金和助学金途径,促进学生学习,以减轻国家的负担,等等。报告的许多精神体现在政府的有关文件法令中,同时,报告也为1988年英国推出新的改革法提供了思想准备。

(二)《1988年教育改革法》

1988年7月29日,在保守党教育大臣贝克(K. Baker)提交的一份议案的基础上,国会通过了一份重要的教育改革法案,即《1988年教育改革法》。这部法律对英国教育体制全面进行改革,主要内容是关于普通中小学教育的改革问题,但也涉及到高等教育、职业技术教育、教育管理、教育经费等方面。该法的颁布开始了英国自第二次世界大战结束以来规模最大的一次改革。

该法规定实施全国统一课程,确定在5~16岁的义务教育阶段开设三类课程:核心课程、基础课程和附加课程。核心课程和基础课程合称为"国家课程",是中小学的必修课程。核心课程包括英语、数学和科学。基础课程包括现代外语、技术、历史、地理、美术、音乐和体育。附加课程包括古典文学、家政、经营学、保健知识、信息技术应用、生物、第二外语、生计指导等。

关于与课程相联系的考试制度,该法作了一些新的规定。在整个义务教育阶段学生要参加四次全国性考试,分别在7、11、14、16岁时举行。对学生甄别和评估除主要依据这些考试外,还要辅之以教师对学生的平时考查。全国性考试还将作为对学校工作进行评价的依据。由学校考试委员会负责具体考试工作。

关于学校管理体制,该法的一项重要规定是,地方教育当局管理下的所有中学和学生数在300名以上的规模较大的小学,在多数家长要求下可以摆脱地方教育当局的控制,直接接受中央教育机构的指导。这一政策称为摆脱选择(option out)政策,被认为是英国打破过去中央、地方两级分权管理教育的传统,走向中央集权制的重要一步。除学校的摆脱选择主要取决于家长外,法律还赋予家长为子女自由选择学校的权利。

该法还规定建立一种新型的城市技术学校(City Technology College,简称 CTC)。这是效仿美国的做法,在工商企业支持下兴办的一种新学校,培养企业急需的精通技术的中等人才。

该法对高等教育(大学、综合技术学院和成人继续教育机构)的管理和经费预算也有一些新的规定。首先,它宣告废除已实施了二十余年的高等教育"双重制"。"双重制"是指英国的各类学院由地方管理,而大学则由中央管理的体制。根据新的规定,包括多科技术学院和其他学院在内的高等院校将脱离地方教育当局的管辖,成为"独立"的机构,取得与大学同等的法人地位。同时成立"多科技术学院基金委员会"(PCFC),对这部分高等院校进行规划和拨款。另一方面,以"大学基金委员会"(UFC)取代存在了70年之久的"大学拨款委员会"(UGC),其任务是向国务大臣提供咨询,为各大学分配经费。

从英国《1988 年教育改革法》的主要内容可以看出,该法涉及的问题不仅十分广泛而且非常重要,在一定程度上触动了英国教育的某些传统,因此,它在英国引起的反响异常强烈,被认为是自 1944 年《巴特勒教育法》以来英国历史上又一部里程碑式的教育改革法,将对英国未来教育发展产生不可忽视的影响。

90 年代以后,英国教育面临的主要问题是如何将 80 年代后期开始的改革在实践中得到落实。

第三节 法国的教育改革

第二次世界大战结束前,流亡在阿尔及利亚的法国政府建立了一个委员会制定战后法国教育发展目标,提出为所有15岁以下儿童提供同样程度的普通义务教育。所有儿童在结束了初等教育之后,都应进入中等教育第一阶段,即定向阶段,直到15岁为止。定向阶段教育之后,学生可以进入特殊方向教育阶段或职业教育阶段。这一教育改革设想为战后法国教育改革揭开了序幕。战争结束后,法国不失时机地推出新的教育改革方案。

一、《郎之万—瓦隆教育改革方案》

1945年,第二次世界大战刚刚结束,法国议会就组建了一个新的教育改革委员会,任命法国著名物理学家郎之万(P. Langevin)为主席、儿童心理学家瓦隆(H. Wallon)为副主席。1946年11月郎之万逝世后,由瓦隆继任主席职务。该委员会于1947年正式向议会提交了《教育改革方案》(又称《郎之万—瓦隆教育改革方案》)。该《方案》批评了法国教育的弊端,对各级各类学校的组织和制度以及教育内容和方法提出了具体的改革意见。这个方案不仅成了战后初期法国教育改革的依据,而且在整个法国教育史上也是一项重要的改革举措。

《方案》提出了战后法国教育改革的六条原则。(1)社会公正。人人都有受教育的权利,每个人受教育的机会只能以能力为依据。(2)社会上的一切工作(不论手工的、技术的、艺术的和学术的)价值平等,任何学科的价值平等。(3)人人都有接受完备教育的权利。学生先接受学校教育的一般方向指导,然后接受职业方向的指导。(4)在加强专门教育的同时,适当注意普通教育。普通教育是一切专门教育和职业教育的基础。(5)各级教育实行免费。(6)加强师资培养,提高教师地位。

在上述原则指导下,《方案》提出在法国应实施6～18岁学生的免费义务教育。这种教育具体可划分为以下三个阶段。

第一阶段为基础教育。儿童在尽可能接受幼儿园教育的基础上，于 6 岁开始进入初等学校，接受同样的普通课程教育，到 11 岁时结束。

第二阶段是方向指导阶段。在接受了初等教育之后，所有学生不必参加考试即可全部进入中等教育机构。在中等教育的前四年（12～15 岁），为所有学生设置同样的课程，但由教师对学生的能力、禀赋、兴趣等进行系统观察，对其发展方向予以指导。

第三阶段为决定阶段。在四年方向指导性的中等教育阶段之后，学生分别进入三种不同类型的学校学习。一类是学术型学校、另一类是技术型学校、第三类是艺徒制学校。三类学校均为三年制。学生在 18 岁时结束免费义务教育。

《方案》还对高等教育进行了设计。按教育改革委员会建议，在义务教育第三阶段之后，在学术型学校结业的学生可进入一年制大学预科接受教育，然后进入高等学校学习。

由于战后初期的历史条件，郎之万—瓦隆的教育改革方案并未付诸实施。但在它的影响下，法国开始大力扩充初等教育，同时把较好的初等学校升格为中学，极大地促进了中等教育的普及，基本实现了初等和中等教育的衔接。

二、50 年代至 60 年代的教育改革

（一）1959 年的《教育改革法》和《国家与私立学校关系法》

在戴高乐领导法兰西第五共和国期间（1958 年 1 月～1969 年 4 月），为了使法国的教育与世界上其他几个资本主义强国同步发展，法国又进行了一系列重大的教育改革。其中最主要的是 1959 年 1 月颁布的《教育改革法》。

《教育改革法》规定，义务教育年限由战前的 6～14 岁延长到 16 岁，并规定到 1969 年完全实现这一目标。具体实施过程如下。6～11 岁为初等教育。所有儿童都应接受同样的初等教育。初等教育之后，除个别被确定不适于接受中等教育的儿童外，其余儿童都

可进入中等教育的第一阶段,即两年的观察期教育(11~13岁),两年后,学生进入中等教育的第二阶段(13~16岁),这个阶段分为四种类型,即短期职业型、长期职业型、短期普通型、长期普通型。短期型均为三年制,长期型为四年和五年制。长期普通型中等教育实际上是为大学作准备的教育,在国立中学实施。

1959年的教育改革由于不够灵活,难以操作,所以在实践中并未完全实施。人们普遍指责两年制观察期太短,作为中等教育的第一阶段不能达到预期目标。教育界呼吁建立四年制普通初级中学,以实现战后初期郎之万—瓦隆委员会提出的四年方向指导性教育。1962年,一种新型中等学校面世,这种学校被称为市立初级中学。据统计,到1967年,这类中学达到了一千五百多所。到70年代中期,四年制初级中学已经在学制结构中被确定下来。

1959年12月,法国还颁布了另一部重要教育法,即《国家与私立学校关系法》。它实质上是为调解国家与宗教团体及个人在办教育问题上的矛盾而又一次作出的努力。其主要内容是:国家采取"简单契约"或"协作契约"的形式,分别给予私立学校财政资助;但私立学校必须采用公立学校的生活规则和教学大纲,接受国家监督。

(二) 1968年的教育改革

1968年,戴高乐政府又开始推行新的教育改革。这次改革的重点是中等和高等教育。

在中等教育改革中,法国开始在教学组织形式方面推行能力分组的改革实验。能力分组实验主要有三种类型。第一类是将在法语、数学和现代外国语方面能力相近的学生分别分在一组。第二类是把对社会科学表现出有同样能力的学生分成一组。第三类是在科学、绘画、音乐、手工操作等课业上实行混合能力分组。经过五年能力分组实验之后,评估得出的结论是肯定的。在能力分组过程中,教师对每个学生个体的了解更加深入。针对不同学生的具体情况开展教育教学活动,使学生有了明显进步。

在高等教育方面,1968年在法国巴黎大学生"五月风暴"运动的直接触动下,11月法国议会通过并颁布了《高等教育方向指导法》(又称《富尔法》)。这部法律的主要精神是确立了法国高等教育"自主自治、民主参与、多科性结构"三条办学原则。按照这三原则规定,大学是享有教学、行政和财政自主权的国家机构;取消大学的院系,设置"教学与科研单位",集合若干"教学与科研单位"为一所多科性大学(即综合性文理大学);各大学由教学和科研人员、行政和技术人员、工人和学生的代表组成大学的审议会,参与学校的管理与领导。

《富尔法》是在戴高乐政府后期颁布的一部教育法,其理想是美好的,值得肯定。但在法国长期集权化管理教育的背景下实现新的三条原则是极端困难的。

三、70～80年代的教育改革

(一)70年代中期的教育改革

进入70年代以后,法国为保障其在世界上工业和科技某些方面的优势地位,比较注重发展职业技术教育。因此,这一时期法国推行了一系列与职业技术教育相关的改革措施。到70年代中期,法国颁布的有关普通中小学职业教育的法律,标志着这一领域的教育改革达到了高潮。

1975年7月,法国议会通过了《法国学校体制现代化建议》(又称《哈比法》)。其重点是加强职业教育。但为加强职业教育,《建议》对普通中小学校教育管理体制、教学内容、教学方法等都提出了一些改革措施。

对于教育管理体制,《建议》规定中学校长由教育部长任命,学校内成立各种组织,参与学校的行政管理、教育与教学工作。小学设家长委员会和教师委员会,这两个委员会还联合组成小学理事会；中学设中学理事会、班级教师小组和教学委员会。

对于教学内容，根据《建议》的要求，在小学课程中加强了自然、社会环境及科学技术基础知识综合性教育的"启蒙课"，增加了有关使用收音机、录音机、照相机和复印机等方面的知识。初中加强实验科学和技术教育。

对于教学方法，《建议》要求运用最新的心理学研究成果指导教学，开展各种教学实验，注重学生的个性特征和能力差异，加强个别化教学，采用现代化教学手段等。《建议》肯定了60年代末出现的"三分制教学法"，即把教学内容分为工具课程（包括数学和法语）、启蒙性课程（包括历史、地理、公民道德、自然科学、人文科学与工艺、艺术等）和体育课程三个部分。每天上课时间也相应分为三段，一般上午安排工具课程，下午安排启蒙性课程和体育课程。

《哈比法》于1977年正式实施，在实践中进行了一些修改。

（二）80年代以来的教育改革

法国社会党从1981年起开始执政，推行了教育民主化和现代化的改革。改革的目标之一是解决法国教育逐级淘汰率高的问题。据80年代初统计，法国三分之二的学生不能获得高中毕业文凭，在高等教育的第一阶段淘汰率常达50%。改革的另一个目标是教学内容现代化问题。从1982年开始，法国政府陆续接受了一些人士的教育改革报告，大多都是与上述两个目标相关的。但是，学校淘汰率过高的问题到90年代仍没有彻底解决。

1982年，法国中小学开始实施"信息交流和传播工具入门"计划。这个计划的主要内容是对学生进行信息交流和信息转换的各种训练，包括语言信息交流、运用信息技术等，给学生以大量的实践机会，培养学生理解和分析信息的能力。① 计算机技术在中学里已被列为必修课。

---

① 参见滕大春主编：《外国教育通史》第6卷，第235、236页。

第二十二章 第二次世界大战后美、英、法、德、日本、苏联和俄罗斯的教育改革

1985年，法国中小学开始实施新的教学大纲。按照新大纲，小学开设法语、数学、科学及技术、历史及地理、公民教育、艺术教育和体育等七门课程；初中教学内容经过调整，把原来的人文科学分为历史和地理两科，自然科学分为物理科学和地质生物科学两科，并将手工和技术教育改为工艺学。

1986年，法国公布了师范教育改革法令，将师范专科学校的年限由三年改为四年，分为两个阶段。自1986年起，未经师范学校培养者不得被聘用为小学教师；每个教师在八年的任职期间，可接受为期一年的脱产进修培训，培训时间可灵活安排。[①]

90年代以后，基础教育课程改革在法国备受重视。按照1989年7月10日颁布的《教育指导法》的规定，1990年成立了国家课程委员会，该机构是全国课程和教学大纲的编写机构。1992年，法国国家课程委员会公布了《课程宪章》这一纲领性文件。

《课程宪章》指出，法国今后仍然坚持中央集权制的课程管理体制，课程大纲以《政府公报》的形式颁布，各地必须认真实施；课程编制应以学生为中心，使全体学生具备较高的素质；对学科体系进行综合改革，既有从小学到高中课程融为一体的纵向综合改革，也有各科知识融会贯通的横向综合改革，等等。

第四节　联邦德国和统一后德国的教育改革

第二次世界大战的欧洲战场，以美、英、法、苏四国分别占领德国，德国法西斯彻底失败而告终。美、英、法占领和管制的德国西区于1949年5月23日通过《基本法》，1949年9月20日宣告成立德意志联邦共和国；同年10月7日苏联占领的东区成立了德意

---

① 参见滕大春主编：《外国教育通史》第6卷，第235、236页。

志民主共和国。

直到 50 年代末和 60 年代初期，联邦德国才开始实施重大的教育改革。

一、1959 年开始的教育改革

早在 1949 年 10 月 8 日和 1953 年 9 月 22 日，联邦德国先后成立了联邦各州教育部长常务会议和德国教育委员会。这两个机构的建立为协调联邦德国各州的教育事业、采取统一的教育改革措施、使联邦德国教育最终走向全国统一规划和统一管理的体制奠定了基础。1959 年联邦德国的教育改革就是在德国教育委员会提出建议后开展的。

1959 年，德国教育委员会提出了许多教育改革建议，最有代表性的是 1959 年 2 月 14 日公布的《改组和统一公立普通学校教育的总纲计划》（简称《总纲计划》）。

《总纲计划》的内容主要探讨如何改进普通初等和中等教育等问题，没有涉及高等教育。《总纲计划》赞同保留中等学校三分制的体制，但是要有所改革，注意发展儿童的先天才能，促进儿童个别爱好和专门特长的发展。因此，《总纲计划》提出，所有儿童均接受四年的基础学校教育，然后再接受两年促进阶段的教育。促进阶段教育旨在给予学生充分发展能力和特长的机会，以便通过考试遴选进入不同类型的中等教育机构。

《总纲计划》建议设置三种中学。(1) 主要学校。其职能是培养学生掌握初步的文化知识和生产技能，并为接受职业教育作准备。(2) 实科学校。其任务是使学生熟悉科学知识及其在实际中的应用，并培养学生科学的思维能力和掌握科学的工作方法。(3) 高级中学，包括完全中学和学术中学。完全中学接收经过促进阶段教育符合其入学条件者，而学术中学则吸收基础学校毕业生中具有特殊才能的学生，经考试合格方可入学。

第二十二章　第二次世界大战后美、英、法、德、日本、苏联和俄罗斯的教育改革

从国际比较的角度看,《总纲计划》是受苏联 1957 年卫星上天的冲击,继美国 1958 年《国防教育法》之后,联邦德国作出的一个重要反响。《总纲计划》的某些基本精神被 60 年代联邦德国的教育改革所吸取。

二、60～70 年代的教育改革

进入 60 年代时,联邦德国的教育事业与其他发达国家相比仍比较落后。据统计,1960 年,联邦德国的学生仅有 24% 能读到高级中学十年级,而当时法国为 40%,瑞典为 55%,日本为 74%,美国为 86%。① 因此,从 60 年代中期开始,联邦德国陆续制定了一些改革方案,不断采取改革措施。

1964 年 10 月 28 日,联邦德国各州州长在汉堡签订了《关于统一学校教育事业的修正协定》(简称《汉堡协定》)。这是联邦德国为使教育在新形势下更好地适应现代工业社会需要而采取的改革措施,也是联邦德国为使自己的教育事业与其他欧美列强的教育在同等水平上发展而采取的改革步骤。

《汉堡协定》规定,所有儿童应接受九年义务教育。义务教育阶段应是全日制学校的教育。所有儿童在接受了基础学校教育和两年促进阶段或观察阶段教育之后,可以进入三种不同中学,即主要学校三至四年、实科学校四年、完全中学七年。

在中等教育机构的类型方面,1959 年的《总纲计划》和 1964 年的《汉堡协定》,均肯定了主要学校是基本的中学类型。但是,直到 1969 年,联邦德国才正式推出关于设立主要学校的协定,对主要学校的特征作了规定,把主要学校作为与实科中学和完全中学并列的一种中学,接收基础学校毕业后不能进入实科中学和完全中学的所有学生,为他们提供继续接受义务教育的机会。可见主要学

---

① 滕大春主编:《外国教育通史》第 6 卷,第 279 页。

校是层次最低的一种中学,主要为社会下层子弟开设。

60年代中期以后,联邦德国出现了一种称为综合学校的中等教育机构,将过去的三种中学合并到这种新型中学中来。综合学校于1969年正式被联邦德国教育当局认可。随后,各州都开始了综合学校的实验。虽然这种学校是教育民主化的一种改革,但各政治党派对综合学校的争论一直很激烈,所以,综合学校发展缓慢。进入80年代后,综合学校在整个中等教育机构中的比重不足6%。

1969年,联邦政府修改了《基本法》,决定扩大联邦政府对教育的管理权限。同年,成立了联邦教育和科学部。其权限有两方面:一是关于初、中、高等教育政策的制定;二是负责分配联邦的教育经费。该机构虽然不是立法机构,但它可以通过教育规划和经济资助来影响各州的教育。第二年又成立了联邦与州教育计划委员会。此后,这两个机构就成了联邦政府制定统一的教育政策、促进教育改革的行政机构。

1970年2月13日,联邦德国教育咨询委员会(成立于1966年)提出了一份教育改革建议,称《教育结构计划》。该《计划》把学前教育列入学校教育系统,把基础学校的入学年龄由6岁提前到5岁。《计划》指出,整个学校教育系统应由初步教育、初等教育、中等教育、高等教育和继续教育构成。师范教育也应有一个完整的系统,按不同层次教育的需要组织和实施师范教育。1973年6月,联邦与州教育计划委员会制定了《综合教育计划》,重申了《教育结构计划》所提出的目标和构想,提出了一个为期15年的包括从初步教育领域直至继续教育领域的整个教育事业的改革方案,对联邦德国教育的发展起了重要作用。

经过六年酝酿和论证之后,1976年1月26日,联邦政府正式颁布了《高等学校总纲法》。这是联邦德国战后第一部有权威的高等教育方面的法律。《总纲法》规定,正规高等学校修业年限为四年,无特殊情况不得延迟毕业;对大学的任务、入学许可、学校内部人员机构构成、学校组织和管理、校长的任期、学历的认定等作了规定。《总纲法》的精神实质是,既保留传统大学民主自治的特色,又注重发掘大学的潜力,以适应新的国际竞争的需要。

70年代以后,联邦德国的职业教育也进行了较大的改革。1978年,联邦德国开始推行职业基础教育年的计划,即在职业教育的第一年专门进行职业基础教育。职业基础教育是将220种职业划分为13个职业领域,要求学生学习某职业领域的必备知识、技能,为以后接受特定职业的专门训练奠定基础。

联邦德国还为那些接受了九年义务教育之后不能继续进大学学习的青年提供接受"双元制"职业教育的机会。双元制就是一面在工厂企业培训中心接受实际操作性的训练,一面在职业学校进行理论知识学习。学生最后通过考试可以获得合格工人证书,作为就业的依据。

联邦德国的师范教育改革在70年代迈出了一大步。1974年4月,联邦各州内务部长、财政部长和教育部长经协商通过了一份《报告和建议》。该文件要求各州师范教育都遵循统一的规定培养教师,即初等教育和中等教育第一阶段的教师必须是三年制师范院校的毕业生,中等教育第二阶段的教师必须是四年制师范院校的毕业生。师范院校学生毕业时应参加国家考试;参加工作后应有18个月的见习期,见习期满后还应参加国家第二次考试,合格者才能正式获得教师资格。这些措施对保证教师质量起了积极作用。

三、80年代的教育改革

80年代以后,联邦德国继续采取教育改革措施,涉及初等教育、中等教育、高等教育和师范教育等许多方面。

初等和中等教育改革的措施主要有以下一些。(1)发掘儿童智力潜能,进行5岁入学的实验,促进幼儿园与基础学校有效的衔接。(2)在基础学校开设外语课和计算机课,在初等和中等教育的各类学校中增加环境教育的内容。(3)普通中等教育和职业技术教育课程互相渗透,在普通中学开设职业技术教育课程,在职业学校增加普通教育课程。(4)进一步加强个别化教学,遵循因材施教的原则合理组织教学内容和教学形式。(5)加强尖子学生培养。

继 1976 年联邦德国颁布《高等学校总纲法》之后,1985 年 11 月又对《高等学校总纲法》进行了修订,删去了高等教育机构统一模式的内容,仍坚持高等学校多层次、多样化办学原则。承认各高等院校在教学工作和接受企业委托从事科研方面享有更大的自主权;鼓励各高等院校之间开展竞争,创办名牌大学;大学教育要加强实习和实践的环节。1985 年 12 月,联邦德国的"教育计划和促进科研委员会"提出要在高等教育机构开展信息技术教育。

师范教育的改革主要是改变了只有师范院校培养教师的模式,综合大学开始承担培养各级学校教师的主要任务。有些师范院校被纳入综合大学之内,师范大学(学院)的数量锐减。据统计,70 年代中期有近八十所师范院校,到 80 年代中期仅有二十所左右。这一改革目的是确保教师的质量。

四、统一后德国的教育改革

1990 年 10 月德国统一后,面临着如何使民主德国与联邦德国教育体制接轨的问题。根据统一条约的规定,东部地区的五个州分别制定学校改革法、学校法或临时教育法,按原联邦德国的模式进行教育改革。因此,在初等教育、中等教育、高等教育、职业教育、师范教育等方面,德国东、西部各州已大致统一。

初等教育统一由基础学校实施,属义务教育阶段,儿童 6 岁入学。各州都实行九年全时制义务教育,仅勃兰登堡实行十年全时制义务教育。

在中等教育方面,大多数州采用主要学校、实科学校和完全中学平行的三分结构学制模式。此外,还有综合学校这一种结构。基础学校的毕业生，多数不经过考试直接升入主要学校或综合学校，部分学生需经过考试分别进入其他中学。

在高等教育方面，联邦总理和各州州长1993年举行了德国教育首脑会议，重点讨论高等教育改革问题，要求从结构、组织和内容上进行改革。高等学校分为学术性和非学术性两大类。综合高等学校是正式试行的一种新型高等学校，介于两大类之间。在非学术性高等学校中，类似美国社区学院的高等专科学校发展很快。

在职业教育方面，各州在全时制义务教育之后，实施三年制义务职业教育。职业教育机构包括：职业学校、专科学校、职业基础学校、职业或专科补习学校等。其体制比较完善，结构比较多样，对其他欧洲国家的职业教育产生了较大的影响。

在师范教育方面，各州基本上采取把专业训练与实践训练分为两个不同阶段的做法。师资培养任务已由高等学校来承担。

第五节　日本的教育改革

第二次世界大战在东方战场以日本帝国主义的彻底失败而告终。战后，日本在以美国为首的盟军部队控制下宣布放弃军国主义政策，实施和平建设的基本国策。1946年11月，颁布了新的《日本国宪法》，为日本战后发展奠定了基础。战后日本的教育改革最初是在盟军司令部敦促下进行的，采取了经济兴邦的战略。为发展经济，日本继承了明治时期优先发展教育的传统，及时酝酿并推出了教育发展蓝图。

一、《教育基本法》和《学校教育法》

1947年3月31日，日本国会公布了《教育基本法》和《学校教育法》，否定了战时军国主义教育政策，为战后教育指明了发展方向。

《教育基本法》由前言和 11 条正文构成。其主要精神包括：(1) 确定教育必须以陶冶人格为目标，培养和平的国家及社会的建设者；(2) 全体国民接受九年义务教育；(3) 尊重学术自由；(4) 政治教育是培养有理智的国民，不搞党派宣传；(5) 国立、公立学校禁止宗教教育；(6) 教育机会均等，男女同校；(7) 教师要完成自己的使命，应受到社会尊重，保证教师享有良好的待遇；(8) 家庭教育和社会教育也应得到鼓励和发展。

《教育基本法》所提出的教育目标，与战前法西斯军国主义教育政策截然不同，对战后日本教育发展有积极意义。所以，这一文件被视为日本教育史上划时代的教育文献。国会还于 1948 年 6 月正式宣布废止《教育敕语》，从此终止了天皇敕令所定的教育准则。

与《教育基本法》配套的《学校教育法》由 9 章 108 条构成。该法的主要内容如下。

(1) 废除中央集权制，实行地方分权，新设教育委员会管理各地学校行政事务。

(2) 采用六三三四制单轨学制，延长义务教育年限，原来的六年义务教育延长到九年。儿童 6 岁入学，男女儿童教育机会均等，一律实行男女同校制度。

(3) 高级中学以施行普通教育和专门教育为目的。从设课上看分为单科制和综合制。单科制高中又称职业高中。从时间上看分为全日制和定时制。定时制高中学制有时超过四年，但课程与全日制高中相同，毕业生也可以升大学。

(4) 将原来多种类型的高等教育机构统一为单一类型的大学。大学以学术为中心，传授和研究更高深的学问，培养学生研究和实验的能力。大学一般为四年制，医科及口腔科大学为六年制，实行学分制。在大学基础上设研究生院。

该法是《教育基本法》的具体化，它使战后日本教育系统有了法律保障。但有些条款还不完善，后来又经过多次修订和补充。

1947年之后，日本国会又颁布了一些教育法令。其中1949年颁布的《教师许可证法》规定：中小学教师必须修完规定的课程与学分。中学教师要有四年的大学学院证明，小学教师要有两年以上大学教育证明。各级教育委员会负责发放教师许可证。这些规定极大地保障了日本中小学教师的质量。

二、50～60年代的教育改革

50年代后，日本的经济渐渐复苏。到50年代末，已经恢复到战前的最高水平。此后，日本经济持续高速增长，其势头一直延续到70年代。在此时期，日本每次推出经济发展计划都不忘教育，都把培养人才的质量与数量作为实现经济目标的重要条件。

50年代中期以后，随着日本普通高中的快速发展，高中毕业生成了社会就业人口的主要来源。在这种情况下，普通高中较发达与职业技术人才短缺之间的矛盾明显地暴露出来了。为解决这个矛盾，日本文部省采取了一些措施。

1951年6月，文部省公布了《产业教育振兴法》，制定了振兴职业教育的政策。采取了充实职业高中的措施；与此同时，在普通高中开设职业课程，供学生选修。

1957年12月颁布的《新长期经济计划》（1958～1962），首次将教育发展计划和教育政策编入国民经济计划。该计划特别强调振兴科学技术，加强科学技术教育，增加理工科大学的学生。

1960年12月颁布的《国民收入倍增计划》（1961～1970），是战后日本经济发展计划中最有影响的计划。它强调普及提高中等教育，充实科学技术教育，加强职业训练与职业指导，增设工业高中，扩充公共职业训练机构，增招理工科大学生，培养科技人员。

1965年1月，日本制定《中期经济计划》（1964～1968），进一步强调"提高人的能力和振兴科学技术"的重要性及迫切性，同时提出扩充后期中等教育，普遍提高国民文化素质，充实研究生院和大学本科教育，以培养高才能的人。①

1967年3月，日本制定了《经济社会发展计划》（1967～1971）。这个计划重申提高人的能力问题。

据统计，1955年到1975年，日本国民收入由72 985亿日元增加到1 240 386亿日元，增加了15.99倍；同期，日本教育经费额由4 373亿日元，增加到96 113亿日元，增加了20.97倍。

整个50年代和60年代，日本教育改革与发展的成就是巨大的，但是，这一时期日本教育也出现了一些新的问题。例如，"应试教育"占统治地位，人们抱怨学校是"考试地狱"等。于是，70年代日本教育面临新的改革任务。

三、70年代以来的教育改革

（一）70年代的教育改革

刚刚进入70年代，日本就开始实施新的教育改革步骤。1971年6月，日本中央教育审议会向文部大臣提交了一份《关于今后学校教育综合扩充、整顿的基本措施》咨询报告。这个文件的许多精神被文部省采纳并实施，因此该文件成了日本70年代以来教育改革的纲领性文件，也是日本继明治初期和战后初期两次重大改革之后的所谓"第三次教育改革"的主要依据。

咨询报告的内容广泛，涉及各级各类教育，其中，对于中小学教育和高等教育的改革影响较大。

1. 中小学教育

咨询报告对中小学教育提出如下三个基本目标。②（1）初等和

---

① 参见王桂主编：《当代外国教育——教育改革的浪潮与趋势》，人民教育出版社1995年版，第438页。

② 参见日本文部省：《日本现代教育制度》，1980年英文版，第337～343页。

中等教育目的是为每一个人终生成长与发展打下基础。(2)政府有责任促进提高公立学校课程内容水平,提供均等的教育机会,制定长期的经过充分论证的教育政策。(3)对教育改革发挥巨大威力的是教育者本身,应保证教育者具备较高水平与特长,对教育工作充满自信和荣耀。

为实现上述三方面目标,初等、中等教育改革应包括以下几个方面的内容。(1)以前实施教育改革侧重更新教育体制,以后应针对教育体制内部的问题逐步进行改革。改革首先应开展一些示范性实验。(2)学校教育各阶段(年级)的课程应构成一体,课程内容应是成人公民必备的普通基础知识与技能,并能体现个体化需要。课程体系应有一定的标准。(3)在家庭、社区以及学校内部提供咨询服务,帮助学生选择课程。(4)判断教育成功与否不能从表面上看学习的内容是什么,而应看实际学到了什么。因此,要考虑采用分组学习、个别教学以及灵活学年制等途径。(5)为实现教育机会均等,教育条件应逐步改善,教育水平也应不断提高。(6)为满足公众对幼儿园的需求,首先应扩充幼儿园,为所有5岁以下儿童提供入园条件。(7)应纠正特殊教育倒退的局面,制定多样化的特殊教育政策。(8)为保证私立学校教育富有生机,由学校校长领导规划校内管理体系,地方教育行政部门也应建立管理私立学校的机构。(9)应采取措施保证教育工作者的质量。(10)要建立一个中心机构,开展综合教育研究,为教育改革提供理论依据。

2. 高等教育

咨询报告对高等教育提出了如下要求。(1)高等教育设施一方面是为人们提供多种多样接受高等教育的机会,另一方面是为了提高学术研究水平。(2)高等教育应将其解决一般问题的潜能融会于高等专门教育课程之中。(3)高等教育机构具有开展教育和研究活动的自由。(4)应使高等教育更加向社会开放。(5)在高等教育改革过程中,鼓励每所大学的自然发展很重要,但也有必要进行综合规划，体现社会与高等教育的联系。

为达到上述诸方面的要求，报告提出了以下改革建议。(1)为了规划多样化的高等教育体制，根据入学要求、修业年限等指标，对高等教育机构作出必要的分类。(2)在第一类和第二类高等教育机构中，现行课程属于普通教育和基础教育结合型课程，以后课程还应与专业教育相结合。(3)通过运用教学机器、小组研讨、实验等措施改革教学方法。(4)高等教育应该对一般公众开放。(5)在高等教育机构管理方面，应形成一种与每一机构目标一致的协调机制。(6)研究机构应有独自的行政管理中心，以便履行高水平学术研究的职能。(7)高等教育机构不应只追求适应管理的要求而变得过分庞大，也不允许任何内部的和外部的组织对其施加压力。(8)为了避免在人事管理方面的封闭性，应建立校外专家的评议会制度，还要实施教师岗位限定任期的改革。(9)通过一定管理体制使基金组织和学校发挥各自的作用。(10)在教育长期发展规划中应建立资助私立学校的体制，应考虑改革奖学金制度和学费制度。(11)通过倡导课外活动和改善学生的学习生活环境，确保学生生活丰富多彩。(12)改革大学招生体制。

以上咨询报告的内容被文部省认可和采纳后，对日本70年代教育改革产生了指导作用。

1977年，日本文部省颁布了《关于改善中小学教学计划的标准》和《小学初中教学大纲》。1978年，又颁布了《高中教学大纲》。这些文件的基本精神是：重视德育和体育，培养协调发展的儿童，精选教学内容，培养儿童的创造能力，减少教学时数，增加儿童的课外活动，使儿童在轻松、愉快的学习生活中健康成长。

(二) 80年代以后的教育改革

80年代以后，日本教育改革基本上仍延续70年代的做法，但是更加深入和具体了。

1984年，日本国会批准成立的"临时教育审议会"(简称"临教审")和1987年文部省成立的"教育改革推进本部"(后改称"教育改革实施本部"),是80年代以来日本教育改革的领导机构。

"临教审"从1984年9月开始陆续召开多次听证会,反复调查研究并征求各方面意见,提出了一些咨询报告以及具体的改革建议。1987年8月提出的咨询报告具有代表性和权威性。该咨询报告提出,面向21世纪日本教育改革的目标、责任和使命,是培养青年一代具有广阔的胸怀、强健的体魄和丰富的创造力;具有自由、自律的品格和公共精神;成为面向世界的日本人。"临教审"提出的教育改革原则是重视个性的原则、国际化的原则、信息化的原则和向终身教育体制过渡的原则。

教育改革实施本部的宗旨,是按照"临教审"提出的改革方向把教育改革推向前进。

第六节 苏联和俄罗斯的教育改革

苏联卫国战争(1941～1945)的胜利不仅是苏联战场的胜利,而且是全世界反法西斯战线的重大胜利。第二次世界大战后,世界格局发生了新的变化,出现了社会主义和资本主义两大阵营的对峙形势。苏联作为与美国抗衡的大国,其战后各项事业的发展,包括科技和教育,都是在激烈的国际竞争背景下进行的。战后苏联的教育,主要经历了恢复时期和1958年、1966年、1977年、1984年几次重要教育改革。

一、1958年的教育改革

50年代前期,苏联普通中小学的教学任务主要是为高一级学校培养和输送合格的毕业生,所以,在教育过程中对生产劳动经验和生活经验的传播,以及劳动技能的训练有所忽视。随着普及义务教育的实现，中学毕业生面临的升学与就业两种出路与中学偏重升学的办学目标之间的矛盾越来越大。在这种情况下，当时苏共中央总书记赫鲁晓夫在1958年9月21日提出了《关于加强学校同生活的联系和进一步发展全国国民教育制度的建议》。它标志着战后苏联一场规模较大的教育改革的序幕正式拉开。

《建议》经过苏共中央和苏联部长会议讨论之后，同年11月12日正式通过，把文件题目中的"建议"二字改为"提纲"，提交给苏联最高苏维埃主席团审议。最高苏维埃主席团于同年12月24日正式通过这个文件，又把文件中的"提纲"二字改为"法律"。显然，苏联决策机关决心自上而下开展这场教育改革，并且以立法的手段为这次教育改革确定了基调。

《法律》的第一章对普通教育改革提出以下具体要求。（1）确立新的办学目标，明确中学的主要任务是培养青年走向生活，参加公益劳动，进一步提高普通教育和综合技术教育水平。（2）普及教育年限从七年延长到八年。初等教育仍为四年，然后是中等教育。中等教育前四年为第一阶段，称不完全中学教育，属于义务教育性质。（3）中等教育的后三年为中等教育的第二阶段。这段教育由三种教育机构实施：一是工人青年学校和农村青年学校，是在职学习机构。二是兼施生产教学的劳动综合技术普通中学，是一种全日制类型的学校，学习年限为三年。三是中等职业技术学校和其他中等专业学校，培养具有中等教育程度的熟练工人和技术辅助人员，学习年限为3~4年。（4）八年制学校的教育教学工作应当在科学基础知识的教学、综合技术性质的教学、劳动教育以及引导学生广泛参加适合其年龄的各种公益劳动相互结合起来的基础上进行。（5）扩大寄宿学校网，增加长日制学校和班级。

《法律》的第二、三章对职业学校、技术学校的改革提出以下具体要求。（1）改组原有职业、技术教育体制，设立城市和农村职业技术学校。（2）进一步改进中等专业教育制度，开办建立在八年制学校基础上的中等专业学校。

《法律》第四章对高等教育改革提出以下具体要求。(1) 规定苏联高等学校使命是培养精通科学和技术的相应部门的具备多方面知识的人。(2) 高等学校应优先录取具有从事实践工作经历的人入学。(3) 重视加强重点大学的建设,尤其是注重尖端专业的发展。同时,从1959年开始,所有全日制大学和高等学校都要同时开办夜大学和函授学校。

《法律》提出的教育改革在各地陆续得到了落实。到1964年,八年义务教育取代了七年义务教育,职业技术教育、高等教育都得到了加强。但是,从整体上看,这次改革是不成功的,存在不少问题。例如,生产教育与劳动活动占用了过多的学时,而且组织不善;优先招收有从事实践工作经历的人等做法,给高等学校的招生与教学工作也造成了很大的困难。此外,在当时苏联极度缺乏劳动力的情况下,将普通教育年限延长到11年,也是不可取的。①1964年8月10日,苏共中央和苏联部长会议颁布了《关于改变兼施生产教学的劳动综合技术普通中学的学习期限的决定》,文件把建立在八年制学校基础上的中学的学习年限由三年改为两年,标志着1958年开始的教育改革告一段落。

二、1966年的教育改革

在1958~1964年的教育改革之后,苏联政坛上发生了一些变化。面对西方教育改革运动的冲击,为适应国际竞争的需要和消除1958年以来教育改革带来的消极影响,苏共第23次代表大会强调了提高劳动人民普通文化知识水平和技术知识的重要性,提出要把提高专家培养质量当做头等任务。

1966年11月10日,苏共中央和苏联部长会议通过了《关于

---

① 参见滕大春主编:《外国教育通史》第6卷,第25页。

进一步改进普通中学工作的措施》。这个文件指出,在科技迅速发展的时代,学校的主要任务是:使学生获得牢固的科学基础知识,具有高度的共产主义觉悟,培养青年面向生活并能自觉地选择职业。《措施》对中学教学内容也提出了具体要求:(1)教学内容要符合科学、技术和文化发展的要求;(2)1~10年级科学基础知识的学习要有衔接性,要把教材按学年作较合理的分布,要从第四学年开始系统地讲授科学基础知识;(3)要删除教学大纲和教科书中过于烦琐和次要的材料,克服学生负担过重的现象;(4)1~4年级周学时的最高限额为24学时,5~10年级为30学时;(5)从七年级起开设选修课,目的是加深数理学科、自然学科和人文学科的知识,发展学生多方面的兴趣与才能。①

1972年6月20日,苏共中央和部长会议通过了《关于完成向青年普及中等教育的过渡和进一步发展普通学校的决议》;6月23日通过了《关于进一步改进职业教育体系的决议》;7月18日通过了《关于进一步改进全国高等教育的措施的决议》。这三个文件是对1966年以来的教育改革进一步深化,分别对普通教育、职业教育和高等教育提出了要求。其基本精神是加强基础知识教学,提高教育质量,教育要反映现代科学的最新成果,要适应科技生产力和社会发展的要求。这三个文件为1973年新的教育立法作了准备。

1973年7月19日,苏联最高苏维埃通过了《苏联和各加盟共和国国民教育立法纲要》。这是用法律形式将60年代中期以来的教育改革加以肯定。但是《立法纲要》在强调加强教育内容现代化和科学化、加强学生学习强度和难度的同时,又暴露出了与生产部门需要脱节的新的矛盾。于是,又出现了1977年的教育改革。

---

① 参见滕大春主编:《外国教育通史》第6卷,第28~29页。

三、1977 年和 1984 年的教育改革

1977 年 12 月 22 日，苏共中央和苏联部长会议通过了《关于进一步完善普通学校学生的教学、教育和劳动训练的决议》。《决议》确定普通中学是统一的劳动综合技术学校。《决议》指出，普通中学的主要任务是使学生深入掌握科学基础知识和在国民经济部门工作的劳动技能，只有认真掌握一定的职业技能，才能适应国民经济部门工作的需要。《决议》规定，增加劳动教学时间，九至十年级的劳动时数从每周两小时增加到四小时；加强对职业选择指导；根据学生的年龄特点安排他们参加公益劳动。《决议》虽然否定了《立法纲要》的有关精神，但并不是要恢复 50 年代末 60 年代初在学校中进行过的那种生产教学，而是要使劳动教育和教学在广泛的综合技术教育的基础上进行。

80 年代以后，苏联更加大了教育改革的力度。1984 年 4 月，苏共中央和苏联最高苏维埃分别通过了《普通学校和职业学校改革的基本方针》。此后，苏联又发布了一系列文件，使《基本方针》的贯彻更具有操作性。《基本方针》与 1977 年的教育改革文件相比内容扩大了，主要针对普通学校和职业学校两种教育，提出要使学生全面和谐发展。

《基本方针》确定，普通教育和职业学校改革的目的在于把学校工作提高到一个新的水平，使之与苏联发达的社会主义社会的条件和需要相适应。

《基本方针》指出，普通学校和职业学校要完成两个方面的任务。一是要大力提高教育和教学质量，把各门课程的教学保持在较高的科学水平上，让学生牢固掌握科学基础知识；与此同时，也更重视全面和谐发展教育，加强思想政治、劳动和品德教育，并使审美能力和身体发育得到改善。二是要彻底改善普通学校的劳动教育、教学和职业定向工作，加强讲课的综合技术方向性和实际方向性，大力扩大在职业技术教育系统中对高度熟练工人的培训，完成

向青年普及职业教育的过渡。《基本方针》规定，从 1986 年起，逐步实行儿童 6 岁入学，改变过去的 7 岁入学；普通学校由十年制改为十一年制，延长的一年时间加在小学阶段，使初等学校由三年制延长到四年制，形成了四五二学制；九年制的普通教育（小学四年，不完全中学五年）是进一步接受中等教育和职业教育的基础。完全的中等普通教育和职业教育将通过学校的 10～11 年级、中等职业技术学校和中等专业学校等三个渠道进行。它们都对青年实施完全的中等普通教育、劳动训练和职业训练，促使普通教育和职业教育互相渗透、互相结合、相互接近，朝着综合统一的方向发展。

1987 年 3 月 21 日，苏共中央公布了经过九个月全民讨论的《苏联高等和中等专业教育改革的基本方针》，这是苏联继 1984 年普通教育和职业教育改革之后把注意力转向高等教育的新的改革动向。这个文件的中心思想是提高和保证专门人才的培养质量，使之适应飞速发展的科学技术和国家社会经济对教育的要求。

到 1991 年苏联解体之前，苏联的教育发展在世界上是属于一流的。苏联教育的沿革虽然是曲折的，但是发展方向是积极的。

四、俄罗斯的教育改革

苏联解体后，独联体各国最初仍然延续了苏联自 80 年代中期以来教育改革的趋势，同时，各独联体国家也逐渐开展了一些适应本国特点的教育改革。

1992 年，俄罗斯作为独联体中最大的国家，制定了《俄罗斯联邦教育法》。这一法律奠定了俄罗斯国家教育政策的基础。

《俄罗斯联邦教育法》规定，教育要实行"人道主义""多元化"和"民主化"。教育内容应以保证个人的自我选择并为其实现创造条件，以发展公民社会、巩固和完善法制国家为最终目的。要使受教育者达到符合世界标准的教育程度和知识水平，具有符合世界标准的文化修养和职业修养水平，达到个性在世界文化和民族文化体系中的一体化，培养出与现代社会相适应并以完善此社会为己任的具有个性的公民、复兴和发展社会的人才。俄罗斯普通教育学校分为三级：普通初级小学、普通基础学校、普通中等（完全）学校。前两个学段为义务教育。初级小学有三年制和四年制两种，大多数学校为四年制；普通基础学校皆为五年制，从五年级到九年级；中等（完全）学校为高级中学，学制两年，从十年级到十一年级。

按照《俄罗斯联邦教育法》的规定，俄罗斯普通教育各级学校在教学过程中，采用多种教学计划，并把苏联的"标准教学计划"名称改为"基础教学计划"。基础教学计划是国家教育标准的组成部分。

为了实现普通教育学校课程的多样化，俄罗斯实行三级课程管理制度。普通教育的教学计划有三个级别：一是俄罗斯联邦（中央）普通教育基础教学计划，二是地区普通教育基础教学计划，三是普通学校的具体教学计划。

通过战后英、法、德、美、日、苏联和俄罗斯教育改革发展的进程，可以归纳出以下几点共同趋势。

第一，战后世界上主要发达国家都用立法的形式保障其普及义务教育的实施，普及义务教育的年限呈现了不断延长的趋势。

第二，教学内容的更新、课程体系的改革受到了各国普遍关注，其指导思想是让学生学到更加基本的、科学的、实用的、反映时代发展要求的知识，并形成相应的技能。

第三，职业技术教育已被各国视为促进经济发展的前提条件而加以改革。

第四，师范教育改革的重点是不断提高教师的质量，各国都采取了有效的改革措施。

第五，在高等教育的改革中，各国普遍实施拓宽大学课程领域、更新大学专业设置的改革。

第六，教育管理领导体制也有一些新的变化，各国在保留自己管理领导体制特色的同时，都在不断开展一些改革。

第七，战后世界上主要发达国家教育改革的动力，是在国际竞争中取得优势。80年代末，各国教育改革的目标都不约而同地提出要为下个世纪培养人才、迎接新世纪的挑战。这预示着21世纪国际竞争必然缺少不了教育的因素。

思考题

1. 战后主要发达国家在普及义务教育方面进行了哪些改革？
2. 联邦德国和日本职业技术教育改革的举措和经验是什么？
3. 英国《1988年教育改革法》的内容是什么？对我们有什么启示？
4. 苏联1977年以后的教育改革与其1958年和1964年的教育改革有什么联系？
5. 美国80年代以后教育改革的动向是什么？

第二十三章

现代欧美教育思潮

随着20世纪社会政治、经济和科学文化的发展,特别是在第二次世界大战后,由于科学技术的突飞猛进,许多新兴学科的兴起,以及教育改革和发展的新要求,在欧美国家中先后出现了一些新的教育思想流派。它们力图从不同角度对教育的理论或实际问题作出各自的阐述,从而形成了空前活跃的教育思潮。

第一节 改造主义教育

改造主义教育是在20世纪30年代从实用主义教育和进步教育中逐渐分化出来,到50年代形成的一种独立的教育思想。改造主义教育以实用主义教育的一个分支而著称。

在1929年资本主义世界经济危机之后,当时在美国教育界占据主导地位的实用主义教育和进步教育受到了严厉的批评。因此,一些原来坚持"儿童中心"理论的教育家要求学校更加注意它的社会责任。在1932年的进步教育协会全国代表大会上,康茨(G. S. Counts)作了题为《学校敢于建立一个新的社会秩序吗?》的著名演说,对当时的美国学校教育提出了挑战。1934年10月,他又和拉格(H. O. Rugg)等人组成一个称为"拓荒思想家"的团体并创办教育刊物——《社会拓荒者》。他们对实用主义教育和"进步教育"理论的具体论述作了修正,主张教育要少强调"儿童中心",多强调"社会中心",少关心"个人生长",多关心"社会改造"。

但是,改造主义教育作为一个独立的教育思潮是在布拉梅尔德(T. Brameld)于50年代中发表一系列著作后才最后形成的。他的《教育哲学的模式》《趋向改造的教育哲学》等著作,奠定了改造主义教育的理论基础。

改造主义教育理论可以概括为以下五个方面。

一、教育应该以"改造社会"为目标

在改造主义教育家看来,当今人们正生活在一个人类历史上最大的危机时期。他们惊呼"世界危机""文化危机",自称改造主义教育是"危机时代"的教育理论,能指导"社会改造"并能为社会的未来绘制蓝图。他们提出,教育的职责就是要设计并实现这样一种"理想社会":具有美国式的民主政治制度、富裕的经济、发展的教育、繁荣的科学和艺术。他们还希望通过教育建立"世界民主制度",以实现全世界范围内的和谐的人类秩序。正如布拉梅尔德说的:"应把教育视为一种手段,来促进一个新呈现出来遍及全世界的民主文化。"①

---

① 布拉梅尔德:《文化与哲学——对奈勒教授的答复》,见《现代外国社会科学文摘》,1959年第10期。

二、教育要重视培养"社会一致"的精神

改造主义教育家不同意实用主义教育只满足于眼前的生活、只重视"教育即生长"的个人目的，而强调教育应有一个清楚明白而又切合实际的社会目的，培养一种"社会一致"的精神。在他们看来，所谓"社会一致"，就是指不分阶级的人与人之间的合作关系，即通过共同协商来消除阶级分歧的一致意见，不仅在口头上一致，而且在行动上一致。布拉梅尔德强调说："社会一致"具有巨大的力量，"能给予智慧以一种创造的任务，当集体地运用智慧时，它能够对现在的利益与价值完成一种重新组织与重新解释的工作"。①

三、强调行为科学对整个教育工作的指导意义

改造主义教育家高度评价行为科学，甚至认为它应该成为改造教育的重要基础。布拉梅尔德强调说："这一个革命要求教育重新考察它整个传统结构，并考虑：(1) 编排教材的新方法，(2) 组织教学过程与学习过程的新途径，和 (3) 确定学校和社会的目的的新方法。"② 在改造主义教育家看来，培养"社会一致"的精神是一个学习过程，在这个学习过程中，要很好地利用行为科学，以行为科学为指导。

四、教学应该以社会问题为中心

基于"社会改造"这个目标，改造主义教育家强调首先应将课程与教学的目标统一于所谓理想社会这一目标，并把社会问题作为中心。主张课程以人文社会学科为主，教学应以问题为中心，重视

---

① 引自白恩斯、白劳纳著，瞿菊农译：《当代资产阶级教育哲学》，人民教育出版社 1964 年版，第 146 页。

② 华东师大教育系、杭州大学教育系编译：《现代西方资产阶级教育思想流派论著选》，人民教育出版社 1980 年版，第 76 页。

学科之间的联系。布拉梅尔德设计了一种与"理想社会"相对应的内容广泛的课程,涉及经济、政治、哲学、艺术以及人际关系等方面。至50年代,他又把它扩充为17~20岁的四年制学院的"轮状课程",学生从一年级起按学年依次学习社会的经济、政治、文化和心理等四个领域中的有关问题。

五、教师应进行民主的、劝说的教育

改造主义教育家强调教师应该通过民主的讨论、劝说教育,说服学生去"改造"他们所生活的社会,使学生坚信改造主义哲学,培养学生的"社会一致"精神。布拉梅尔德强调说:"我们既是教师,又是公民,有深刻的信念和所承担的义务,并且有无可非议的特殊爱好。我们不只是要邀请别人完全自由地检查我们的每一信念,而且还要致力于使绝大多数人接受我们的这些信念。"①

与实用主义教育和进步教育不同的是,改造主义教育更加强调教育是"社会改造"的工具。但是,改造主义教育也批判了与它同一时期出现的要素主义教育和永恒主义教育,并吸取了它们所阐述的某些教育观点。所以,连布拉梅尔德本人也承认"改造主义无疑地具有折衷主义性质"②。在50年代,改造主义教育虽然在教育理论上有一定的影响,但始终未成气候。

第二节 要素主义教育

要素主义教育是20世纪30年代末作为实用主义教育和进步教育的对立面出现的。1938年在美国成立的"要素主义者促进美国

---

① 布拉梅尔德:《趋向改造的教育哲学》,1956年英文版,第338页。
② 《现代西方资产阶级教育思想流派论著选》,第71页。

教育委员会",是要素主义教育形成的标志。其发起者有巴格莱（W. C. Bagley）、德米阿什克维奇（M. Demiashkevich）等。其中巴格莱被视为要素主义教育的主要代表人物。同一年，他发表的题为《一个要素主义者促进美国教育的纲领》，首次全面阐述了要素主义教育观点。

第二次世界大战以后，特别是50年代中期以后，面对当时美国学校教育质量严重下降的困境，为了适应与苏联争霸的需要，要素主义教育在美国教育界逐步兴盛，并成为一种颇有势力和影响的教育思潮。1956年，由贝斯特（A. E. Bestor）等人组织的"基础教育协会"也倾向于要素主义，旨在在中小学里设置更多的基础课程。1958年《国防教育法》的颁布，进一步促进和扩大了要素主义教育对60年代美国教育改革的影响。

在60年代，要素主义教育的重要代表人物是科南特（J. B. Conant）和里科弗（H. G. Rickover）。

要素主义教育理论具有以下要点。

一、与美国进步教育思想尖锐对立

要素主义教育家严厉批评了进步教育理论的缺陷，例如，完全取消了学业成绩的严格标准，造成学习成绩低劣；轻视学习的系统性和循序性，否定教材中的内在逻辑；排除要求严格而内容精密的学科，否认这些学科在陶冶和训练心智方面的价值；抛弃学校的权威和纪律，助长纵容和放任等。早在30年代末，巴格莱认为，进步教育的严重弊病已造成美国教育软弱无能，并从根本上削弱了美国的统治秩序。

第二次世界大战后，科南特等人进一步尖锐批评进步教育。他们认为，进步教育使中小学教育质量下降，更为严重的是使美国学校教育失去明确的方向，缺乏正当的目标，甚至走向荒废的边缘。

二、把人类文化的"共同要素"作为学校教育的核心

要素主义教育家认为,在人类的文化遗产中,存在着永恒不变的、共同的、超时间和空间的要素,它们是种族文化和民族文化的基础。在"民主"社会中,应该通过学校教育"使每一代人拥有足以代表人类遗产最宝贵的要素的各种观念、意义、谅解和理想的共同核心"①。巴格莱甚至强调,"包括这些要素在内的一个各门特殊学科的教学计划应当是民主教育制度的核心。"② "要素主义教育"的名称就是由此而来的。

要素主义教育家要求美国普通中小学重新审查它们的课程计划,以保证学生学到基础知识和基本技能。在60年美国教育改革中,他们特别强调"新三艺"(即数学、自然科学和外语),还强调必须按逻辑系统编写教材和进行教学。

三、教学过程必须是一个训练智慧的过程

要素主义教育家认为,蕴藏在儿童身上的智力和道德力量的资源不应该被浪费,这是学校教育的真正的根本利益之所在;学校要提高"智力标准",注重思维力的严格训练。贝斯特强调说:"真正的教育就是智慧的训练。"③ 所以,一切教育的目标应该是发展人的智慧力量。一些要求严格和对学生心智训练具有特殊价值的科目,应该在学校课程中占有重要地位。要素主义教育家还认为,要特别注重"天才"的发掘和培养,学校的社会责任是发现最有能力的学生,激发他们最大的潜力。

四、强调学生在学习上必须努力和专心

要素主义教育家指出,学习不能像实用主义教育和进步教育那

---

① ② ③ 《现代西方资产阶级教育思想流派论著选》,第158、159、172页。

样只强调儿童个人的兴趣和自由,只有强调"努力"才能实现最有价值的学习。对学生的学习应该坚持严格的学业标准,促使学生刻苦和专心地学习。如果有的学生对基本要素的学习不感兴趣,那就要强迫他们学习。因此,在教育和教学过程中,不能把学生的自由当做手段,而应该看做过程的目的与结果。

五、强调教师在教育和教学中的核心地位

要素主义教育家反对"儿童中心主义",认为应该"把教师放在整个教育体系的中心"①,充分发挥教师的核心地位的作用,树立教师的权威。在他们看来,在学生的学习过程中,没有教师的指导和控制是绝对不行的。为了使教师成为整个教育过程中的权威人物,要素主义教育家还认为,教师必须具有第一流的头脑和渊博的知识,精通所教科目的逻辑体系,深入理解学生在学习过程中的心理,具有把知识、事实、理论传授给学生的能力,懂得教育的历史和哲学的基础,并能全心全意地献身于自己的工作。

要素主义教育从它形成之初起就是一个有组织、有纲领的运动,对美国的学校教育产生过很大的影响。要素主义教育家提出的教育理论和策略曾受到美国政府的重视,其中一些被采纳为国家的教育政策。要素主义教育在西欧和苏联也有一定影响。但是,由于片面强调系统的、学术性的基本知识学习,加上所编教材脱离学校教育实际,因而受到社会和教育界一些人士的抨击。从70年代起,要素主义教育逐渐失去其优势地位,但仍有一定的影响。

第三节 永恒主义教育

在现代欧美教育思潮中,永恒主义教育是提倡复古的一种教育

---

① 尼勒:《教育学基础》,1963年英文版,第112页。

理论。它形成于 20 世纪 30 年代，其主要代表人物有美国的赫钦斯（R. M. Hutchins）、阿德勒（M. J. Adler），英国的利文斯通（R. Livingstone）和法国的阿兰（Alain）等。

永恒主义教育理论包含以下要点。

一、教育的性质永恒不变

永恒主义教育家认为，宇宙存在一种永恒的、绝对的、同一的实在，事物的变化被一种永恒的普遍法则所支配，并且总是以其不变的固有本质为基础。由于"人是理性的动物"，理性乃是人性中共同的最主要的永恒不变的特性。因此，建立在这种永恒不变的人性基础上并表现和发展这种人性的教育，在本质上也是不变的。每个时代的教育，每个地方的教育，对每个人的教育，在本质上是一样的。阿德勒强调说："如果人是理性的动物，在全部历史的时代中，其本性是永恒不变的话，那么不管处在什么文化和时代，每一种健全的教育方案中都必须具有某些永恒不变的特点。"①

二、教育的目的"是要引出我们人类天性中共同的要素"②

永恒主义教育家认为，既然在人类天性中存在共同要素——以理性为特征的人性，那么，教育的首要目的就应该是引出这种要素，对人施以"人性的教育"，使人的理性和精神力量得到充分的发展，达到人性的"自我实现"。而且，这种教育目的在每一个时代，每个社会都是相同的。正如赫钦斯说："如果教育是被正确地理解的话，那么，教育就是理性的培养。理性的培养对一切社会

---

① 引自陈友松主编：《当代西方教育哲学》，教育科学出版社 1982 年版，第 65 页。
② 《现代西方资产阶级教育思想流派论著选》，第 200 页。

里的一切人都同样是适用的。"①

三、永恒的古典学科应该在学校课程中占有中心地位

永恒主义教育家认为，从"永恒真理"中引申出来的"永恒学科"是发展"理性"的最好途径。赫钦斯强调说："有一些永恒课程，凡愿意自称受过教育的人应当予以掌握，如果那些课程构成我们理智的传统，那么，那些课程应当成为普通教育的核心。"② 永恒主义教育家所说的"永恒学科"，就是指历代伟大思想家的伟大著作，尤其是经历许多世纪的古代名著。在他们看来，古代、中世纪和现代各个时代的名著杰作超越了地域和时间的限制，是人类知识和智慧的宝库。

永恒主义教育家主张大学生必须阅读古代作家的名著，从中汲取那些永恒的东西。在中学课程方面，他们主张重新开设古典语言课程，为学生学习伟大的古典著作打好基础。在小学课程方面，他们强调在进行读、写、算的基本训练的同时，也应要求儿童熟记一些伟大的古典著作中的某些段落。

四、提倡通过教师的教学进行学习

永恒主义教育家认为，儿童的学习既然是为了开发他们内在的潜能，发展他们的理性，就应该通过教师的教学，激发学生的思维活动和理智训练。特别是在学习古典名著时，更需要在教师的指导下，让学生自己阅读和讨论，才能使学生深刻理解名著的内容，并认定一些伟大的思想家作为自己的榜样，像他们那样去思考。

永恒主义教育对进步教育的批评比要素主义教育更加激进，但从整体上来看，它并未提出什么新的价值判断标准。永恒主义教育

---

① 赫钦斯：《民主社会中教育的冲突》，1953年英文版，第69页。
② 《现代西方资产阶级教育思想流派论著选》，第202页。

与要素主义教育都倾向于传统教育,但双方也有分歧,特别是在如何对待西方古典名著和现代科学技术知识的问题上存有异议。

作为一种教育哲学思想,永恒主义教育在教育理论上有一定影响,但在教育实践中的影响范围不大。特别是由于永恒主义教育的复古态度,把学生的学习限于古典著作,因此遭到了许多人的批判。改造主义教育家就尖锐地指出:永恒主义教育是把历史的时钟往后拨,脱离了现实社会。

第四节 新托马斯主义教育

在现代欧美教育思潮中,新托马斯主义教育是提倡宗教教育的一种教育理论。20 世纪 30 年代产生于意大利、法国等西欧国家,第二次世界大战后,也曾在美国流行。

新托马斯主义是中世纪天主教神学家托马斯·阿奎那(T. Aquinas)的经院哲学在现代的复活。其标志是 1879 年罗马教皇利奥十三世(Leo XIII)以特别通谕宣告托马斯·阿奎那的神学是天主教会的"唯一真正的哲学",号召"重建托马斯主义"。"新托马斯主义"一词,则首先出现在 1894 年比利时卢汶哲学协会出版的《新经院哲学评论》上。

实质上,新托马斯主义教育也主张复古,因此,它有时也被归入永恒主义教育一派。但是,它又与永恒主义教育不同,以经院哲学为理论基础,主张把宗教教育作为教育的核心和最高的目标。

新托马斯主义教育思想的主要代表人物是法国的马里坦(J. Maritain)。他的主要教育著作有:《教育处在十字路口》《托马斯主义教育观》等。

新托马斯主义教育理论可以概括为以下几个方面。

一、教育应以宗教为基础

新托马斯主义教育家一方面试图调和信仰与理性，但又强调理性要服从宗教信仰。他们认为，每个人都是上帝的后嗣，所以应该培养统一于神性之上的共同人性。在新托马斯主义教育家看来，教育应该以宗教为基础，以神性为最高原则，如果学校脱离了宗教，排除宗教教育，那就违背了教育的最高原则。针对第二次世界大战后世界上出现的"文明危机"以及宗教与生活之间的分裂，他们强调应该通过宗教教育使人的精神在神性的感召下获得解放。

二、教育的目的是培养真正的基督教徒和有用的公民

新托马斯主义教育家把学校看做自然和上帝为了培养人而提供的一种机构，强调学校教育的目的首先是培养虔信上帝、热爱上帝和服从上帝的人。教皇庇护十一世（Pius Ⅺ）曾说："基督教教育的正当和直接的目的是与神恩合作培养真正的与完全的基督教徒。"① 但是，他们又认为，基督教徒和公民两者之间并不矛盾，而是一致的。"一个好的天主教徒，正因为他的天主教原则，使他成为更好的公民，爱护他的国家，效忠于每一个合法的政府所构成的政治权威。"②

三、实施宗教教育是学校课程的核心

新托马斯主义教育家认为，为了对学生进行道德上的再教育和培养他们的宗教信仰，学校的一切课程都应该贯串宗教教育，每一级学校的教学与学校组织，以及每一部门的教师、教学大纲和教科书都要受基督教精神的约束。为使各级学校的学生都接受宗教教义的教育，以培养自己具有基督教的虔诚信仰，在学校中必须开设神学课程。对于宗教教义以外的学科，特别是人文学科，也必须以宗

---

① ② 引自白恩斯等著：《当代资产阶级教育哲学》，第92、89页。

教原则为灵魂，渗透基督教精神。

四、教育应该属于教会

新托马斯主义教育家强调"教育特别是属于教会的"①，"教育的使命主要属于教会"②。因为教会具有上帝专赐的权力，具有家庭和公民社会所没有的那种使人们灵魂得救的"超自然"的权力。在新托马斯主义教育家看来，人一生下来就要受到家庭、学校和教会的三种教育，构成一个以宗教教育为核心的完整的教育体系。教会要监护上帝的后嗣在所有公私教育机构里的学习，不仅包括宗教教育，而且包括一切的课程学习。

在现代社会物质文明迅速发展的时代，新托马斯主义教育在欧美国家的一些学校里，特别是在天主教会的学校里曾产生了一定的影响。但新托马斯主义教育存在着连它自己也难以自圆其说的矛盾，从而必然陷入难以自拔的窘境。

第五节 存在主义教育

存在主义教育是一种以存在主义为其哲学基础的教育理论。20世纪中期流行于美国和西欧各国。

存在主义是现代西方哲学的一个流派。它的创始人是丹麦基督教哲学家克尔凯郭尔（S. A. Kierkegard）。其主要代表人物是德国的雅斯贝尔斯（K. Jaspers）和海德格尔（M. Heidegger）、法国的萨特（J. Sartre）以及奥地利的布贝尔（M. Buber）等。

第二次世界大战后，德国教育人类学家博尔诺夫（O. Bollnow）、美国教育家尼勒（G. Kneller）把存在主义应用于教育理

---

① ② 引自白恩斯等著：《当代资产阶级教育哲学》，第64、69页。

论，形成了存在主义教育思想。在存在主义哲学家中，撰写关于教育问题著作的人并不多，其中，布贝尔曾写过《我和你》《人与人之间》以及《生存的对话：哲学和教育学全集》等著作，因而被看成是存在主义教育思想的主要代表人物。

存在主义教育理论可以概括为以下五个方面。

一、教育的本质和目的在于使学生实现"自我生成"

存在主义教育家认为，作为教育对象的人，从根本上说，也不外是按照他自己的意志而造就他自身。所以，教育的本质和目的在于人的"自我生成"或"自我创造"，或者说，"教育是发展关于自由选择以及对选择的意义和责任的认识的过程。"① 教育应该使学生通过"自我表现""自我肯定"而意识到自我的存在，并能作为一个自由的人更好地生活下去，实现"自我完成"。布贝尔强调说："教育的目的不是告知后人存在什么或必会存在什么，而是晓喻他们如何让精神充盈人生，如何与'你'相遇。"② 尼勒也指出："对真正的自由和个人的独特性的坚决肯定是存在主义为今日的教育哲学提出的动人的使命。"③

二、强调品格教育的重要性

存在主义教育家认为，"名副其实的教育，本质上就是品格教育。"④ 在学校教育中，教材本身并没有价值，知识只是学生个人借以发展自我认识和养成自我责任感的工具，知识可以使人从无知和偏见中解放出来并养成自由选择的能力。因此，"课程的全部重

---

① A.C.奥恩斯坦著，刘付忱等译：《美国教育学基础》，人民教育出版社 1984 年版，第 113 页。
② 布贝尔著，陈维纲译：《我与你》，三联书店 1986 年版，第 60 页。
③ 引自白恩斯等著：《当代资产阶级教育哲学》，第 105 页。
④ 《现代西方资产阶级教育思想流派论著选》，第 299 页。

点必须从事物世界转移到人格世界。"① 但是，存在主义教育家并没有否定知识教育，而是强调必须修正对知识的看法，即不能传统地把传授知识看做学生准备谋求职业的工具，而应该看做学生认识"自我存在"和发展"自我"的手段。

三、提倡学生"自由选择"道德标准

存在主义教育家认为，人的自由就是人的存在，但这种自由只是个人的"自由选择"，即个人对自己所做的一切负责。所以，尼勒说："任何道德体系的目的应当是扩大所有人的选择的自由。"② 他们反对客观的道德标准，认为如果要学生服从外界规定的道德标准，必将会损害他认识"自我"。在存在主义教育家看来，道德教育的基础应该是让享有充分自由的学生有权自己选择道德标准，并承受自己行动的后果，而不是去接受一些永恒的道德原则。尼勒强调说："不是自由选择的价值是没有价值的。"③ 因此，道德教育的任务主要是使学生具有独立意识、自尊心，养成自主、自律的精神。

四、主张个别教育的方法

存在主义教育家认为，团体教学的方法趋于统一化和标准化，不区别对待每个儿童，因而只会抑制和阻碍学生个人的发展，不利于学生认识"自我"和发展"自我"。他们十分推崇古希腊苏格拉底的问答法，认为那是理想的教学方法，因为学生用这种方法学到的将是他自己肯定为真实的东西。为此，他们强调教学应是一种师生之间的真正的对话。布贝尔说："如果把教师只认作是一个传道授业者，那么，教学就不可能是一种真正的对话。"④ 但是存在主义

---

① 《现代西方资产阶级教育思想流派论著选》，第298页。
②③④ 引自白恩斯等著：《当代资产阶级教育哲学》，第112、115、113页。

教育家也不完全排斥集体教学，认为集体教学的目的是教育个人，使个人得到更好的"自我发展"。

五、师生之间应该建立信任的关系

存在主义教育家反对传统的师生观。尼勒认为，实在主义视教师为知识的灌输者，唯心论视教师为人格的师表，实用主义视教师为帮助解决问题的指导者，而存在主义则视教师为对学生自我实现的影响者，即认为教师的作用是利用他自己的人格和知识，引导学生认识"自我"和发展"自我"。所以，可以说，"教师的任务是在学生走向自我实现的途程中帮助每一个学生个人。一个好的教师是自己作为一个自由的活动者；他的影响不是暂时的，而是要延长到成年生活。"① 但是，在存在主义教育家看来，师生之间又应该是平等的和互相信任、互相尊重的，并具有一种民主的气氛。

存在主义教育提出了不同于传统教育和实用主义教育的观点，其中有一些观点是具有积极意义的，例如，强调个性的发展，主张教育个性化，提倡积极的师生关系等。存在主义教育思想曾对欧美国家的青年学生产生很大影响。但是，由于其本身存在的消极因素，致使它在教育工作实践中的影响甚为有限。

第六节 新行为主义教育

新行为主义教育也是一种比较有影响的现代欧美教育思潮。它是从行为主义心理学（亦简称行为主义）发展而来的。行为主义心理学开始流行于20世纪初，其主要代表人物是美国心理学家华生（J. B. Watson）。行为主义心理学家否定了传统心理学的研究对

---

① 引自白恩斯等著：《当代资产阶级教育哲学》，第113页。

象——意识，认为心理学是一门行为科学。他们还反对传统心理学的"内省法"，强调运用观察和实验研究行为的"客观法"。

20世纪30年代，一批行为主义心理学家试图对行为主义进行改造，于是产生了新行为主义。它的主要代表人物是美国的托尔曼（E. C. Tolman）、赫尔（C. H. Hull）、斯金纳（B. F. Skinner）和加涅（R. M. Gagne）等，其中对现代欧美教育思想影响最大的是斯金纳。1954年，他发表的《学习的科学和教学艺术》一文被认为是新行为主义教育的宣言书。1958年和1968年，斯金纳又分别出版了《教学机器》和《教学技术学》，提出了程序教学理论，设计了教学机器，因而被称为"教学机器之父"。20世纪60年代是新行为主义教育的鼎盛时期。

新行为主义教育理论可以概括为以下四个方面。

一、教育就是塑造人的行为

新行为主义心理学家斯金纳依据他对鸽子、白鼠、猴子的实验研究，认为有机体的一切行为都是由反射构成的，它可分为基于刺激型条件反射的应答性行为和基于操作性条件反射的操作性行为。所谓操作性行为，即有机体作用于环境而产生某种结果的行为，其规律表现为：如果一种操作发生后接着给予强化，就会增加这一操作的强度或概率。在斯金纳看来，学习过程就是操作性条件反射过程，人的一切行为几乎都是操作性条件反射和积极强化的结果，因此，任何行为也都是能够设计、塑造和改变的。教育和教学就是塑造人的行为。

二、程序教学

新行为主义教育家认为，一切有机体的学习过程都表现出非常相似的属性。对于学生的知觉和思维等领域的行为训练，也可以达到与训练动物同样严密的程度。因此，在教学领域，应采用两种方法去控制学生的行为:第一,安排好强化列联以塑造学生的行为;第二,提供强化,使行为在长时间内保持在一定的强度水平上。由于课堂中学生的学习行为也是可操纵的因素的函数,教师应该按程序进行教学,注意"逐步精心构成非常复杂的行为模式和在每一阶段保持行为的强度"①,以便在教学中进行程序的控制和有效的强化,提高教学的效果。斯金纳提出,程序教学的基本原则:一是积极反应;二是小步子;三是及时强化;四是自定步调。

三、让学生在学习中运用教学机器

新行为主义教育家认为,为了使学生的学习行为得到及时的和足够数量的强化,必须改进教学方法和技术。对人类学习过程的最有效控制应该得到工具的帮助,提供积极的强化条件。在他们看来,这种工具就是依据程序教学理论设计的机械装置(教学机器)。"机器像一个优秀的导师一样,坚持要学生在进行下一步之前一定达到彻底的理解,一个个框面地理解或一套套地理解。"② 这样,即使"一个很微小的强化,如果使用得好,在控制行为上可能产生极大的效果"③。新行为主义教育家认为,教学机器具有许多优点,例如,能对学生正确的答案及时强化并有足够的强化次数和作用,能使学生按自己可以接受的进度前进,能使教师从批改作业等烦琐事务工作中摆脱出来等。

四、教育研究应该以教和学的行为作为对象

新行为主义教育家认为,在新行为主义理论指导下的教育研究可以分为两种:一是观察教的行为与学的行为的关系,以选择和判

---

① ③ 《现代西方资产阶级教育思想流派论著选》,第324、323页。
② 普莱西等著,刘范等译:《程序教学和教学机器》,人民教育出版社1964年版,第82页。

断哪一种教法有效,哪一种教法无效;二是教育目的行为化后,可以从学生行为的改变程度来判断教育和教学工作的效果。教师应该研究教学过程中具有操作性的学习理论以及教学方法和技术。

20世纪60年代,不少西方教育家在新行为主义教育思想指导下对程序教学进行了实验研究,有的学者甚至把新行为主义教育及其程序教学看成是运用现代化教学手段的开始。从某种意义上讲,新行为主义教育有助于学习理论的发展,并为计算机辅助教学的发展开辟了道路。但是,应该看到,新行为主义教育家忽视人类学习和动物学习的本质差别,把人类的学习简单地归结为操作性条件作用,所设计的程序教学和教学机器也明显具有机械主义的特征。

第七节 结构主义教育

结构主义教育是一种在现代欧美国家广泛流行、影响很大的教育理论。它是以瑞士心理学家皮亚杰(J. P. Piaget)的认知心理学为基础的。其主要代表人物是美国心理学家布鲁纳(J. S. Bruner)。

皮亚杰在研究儿童认识发展的过程和结构的基础上,创立了发生认识论。他认为,每一个认知活动都有一定的认知结构。儿童的认知结构不同于成人的认知结构,因此,一切教育和教学都应该了解儿童认知结构发展的规律以及与成年人心智发展的关系,并据此来编写教材和进行教学。这个学派的研究和活动中心在日内瓦,故又称"日内瓦学派"。

第二次世界大战后,皮亚杰的心理学理论传入美国。从20世纪60年代起,布鲁纳把皮亚杰关于儿童认知结构发展的理论应用到教学和课程改革上,创立了结构主义教育理论。他的《教育过程》一书阐述了认知、发展和教学统一的教育观,曾被一些教育评论家称为"最重要的和最有影响的教育著作之一"①。

结构主义教育理论可以概括为以下几个方面。

一、强调教育和教学应重视学生的智能发展

结构主义教育家认为,教育和教学的重要任务,就是依循儿童的认知发展规律,促进儿童的智能发展。皮亚杰反对用刺激—反应的联系来解释学习,强调学习必须建立在业已发展的智慧结构基础之上,同时又要促进智慧的发展。他说:"一个教师最应做的事不是纠正儿童的格式,而是向儿童提供他可以自我改正它们的情境"②,以激发儿童重组自己的认知结构,达到新的发展。布鲁纳也指出:"教学理论必须探讨学生学习的心理发展变化过程,教学理论才能完美,才能使人的心理能力得到最大的发展。"③

二、注重教授各门学科的基本结构

结构主义教育家认为,知识是人们赋予经验中的规律以意义和结构而构造起来的模式。任何一门学科,都可以归成一系列由基本概念和基本原理组成的基本结构。教授任何一门学科,主要是使学生理解和掌握这门学科的基本结构,以及该学科所特有的研究方法。因此,课程应以各门学科的基本结构为中心。他们还认为,智力活动是一种连续的构造过程,教师必须以结构的观点来考虑学生的心智发展。学生越注重学习各门学科的基本结构,就越能容易地掌握整个学科,并有助于知识的记忆,促进知识的"迁移"。因此,布鲁纳提出了一个重要的假设:"任何学科都能够以智育上是诚实

---

① 布鲁纳:《教育过程》,上海人民出版社1973年版,"译者说明"。
② 转引自赵祥麟主编:《外国教育家评传》第3卷,第643页。
③ R. 格拉泽:《教学心理学的过去、现在和未来》,见《美国心理学家》(英文)1982年3月。

的方式，有效地教给任何发展阶段的任何儿童。"①

三、主张学科基础的早期学习

结构主义教育家十分重视儿童的早期学习。他们从教育可以促进智慧发展的观点出发，认为儿童完成"学习准备"的状态并不是随生理年龄的增长而主要是随环境和教育的作用而进展的，因此，教育不应消极地静待儿童自然成熟的到来，而应积极创造条件，使儿童尽可能早地开始学习某些学科的基本结构。当然，为了让儿童尽早开始学习，需要把知识改造成为一种与儿童的智力发展和思想方式相适合的形式，并通过儿童自己能触摸到的具体材料来学习。

四、提倡"发现学习法"

结构主义教育家认为，学习是一种过程而不是结果。学习过程类似于人类探求知识的过程。因此，他们提倡"从发现中学习"的方法。在他们看来，"发现"不只限于寻求人类尚未知晓的事情，确切地说，它也包括用自己的头脑亲自获得知识的一切形式。教师在教学中应该鼓励学生利用教师或教材所提供的材料，通过自己的"发现"来学习，亲自去"发现"应该学到的学科基本结构或规律，成为一个"发现者"。结构主义教育家认为，科学家的发现与小学生的发现两者都是属于用自己的头脑亲自获得知识的行为，都是一个主动的过程，其间的差别仅仅在程度上，而不在性质上。

五、教师是结构教学中的主要辅助者

结构主义教育家认为，在现代社会，尽管应该充分运用各种教学辅助工具，但教师仍然是教学过程中的主要辅助者。教师应该注

---

① 《现代西方资产阶级教育思想流派论著选》，第392页。

意对教育和教学过程的动态研究,从儿童的心理能力出发,经常考虑一门学科的基本结构在学习中的作用以及如何使学生理解和掌握该门学科的基本结构。为了促进学生智力的发展,在结构教学中,教师也应该使用一些教学装置或教学辅助工具,但这些装置或工具并不能替代教师的作用。

结构主义教育思想把认知发展与教育统一起来,为心理学研究和教育研究的互相协作提供了一个范例,提出了一些值得研究的问题,对现代西方课程论影响很大。由于结构主义教育思想力图从课程和教材的改革着手寻找教育的对策,因此,它成了60年代美国课程改革的指导思想。但是,结构主义教育的某些观点带有一定的片面性,有的想法也过于天真和理想主义,致使课程和教材偏难,也引起了人们不同的评论和争议。

第八节 分析教育哲学

分析教育哲学主张把分析哲学作为一种方法广泛应用于教育理论。它是一种早期"元教育哲学",注重教育名词和概念的分析,而不求系统的教育理论。分析教育哲学的主要代表人物是美国的谢夫勒(I. Scheffler)和索尔蒂斯(J. F. Soltis)、英国的奥康纳(D. J. O'Conner)和彼得斯(R. S. Peters)。美国的哈迪(C. D. Hardie)早在20世纪40年代就发表过《教育理论中的真理与谬误》一书,明确提出要用分析哲学的方法来讨论教育问题。

与传统的哲学不同,分析哲学强调用逻辑方法和语言分析方法来澄清一些基本概念。谢夫勒强调说:"哲学分析的主要任务是对基本概念和论证方法的澄清。"① 具体来讲,分析哲学有两个特点:

---

① 引自赵祥麟主编:《外国教育家评传》第3卷,第778页。

一是认为哲学的任务不是建立一个系统和主义，也不是追随普遍的定义，而是对名词和概念进行分析；二是认为哲学的作用不在于增加知识，而在于"清思"，即分析概念、命题及问题，把思想搞清楚，用清晰的概念来取代混乱的思想，并说明这些概念的正确使用以及它们之间的相互关系。

分析哲学有两个分支。一是逻辑实证论。它的目的是对科学语言进行逻辑分析，发展一种比普通语言更加确切的逻辑符号语言。在它看来，哲学的任务是逻辑分析。它不创造新的知识，而是通过分析名词的意义以及名词之间的关系来阐述旧知识。二是语义分析学。它的目的是试图发展澄清名词和概念的方法。在它看来，哲学的目的是语义分析，弄清日常语言中的词和句子或表达方式及其意义，不仅要仔细分析以经验为依据的陈述句，也要仔细分析定义、道德的陈述句。因此，首要的是要创立所使用的语言分析标准。

从20世纪50年代起，一些西方学者认为，哲学作为一种分析的和澄清思想的方法可以用于任何问题，包括教育问题。于是，分析哲学被应用于教育理论。奥康纳指出："哲学并不是通常所谓的知识，而是一种批判或说明的活动。这样的哲学对包括教育理论问题在内的一切问题的任何题材都有影响。"[①] 其中，受到逻辑实证论影响而形成的分析教育哲学的特点是，强调教育的实际状况总是反映在一定的"手段—目的"的逻辑模式之中，以奥康纳为代表。受到语义分析学影响而形成的分析教育哲学的特点：一是把教育概念的普通语言应用作为分析的主要对象，以索尔蒂斯为代表；二是把教育概念的逻辑前提作为分析的主要对象，以彼得斯为代表。由于教育理论的表达方式是规范式的，因此，创立使用语言分析标准的语义分析学对于教育的影响比逻辑实证论更为直接。

受当代英国分析哲学影响很大的哈佛大学教授谢夫勒则力图把

---

① 《现代西方资产阶级教育思想流派论著选》，第416页。

分析教育哲学的两个分支结合起来。他认为,教育家必须有一个新的开端,重新对教育理论中所使用的术语下定义,对诸如"教育""教学""学习"等一些名词进行严密的逻辑分析和语言分析。谢夫勒强调指出,分析教育哲学的"精髓是批判的严格性而不是教义,它的重要意义最好是用具体例子的检查来阐明"①。这样,可以帮助教师澄清一些教育概念,加深教师对怎样进行教育和教学的理解。

总之,分析教育哲学的各派比较一致地认为,在以前的教育理论中,教育术语和概念是十分混乱并被人误解的;在教育哲学系统和大纲的标题下所写的许多东西,助长了标语口号化的体系和盲目的信仰。因此,注意正确使用教育术语,应该是教育哲学研究工作的第一步。

在对教育名词和概念进行分析时,分析教育哲学家提出了两个具体方法。一是举出反例子。他们认为,一个教育名词有个定义,那么所有能表示这个教育名词的例子都需要符合这个定义。如果人们能对已分析的教育名词和概念列举出反例子,那就说明原来对这个教育名词和概念分析不完善,需要重新进行分析。二是解决先决问题。他们认为,在分析教育概念和名词之前,首先要注意是否有先决问题。如果有,首先就要解决先决问题,然后才能进行分析。例如,在分析"好教师"这一概念之前,首先要分析"教"的概念,因此,"教"的概念的分析就是分析"好教师"这一概念的先决问题。分析教育哲学的影响主要是引起教育理论研究者重视语言和逻辑分析在表述教育概念或命题中的作用,对在教育理论中严格地、正确地使用各种教育术语和概念无疑是有帮助的。尤其值得注意的是,索尔蒂斯要求把传统的研究视野与现代的分析方法结合起来。但是,由于分析教育哲学夸大分析哲学方法的作用,就有可能把教育理论的一些根本问题湮没在空泛的、烦琐的字句分析之中。

---

① 白恩斯等著:《当代资产阶级教育哲学》,第161页。

第九节 终身教育

在现代欧美教育思潮中,终身教育是一种在国际上具有重要影响的教育理论。20 世纪 50 年代中期产生于法国,60 年代后在世界上得到了广泛的传播。

1956 年,"终身教育"概念首先出现在法国议会的立法文件上。但从历史的角度来看,终身教育思想可以追溯到文艺复兴时期的成人教育活动实践和理论。第二次世界大战后,为了解决共同面对的问题,在联合国教科文组织的协调下,许多国家在强调对制度化教育进行改革的同时,开始重视非制度化教育,提出今后的教育应该能够在每一个人需要的任何时候以最好的方式提供必需的知识和技能。1965 年 12 月,联合国教科文组织在法国巴黎召开了国际成人教育促进委员会第三次会议,主持会议的法国教育家朗格郎(P. Lengrand)首次以"终身教育"为题作了总结报告。1972 年,国际教育发展委员会主席、前法国教育部长富尔(E. Faure)主持撰写的调查报告:《学会生存——教育世界的今天和明天》出版,明确建议将终身教育作为发达国家和发展中国家在今后若干年内制定教育政策的指导原则。于是,终身教育成为一种受到许多国家关注的有影响的国际教育思潮。

终身教育的主要代表人物是法国成人教育理论家朗格郎。他的《终身教育引论》一书被公认为终身教育思想的代表作。

终身教育理论可以概括为以下三个方面。

一、终身教育是现代社会的需要

终身教育家认为,现代人面临着一系列挑战,例如,世界变化速度的加快、人口的增长、科学知识和技术的迅速进步、政治基础和经济结构的变革、大众传媒的出现等。这些来自人类生存环境改变的挑战,向人们提出新的教育问题和教育需要,呈现出前所未有的广泛性、复杂性和不可预见性,要求人们在智力、体力、情感等方面作好准备。朗格朗强调说:"这些问题和需求的广泛程度和复杂性将动摇整个教学观念和教学方法的基石。"① 在他看来,能够使人在各方面作好准备并应付新的挑战的教育模式和教育观念就是终身教育。

终身教育有其特定的含义。它包括教育的各个方面、各项内容,从一个人出生的瞬间起一直到生命终结时止的不间断的发展;也包括在教育发展过程中的各个阶段之间的紧密而有机的内在联系。朗格朗明确指出:"教育,不能停止在儿童期和青年期,只要人还活着,就应该是继续的。教育必须以这样的做法,来适应个人和社会的连续的要求。"② 在终身教育家看来,教育是贯穿人的整个一生以及人的发展各个阶段的持续不断的过程,教育和训练的过程并不随学校学习的结束而结束。因此,终身教育并不是传统教育的简单延伸,而是包括一切正规教育、非正规教育以及非正式教育。

二、终身教育没有固定的内容和方法

终身教育家认为,终身教育没有固定的内容。其任务是为了使人"学会学习",即养成学习的习惯和获得继续学习所需的各种能力,更好地应付新的挑战。终身教育也没有固定的方法。由于终身教育的目的是为了适应作为肉体的、智力的、情感的、性别的、社会的以及精神存在的个人在各个方面和各种范围的需要,因此,应该把教育看成一个过程,运用更好地显现个性的、灵活的方法。

---

① 朗格朗著,周南照等译:《终身教育引论》,中国对外翻译公司1985年版,第22页。
② 引自持田荣一等编,龚 同等译:《终身教育大全》,中国妇女出版社1987年版,第446页。

由此出发，终身教育家提出了一些新方法的规则：一是强调学生而不是强调课程；二是把教育看做一个过程而不仅是知识的传授；三是注重对儿童个人所作的质量上的评价；四是使每一个人都能发挥其才能和运用其经验，并采用小组学习制度；五是不能把儿童当成小大人来对待；六是尽可能少作鉴定；七是尽可能广泛地把教育与生活联系起来；八是采用适当的方法实施早期教育。①

三、终身教育是未来教育发展的战略

终身教育家认为，教育的整个未来是与建立并实施终身教育制度联系在一起的。未来的教育就其整体和自我更新的能力来看将取决于终身教育。终身教育对于实现教育机会均等和建立学习化社会无疑是有积极意义的。

各个国家应该根据自己国家的具体情况来提出其终身教育的模式。为此，朗格郎提出了一些原则，那就是："要保证教育的连续性以防止知识过时；使教育计划和方法适应每个社会的具体要求和创新目标；在各个教育阶段都要努力培养新人，使之能适应充满进步、变化和改革的生活；大规模地调动和利用各种训练手段和信息；在各种形式的行动（技术的、政治的、工业的、商业的行动等）和教育的目标之间建立密切的联系。"②

终身教育模式的确立有助于教育民主化。社会也应该对每一个人受教育的权利提供终身保障。瑞士教科文组织全国委员会秘书长赫梅尔（C. Hummel）强调指出："没有终身教育，也许就不可能有任何真正的民主化。"③

终身教育模式的确立有助于冲破传统学校的僵化体制，采取灵

---

① ② 参见朗格郎著：《终身教育引论》，第 132～133、65 页。
③ 赫梅尔著，王静、赵穗生译：《今日的教育为了明日的世界》，中国对外翻译出版公司 1983 年版，第 39 页。

活多样的组织形式、教学内容和教学手段。按照"终身教育"的设想，从学校毕业不再是教育的终结，而是新教育的开始。

终身教育理论自20世纪60年代中期兴起后，在教育领域中正在引起广泛而深刻的革命。终身教育成为学习化社会的象征。赫梅尔曾说："可以与哥白尼学说带来的革命相媲美的终身教育概念的发展，是教育史上最惊人的事件之一。"① 70年代以后，世界上许多国家把"终身教育"作为教育改革和发展的战略重点。

第十节 人本化教育

人本化教育是20世纪70年代后在美国盛行的一种现代教育思潮。它以人本主义心理学为理论基础，把人本主义心理学直接应用于教育领域。人本化教育试图通过挖掘人类理智与情感诸方面的整体潜力来确立人的价值。它的兴起直接起因于对50年代中期以后的"主知主义"教育的批判。1962年，以库姆斯（A. W. Combs）为主席的美国管理和课程发展协会的年鉴发表了题为《理解，行为，形成——一种新的教育焦点》的专题文章，阐述了人本化教育理论。正如瑞士教育家胡森（T. Husen）所说："或许过去十年来人本主义所反对的极端理智主义的钟摆，现在正回到更适当的位置上，人们正在认识到情感与认知之间的一种更重要的平衡。"②

从理论上来看，人本化教育思想不仅在某些方面继承了西方的人文主义教育传统，受到了20世纪兴起的各种人本主义思潮特别

---

① 赫梅尔著，王静、赵穗生译：《今日的教育为了明日的世界》，中国对外翻译出版公司1983年版，第22页。
② 胡森主编：《世界教育百科全书》第4卷，1985年英文版，第2349页。

是人本主义心理学的影响,而且与实用主义教育、存在主义教育也有着一定的联系。

人本化教育的主要代表人物是美国人本主义心理学家马斯洛(A. H. Maslow)、罗杰斯(C. Rogers)、弗罗姆(E. Fromm)、奥尔波特(G. W. Allport)等。

人本化教育理论的要点如下。

一、强调教育的目标是培养"完整的人"

人本化教育家认为,教育的目的就是人的自我实现、完美人性的形成以及人的潜能的充分发展。这种人首先是整体的人。他们不仅在身体、精神、理智和情感各方面达到了整体化,而且在人的内部世界与外部世界的联系方面也达到和谐一致。其次,这种人是形成过程中的动态的人。他们具有强烈的成长需要,不断产生前所未有的需要,不断获取新经验和探求新事物。还有,这种人是具有创造性的人。他们具有创造性地做任何事情的一种倾向、一种特殊的洞察力、一种创造性的人格,并总是处于创造过程之中。

人本化教育家对培养"自我实现"的人的最终要求在于培养健康的人格,因此,他们十分重视人格教育。马斯洛强调说:"自我实现的创造性首先强调的是人格,而不是其成就。"① 在人本化教育家看来,未来教育所面临的最大挑战,就是怎样去培养具有整体性、动态性和创造性人格特征的自我实现的人。

二、主张课程人本化

人本化教育家认为,传统的课程模式、固定的大纲以及严格的记分标准和单一的考试制度不利于学生的发展,实质上忽视了学生

---

① 马斯洛著,李文湉译:《存在心理学探索》,云南人民出版社1987年版,第139页。

作为整体的人的本性以及个人潜能的不断实现，忽视了学生行为的主体意义。因此，他们提出"一体化"的课程，主张课程内容应建立在学生的需要、生长的自然模式和个性特征的基础上，应体现出思维、情感和行动之间的相互渗透和相互作用，应与学生的生长过程有机地联系起来。美国教育学者麦克尼尔（J. D. MacNeil）曾这样说："自我实现的人这一理想是人本主义课程的核心。"①

人本化教育家不仅注意课程内容的人本化，而且注意强调情感在知识教育中的作用。他们主张借助美的媒介来促进学生的"自我实现"，强调课程设置要重视美感高峰体验的价值，把美感教育内在地渗透到学校的各门学科中去，将认知与审美两方面的发展结合起来。马斯洛曾这样指出："最好的教导方法，不论是历史还是数学或哲学课，都在于让学生意识到其中的美。"②

三、强调学校应该创造自由的心理气氛

人本化教育家认为，教育的作用就是创造利于学生的"自我实现"的最佳条件，即一种自由的气氛。罗杰斯强调说："只有当我们创造出这样的自由气氛时，教育才能成为真正名副其实的教育。"③

人本化教育家认为，在学校中影响学校气氛的因素有三个方面。首先是教师和管理者。他们应该是优秀的促进者，通过鼓励、关怀和提供选择机会等，满足学生的各种需求，促进学生个性的充分发展和潜能的实现。其次是人与人之间的关系。在学校中应该建立一种相互帮助的关系，并把这种关系与尊重人的价值联系起来。

---

① 麦克尼尔著，施良方等译：《课程导论》，辽宁教育出版社1990年版，第4页。

② 马斯洛：《人性能达到的境界》，1971年英文版，第178页。

③ 马斯洛等著：《人的潜能和价值》，见林方主编：《人本主义心理学译文集》，华夏出版社1978年版，第142页。

再次是学习过程。在学习过程中应该提倡"以人为中心的教学""非指导性教学""自我学习"等，在强调教师的促进和催化作用的同时，不仅使学生与教师共同参与，而且鼓励学生自己参与评价。

人本化教育力图纠正20世纪以来教育领域中"主知主义"和"主情主义"两种偏向，从多方面来考虑人的整体发展，无疑给教育理论带来了观念上的革新。正因为如此，人本化教育思想在整个70年代曾对美国的学校教育产生了很大的影响，有些国家还把它作为教育改革的重要理论基础之一。虽然80年代后人们对人本化教育思想的热情有所减弱，但它所提出的那些问题仍受到了教育工作者的普遍关注。然而，人本化教育过分强调个人的价值观和个人的"自我实现"，忽视了社会环境和学校教育对个体发展的重要影响。当然，如何把人本化教育思想中的某些积极因素应用到教育工作实践中去，也还有待于进一步研究。

20世纪以来，尤其是50年代中期以来，在欧美国家中，各种教育思潮十分活跃。它们对教育问题提出了自己的观点和主张。由于反映了科学技术以及心理学的发展，有些教育思潮给教育科学的发展提供了一些启示。但由于社会观、历史观和哲学观的局限，有些教育思潮也带有片面性和缺陷。

思考题

1. 改造主义教育究竟要改造什么？
2. 试评述新传统教育派教育思想的基本特点及其形成的背景。
3. 为什么说新行为主义教育的特征是机械主义？
4. 试述结构主义教育的积极因素。
5. 怎样全面评述人本化教育思潮？

第二十四章

第二次世界大战后苏联教育理论的发展

作为具有一定教育战略眼光的社会主义国家政权机关,苏联政府在卫国战争的进程中于1943年10月批准建立了俄罗斯联邦教育科学院。它成了战后组织苏联教育科学研究工作的中心。不过,一直到50年代初期,苏联教育家对教育理论问题的探讨仍然是以联共(布)中央和苏联政府在20世纪30年代颁布的一系列有关中小学教育工作的决定为依据,其研究成果以凯洛夫主编的《教育学》(1948年版)为代表。它实际上是30年代后期形成的苏联教育学思想体系的更为完善的表述。

50年代中期,开始是由于斯大林的《马克思主义和语言学问题》(1950)和《苏联社会主义经济问题》（1952）两部著作的发表，以后又由于赫鲁晓夫发动对斯大林个人崇拜的批判，促使苏联教育界对前一段的研究工作进行总结与反思，打破了过去的思维定势，确定了新的研究方向和研究重点，研究方法论与方法也有所改进，为以后苏联教育理论的发展奠定了较好的思想基础。国际竞争和科技革命的挑战对战后苏联教育理论的发展也起了推动作用。在这样的背景下，同时也由于教育自身的发展，许多教育科学工作者和教育实践工作者对教育理论的发展都作出了贡献。本章仅以评述体现在凯洛夫《教育学》中的教育思想体系、赞科夫的教育实验和他的发展性教学理论、苏霍姆林斯基的教育理论与实践，以说明二战后苏联教育理论的发展。

第一节　凯洛夫《教育学》的教育思想体系

一、形成凯洛夫《教育学》思想体系的历史背景及其思想基础

我们这里所说的凯洛夫《教育学》思想体系，主要是指体现在苏联教育家伊·阿·凯洛夫（И. А. Кайров，1893—1978）主编的《教育学》（1948年版）中的教育理论体系。

凯洛夫主编的《教育学》第一版是作为师范学院教育学课程的教学参考书在1939年出版的，1947年修订后，经俄罗斯联邦教育部批准作为师范学院教育学课程的教科书于1948年再版。编著者在序言中指出，修订本吸取了初版中的"全部精华"。以后，这本书经再次修订，于1956年又出了第三版。该版本是在苏联教育理论界的反思活动开始后修订的，故在其中单列了一章（第三章）论述学龄儿童的年龄特征和教育与儿童发展之间的关系，试图解决"教育学中无儿童"的现象；30年代后期以来被忽视的综合技术教育也被纳入学校的教养内容加以阐述（第七章），这可以说是对

1948年版凯洛夫《教育学》思想体系的突破。

凯洛夫《教育学》的理论体系是在20世纪30年代后期开始形成的。当时斯大林模式的社会主义体制已经在苏联确立，基本上实现了国民经济的技术改造和社会主义工业化，农业也走上了集体化和机械化的发展道路。卫国战争中苏联人民和青年学生表现出的高度爱国主义情操和英勇献身精神，以及战后初期联共（布）中央和苏联政府为恢复经济与文化教育所采取的政策措施等，对1948年版《教育学》思想的形成也产生了很大的影响。

关于凯洛夫《教育学》的思想渊源，作者曾在书中指出，包括以下三个部分："（1）作为科学一般方法论基础的马克思列宁主义哲学，以及马克思、恩格斯、列宁、斯大林关于文化和教育的学说；（2）经过批判地改造过了的教育学的历史遗产，学校及其他教育机关的工作与发展的历史经验，特别是我们祖国进步的教育学对于科学的贡献；（3）苏联学校及其他教育机关的现代工作经验以及家庭教育的经验。"[①]

应当指出，1948年出版的凯洛夫《教育学》在阐述和传播马克思列宁主义的教育基本原理方面作出了贡献。例如，该书在第一章力图以历史唯物主义为指导，论述了教育的起源和教育的社会性质与社会作用，并以历史事实说明了教育的历史性和阶级性，以及教育与政治的联系。在论述苏联教育的目的与任务问题时，强调了共产主义教育的思想和政治方向，以及构成共产主义教育的各个部分即智育、综合技术教育、德育、体育、美育的"综合与统一"。不过，该书的主要指导思想还是20世纪30年代联共（布）中央为整顿苏联普通教育工作而颁布的那些决定中的基本观点。其中包括普通学校的重要任务是使学生掌握系统的科学基础知识与读、写、

---

① 凯洛夫主编，沈颖、南致善等译：《教育学》上册，人民教育出版社1951年版，第33页。

算的技能和技巧,以便为中等专业学校和高等学校培养合格新生;实行分科教学,要求编制比较稳定的分科教学大纲和各门学科的教科书;肯定班级授课制度,强调教师在教学中的主导作用,等等。为了论证这些观点的正确性,《教育学》的作者甚至牵强附会地阐释马克思主义创始人的有关论述。最明显的例子就是把智育、综合技术教育、德育、体育和美育等五育的实现理解为马克思和恩格斯关于人的全面发展的思想的实现,① 并且在引述了马克思在《临时中央委员会就若干问题给代表的指示》中所写的"我们把教育理解为以下三件事:第一:智育。第二,体育,即体育学校和军事训练所教授的那种东西。第三,技术教育,这种教育要使儿童和少年了解生产各个过程的基本原理,同时使他们获得运用各种生产的最简单的工具的技能"这段话以后,就得出结论说:"马克思认为在全面发展的人的教育中,智育,即教养,应占第一位。"②

同样,凯洛夫主编的《教育学》对教育学的历史遗产和历史经验的批判继承,以及他们对待苏联二三十年代教育经验的褒贬和取舍,也完全是以联共(布)中央在30年代颁布的那些决定的观点为准绳的。西方现代的教育理论与实践经验,以及苏联在20年代进行教育改革的经验都未能为凯洛夫的《教育学》所吸取。作为凯洛夫教育学思想体系思想渊源之一的教育学历史遗产和历史经验,也就只限于西欧资本主义上升时期的一些教育家的思想、俄罗斯进步教育家的教育思想和苏联30年代以来的教育实践经验了。

二、凯洛夫《教育学》的教学论

教学论是凯洛夫《教育学》最重要的组成部分,在书中单独成编。它讨论了教学过程问题以及教养和教学的内容、教学工作的基本组织形式、教学方法、对学生知识的检查和评定等问题。

---

① ② 凯洛夫主编:《教育学》上册,第45~46、44页。

第二十四章 第二次世界大战后苏联教育理论的发展

（一）关于教学过程本质的论述

凯洛夫《教育学》认为，教学首先是指教师在学生自觉与自动参与下以知识、技能和熟练技巧的体系武装学生的过程，但它还负担着以科学原理和共产主义世界观武装学生与有计划地发展学生智力、培养学生道德品质的任务，因此，"教学在整个复杂的教育过程中，乃是主要的一面。教学，是教育的基本途径。"①

该书强调列宁关于认识真理、认识客观现实的辩证的途径，即"从生动的直观到抽象的思维，并从抽象的思维到实践"的原理应当作为组织教学过程的指南。②但是它指出，"教学不是，也不可能是与科学的认识过程完全一致的过程。"③教学过程所具有的特点是：第一，通过教学过程应使学生接受的是前人已经获得的真理（知识）；第二，在教学过程中学生是在有经验的教师领导下获得对现实事物的认识的；第三，在教学过程中一定要有巩固知识的工作；第四，在教学过程中还包括有计划地实现发展儿童智力、道德和体力的工作。④

按照以上的演绎推理，该书提出了以下六个教学基本环节：(1) 使学生感知具体的事物并在此基础上形成学生的表象；(2) 分清事物的异同、主次，认清它们之间的各种关系；(3) 形成概念，认识定律、定理、规则、主导思想、规范等；(4) 使学生牢固地掌握事实和概括性的工作（记忆、背诵和一般的巩固知识的工作）；(5) 技能和熟练技巧的养成和加强；(6) 在实践中检验知识，把知识应用于包括创造性作业在内的各种课业中。这几个基本环节与赫尔巴特的教学形式阶段（明了、联合、系统、方法）具有明显的相似之处，但两者的理论基础不同。赫尔巴特的教学形式阶段理论是以观念心理学为基础的，凯洛夫的《教育学》则力图将其理论建立在辩证唯物主义的认识论的基础上，是一种历史的进步，但是它却

---

①②③④　凯洛夫主编：《教育学》上册，第56、60、60～61页。

将教学局限在使学生掌握间接知识的范围之内,也是一种片面性。

(二)凯洛夫《教育学》中的教学原则

根据教学过程的基本环节,凯洛夫《教育学》的作者提出了五条指导教学工作的原则,即直观性原则、自觉性与积极性原则、巩固性原则、系统性与连贯性原则、通俗性与可接受性原则。

《教育学》的作者认为,直观性原则之所以必要,首先是由于只有在学生知觉具体事物的基础上才能形成观念和概念,"直观是接触知识的'最初源泉'。"① 同时,直观也是学龄儿童的年龄特征所要求的,尤其在教学的最初阶段上,由于儿童过去观察所积累的形象还不多,这时直观教学更有特别重大的意义。

《教育学》指出,学生自觉性与积极性的原则旨在保证儿童的积极思维,将通过直观所得的形象和所知觉的具体事物在意识中加工,对物体及其特征进行分析、比较、对照,从对它们的概括中得出规律,形成概念。直观性和自觉性的教学原则是互为补充的;儿童不是容器,知识也不是向这一容器里灌入的液体,它需要经过思维的加工才能被真正掌握。

《教育学》对巩固性教学原则所下的定义是:巩固地把知识保持在记忆中,当有必要时,要会想起这些知识并以它作为凭借。其重要性在于"如果学生不能回忆与新课题有联系的一定事实时,那么,就不可能获取新知识"②。巩固的前提在于充分地领会,以及教师叙述知识的清晰性与明确性程度、知识体系的形成、知识的运用程度,等等。

关于系统性和连贯性的教学原则,主要是指为了保证学生知识的系统性和连贯性,首先需要有按照严格的逻辑联系编写的教学大纲与教材;其次,教师必须负责系统地和连贯地讲述他们所教的学科;再次,要求学生进行系统的学习,使自己巩固地、完整地掌握

---

① ② 凯洛夫主编:《教育学》上册,第77、84页。

知识、技能与技巧的体系。

关于教学的通俗性与可接受性原则,《教育学》强调必须使教材的范围、复杂程度与深度符合各年级儿童的年龄特征,顾及学生的知识水平、领会科学问题达到的程度及智力水平。同时,还要求根据每个学生的个性差异,对于学习困难的学生和进度快的学生都要提供特殊的帮助。

凯洛夫《教育学》提出的五项教学原则,主要是为了让学生通过教师的讲授和学习教材,牢固地掌握系统的知识、技能与技巧,以便为进一步学习打下坚实的基础。这正是联共(布)中央30年代一系列决议对苏联普通学校教育工作的主要要求。但是由于他们将自己的思考局限在使学生能牢固地掌握间接知识的任务上,而且过于强调教师在教学中的主导作用,实际上对培养学生的主动性和创造性极为不利。

(三)论教养和教学的内容

教养和教学内容具体表现在教学计划、教学大纲和教科书中。在谈到教学计划时,《教育学》强调普通学校授予学生的应该是从整个科学知识中选择出来的基本知识,包括属于自然科学、社会科学与各种艺术以及思维科学的21门学科。该书对各门学科的教育和教养意义进行了较详细的论述。这是典型的升学教育方案。

《教育学》强调,教学大纲在有系统的形式中包括着一切构成教学科目内容的问题和题目的纲要,是教师的基本指导文件,它必须体现教学的教育性、科学性、系统性、可接受性、理论与实际的联系等原则。

作者认为,教科书是学生知识的主要源泉之一。它包括基本原理和学生独立学习的材料,加深和巩固着教师上课时所讲授的那些内容,包括学生必须领会的知识。

凯洛夫《教育学》中对教养和教学内容的论述反映了30年代以来苏联普通教育建设的成果。

（四）论教学工作的组织形式与方法

在教学工作的组织形式方面，《教育学》较详细地评述了班级授课制度的产生与发展，以历史的经验肯定它是教学工作的基本组织形式，对联共（布）中央《关于中小学教学大纲和教学制度的决定》中有关指示的正确性进行论证，并总结了该决定颁布后苏联学校推行班级授课制的新经验。这对提高苏联普通学校的教学质量具有积极意义。但作者在书中写道："上课所以成为教导工作的基本组织形式，是因为主要在这里实现着共产主义的教养、教育、教学的目的及任务。"① 这就在理论上过高地评价了教师及其主导的课堂教学的作用，忽视了德育的特点和学生在教学中的主体地位。《教育学》中讲述的教学方法也主要是从教师如何教的角度提出的。

凯洛夫《教育学》的教学论部分还列有专章论述了对学生的知识进行考查和评定的方法。

三、凯洛夫《教育学》的德育论

（一）论德育的任务和内容

《教育学》指出，苏联学校"不能仅以教育单纯有学问的人的任务为限……我们的学校应该教育出一种全心全意忠实于社会主义事业、善于了解苏维埃国家政策的有学识的人们……应该培养用共产主义道德精神来思想和活动的人们"②。德育的任务主要包括培养苏维埃爱国主义精神、社会主义的人道主义精神、集体主义精神、对劳动和社会公共财产的社会主义态度、自觉纪律以及布尔什维克的意志与性格特征等六个方面。

从具体内容来说，培养苏维埃爱国主义精神就是要培养对社会主义祖国的热爱和把自己全部知识与才能贡献于祖国的决心，在祖国遇到危难时能誓死保卫祖国，抵抗一切敌人。以爱国主义精神教

---

① ② 凯洛夫主编：《教育学》上册，第129、49页。

育青年学生，还包括培养国内各民族人民之间的友谊和互助思想、民族和种族平权思想。苏维埃爱国主义教育与国际主义教育也是一致的。

《教育学》指出："社会主义的人道主义就是对于每个劳动者的人格的最高崇敬、对于群众的尊敬、对于他们的巨大作用和意义以及他们的创造力的无限信任。"① 因此，培养青年真正的人道主义同时也就是"培养他们对压迫者及压迫要有憎恨的情感，对可能侵害他的祖国的自由、荣誉与独立的奴役者要怀有愤怒与憎恶"②。

集体主义精神就是友爱、团结与互助精神。培养青年的集体主义精神，就是要教育青年懂得，个人的幸福依赖于社会幸福，个人只有在集体中、在社会中，才能充分发挥多方面的才能，要教会他们善于为共产主义思想去奋斗，积极参加公共生活。

培养青年人对劳动和公共财产的社会主义态度与培养他们的自觉纪律是一致的，没有自觉纪律，就不能有对劳动的自觉态度。必须从儿童幼小的时候起就使他们习惯于服从纪律，纪律应当成为儿童的"第二天性"③。

此外，"培养共产主义道德，也就是培养青年坚强的意志和坚定的性格"，具有"用自己的全部力量为人民服务的决心"，具有不屈不挠的顽强性和坚忍性，以及勇敢、刚毅，不怕任何困难和任劳任怨的品质等。④

（二）德育的原则与方法

列宁在1920年共青团第三次代表大会的演说（《共青团的任务》）中曾指出："应该使培养、教育和训练现代青年的全部事业，成为培养青年的共产主义道德的事业。"《教育学》的作者们认为，列宁的这一指示应该成为教师遵循的工作方针，要使德育过程渗透

---

① ③ 凯洛夫主编：《教育学》上册，第49、50页。
② ④ 凯洛夫主编：《教育学》下册，第10~11、12~13页。

共产主义的目的性和思想性。这是他们提出的第一个德育原则。其他的原则还有：适应儿童的发展水平、连续性、对学生的严格要求和尊重学生人格相结合、长善救失、在集体中和通过集体进行教育、了解学生特性和进行个别教育、教师的威信与示范和发挥学生的独立精神相结合、教育影响的统一，等等。

关于德育的途径与方法，凯洛夫《教育学》首先强调的是教学。它认为德育的方法还包括说服法、练习法、儿童集体组织法、奖惩法，"其中每一项方法都是各种培养手段的总和。"① 例如，说服法旨在形成学生的伦理观点和信念，除了通过课堂讲授学科进行之外，还可以通过课外和校外的各种活动来进行。榜样、伦理谈话、学习伟人传记等都被认为是形成马克思主义伦理观点和共产主义信念的有效手段。

凯洛夫《教育学》在对德育理论进行探讨时，除了广泛引述马克思、恩格斯、列宁、斯大林的有关言论外，还利用了克鲁普斯卡雅和马卡连柯的教育遗产。

第二节　赞科夫的教育实验及其发展性教学理论

一、提出和开展"教育与发展关系问题"课题研究的历史和时代背景

"教育与发展关系问题"的研究发端于20世纪50年代中期。这时，苏联教育理论界对其前一段研究工作进行总结与反思。这次延续多年的总结与反思是由多方面原因引发的。

1950年，斯大林发表《马克思主义和语言学问题》。他指出："马克思主义不承认绝对适应于一切时代和时期的不变的结论和公

---

① 凯洛夫主编：《教育学》下册，第30页。

式。马克思主义是一切教条主义的敌人……"并强调各种社会现象除了共同的特点之外,"还有自己专门的特点,这些专门的特点使社会现象互相区别,而这些专门特点对于科学最为重要。"① 这一著作在教育理论界引发了长达一年多有关教育专门特点和教育研究方向与任务问题的讨论,讨论中提出了儿童教育与发展之间的相互关系问题。

1952年斯大林又发表了《苏联社会主义经济问题》。在这部著作中,斯大林强调研究客观规律的重要性,并从为过渡到共产主义创造最基本的先决条件的视角,提出了必须使社会全体成员从体力和智力上得到全面发展和实施普及义务的综合技术教育问题。在同年10月举行的苏共第19次代表大会通过的五年计划中,在中等学校中实施综合技术教育的问题也被置于重要的地位。这一切,都使形成于30年代而在40年代继续保持的教育理论模式受到极大的冲击,促使教育理论界对其过去的工作进行反思。凯洛夫在1954年12月在俄罗斯联邦教育科学院主席团召开的教育学工作者会议上所作的报告,可以说是这一阶段反思活动的总结。②

凯洛夫在上述报告中承认,当时苏联教育科学落后于生活的需要,"总的来说,仍旧停留在它在30年代所达到的那些学术立场上。"③ 基于这种认识,报告论述了教学论和教育理论中存在的缺点和问题,分析了教育科学落后于现实要求的原因,提出了应当深入进行研究的课题,其中也包括教育与发展之间的相互关系问题,同时还指出必须开展教育实验。

1956年6月,苏共中央发表《关于克服个人崇拜及其后果的

---

① 《斯大林文选》,人民出版社1962年版,第559页。
② 该报告的摘要以《论苏联教育科学的状况和任务》为题发表在《苏维埃教育学》1955年第3期。译文见瞿葆奎主编:《教育学文集·苏联教育改革》上册,第621~664页。
③ 瞿葆奎主编:《教育学文集·苏联教育改革》上册,第622~623页。

决议》,在全国掀起了批判个人崇拜和教条主义的运动。这一运动对于教育与发展这一课题的意义,第一是获得了重新评价教育家沙茨基和心理学家布隆斯基、维果茨基的机会,他们的著作得以重新出版,为教育与发展关系的实验研究提供了思想资料;第二,由于唯书唯上的教条主义思维方式在运动中被进一步否定,教育理论界的思想水平有了提高,既有利于摆脱斯大林思维模式的束缚,又有利于克服赫鲁晓夫片面强调劳动教育的压力,坚持根据科技革命的时代需要和教育自身的发展规律来进行教育与发展的科学研究。

二、赞科夫的教育实验

列·符·赞科夫(Л. В. Занков,1901—1977),苏联心理学家和教育家、教育科学院院士。

赞科夫是较早关心教育与发展关系研究的教育家。1955年他就在《苏维埃教育学》杂志第5期上发表了以《教学与学生的发展问题》为题的学术论文;1957年,俄联邦教育科学院建立于1952年的"实验教学论实验室"改名为"教育与发展实验室",后又改名为"学生的教学与发展问题实验室"。赞科夫主持这个实验室的工作直到他1977年逝世为止。

赞科夫对教学与发展关系的实验研究的重要性和必要性具有深刻的认识。他认为,"揭示教学的结构与学生在发展上的进步之间的客观联系的性质,才能从根本上提高学校工作的效果。"① 他强调"学生的一般发展,对于他们从学校毕业后从事各种活动的意义,是无论怎样估计都不会过高的"②。因为在科技革命时代,无

---

① ③ 赞科夫著,俞翔辉等译:《教学论与生活》,教育科学出版社1984年版,第2页。

② 俞翔辉等编译:《赞科夫新教学体系及其讨论》,教育科学出版社1984年版,第108页。

论学校能给学生多少知识，青年人从学校毕业后，"仍将不可避免地遇到他所不熟悉的科学发明和新技术。只有具备相应的智慧、意志和情感品质的人，才能迅速地辨明方向和掌握他不熟悉的资料。"③

赞科夫的教育实验从1957年开始，到1969年夏实验基本结束，转入对实验结果的全面总结。其间分为三个阶段。

第一阶段从1957～1958学年到1960～1961学年，实验只在莫斯科一所小学一年级的一个班进行，另设两个对照班。对第一阶段的实验结果，赞科夫在《论小学教育》(1963)一书中进行了总结，其中反映了他关于小学教学新体系的初步设想，这也就是他第二阶段的实验方案。

第二阶段的实验从1961～1962学年进行到1964～1965学年。在这一阶段，实验班增多，而且发展到外地；学制改为三年；编出了俄语、数学、劳动教学、唱歌等课程的实验教学大纲初步方案，在小学一、二年级提前开设了新的课程。这就是说，在实验的这一阶段已经有了新的教学结构，并且证明了它的广泛的适应性。

第三阶段的实验从1965～1966学年到1968～1969学年。这时已经为实验编写了专用教科书和教学指导书(《小学教学新体系》)。在1965～1966学年，共有1 034个实验班，分布于俄罗斯联邦共和国的52个边疆区、州和自治共和国以及8个加盟共和国。实验在1966～1967学年达到最大规模(1 281个班)后逐步结束。

赞科夫的教育实验目的明确、计划周全、实验班分布广。其实验方案是以矛盾论和系统论为指导制定的。在实验进程中，还引进实验心理学和心理分析方法，对学生在他的实验教学体系中取得的发展水平，进行年复一年的研究，以获取新的科学数据，并坚持对两种体系（实验教学体系和传统教学体系）的做法和效果进行对照研究。赞科夫的发展性教学理论也是在实验过程中逐渐形成的。

三、赞科夫的发展性教学理论

赞科夫把当时苏联侧重于知识传授和技能训练的小学教学体系称之为传统教学体系,把他的着眼于学生的一般发展的实验教学体系称之为小学教学的"新体系"。他认为:"近几十年来,小学首先而且主要是为训练技巧服务的学校,"教学计划、各科教学大纲的安排都只是为了让学生掌握一定范围的知识、技能和技巧,不利于创造性人才的培养,而只能把他们"训练成片面的执行者"。① 他认为对这种传统的小学教学体系必须进行根本改革,而实现这种改革,就必须"有一个明确的教学论核心。我们提出的教学论核心是:教学过程要使学生的一般发展取得成效"②。

那么,究竟什么是一般发展和怎样的教学才能使学生的一般发展取得成效呢?

赞科夫从各个不同的角度揭示一般发展的含义。他指出:"当谈到一般发展的时候,人们所指的乃是人的发展问题的心理和教育学方面。'一般发展'的概念并不取代'全面发展'的概念,也不跟它等量齐观。当谈到全面发展的时候,首先是而且主要是指该问题的社会方面或者广泛的社会和教育学方面……我们所理解的一般发展,是指儿童个性的发展,它的所有方面的发展。因此,一般发展也和全面发展一样,是跟单方面的、片面的发展相对立的。"③

赞科夫强调,一般发展既不同于特殊发展(数学、语言、音乐等某一方面才能的发展),又有别于智力发展。但一般发展和特殊发展并不是人的形成的两条彼此隔绝的渠道,"一般发展是特殊发展的牢固基础并在特殊发展中表现出来,而特殊发展又在促进一般发

---

① ② 赞科夫著,俞翔辉等译:《论小学教学》,教育科学出版社 1982 年版,第 7~13、13 页。
③ 赞科夫著:《论小学教学》,第 20 页。

展。"① 他认为一般发展不仅包括智力发展，而且包括情感、意志、道德品质、个性特点和集体主义精神的发展，一般发展还应当包括身体的发展。不过，他声明说，他在其教育实验中暂时还没有涉及身体发展问题，他所研究的还只是教学与儿童心理一般发展的关系。

赞科夫强调，在教学、教育和发展之间有着复杂的相互依赖关系。他认为："只有在马克思列宁主义的哲学基础上才能正确对待儿童心理发展的研究和建立科学的发展的理论。但是，为了完成这些任务，必须把发展看做自己的运动，它的源泉是内部矛盾。"② 在这方面，维果茨基的心理学遗产也给了他极大的启示与帮助。早在 30 年代，维果茨基就提出了教学与发展关系的观点和"最近发展区"理论。维果茨基强调，教育学不应当以儿童发展的昨天，而应当以儿童发展的明天作为方向。要创造"最近发展区"，然后使最近发展区转化到现有发展水平的范围之中，推动发展前进，只有当教学走在发展前面的时候，这才是好教学。赞科夫还指出，强调儿童发展的源泉是内部矛盾，并不是降低外因的作用，更不是否定外因的影响，而只是说明外因一定要通过内因才起作用。发展的外因和内因相互关系的理论，是赞科夫发展性教学理论的重要组成部分，矛盾论在这里得到了创造性的运用。

系统论是赞科夫制定其教育实验方案的另一指导思想。这一方法论思想在他对于实验教学论体系的论述中得到了生动的体现，其表现是要求考虑教育影响的整体性、综合性和全面性。

赞科夫的"发展教学论"包括教学原则、教学大纲、教学法等各个方面的观点，其中以教学原则最为重要。他认为："教学论原则决定教学大纲的内容和结构，决定教学法（教科书、教学指导

---

① 赞科夫著：《教学论与生活》，第 25 页。
② 赞科夫：《论教学和发展问题》，载《儿童教育和发展相互关系问题讨论集》，科学出版社 1959 年版，第 103 页。

书)的典型属性。"① 实验教学论体系的教学原则来源于实验教学的指导思想。这些原则是在教育实验的过程中逐渐形成的，最终被确定为以下五条。

第一，以高难度进行教学的原则。这一原则在实验教学体系中起决定性的作用。难度的涵义是要求学生通过努力克服障碍。在教学内容上，它要求增加系统的理论知识的分量，使儿童"能认识现象的相互依赖性及其内在的本质联系"②。在教学方法上，要尽力使学生过紧张的甚至是沸腾的精神生活，学会独立思考和推理，独立地探求问题的答案。高难度并不意味着越难越好，困难的程度要控制在学生的"最近发展区"的范围内。

第二，在学习时高速度前进的原则。这一原则的实质并不在于让儿童在一节课上做尽可能多的例题和练习，不是要匆忙行事，而是要求教学不断地向前运动，以各方面内容丰富的知识来充实学生的头脑，为学生深入地理解所学的知识创造有利的条件。要克服多余的重复和烦琐的讲解以及机械的练习，以节约时间、加快进度。要善于利用一切手段提高学习质量。

第三，理论知识起主导作用的原则。这一原则就是要让那些说明现象的相互依存性及其内在的本质联系的系统知识，在小学教学内容的结构中占主导地位。这一原则不贬低学龄初期儿童掌握技巧的重大意义，而是要求学生在一般发展的基础上，尽可能深入领会有关概念和规律性的知识。

实验教学体系在一年级就引进一些必要的定义和概念，要求懂得加法和乘法的交换律并使用代数符号等，学生由此大大地加强了运算的可论证性，能够举一反三。

---

① 赞科夫编、杜殿坤等译：《教学与发展》，人民教育出版社1985年版，第31页。

② 赞科夫著：《教学论与生活》，第45页。

第四,使学生理解学习过程的原则。赞科夫指出,一般教学论的自觉性原则是指向外部的,即把应当掌握的知识、技能和技巧作为理解的对象;实验教学论要求理解的对象是学习过程,它是指向内部的。例如学习乘法表,传统的做法是让学生背诵乘法表,实验教学不仅要求学生会背,而且要求了解这一部分教材编排的根据,教会学生总结学习的方法,使学生学会分析、比较、综合、归纳,了解所学知识之间的联系,知道产生错误与克服错误的心理机制,等等。这样做有利于发展学生的思维能力,提高他们学习的主动性与创造性,教会他们学习。

第五,使班上所有的学生(包括最差的学生)都得到一般发展的原则。赞科夫指出,这一原则之所以必要,是因为人们往往把补课和布置大量的作业当做克服学习落后状况的必要手段,没有在他们的发展上下功夫,结果更增加了他们的学习负担,扩大了他们的落后状况。同时,这一原则也是针对传统教学将掌握知识与获得发展混同起来的错误而言的。赞科夫认为,有的学生"按学习成绩来说是属于优等生,但是在发展方面却处于中等甚至更低的水平"[①]。因此,即使是对学习成绩优异的学生,也一定要在发展上下功夫。

赞科夫指出,实验教学论体系的每条原则都有自己的作用,同时又是互相联系、相辅相成的。贯彻上述教学原则主要是为了激发、增加和深化学生对学习的内部诱因,而不是借助分数以及类似的外部手段对学生施加压力。实验教学论教学原则的另一特点是给个性以发挥作用的余地,也就是要求尊重学生个人的特点与愿望。

在探求研究儿童心理一般发展进程的方法论方面,赞科夫特别强调的是发展的整体性观念。他认为"这一观念具有重要的调节机能:把未被认识的客体看作一种整体的东西,再以适当的方式安排

[①] 赞科夫著,杜殿坤译:《和教师的谈话》,教育科学出版社1980年版,第212~213页。

认识它的途径"。它还"表现为发展的内部统一性和内部制约性"。① 如果把复杂的心理整体分解成因素,就会消灭整体所固有的属性。

赞科夫又指出:儿童的一般心理发展,是儿童与周围世界相互作用的一种前进运动,而人对外部世界、对客观现实的关系,主要是与客观现实"面对面"地接触,认识现象的本质,直接作用于客体从而改变客体、创造新事物等三个方面的关系,人对外部世界的关系是积极的关系,因此,应当把以上的三种关系理解为人的三种心理活动,即观察活动、思维活动和实际操作。据此,他认为按照心理活动的这三个发展线索进行研究是合适的。每条线索都是一般发展这一整体的一定表现形式,它们还是相互渗透的。例如,通过儿童的观察活动和观察后的叙述与谈话,不仅可以考查他的感觉器官的感受能力,还能了解儿童观察中表现出的分析、综合和比较能力。这些都"可为思维越来越多地、而且越来越习惯地活动开辟广阔的前景"。又如在思维活动中包含着主体对被感知到的客体进行的思考,而不局限于词的逻辑操作。再如在实际操作中如果能要求学生对所提出的样品进行视觉分析并对操作步骤作出安排,在操作过程中随时进行自我检查和纠正自己不正确的操作步骤,制作完成后要作口头报告,说明认识和制作客体的整个过程,这里就既有观察,又有思维活动。赞科夫还指出,以上三种活动都不仅限于智力活动,而且包含着情感、意志、动机等各种成分。

四、成就、影响与局限性

教育、教学与发展之间的关系研究,在战后曾得到苏联当局的支持,许多心理学家和教育家从不同的角度对这一问题进行了探讨,赞科夫可以说是其中的卓越代表。

---

① 赞科夫编:《教学与发展》,第28页。

在教育实验方面，赞科夫教育实验的时间之长、规模之大都是罕见的，而且取得了很大的成绩。他以大量的实验资料证明，当代儿童的年龄特征与几十年以前的儿童年龄特征有许多不同之处，不同的教学体系带来不同的教学效果。实验班学生以三年时间完成了四年的学习任务，他们的一般发展水平大大地高于普通班学生的水平，掌握的知识和技能不仅巩固而且还能运用。事实说明，必须对小学教学进行整体改革。

在长期的教育实验过程中，赞科夫发表了《论小学教学》《教学论与生活》《和教师的谈话》等专著和一系列论文，最后还出版了《教学与发展》一书，总结其实验经验。在这些著作和论文中，他提出了较为系统的发展性教学理论。其主要成就大体上可归纳为以下几个方面。(1)强调教学要着眼于使学生获得一般发展，让他们在发展的基础上自觉地掌握知识、技能与技巧，有力地破除了把掌握知识混同于发展的陈旧观念，突出了教学的发展功能。(2)对一般发展的界定突出了一般发展与智力发展的区别，扩大了发展的内涵。(3)以矛盾论为理论基础，深刻地揭示了发展的内部源泉和外部源泉（内因和外因）之间的辩证关系。(4)以系统论为理论基础，提出并论证了以尽可能大的教学效果来促进学生的一般发展为主导思想的实验教学体系。作为其基础的五项教学原则在表达方式上虽然不够精确，却包含着许多合理思想。(5)从整体性的观念出发，提出观察活动、思维活动和实际操作作为研究儿童发展进程的三条线索，并对这种研究儿童心理发展进程的方式进行了符合辩证唯物主义认识论观点的论证。(6)强调了揭示和研究学生精神需要各种表现（主要指认识需要，如兴趣、动机等内部诱因）的必要性，认为教学的重要任务之一是尽最大可能创造有利的条件，使学生对认识的需要得以多方面地表现出来，并培植、发展这种需要。

赞科夫的教育实验和理论对苏联教育理论与实践的发展影响较大。他的教育实验成果为苏联一度将小学学习年限由四年改为三年提供了重要依据。他的发展性教学理论的一些观点也为苏联教育理论界所接受，并且被吸收到七八十年代出版的教育著作和教科书中。

尽管赞科夫在教育实验和理论研究方面都取得了很大的成绩，但是他的研究工作和理论成果仍有较大的局限性。这表现在他的研究主要是从儿童心理的角度并针对苏联在 20 世纪 30 年代以来形成的教学理论中只论教师如何教、不管学生怎样学，侧重知识、技能、技巧的传授，没有把发展作为教学任务进行专门研究等"不见儿童"的缺陷来进行的，很少考虑建立教学过程的社会政治与道德要求。例如，他对一般发展的界说虽然比较宽泛，但主要论述的还是儿童心理的整体发展；在界定儿童学习的内部诱因时，他虽提到道德品质和审美情感等精神需要，但更多强调的仍是认识的需要。因此，他的实验教学体系可以说实际上只是建立在谋求儿童心理品质获得理想发展的基础上，他的理论研究所涉及的主要是在发展的基础上提高小学阶段学生的智育水平问题，而且几乎是就智育论智育。此外，在实验的初期阶段，他几乎是将自己的实验教学体系放在与被他尖锐指责的"传统小学教学"理论截然对立的地位上，这种对待传统教学理论的全盘否定态度显然是不科学的。

第三节　苏霍姆林斯基的教育理论与实践

一、生平

瓦·亚·苏霍姆林斯基（В. А. Сухомлинский，1918—1970）是第二次世界大战后苏联最有影响的著名教育实践家和教育理论家，苏联教育科学院通讯院士。除了卫国战争初期参军和养伤的短暂岁月之外，他始终没有离开过教育、教学工作的第一线。他勤于思考、不断探索，撰写了大量教育著作，总结历史和现实的教育经验，揭示教育与教学的客观规律，理论研究与实践的紧密结合，使他在两方面都取得了卓越的成就，极大地推动了苏联教育理论与实践的发展。

苏霍姆林斯基于 1918 年 9 月 28 日诞生在乌克兰一个农民家庭。1933 年，他从离家不远的农村七年制学校毕业后，又到一所师范学院的师资培训班学习了一年多，然后回到母校担任低年级的教师。年仅 17 岁。

苏霍姆林斯基一面努力工作，一面以函授教育的方式学习师范学院语言文学系的课程，1939 年毕业后取得了中学教师证书，并立下了终生在农村工作的誓言。此后，他被任命为一所中学的语文教师，不久又兼任该校的教导主任。

战争中断了苏霍姆林斯基已经开始了的卓有成效的教育活动。1941 年 7 月，经过莫斯科军事政治学院的短期培训，年轻的共产党员和教师苏霍姆林斯基作为连的政治指导员奔赴前线。他不仅善于做战士的思想政治工作，而且在战斗中能身先士卒。1942 年 2 月，在一次战斗中他不幸受了重伤，这促成他回到了教育战线。在担任了一段时间的教育行政领导工作以后，他在 1948 年开始担任帕夫雷什中学的校长，历时 23 年，直至去世。

苏霍姆林斯基首先领导这所学校的教育集体进行了战后恢复时期艰难的学校重建工作。困难儿童（或称难教儿童）的教育问题在这时引起了他的极大关注。他要求每个教师都把同情、友爱、集体主义带进学校的精神生活，靠真正的人道精神解决教育工作中的难题，并要求自己为教师们作出深入了解儿童的精神世界、与他们进行精神交往的榜样。

由于苏霍姆林斯基在教育实践和理论探讨方面所表现的创造性才能——到 1950 年，他已经在报刊上发表了三十多篇论文，其中有关困难儿童教育的研究论文引起了普遍的重视——他被乌克兰教育科学研究所和基辅师范学院录取为在职函授研究生。于是，帕夫雷什中学对他来说已经不仅是进行教育实践活动的场所，而且也是进行教育科学研究的基地。

苏霍姆林斯基于1955年通过了副博士论文答辩，此后在50年代后期陆续出版了四部专著，并发表了一系列学术论文，获得了教育界的极高评价。1957年，39岁的苏霍姆林斯基被遴选为苏联教育科学院通讯院士，不少师范学院都请他前往工作，但都被他婉言辞谢，因为他认为搞教育科学研究的人绝不能脱离教育、教学实践。同时他始终坚守自己留在农村服务的誓言。

进入60年代以后，苏霍姆林斯基的学术成就更加辉煌。大量的论文在各种报刊上发表，一本又一本获得公认的著作陆续出版。在他去世之前，还完成了一篇以《个性全面发展的教育问题》为题的报告，① 集中地阐述了自己的基本理论，准备进行教育科学博士学位的论文答辩。据统计，他一生发表了四十多部专著，六百多篇教育论文，将近一千二百篇文艺作品。

苏霍姆林斯基的教育思想体系，是他自觉地以马克思主义方法论为指导，在批判地吸取前人遗产和总结苏联教育的历史经验的基础上，从理论与实践的结合上研究个性全面发展问题的成果。这是他对发展苏联教育理论和实践所作出的主要贡献。苏霍姆林斯基的15部著作和78篇论文还被译成中、德、法、日、西班牙以及东欧各国文字出版。他的教育思想在世界上也产生了十分广泛的影响。

二、个性全面和谐发展的教育理论和实践

（一）学校教育的理想和奋斗目标

苏霍姆林斯基的个性全面和谐发展理论是一个内容异常丰富的教育学思想体系，包含着他对教育目的论和方法论的许多独创见解，其核心是要使全体学生都得到全面和谐的发展。早在50年代

---

① 该报告中译本的书名为《关于全面发展教育的问题》。

末60年代初,当时苏联学校仍在执行1958年的教育改革法令,片面强调劳动教育和高等学校招生优先录取具有从事实践工作经历的人,苏霍姆林斯基就提出了全面和谐发展学生个性的问题。他明确表示:"我们所要造就的人,不仅能劳动,能操纵机器,而且还应该是一个聪明的、能深刻思考问题、情感细腻的劳动创造者。"①

60年代中期,苏联开始进行战后的第二次教育改革。1966年10月通过的《关于进一步改进中等普通教育学校工作的措施的决议》规定,学校的主要任务是"使学生获得牢固的科学基础知识,具有高度的共产主义觉悟,培养青年面向生活并能自觉地选择职业"②。在这种背景下,苏霍姆林斯基更明确地提出了普通学校教育的培养目标,也就是他的学校教育的理想,这就是:"培养全面和谐发展的人,社会进步的积极参与者。"③ 全面和谐的发展"意味着劳动与人在各类活动中的丰富精神的统一,意味着人在品行上以及同他人相互关系上的道德纯洁,意味着体魄的完美、审美需求和趣味的丰富及社会和个人兴趣的多样……和谐的发展意味着人显示为:第一,是社会物质生产领域和精神生活领域中的创造者;第二,是物质和精神财富的享用者;第三,是有道德和文化素养的人,是人类文化财富的鉴赏者和细心的保护者;第四,是积极的社会活动者、公民;最后,是树立于崇高道德基础之上的新家庭的建立者"④ 这可以说是他对全面和谐发展的新人的内涵最全面的阐释和概括,也是帕夫雷什中学教导工作的指导方针和奋斗目标。

---

① 苏霍姆林斯基著,吴春荫等译:《学生的精神世界》,教育科学出版社1981年版,第27页。

② 瞿葆奎主编,杜殿坤等选编:《教育学文集·苏联教育改革》下册,人民教育出版社1988年版,第90页。

③ 苏霍姆林斯基著,赵玮等译:《帕夫雷什中学》,教育科学出版社1983年版,第8页。

④ 苏霍姆林斯基著:《帕夫雷什中学》,第8~9页。

苏霍姆林斯基指出："培养全面发展的人的技巧和艺术就在于：教师要善于在每一个学生面前，甚至是最平庸的、在智力发展上最有困难的学生面前，都向他打开他的精神发展的领域，使他能在这个领域里达到顶点，显示自己，宣告大写的'我'的存在，从人的自尊感的源泉中吸取力量，感到自己并不低人一等，而是一个精神丰富的人。"① 苏霍姆林斯基认为，以德育为主导的和谐的教育工作可以为每个学生打开通往全面和谐发展的道路。

（二）和谐的教育

苏霍姆林斯基认为，为了培养全面和谐发展的人，就必须深入地改善整个教育过程，实施和谐的教育。他说："所谓和谐的教育，就是如何把人的活动的两种职能配合起来，使两者得到平衡：一种职能就是认识和理解客观世界，另一种职能就是人的自我表现，自己的内在本质的表现，自己的世界观、观点、信念、意志力、性格在积极的劳动中和创造中，以及在集体成员的相互关系中的表现和显示。正是在这一点上，即在人的表现上，应当加以深刻的思考，并且朝着这个方向改革教育工作。"② 这就是说，学校要创造一些条件和相应的环境，使学生的天赋才能和业已形成的内在的精神财富得以充分表现，要把学生认识世界的过程，与他参加改造客观世界的表现和自我教育过程有机地结合起来。

苏霍姆林斯基指出，当时苏联学校教育的许多弊端，其根源就在于人的表现的片面性、畸形的单方面性，上课、评分成为学生精神生活的唯一的、压倒一切的活动领域；一些学术著作谈论的也只是学生在课堂上如何学习。他认为这些做法如同童话故事中的老

---

① 苏霍姆林斯基著、王家驹等译：《关于全面发展教育的问题》，湖南教育出版社 1984 年版，第 13～14 页。

② 苏霍姆林斯基著，杜殿坤译：《给教师的建议》（上），教育科学出版社 1984 年版，第 147 页。

人，只关心种子而忘记了耕地。与此相联系，他提出了"可教育性"的概念。他认为教育就应当使人成为"可教育的""教育就是形成'可受教育的能力'——使一个人对自己的成就和挫折非常关心。这一点……乃是教育的核心，是教育的最宝贵之点：使一个人想成为好人，想竭尽自己整个心灵的全部力量，在集体的眼里把自己树立起来，显示出自己是一个优秀的、完全合格的公民，诚实的劳动者，勤奋好学的思想家，不断探究的研究者，为自己的人格的尊严而感到自豪的人"①。他认为这就是教育者必须精心准备的土壤，是受教育者接受教育的内在条件。否则，"最聪明的教学大纲和教科书、最完善的教学方法……都将化为乌有。"②

苏霍姆林斯基十分重视劳动的教育作用，但他所说的劳动并不是一般学校简单布置的让学生去完成某种定额的劳动，而是劳动与精神生活相统一的创造性劳动。他指出："如果一个人能在一种劳动中显示自己，他就不会变成对什么都不关心的人，他也就会在其他的领域（包括学习的领域）中找到克服困难的力量和志向"，"当学校里由于劳动、由于人在劳动中表现自己而使思想占统治地位的时候，教育者才能达到真正的和谐的教育。"③ 在这样的基础上，就会产生集体中各个学生之间的良性影响，于是集体就将发挥巨大的教育作用。

由此可见，苏霍姆林斯基的和谐教育思想与20世纪30年代至50年代中期片面强调学习间接知识、强调课堂教学和教师主导作用的苏联教学和教育理论是完全不同的。教育与创造性劳动的结合，课堂教学与课外、校外教育的结合，教育与自我教育的结合，从根本上改造了整个教育教学过程。在帕夫雷什中学，除了大家必

---

① ② 苏霍姆林斯基著，杜殿坤译：《给教师的建议》（上），教育科学出版社1984年版，第147页。
③ 苏霍姆林斯基著：《给教师的建议》上，第154、155页。

学的大纲之外,还拟订了智力和劳动发展和提高的专门大纲。学校里组织了一百多个课外活动小组,学生拥有同花费在课堂上一样多的空闲时间,以便从事他们所喜爱的活动。教师在教育和教学过程中,不仅仅是教导者,而且同时也是学生的朋友,因为在任何一种教育现象或措施中,孩子在其中越少感觉到教育者的意图,它的教育效果就越大。此外,在帕夫雷什中学还建立了家长学校,以提高家长的教育水平,使儿童在学校和家庭所受的教育影响和谐一致,将校内和校外的教育有机地结合在一起。

(三)从德育、智育、体育、美育、劳动教育相互联系、相互渗透的整体观点出发进行教育

苏霍姆林斯基明确指出,他的著作运用统一的、相互联系和依存的观点来探讨德育、智育、美育、劳动教育和体育的规律性。他在《帕夫雷什中学》一书中写道:"要实现全面发展,就要使智育、体育、德育、劳动教育和审美教育深入地相互渗透和相互交织,使这几个方面的教育呈现为一个统一的完整过程。"[①] 他要求注意到各育之间的相互联系,发挥各种教育活动的综合教育作用。

在苏霍姆林斯基看来,德育在全面和谐的教育中应占有主导的地位,因为"人的各个方面和特征的和谐,都是由某种主导的、首要的东西所决定的……在这个和谐里起决定作用的、主导的成分是道德"[②]。从学校里培养出来的人,不论他从事什么工作,都应该是一个道德高尚的人。他认为学校中的任何工作都应当包含道德教育的意义,发挥德育的作用。

苏霍姆林斯基对智育有他自己的独特理解。他指出,智育应当包括获得知识,形成科学世界观,发展认识能力和创造能力,养成脑力劳动文明,养成一个人在整个一生对丰富自己的智慧和把知识

---

① 苏霍姆林斯基著:《帕夫雷什中学》,第9页。
② 苏霍姆林斯基著:《关于全面发展教育的问题》,第12页。

运用于实践的需要等多方面的任务与要求。因此,正确理解的智育本身就包含着兼施德育的职能。智育与劳动教育也是密切联系着的:"智慧在取得的劳动成果中表现出来,劳动使人变得更加聪明。"① 苏霍姆林斯基还认为,只有当学生对知识形成了自己的观点时,才会形成主动的、探求的、创造性的思维,对所获得的知识表现出个人的积极态度,他对智力情感在教学过程中的作用给予了高度评价。同时,苏霍姆林斯基并不轻视掌握基本知识和基本技能对儿童个性全面和谐发展的重要性与必要性。

苏霍姆林斯基认为,体育不仅本身是重要的,它对培养道德、美感和进行智育也有重要的作用。他说:"儿童的精神生活,就是说,他们的智力发展、思维、记忆、注意力、想象、情感和意志,在很大程度上取决于他们的体力的活跃程度……"② 他要求教师特别关注少年期和青年早期学生的健康,因为这两个时期正是学生身体迅速发育的阶段,教育者必须十分关心学生体力劳动和脑力劳动的和谐,促使其身心得到健康发展。苏霍姆林斯基还提出了使学生习惯于"积极休息"的观点,他说:"学生的休息应该是多种活动的合理更迭,是满足审美需要的劳动和对于自然美的积极的欣赏。"③

苏霍姆林斯基对美育的重视正是以他对情感在个性形成中的作用的认识为基础的。他认为学校既应发展学生的能力与智慧,又应进行情感教育。而要完成这些任务,都必须借助于美育:"美育是道德纯洁、精神丰富和体魄健全的有力源泉。"④ 美育最重要的任务是教会孩子能从周围世界的美中看到精神的高尚、善良、真挚,并以此为基础确立自身的美。他在《把整个心灵献给孩子》一书中

---

①②③ 苏霍姆林斯基著:《关于全面发展教育的问题》,第 36~37、152、155 页。

④ 苏霍姆林斯基著:《帕夫雷什中学》,第 424 页。

非常细致感人地论述了对儿童进行美育的理论与经验;在《公民的诞生》一书中,也以极大的篇幅详细地阐述对学生进行情感教育与美感教育的途径和方法。苏霍姆林斯基还强调,美育的完成也要依靠德育、智育、体育、劳动教育和美育自身工作的相互配合,即"在人的全面发展教育的总过程中,美育起着很大的决定作用,而美育本身又依赖于多种因素、条件和前提"①。

如前所述,苏霍姆林斯基十分重视劳动在人的全面和谐发展中的作用。劳动既是学生认识和理解客观世界的手段,也是他们自我认识和自我教育的途径。劳动教育和德育、智育、体育、美育,是不可分割与相辅相成的。要使热爱劳动及早成为一个人最重要的品质之一。苏霍姆林斯基还提出了"劳动素养"的概念。他指出:"'劳动素养'这个概念,不仅包括完善实际技能和技巧,掌握技艺,而且包括劳动活动在人的精神生活中的作用和地位,包括劳动创造活动的智力充实性和完满性、道德丰富性和公民目的性。劳动素养还指一个人达到了这样的精神发展阶段:他感到缺少为大众谋福利的劳动就无法生活。"②

三、成就与影响

凯洛夫的《教育学》对教育的研究虽然力图以马克思主义方法论为指导,但是对许多问题的论述却表现出形而上学和机械论的倾向;赞科夫的发展性教学理论在运用矛盾论和系统论方面虽然取得了成就,但是他主要是从心理学角度探讨教学理论,而且仅仅涉及教学问题,对儿童体、脑的生理发展以及这种发展与教育的关系并没有做过深入的研究。而苏霍姆林斯基的教育思想则克服了上述不足,力图运用马克思列宁主义的观点、方法全面地论述教育问题。

苏霍姆林斯基取得丰富的教育理论研究成果的原因,大致可以

---

① ②苏霍姆林斯基著:《关于全面发展教育的问题》,第134、122页。

归结为以下三个方面。

第一，苏霍姆林斯基的理论研究是与教育、教学实践密切结合的。实践本身要求他"在研究某个具体问题的同时，不可能忽视教学和教育的其他问题、方面、因素、组成部分和角度。这样做……为深入分析各种教育现象的本质、相互联系、相互依存和相互制约创造了极为有利的条件"①。

第二，苏霍姆林斯基在结合教育实际进行理论研究的时候，注意总结历史经验并得出了比较正确的结论，这也就是他所说的历史思维问题。他认为，"不仅研究人员，而且每个实际工作者，都必须从多年的历史的观点来看待各种教育现象，必须理解其真谛和渊源，以及这些教育现象到了今天又是怎样合乎规律地继续着这一社会的、道德的和创造的多年过程的。"②他没有像赞科夫那样一度将自己的理论观点与所谓传统教育理论的观点完全对立起来。他在自己的著作中高度评价了苏联在卫国战争前所取得的教育成就，并将苏联青年在卫国战争中表现的英勇精神视为30年代苏联学校教育的结果。在谈论个性全面和谐发展的教育问题时，他也一再说明掌握基本知识和基本技能的重要性，表明了他对凯洛夫《教育学》思想体系的批判继承态度。

第三，对辩证唯物主义方法论与马克思列宁主义教育基本原理的深入掌握和运用，是使他在教育理论研究与教育实践中取得辉煌成就最重要的保证。

苏霍姆林斯基曾被誉为"教育思想泰斗"。他的教育理论与实践对20世纪七八十年代苏联教育理论的发展影响极大。例如，苏联教育家巴班斯基就接受了苏霍姆林斯基关于教育和教学工作整体性的观点，将全面和谐发展学生的个性作为学校理想的观点，等等；70和80年代在苏联出现的一批紧密结合教育、教学实践进行

---

① ② 苏霍姆林斯基著：《关于全面发展教育的问题》，第2、4页。

教育理论探讨的教育理论工作者和教师，像阿莫纳什维利等人，也提倡学生的主体地位、师生间的良好合作、调动学生学习的内部动因，等等，反映了苏霍姆林斯基教育思想的强烈影响。

本章通过对凯洛夫《教育学》的思想体系、赞科夫的教育实验及其发展性教学理论和苏霍姆林斯基的教育理论与实践的评述，展示了第二次世界大战以后苏联教育理论发展的轨迹和概貌。从中可以看出：教育理论建设的成就，第一是有赖于研究方法论的提高和研究方法的改进；第二是有赖于对教育遗产的批判和总结教育历史经验的水平；第三是有赖于教育研究与教育实践的结合，教育理论研究要回答教育实践发展中提出的问题，而教育实践又是与现时代国内外政治、经济、科学技术和文化教育自身的发展密切联系着的。因此，教育理论工作者和教师一定要有马克思主义理论修养和历史知识，要十分关心国内外政治、经济、科学技术和文化教育发展状况，注意了解其发展趋势，从而使自己的理论研究对推进教育实践的发展作出真正的贡献。

思考题

1. 试评述凯洛夫《教育学》教育思想体系的贡献与局限。
2. 试论述赞科夫发展性教学理论的成就与影响。
3. 试述苏霍姆林斯基在教育实践和教育理论研究方面取得的成就对你的启示。

第二十五章

发展中国家的教育

在当今世界的一百八十多个国家中,绝大多数是发展中国家。这些国家除极少数之外,大都曾经沦为西方资本主义国家的殖民地或附属国。在长期的殖民统治之下,它们不仅遭到残酷的经济掠夺和政治压迫,而且在文化教育领域也深受西方殖民主义的损害。经过这些国家的人民的斗争,有的在19世纪就取得了独立,有的则直至20世纪第二次世界大战之后才摆脱殖民统治。这些国家在独立之后,都进行了艰苦的民主改革以及经济振兴和文化教育建设。但由于各种原因,它们至今依然处于不发达状态。发展中国家之间的政治体制和社会经济与文化教育的发展水平可能很不相同,但基于它们的教育发展的条件比较相近,因此,在它们的教育的演进方面存在许多共同特点。

第一节 独立前的教育

许多发展中国家，如印度、埃及、伊朗、伊拉克、墨西哥等，都有古老的文化源流，有的还是古代文明的摇篮。这些国家在成为殖民地或附属国之前，早已存在一些不同规模和不同教育水平的学校。其中，不仅有初等教育机构，甚至还有高级学校。这些教育机构虽然大多具有宗教色彩，但也不乏世俗性的。它们是人类文明的重要组成部分，不但对本民族和本地区的历史发展产生过重大影响，而且对世界文化教育的发展也有重要意义。

然而，从十五六世纪起，西方殖民者相继侵入亚洲、非洲和美洲，这些地区遂沦为西方的殖民地或附属国。殖民者在这些地区进行经济掠夺和政治统治的同时，在教育领域推行一系列殖民主义性质的举措：（1）开办教会学校，宣讲《圣经》和宗教教义，以推广殖民主义为宗旨；（2）成立管理殖民地区的专门教育机构，制定或监督执行有关殖民地区的教育法令和教育政策，控制殖民地区的教育领导权；（3）将宗主国的教育模式原封不动地移植到各殖民地区，在殖民地区建立与宗主国相一致的教育体制。强行采取宗主国的语言和教科书教学，竭力宣扬西方文明和教育制度的先进性，遏制甚至否定当地民族的文化教育传统，严重打击当地原有的学校教育；（4）推行种族隔离制度，在学校教育中推行种族歧视。

总之，西方国家在殖民地区尽管也办了一些学校，并在客观上对这些地区了解西方近代文明，促进其社会和文化的觉醒与发展起了一定的催化作用，但它们的主要目的，是对白人殖民主义管理人员的子女和部分当地居民上层人士的子女施以完全模仿宗主国学校体制的教育，将他们训练成能为殖民当局服务的人。对此，在印度孟加拉主管过教育的英国学者麦考利（Macaulay）曾露骨地声称:"人民群众是用不着教育的。不过我们应当努力造就出英国人和他们所统治的千百万土人之间的一个媒介阶层,一个具有印度的血统和肤色,又有英国人的爱好、见解、道德和才智的阶层。"①

殖民主义者在发展中国家的长期殖民统治以及他们在这些国家所推行的教育政策,给这些国家的文化教育事业的发展带来了严重的消极影响和恶果。这主要表现在以下几个方面。

第一,大量民众成为文盲。殖民统治者的经济掠夺、政治压迫和愚民政策,使殖民地和附属国的广大人民陷于极度的贫困和无文化知识的状态,使几乎所有发展中国家在取得独立时都存在大量的文盲。许多发展中国家的文盲占全国人口的80%～90%以上,在亚洲和非洲的某些地区,居民中的文盲甚至达100%。大量文盲的存在是导致发展中国家长期落后的重要因素之一。

第二,适龄儿童大量失学和辍学。在殖民统治下,许多发展中国家的经济严重落后,人民贫困,学校极为有限,大量学龄儿童无法入学,特别是女孩能够上学的更少。例如,伊拉克、阿尔及利亚甚至到独立时,能够入学的适龄儿童还不到20%。阿曼在1971年独立时,全国仅有两所小学,900名学生。

在所有殖民地和附属国,学生的辍学率都很高,许多儿童往往由于家庭经济困难而在小学阶段即一再辍学。而一批一批失学和辍学的儿童又成为文盲大军的"增补队"。

第三,教师严重短缺。在殖民统治时期,殖民当局普遍不重视培养当地教师。有些非洲国家在独立前甚至连一所师范学校都没有,各级学校的教师几乎都是由殖民地国家的牧师或教师充任。特别是高等学校的教师,大都完全依赖宗主国提供。如塞内加尔在独立初期,其达喀尔大学的102名教师中只有一名助教是本国人。

---

① 引自H·卡比尔:《印度教育史》,1956年英文版,第76页。

在许多殖民地和附属国,由于忽视培训当地教师,加上教师薪俸微薄,社会地位底下,许多人不愿从事教师工作,因而只得吸收稍有文化知识、但毫无师范专业训练的人员充任。如孟加拉国直到独立前夕,仍有三分之二以上的小学教师未受过师范专业训练。这种情况迫使许多发展中国家在独立初期,仍不得不采取小学毕业生教小学、中学毕业生教中学的办法。

第四,学校教学质量低下。许多发展中国家直到独立时,由于经济发展落后,教育经费困难,不但各级学校校舍严重不足,各种教学设施更为简陋,不少学校甚至不能充分提供教科书,大量学校都没有图书馆。由于这种教学条件,加上教师方面的困难,许多中小学不得不简化课程,采用陈旧的教学手段和教学方法,因而根本说不上教学质量。

第五,本地民族的优秀传统文化受到压抑和扭曲。殖民主义者采用各种手段向殖民地和附属国传播所谓西方文明,竭力宣扬西方文明的所谓"优越性""先进性",而对本地民族的文化传统则简单地斥之为"粗野""落后""保守",百般加以丑化甚至压制和歪曲,根本无视各个民族文化传统中的特点和优秀成分。这表现在教育上,就是在殖民地区的学校里,大力推行采用宗主国语言进行教学,强调学习宗主国的历史、地理等,在学校的教育和教学中向学生灌输"崇外""鄙内"的思想意识和奴化心态,泯灭其教育的本民族性。在这种殖民化的教育影响下,许多学生往往受到西方文明的诱惑,进而认同西方人对本民族传统文化的观点,甚至自觉或不自觉地成为传播西方殖民主义文化教育的支持者或助手。

殖民教育给发展中国家留下了许多消极的东西,而其中影响最深远的恶果和危害,莫过于对这些国家的人民的民族自尊心和自信心所造成的消极影响。

第二节 独立后的教育改革和发展

多数发展中国家都经历了较长时期的封建社会和殖民地或半殖民地社会。它们在取得独立后，都面临严峻的经济、政治和社会的改革与建设任务。而随着其社会政治经济的变革与发展，也对教育提出了新的要求。

发展中国家尽管存在各种各样的差异，但在教育方面却几乎面临着共同的课题，即既要对以往封建的或殖民地的教育遗产和影响进行改革，又要将教育建设成为促进国家真正独立、经济发展和社会进步的一种重要手段。也就是说，教育既要改革又要发展。

发展中国家的教育改革和发展，一般都根据独立后国家的需要和自己的国情，而且主要基于以下考虑。

第一，立足于发展经济的需要。发展中国家在殖民时期大都为农业国，工业主要是为宗主国提供原材料，经济十分落后。独立以后，许多发展中国家的政府都力求尽快振兴经济并逐渐认识到，不仅要以现代技术改造农业，并且只有实现工业化才能加速经济的发展。但搞现代经济建设没有人才不行，这就必须抓教育，以便更好地培养各种经济建设人才。例如，肯尼亚总统肯雅达在独立（1963年）后不久即提出，独立国家必须重新认识国家的教育问题，应该把教育视为国家发展的重要工具，建立适应农业国家的小学教育，适应国家工业发展的中等教育特别是中等技术教育。这是他根据肯尼亚的国情对中小学教育改革和发展提出的设想，后来被肯尼亚政府所采纳和实施。其实，许多发展中国家都逐渐把教育的经济职能放在首位，并据此制定教育改革和发展的目标与规划。

第二，将教育作为促进国家的政治稳定、团结统一和民主改革的重要手段。发展中国家独立以后，政治上发生了很大变化。在某些发展中国家，一些新殖民主义者在形式上承认这些年轻的民族国家的独立主权，但又千方百计地力图保留它们在这些国家失去的权益，甚至蛮横地干涉这些独立国家的内政，制造混乱。而有些发展中国家，由于殖民时期形成的部落、宗教、种族等隔阂，国家远未达到团结统一，从而影响国家的建设和发展。这使许多发展中国家的政府和有识之士认识到，为了使国家得到真正的独立，实现政治稳定、民族和谐统一，还必须通过学校更好地向青年一代进行民族意识、社会内聚力、民主合作、公民责任感等方面的教育。正如突尼斯总统哈比卜·布尔吉巴所说，同经济发展一样，发达的教育和繁荣的文化是保卫国家独立的基本要素。所以，重视发挥教育的政治作用，不能不是许多独立后国家的政府所关注的中心之一。

第三，发挥教育对保持和弘扬本国传统文化的功能。许多发展中国家在殖民时期引进了西方教育和西方文化，这对了解和吸取西方的进步文明有积极意义，但由于当时的殖民教育片面地宣扬和介绍西方文化的所谓优越性，也带来许多问题。例如，造成本民族文化受到破坏，民族意识被淡化，传统价值观受冲击，社会责任感被漠视等，这显然不利于独立国家的建设和发展。因此，大多数发展中国家都认为，必须重视殖民教育在这方面所造成的恶果，对教育体制、课程内容进行改革，使其"民族化"和"本地化"，加强民族传统文化的教育，提高青年一代的民族意识和对传统文化的继承与革新能力，学会将传统文化和现代社会很好地融合起来。

至于发展中国家具体的教育改革和发展，虽然由于各国的教育政策各有特点，所取得的教育事业成就也不一样，但教育改革和发展的经历却甚为相近，并大致都主要抓了以下几个方面。

一、坚持扫除文盲

许多发展中国家取得独立后，将大力扫除文盲定为教育上的首要任务之一。而且，大都由国家颁布有关扫盲法令，动员社会力量，运用各种方式和途径，积极开展全国性的扫盲工作。大多数国家在独立初期即掀起一次扫盲高潮,并取得一定的成果。

在亚洲,印度原是一个文盲大国,1947年独立初期有三亿文盲。独立后的第二年便成立了一个隶属于中央教育咨询委员会的"成人(社会)教育委员会",专事全国成人扫盲教育的研究和领导。根据将成人扫盲和社会教育结合起来的要求,在50～60年代开展了以扫盲为主要内容的社会教育,从而使印度识字人数占全国人口的比例从1951年的17％上升到1961年的24％、1971年的29％、1991年的36％。

在非洲,埃及是较早开始全国性扫盲工作的国家。1945年埃及教育部成立了扫盲委员会。在取得独立后的1952年,又制定了一个扩大初步教育的计划以替代扫盲运动。但到1966年,埃及的文盲人数仍占总人口的63％。为了进一步开展扫盲运动,埃及政府于1970年颁布了第67号法令《新扫盲法》,进一步推动了埃及扫盲工作的进展。

在拉丁美洲,多数发展中国家的扫盲工作起步较早,其中阿根廷是最早实施扫盲计划的国家。1905年阿根廷政府颁布了《扫盲法》(即4874号法令),并据此采取了一些有效措施,持续地开展全国性扫盲运动,从而使其文盲率不断下降。拉丁美洲于1951年成立了区域性的成人教育及功能扫盲地区中心。该中心专为该地区国家识字与成人教育的研究和培训活动服务,这对推动该地区国家的扫盲工作起了积极作用。

尽管大多数发展中国家都在五六十年代进行了扫盲工作,也取得一定的成绩,但总体上说,由于许多发展中国家扫盲经费短缺,师资力量不足,有关措施不力,扫盲工作难以形成为运动,而且在有些国家教育的发展甚至跟不上人口的增长,加上小学辍学率居高不下,因而不但原有文盲远未能扫除,又产生了大量新的文盲,使文盲绝对数反而增加了。如印度的文盲人数竟从独立初期的3亿人增加到1981年的4.37亿人。

上述情况，促使许多发展中国家在 70 年代末和 80 年代对过去的扫盲工作进行检讨并提出新的扫盲计划，将扫盲工作推向新的阶段。例如，印度于 1978 年再次将扫盲教育定为重点工作，决定开展一场为期五年的全国性扫盲运动。这一扫盲计划首次明确扫盲工作由中央政府统一领导，扫盲的主要对象为 15～35 岁年龄组的文盲，要求政府和社会的各种机构都积极参与这一运动，扫盲活动应与学习者的工作和生活条件相联系，以确保学习者的积极性。据此，全国建立了近一万个成人识字中心，各个邦的大、中学校也协助这些识字中心开展工作。到 1991 年全国识字人数的比例已上升到 52%。伊拉克于 1978 年 12 月 1 日再次开展全国强制扫盲课程计划，并把这一天定为"知识日"。阿富汗从 80 年代初开始也掀起一场全国性扫盲运动，其中包括普通扫盲计划、妇女扫盲计划、失学儿童扫盲计划、战士扫盲计划、扫盲后续计划等内容。在非洲，埃塞俄比亚于 1979 的广泛开展了全国性扫盲运动，到 1983 年，全国共建立了 2 万个扫盲中心，100 万名教育工作人员参与扫盲，进行了 9 轮扫盲教育，出版了 15 种语言的大量扫盲资料。

近十多年来，由于许多发展中国家加强了扫盲的力度，广泛采用现代手段，扫盲工作的进展都比以前加快，效果也更加显著，文盲率普遍有所下降。但是，扫盲工作仍然是任重道远。

二、普及初等义务教育

在许多发展中国家，都曾把普及初等教育列为发展教育事业的重点任务。50 年代末和 60 年代初，在联合国教科文组织主持下先后制定的亚、非、拉三地区的教育发展计划，即亚洲的《卡拉奇计划》、非洲的《亚的斯亚贝巴计划》和拉美的《圣地亚哥计划》，都建议到 1980 年所有发展中国家都要实施小学义务教育。

例如，印度获得独立后，印度新宪法规定，国家应在 1950～1960 年期间尽力为所有 14 岁以下儿童提供免费的义务教育。在从

1950年起的各个五年计划中，都对初等教育的发展提出了明确的发展目标。在执行这些计划时采取了各种措施，如实行学校国有化；对少数私立学校，由政府拨给补助金；逐步实行普及教育免费；逐步扩大八年义务教育制等，因此印度的普及初等教育取得了较大成果。据统计，印度独立时仅有17万所小学，1989～1990年度初级小学增为55.07万所，高级小学达到14.4万所。初等学校注册人数，在独立前夕，大约为1 700万人，到1989～1990年度已达到1.2951亿人。① 当然，在它执行初等教育发展计划的过程中，有时也发现其所定发展目标偏高和措施不力等问题，但基本上能注意努力及时加以调整和改进。

在联合国教科文组织的推动下，亚太地区教育部长曾多次开会商讨教育改革和发展问题。1965年在曼谷召开的亚洲地区教育会议，在初等教育方面着重讨论了降低辍学率的问题。1971年在新加坡召开的亚洲地区教育部长和经济规划部长会议上，拟订了《亚洲教育革新为发展服务计划》（APEJD）。亚洲绝大多数发展中国家都参加了该项计划所组织的活动。在80年代，普及初等教育的工作主要集中在三个方面：一是为所有儿童扩大受教育的机会，特别是关注女青少年以及家境困难的儿童的入学机会；二是降低辍学率，以保证基本的学习成果；三是提高学习系统的整体效益。这对促进亚洲地区各个发展中国家初等教育的良好发展起了积极的作用。

在拉丁美洲，有些国家在19世纪末和20世纪初便开始推行普及初等教育。墨西哥是拉丁美洲教育史上第一个以法律形式确立实施义务免费普及初等教育的国家。1867年，墨西哥以总统名义颁布《教育组织法》，规定初等教育为基础、免费、义务的教育。随

---

① 参见马加力著：《当今印度教育概览》，河南教育出版社1994年版，第56～58页。

后，委内瑞拉于 1870 年，阿根廷于 1884 年，秘鲁于 1920 年也相继颁布了实施免费、普及初等教育的法令。20 世纪五六十年代以来，在《圣地亚哥计划》以及多次拉丁美洲地区教育部长会议的推动下，拉美各发展中国家加快了初等教育的普及，初等学校学生入学率大幅度提高。1960 年，入学率达到 70％以上的国家只有 8 个，1980 年增加到 19 个。其中入学率达到 90％以上的国家有 9 个，而阿根廷、古巴、智利的儿童入学率已达到 100％。诚然，各国的义务教育年限不完全一致。但是，1979 年在墨西哥城召开的第五届拉美国家教育部长和经济计划负责人会议通过的宣言，要求拉美各国在 2000 年之前，向所有学龄儿童提供至少 8~10 年的普通教育。

非洲的许多发展中国家也在取得独立后即着手实行初等义务教育。如埃及 1953 年颁布法令建立统一的小学，1956 年将初等义务教育的学制由四年延长为六年。但由于经济困难，1965 年又将小学六年义务教育改为 1~5 年义务教育，取消了对六年级的免费教育。到 1989 年，埃及全国有小学 14 574 所，小学生总数为 695 万余人。在 1987~1991 年的五年计划期间埃及实现了全部小学适龄儿童入学的目标。

许多发展中国家都把初等教育作为教育发展的重点，通过增加初等教育经费，新建小学，速成培训师资，采用上、下午轮班上课，减少辍学率等措施，逐步扩大初等学校的规模，提高适龄儿童入学率。因此，普及初等义务教育取得了显著的成绩。

三、改革教育体制和调整教育结构

许多发展中国家在独立初期，都曾暂时保留殖民统治时期形成的学校制度结构，如原英属殖民地的印度、埃及等国保留着英国小学、文法学校和现代学校的体制的遗迹；原法属殖民地的阿尔及利亚、马里、刚果（利）等国则保留着法国小学、基础学校和中学的特点。这种情况与发展中国家的社会结构、文化以及政治上的独立自主和经济上的发展很不适应。因此，各国都根据本国发展的实际对教育体制进行了改革。

首先是改革学制，并将初等教育和中等教育组成为连续的学校教育结构。许多发展中国家在建国初期，主要着力于逐步实行普及初等义务教育。随着六七十年代普及初等教育的发展，则开始转向普通学校制度的改革。当然，在改革中，由于各国经济发展水平和教育历史的不同，即使在同一地区，各国实行的普通学校学制结构也不完全一致。但是，建立统一的学校制度，是许多发展中国家60~70年代教育改革的主要方面。

其次，调整中等教育结构，加快发展职业技术教育。许多发展中国家为了适应社会经济建设和发展的需要，更好地培养本国的技术人员以及解决普通学校毕业生的就业问题，都逐渐重视中等教育结构的改革。有些国家将高中阶段分成普通科与职业技术科，或改为选修科。在埃及，则分设普通高中和专业高中。智利的高中教育分为普通高中和职业高中两个阶段。有些国家，如马来西亚、巴拿马等在整个初中阶段甚至小学阶段就设有职业技术科目。印度、泰国等则在初中阶段的部分年级设立职业技术科目。随着现代科技的迅速发展，有些国家还延长普通教育年限，如印度近年来就将八年"共同科目的制度"延长为十年，从11年级开始为高中阶段，实行职业化选科。

许多发展中国家还致力于建立各种技术专业学校。有些国家在普通中等教育之外，另设职业技术教育体系。阿根廷的中等教育结构甚至以职业技术教育为主。

很多发展中国家还强调中等学校直接与工厂、农场或企业实体挂钩，举办以技术工人为师的培训班，或让学生到企业去接受职业技术训练。

再次，将学前教育和成人教育列为正规教育的组成部分。有些发展中国家在有关法令中明确规定，教育体系应包括学前教育——

母育学校和幼儿园。哥伦比亚政府于1974年颁布法令，要求各地建立幼儿教育中心，发展幼教事业。1975年巴西政府颁布法令，规定对4~6岁儿童实施学前教育，作为正规基础教育的一个阶段，并要求在基础教育管理局设立学前教育室，负责制定学前教育发展规划。朝鲜于1976年颁布《儿童保育教养法》，规定国家提供经费，选择最好的场所、设施设备、食物和卫生条件，保障所有儿童受到良好的学前教育。

从70年代以来，发展中国家对成人教育也日益重视。如巴西在70年代初就成立了补充教育管理局，制定职业人员考核制度和职工补充教育计划；建立"教育工资"制度，从企业工资总额中征收8％的经费用于职工教育。朝鲜甚至提出"学前教育、学校教育和成人教育同时并举"的口号。目前，许多发展中国家已建立了比较完善的成人教育体系和职工考核进修制度，设立成人教育基金，成立专门机构负责组织和实施成人教育，成人教育的规模、形式和层次都日趋发展。

四、着力培养师资

发展中国家，特别是非洲和中东的某些发展中国家，在获得独立后，都相继提出了"教育民族化""教育阿拉伯化""师资本国化"等口号，将殖民主义者办的学校收归国有，以本国教师和聘任其他发展中国家的教师取代殖民国家的教师。但随着各级学校的发展，对教师的需求也不断增长。

为了培养新的师资，许多发展中国家首先对殖民统治时期留下的师范教育进行了改革，建立新的师范教育体制。

其次是重视新建和扩建师范教育机构。如非洲的坦桑尼亚在1964年只有一所师范学校，到1973年增加为18所。墨西哥政府自1960年以来拨专款大量兴建师范学校，到1978年，全国各类师范学校总数从116所增加到352所，到1985年增至525所，高等师范学校也从 1979 年的 36 所增至 1985 年的 75 所。印度的师范教育发展也较快。1947 年独立时，印度有师范学校 524 所，师范学院 51 所。到 1966 年，师范学校增至 1 548 所，师范学院增为 286 所。此后，为提高师资的水平，又将部分师范学校改建为师范学院。1988 年，师范学校减为 992 所，而师范学院则增为 485 所。此外，还设有地区教育学院和教师培训中心等。

再次是完善培养师资的有关制度。大多数发展中国家都经过改革与发展建立了比较完整的师范教育体系。如印度，既有培养幼儿教养员的幼儿师范学校、培养小学教师的中等师范学校、培养中学教师的高等师范院校（包括大学教育学院或教育系以及地区教育学院）、培养高校教师的大学研究生院，还有培养职业技术学校教师的中央培训学院和技术教师培训学院。此外，现已形成了从中央到地方完整的教师在职培训网络。

许多发展中国家很重视师范生的质量。如哥伦比亚的六年制中等师范学校，前四年学习基础科学知识，后两年进行教师职业培训和实习，成绩合格者才能获得到幼儿学校或小学任职的教师证书。

在大多数发展中国家，为了吸引大量优秀学生到师范院校就读，都规定师范院校的学生享有若干优惠待遇，如生活津贴、减价的膳食费、医疗补助等。在朝鲜，还规定师范大学属一级大学，优先招生，助学金高于其他大学两倍，毕业生的工资也高于其他大学毕业生，非师范大学毕业的学生必须经过教师培训并在考核合格之后才能担任教师。

在许多发展中国家，随着教育事业的发展，以及对教育质量的日益关注，师资队伍的建设也越来越受到重视。

五、大力发展高等教育

许多发展中国家在独立前几乎完全没有大学，即使有，也多为殖民主义者或西方教会所创办，其主要目的在于培养该地区的统治阶层和殖民政府的雇佣人员或宗教活动上层人士。学校的类型与模式完全模仿宗主国。独立之后，为了造就本国的高级人才，许多发展中国家都随着经济的发展大力发展高等教育。例如，埃及虽然在1908年就开办了第一所现代大学——开罗大学，但直到60年代以后，其高等教育才得到较快发展。至80年代中期，全国已有十几所大学，在校学生近六十万人，相当于1965年的三倍多。

非洲有的发展中国家，在独立之前只能派遣少数上层阶级子弟赴国外上大学，独立后情况大为改观。突尼斯在1956年独立前，实际上没有一所提供完整高等教育的学校。独立后，政府很重视高等教育的发展，至1978年，突尼斯已有各类高等学校近五十所。

印度在殖民统治时期，由于英国殖民者和本国上层阶级的需要，早在1857年就建立了加尔各答大学、孟买大学和马德拉斯大学，但到独立前的1946年，仅有18所大学，另有600多所单独的学院。独立以后，印度的高等教育迅速发展。1950～1951年度，印度的大学增为28所，到1990～1991年度，共有大学147所。独立学院的增加更是惊人，1950～1951年度，各类学院为659所，到1990～1991年度已猛增到6 912所，40年间增加了近9倍。高等院校的学生数，1950～1951年度为17.4万人，到1990～1991年度共有424.7万人，40年间增加了20多倍。高等教育的发展如此迅猛，在发展中国家中是绝无仅有的。这表明印度在发展高等教育方面的确取得了令人瞩目的成就。[①]

菲律宾独立后高等教育的发展也是相当快的。从1946年到1971年的25年间，大学、学院均增加了一倍多。私立大学、学院的发展尤其迅速。各类高等院校到1980年已发展到1 097所。至1995年，又增为1 273所，其中私立的占80%以上。

在拉丁美洲地区，各发展中国家的高等教育也是发展最快的。

---

① 参见马加力著：《当今印度教育概览》，第138页。

在 1975 年，整个拉丁美洲地区高等学校学生入学率约为适龄青年的 11.7%，比 1960 年的 3.1% 提高了 2.7 倍。到 1981 年，全地区高等学校已有 3 000 多所，其中大学 860 所。墨西哥是拉美各国中发展高等教育较快的国家，到 1988 年，共有高等学校 1 542 所。现在的墨西哥大学是世界上最大的大学之一，分预科教育、本科教育和研究生教育三级。1989~1990 年度，该大学共有教学和研究人员 32 550 人，各类学生 267 620 人。

许多发展中国家的高等教育之所以得到蓬勃发展，其一是因为它们把发展高等教育、培养众多高级人才视为国家政治独立的有力支柱。有些非洲国家将创办大学与升国旗、建立民用航空公司并列为国家独立的三大标志。其二是国家的迅速发展需要有足够的中、高水平的技术人员。而各类高级专业人才的培养，则非发展高等教育不可。一些发展中国家几乎把高等教育的发展和国家的发展结合在一起。其三是由于许多发展中国家把优先发展高等教育视为教育的战略政策，因而一度不断加大高等教育的经费投入。而在所有发展中国家中，印度高等教育经费的增长幅度是最为突出的。其四是采取多种形式发展高等教育，并随着国家经济的发展和产业结构的变化，注意及时调整高等教育的专业结构。

六、改革教学内容

发展中国家在发展各级各类学校教育的同时，也重视改革教学内容，以适应各国民族的和社会经济发展的需要以及科技革命的挑战。

大多数发展中国家独立后，在教学方面面临的首要任务之一，就是改用本族语进行教学，编写新的民族课本和教学参考书。根据联合国教科文组织和各地区有关教育合作会议的倡议，在非洲和亚洲建立了专门的教育和科学研究中心，探讨用民族语言编写新的教科书和有关教学辅助材料。如独立后的叙利亚政府为了消除教育领域中的殖民主义影响，发展民族的文化教育事业，曾较快地组织力量用阿拉伯文改编了全国中小学的教科书和部分的大学教材，突显了教学的民族性。

有些发展中国家则根据本国的国情，有区别地采用不同语言进行教学。如马来西亚政府规定，国民小学和中学以马来语为主要教学语言，并允许各民族小学使用本民族语言教学，而英语只作为公立中学和私立中学的第二教学语言。菲律宾则实行双语制，即一方面继续使用原宗主国语言教学，同时也使用本族语，而且作出了一些具体规定，要求在初等和中等学校都用英语和本族语两种语言教学；在社会学科、劳动教育和青年发展训练方面用本族语，在科学与数学教学中使用英语。

课程内容的改革，在许多发展中国家，先是只对以前的课程作些小的调整，对教材中个别地方如不合时宜的地名、人名等进行改动。然后，才对教学大纲、课程体系、教学内容进行较大幅度的修改。近一二十年来，又根据各国经济建设、社会发展以及教育改革的进展，多次进一步改革课程。

课程改革的首要方面，是加强进行爱国主义教育和培养民族意识的课程，如民族史、国教教义等，以发扬民族传统文化，促进国家统一和民族团结。例如，非洲的塞内加尔政府强调在学校教育、教学中要发扬"黑人传统精神、维护黑人的尊严"，要求在发扬黑人文化的基础上建设新文化。

其次，针对年轻一代出现的追求物质享受、忽视社会责任感等倾向，强调在教学中加强道德价值观和公民意识的教育。亚洲一些发展中国家还特别强调亚洲文化中重视集体高于个人、伦理道德修养高于物质方面的追求等价值观的教育。

再次是加强科学技术教育。各个发展中国家面对现代科学技术的迅速进步以及本国经济发展的需要，除着力发展职业技术学校外，还在普通学校里加强科学教育，用最新的科技成就充实教学内容，重视各级学校教学内容的现代化与实际生活的联系。

发展中国家独立后大都致力于教育改革和发展。特别是70年代以来，许多发展中国家对教育进行了整体性改革，教育事业的发展更加迅速。而这些重大成绩的取得主要是基于两方面的因素。

首先，从一些国家自身来说，一是政府充分认识到教育在现代社会的重要意义，将教育的改革和发展看做是建设独立的民主国家和经济发展的基础，并随着社会发展而不断提出教育改革方案。二是由于重视教育，也就愿意投资教育。许多发展中国家随着经济的发展，不断提高教育经费的支出。如莫桑比克将其教育经费在国家预算中的百分比由1977年的6％增加到1983年的25％。厄瓜多尔从中央到地方各级政府都重视提供教育经费，1966年教育经费占国家财政预算的19.5％，1970年增加到23.2％，1977年提高到28.3％，教育经费预算一直高于其他部门的预算。三是大多数发展中国家的教育改革和发展都能紧密结合本国的实际，制定了明确的教育改革和发展的目标和规划，并动员和组织社会力量为实现改革和发展目标作出积极贡献，有计划地实施教育改革和发展，成为政府和社会共同努力的重要事业。

其次，从国际上看，应该说，联合国教科文组织、联合国儿童基金会等国际组织在有关教育方面对发展中国家所给予的某些关注、支持甚至帮助，是有一定积极意义的。如前面提到过的亚洲《卡拉奇计划》、非洲《亚的斯亚贝巴计划》和拉美《圣地亚哥计划》，对推动亚、非、拉三地区发展中国家在教育改革和发展方面开展研讨、交流和合作，都发挥了促进作用。70年代以来，有些发展中国家还与世界银行共同实施普及初等教育、加强商业教育等合作项目。有些发展中国家则在教科文组织、联合国儿童基金会、国际教育局、教科文亚太地区办事处等机构所提供的资金、技术和人员的直接援助下，开展有关教育政策、教育规划与管理、教育结构与体制、技术教育与培训、成人教育与扫盲、科学教育、农村教育等方面的合作研究，并取得了许多重要研究成果和实际效益。与此同时，在发展中国家之间、发展中国家与发达国家之间，也在教育领域不断扩大和加强了合作，如招收和派遣留学生、教师和学者互访、互通教育信息、转让教育经验和技术、共同举办培训中心等。在1982年拉美教育工作会议上，各国与会者商定的《拉美与加勒比地区教育合作计划》，就是该地区国家进行广泛的教育合作的一种措施。教育领域中的各种多边和双边合作，无疑对促进发展中国家的教育改革与发展也是一种有力的推动。

第三节 当今的困难和问题

近几十年来，发展中国家在社会政治、经济和文化教育等方面都取得了重大的进步和发展。但是，发展中国家由于生产力不够发达，国民生活水平普遍较低，教育总体投入不足，或教育开支已达到国家所能承受的极限，或教育上人力、物力和财力等资源的配置欠完善，对教育研究重视不够等原因，至今，在教育领域仍存在不少困难和问题，其中比较突出的是以下几方面。

一、扫盲和普及初等教育仍十分艰巨

联合国教科文组织的统计资料说明，一方面，全球扫盲率呈上升趋势；但另一方面，文盲绝对数却有增无减。1970年全世界文盲为7.6亿，1985年增加到8.57亿，1990年达到9.48亿，其中女性几乎是男性的两倍。从地区来说，非洲的文盲率最高，为62%；其次为亚洲（44%）和拉丁美洲（17%）。有些非洲国家文盲问题仍非常严重，如贝宁（76%）、几内亚（76%）、索马里（75%）、尼日尔（71.6%）等，成人文盲率均超过70%。文盲人口集中在亚洲，1990年，亚洲文盲总数为6.997亿，占世界文盲

总数的74%。除中国外,文盲人数最多的十个国家是:印度、巴基斯坦、孟加拉、尼日利亚、印度尼西亚、埃及、伊朗、尼泊尔、墨西哥、阿尔及利亚。①

造成文盲绝对数有增无减的因素,首先是全球人口的增长,特别是发展中国家人口的急剧增长。发展中国家的人口在全世界人口总数中的比例从1950年的77%增长到了1990年的93%;预计到20世纪末,将达到95%。② 其次是未能充分普及初等教育和扩展成人教育。1975年,世界上还有31个国家,主要是亚、非国家,尚未实行义务教育。有些发展中国家虽然颁布了初等义务教育法令,但往往未能真正实行。据《联合国教科文组织统计年鉴》(1993)的资料,在部分发展中国家,从80年代末到90年代初,小学入学率没有多大提高,有的国家入学率还有所下降,有些国家入学率仍非常低,例如,埃塞俄比亚才25%(1991),几内亚37%(1991)。此外,许多发展中国家还存在大量辍学生。这些失学辍学的儿童和少年成了文盲人数增加的主要来源。

上述情况说明,在许多发展中国家,扫盲和普及初等教育的问题仍然甚为严峻,任务也还十分艰巨。

二、教育经费短缺

无论是实施普及初等教育、实行义务教育、发展中高等教育,或是提高入学率、减少辍学率,或是扩大成人教育和扫盲举措,都需要一定的经济保障,增加教育经费投入。当然,各个地区发展中国家面临的教育问题不同,所需要增加的教育投入不同,其所能提供的教育投入也不同,但总的说,都存在教育经费短缺的困难。而需要大幅度增加教育投入的国家,又往往是那些经济落后、对教育

---

① 《联合国教科文组织统计年鉴》,1993年。
② 《教育——财富蕴藏其中》,教育科学出版社1997年版,第24页。

的支付能力较弱的国家。联合国教科文组织所作的《展望2000年发展中国家的初等教育开支状况》的报告指出,仅就这一方面最保守的教育经费预计,非洲必须将其每年的开支增加大约4%,拉丁美洲和亚洲则必须增加大约2%。拉丁美洲的经济增长率较高,其所需教育经费的增长可能较好地得到满足。在非洲,则因其经济增长的速度较缓慢,该地区教育投入的大幅度增加几乎是不大可能的。亚洲有些国家也有一定困难。少数发展中国家,如撒哈拉以南非洲国家,其国内生产总值停滞不前,而人口却迅速增长。由于平均生活水平下降,现在已不可能再从其国内生产总值中拿出与80年代初相同的款项来用于教育,教育资源就更陷于困境。

三、教师队伍远不能适应教育发展的需要

许多发展中国家尽管在独立后重视师范教育,积极培养教师,但长期殖民统治造成的严重师资问题,仍未根本解决。例如在印度,在80年代,有三分之一以上的小学,每所学校里只有一名教师。全印度初级小学师生比例是1∶41。到1988~1989学年度,全印度小学教师已增加为二百六十多万人,紧缺的情况虽有所缓和,但提高教师的素质仍是一个严重问题。在许多发展中国家,教师数量不足,素质也差,不合格的教师仍大量存在。

随着教育改革的深入开展,对教师素质的要求已越来越高;教师的质量问题日益突出。

例如,几年前,墨西哥教育界曾对小学四、六年级和高中三年级进行过一次自然科学知识考试和一次阅读理解能力考试,结果是,小学自然科学知识考试的合格率只有31%,阅读理解能力考试的合格率只有36.5%;高中三年级的两次考试的及格率也分别只有36.5%和46.3%。这说明中小学的教学质量和教学效果是相当低的。这与教师的素质密切有关。因此,墨西哥教育部门把提高教师质量作为重要任务之一,将继续改革师范教育,提高师范教育

的水平置于优先地位。

四、高等教育严重失衡

许多发展中国家由于深受原宗主国教育制度的影响，独立后虽经教育改革，但有些国家改革不力，或继续接受了发达国家的某些所谓教育发展援助，因此有些国家的高等教育内部结构仍严重不合时宜，或培养出来的人才不切合本国的需要。

另一方面，在60～80年代期间，高等教育的招生人数在非洲增长了9倍，亚洲4倍，拉丁美洲9倍。如此高速地扩张高等教育，再加上许多发展中国家往往根据工业化国家的需要来组织高等教育，这就给高等教育带来了一系列问题。首先是出现大量毕业生待业和失业。如在印度，1977～1978年度，有70万名大学毕业生失业，到1982～1983年度，失业大学生和研究生人数达140多万人，占大学毕业生和研究生总数的15％。而有些国家的情况更为严重，如索马里培养出的大学毕业生约为它所能雇用的5倍，科特迪瓦毕业生的失业率高达50％。[1]

由于人才在本国得不到充分使用，以及发达国家的某些"吸引力"，使发展中国家的专门人才大量流向富国。1960～1990年，美国和加拿大接受了一百多万来自发展中国家的专业人才和技术人员。这实际上是发展中国家的"人力资本"，即"真正的生产资源"向发达国家转让，使发展中国家蒙受了巨大损失，而发达国家则获得了巨大利益。

高等教育的这种状况，不但造成人才"积压"和外流，而且使财政预算浪费严重，大学内部效率低下，教学质量下降。同时，也使其他教育层次的教育经费分配颇不合理。总之，许多发展中国家的高等教育出现了严重失衡。然而，由于制约高等教育的因素较为

---

[1] 《教育——财富蕴藏其中》，第59页。

复杂,涉及到一个国家的政治、经济和社会各方面,如何解决高等教育中的问题,迫切需要进行深入的研究和探讨。

此外,还有童工劳动与初等教育普及化,中等职业教育与普通教育的分流,提高教学质量和办学效益等,也是至今发展中国家尚需进一步研究和解决的问题。

1990年3月,由联合国教科文组织、联合国儿童基金会、联合国开发计划署和世界银行联合发起,在泰国宗滴恩召开了"世界全民教育大会",会议通过了《世界全民教育宣言》。会议和《宣言》都强调指出,在世界范围尤其是在发展中国家,基本教育都面临着巨大的问题,同时也提出了到2000年实现全民基本教育的目标。这对发展中国家无疑是一种鼓舞和鞭策。

1990年以来,许多发展中国家都确定了新的教育改革和发展目标,调整教育结构,合理配置教育资源,为解决存在的各种问题,特别是为实现全民教育目标而采取积极措施。但是,最为重要的可能是,"必须对现行的教育体制进行全面而又深刻的审视,并在经过一番研究之后制定出新的教育体制。"①

当然,发展中国家要真正建立和完善适合本国实际的、民主的、现代的教育体系,使它们的教育得到健康的发展,还需要作出长期而艰巨的努力。

思考题

1. 试评述殖民统治对发展中国家教育的影响。
2. 发展中国家取得独立后教育改革和发展的主要成绩和基本经验是什么?
3. 发展中国家当今教育领域中的主要困难和问题是什么?

---

① 〔法〕G. 米亚拉雷、J. 维亚尔主编,张人杰等译:《世界教育史(1945年至今)》,上海译文出版社1991年版,第78页。

学习参考书目

《马克思恩格斯论教育》，人民教育出版社1986年版。

《列宁论教育》，人民教育出版社1990年版。

E.P.克伯雷选编，华中师范大学教育系等译：《外国教育史料》，华中师大出版社1990年版。

吴元训选编：《中世纪教育文选》，人民教育出版社1989年版。

张焕庭主编：《西方资产阶级教育论著选》，人民教育出版社1979年版。

华东师范大学、杭州大学教育系编译：《现代西方资产阶级教育思想流派论著选》，人民教育出版社1980年版。

柏拉图著，郭斌和等译：《理想国》，商务印书馆1995年版。

夸美纽斯著，傅任敢译：《大教学论》，人民教育出版社1984年版。

卢梭著，李平沤译：《爱弥儿》，人民教育出版社1985年版。

《裴斯泰洛齐教育论著选》，夏之莲等译，人民教育出版社1992年版。

赫尔巴特著，李其龙译：《普通教育学·教育学讲授纲要》，人民教育出版社1989年版。

赵祥麟、王承绪编译：《杜威教育论著选》，华东师范大学出版社1981年版。

杜威著，王承绪译：《民主主义与教育》，人民教育出版社1990年版。

滕大春主编：《外国教育通史》（1～6卷），山东教育出版社出版。

赵祥麟主编：《外国教育家评传》（1～3卷），上海教育出版社出版。

博伊德、金合著，任宝祥等译：《西方教育史》，人民教育出版社1985年版。